btb

Aus Freude am Lesen

btb

Buch

»Das Dumme beim Verfassen einer Autobiographie ist, daß man nicht schummeln kann. Schreibt man über jemand anderen, kann man die Wahrheit von hier bis Finnland dehnen. Schreibt man über sich selbst, wird einem schon bei der leichtesten Abweichung bewußt, daß man – Ganovenehre hin, Ganovenehre her – bloß ein dreckiger Lügner ist.«

Eitel, schnoddrig, zynisch, absurd, witzig, poetisch – im anarchischen Plauderton erzählt Julius Henry Marx, besser bekannt als Groucho Marx, Erlebtes und Erfundenes aus seinem Leben. Und ganz nebenbei entsteht dabei ein hinreißendes Porträt des jüdischen Emigrantenlebens in New York zu Beginn unseres Jahrhunderts und die anschauliche Schilderung der bewegten dreißiger Jahre im amerikanischen Showbiz.

Autor

Julius »Groucho« Marx kam 1895 als drittältester von insgesamt fünf Brüdern in New York zur Welt. Unter der Leitung ihrer Mutter Minnie bildeten die fünf schon in jungen Jahren ein brillantes Komikerteam, das erst in kleinen Varietés auftrat, bald aber – nun zu viert und unter dem Namen »The Marx Brothers« – mit Broadway-Musicals, Hörspielen und zahlreichen Hollywood-Filmen bekannt wurde. Groucho Marx, der kreative Kopf der Truppe, starb 1977.

Groucho Marx

Groucho und ich

Die Groucho-Marx-Autobiographie von (ausgerechnet!) Groucho Marx

Neu übersetzt und mit einem anmerkungsreichen Nachwort versehen von Sven Böttcher

btb

Die englischsprachige Originalausgabe erschien
1959 unter dem Titel »Groucho and me«
bei Bernard Geis Associates Books, New York

Umwelthinweis:
Alle bedruckten Materialien dieses Taschenbuches
sind chlorfrei und umweltschonend.

btb Taschenbücher erscheinen im Goldmann Verlag,
einem Unternehmen der Verlagsgruppe Bertelsmann.

1. Auflage
Genehmigte Taschenbuchausgabe Dezember 1997

Erstmals auf deutsch erschienen unter dem Titel
»Schule des Lächelns«, Zürich 1961

Umschlaggestaltung: Design Team München
Umschlagfoto: Dr. Karkosch
Satz: IBV Satz- und Datentechnik GmbH, Berlin
MD · Herstellung: Augustin Wiesbeck
Made in Germany
ISBN 3-442-72227-6

Egal was von diesem Buch
zu halten ist, es sei in tiefer Dankbarkeit
jenen sechs Meistern gewidmet, ohne deren weise
und witzige Worte mein Leben noch
langweiliger gewesen
wäre:
Robert Benchley,
George S. Kaufman, Ring Lardner,
S. J. Perelman, James Thurber,
E. B. White

Inhalt

1 Wozu schreiben, wenn man seine Witzchen telegraphieren kann?

Das Dumme beim Verfassen einer Autobiographie ist, daß man nicht schummeln kann. Schreibt man über jemand anderen, kann man die Wahrheit von hier bis Finnland dehnen. Schreibt man über sich selbst, wird einem schon bei der leichtesten Abweichung bewußt, daß man – Ganovenehre hin, Ganovenehre her – bloß ein dreckiger Lügner ist.

Obwohl es allgemein bekannt sein dürfte, möchte ich hier und jetzt bekanntgeben, daß ich in sehr zartem Alter zur Welt kam. Bevor ich Zeit fand, das zu bereuen, war ich schon viereinhalb. Damit wären wir beim Thema »Alter«, also lassen wir das. Mein Alter ist unwichtig. Wichtig ist hingegen, ob dieses Buch von genügend Leuten gekauft wird, um den zur Niederschrift erforderlichen Einsatz meiner zügig schwindenden Restvitalität zu rechtfertigen.

Alter ist kein besonders interessantes Thema. Alt werden kann jeder. Man muß nur lange genug leben. Zu meiner großen Freude verbreiten Zeitungen hin und wieder Fotos von Menschen, die tatsächlich hundert Jahre alt geworden sind. Der Jubilar ist in der Regel eine ziemlich zerknautschte Gestalt, die eher auf die Zweihundert zuzuschlurfen scheint als auf die Hundert. Aber die Zeitungen begnügen sich nicht damit, ein Bild dieser klapprigen, hohlen Hülle zu veröffentlichen; zu allem Überfluß muß das ehrwürdige Orakel auch noch vom Geheimnis seiner Langlebigkeit tönen. »Ja, ich habe all meine Freunde überlebt«, krächzt es, »denn ich habe nie eine Matratze benutzt, sondern immer auf dem Boden geschlafen, jeden Morgen rohe Truthahnleber gefrühstückt und täglich zweiunddreißig Gläser Wasser getrunken.«

Ist ja sagenhaft! Zweiunddreißig Glas Wasser täglich. Männern wie diesem haben wir die hiesige Wasserknappheit zu verdanken. Unsummen haben wir in den ausgedörrten Westen gepumpt, haben versucht, Meerwasser in irgend etwas zu verwandeln, das man gefahrlos schlucken kann, und dann kommt dieser alte Kauz daher, der sich nicht wie wir anderen mit acht Gläsern Wasser täglich bescheiden mag, sondern täglich zweiunddreißig leersüffeln muß, womit vier normale Menschen bis in alle Ewigkeit über die Runden kämen.

Mir ist noch immer nicht ganz klar, wie mein Verleger mich hat überreden können, dieses Werk in Angriff zu nehmen. Gehen Sie doch bloß mal in eine Buchhandlung, und sehen Sie sich den Bücherberg an, der gerade veröffentlicht wurde und nun verkauft werden soll.

Der überwiegende Teil dieses Berges stammt aus den Federn von Profis, die schreiben können und etwas zu sagen haben – und trotzdem kriegt man die meisten Titel im folgenden Jahr zum halben Preis. Sollte dieses Buch hier aus wundersamen Gründen ein Bestseller werden, bekäme das Finanzamt den größten Teil der erzielten Gewinne. Allerdings halte ich diese Gefahr für eher gering. Weshalb sollte irgendwer die Gedanken und Meinungen von Groucho Marx kaufen wollen? Ich verfüge über keine einzige Ansicht, die einen roten Heller wert wäre, und kein Wissen, das irgendwem irgendwie weiterhelfen könnte.

Die großen Bestseller sind Kochbücher, theologische Wälzer, Ratgeber und aufgewärmte Kriegsgeschichten nach dem Motto »Jedem sein eigener Bürgerkrieg«. Titel wie »Glücklich im Unglück«, »Kochen Sie sich ins Herz Ihres Gatten« oder »So siegten sie bei Gettysburg« verkaufen sich millionenfach. Wie sollte ich da je mithalten können?

Ich verstehe nichts vom Kochen. Immer dann, wenn mich gerade mal wieder eine meiner frisch eingestellten Köchinnen verläßt und zum Abschied ruft: »Sie wissen ja wohl, was Sie mit Ihrer Küche machen können!«, rettet mich nur die Tatsache vor dem Verhungern, daß ich von meinem letzten Ausflug nach Winnipeg einen ziemlich großen Pemmikan-Vorrat übrigbehalten habe. Oh, ich habe einige Freunde, die sich mit spaßigen Sprüchen verzierte Schürzen um die Hüften schlingen und im Hammelkeulenumdrehen (beziehungsweise vierzig Minuten) ein Mahl hinzaubern, das Savarin in der Bouillabaisse rotieren ließe, aber die Kocherei ist nun mal nicht mein Bier. Hätte ich es gewagt, ein Kochbuch zu schreiben, wären bestimmt nicht mehr als drei Exemplare verkauft worden.

Ich gebe allerdings zu, daß ich vorübergehend mit dem Gedanken an ein Kochbuch gespielt habe. Die Rezepte wären die üblichen gewesen: Trockentoast, Instantkaffee, Kopfsalatherzen und Schoko-Nuß-Kuchen. Aber als zusätzlichen Anreiz – ohne Aufpreis – hätte ich ein Spiegelei auf dem Umschlag plaziert. Bestimmt hätten viele Leute, die Literatur hassen, aber dafür Spiegeleier lieben, das Buch sofort gekauft – vorausgesetzt, es wäre nicht zu teuer gewesen. Im ersten Moment klingt das natürlich völlig verrückt, aber viele Dinge, die anfangs bekloppt aussahen, haben sich als entscheidende Beiträge zum menschlichen Wohlergehen erwiesen.

Zum Beispiel Mausefallen. Man hat Mäuse nicht immer mit Fallen gefangen. Noch vor wenigen Jahrhunderten mußte ein Mann, der eine Maus fangen wollte (und das wollten viele), mit einem Stück Käse zwischen den Zähnen auf ein Loch in der Küchenecke zukrabbeln – was übrigens auch die Herkunft der (üblicherweise von der Ehefrau vor dem Zubettgehen ausgesprochenen) Redewendung »Halt die Schnauze« erklärt.

Vieles von dem, was heutzutage im Fernsehen angepriesen wird, ist überflüssiger Trödel. Gekauft werden diese Produkte, weil man sie mit verbissener Hartnäckigkeit und deutlich mehr als nur einem Hauch Heimtücke vermarktet – was natürlich nie an den eigentlichen Sponsoren liegt, sondern grundsätzlich an den regional zuständigen Scharlatanen, denen nichts heilig ist.

Vielleicht sollte ich, um dieses Buch vernünftig zu vermarkten, nicht bloß das oben erwähnte Spiegelei drauflegen, sondern als zusätzlichen Anreiz (ohne Aufpreis) pro Exemplar jeweils hundert Pfund Saatgut. Wohlgemerkt, nicht neunzig Pfund, nicht achtzig Pfund, nein, einhundert Pfund. Woher ich all das Saatgut nehmen will? Mit dieser Frage habe ich gerechnet. Ich hole es mir vom Bauern. Die Bauern tanzen der amerikanischen Öffentlichkeit nun schon seit Jahren auf der Nase herum und präsentieren als Gegenleistung bloß horrende Rechnungen für Subventionen und Preisstützungen.

Die Bauern können sich all das erlauben, weil Städter Bauern noch immer für großgewachsene, sehnige Trampel halten, die ständig einen Strohhalm zwischen ihren paar letzten Zähnen haben, sich von Runkelrüben, Magermilch und Mastschweinebacken mühsam ernähren und zusammen mit ihren Maultieren mitten in der Walachei in klapprigen Bruchbuden hausen. Aber weshalb versuche ich überhaupt, das alles zu beschreiben? Erskine Caldwell hat es in *Gottes kleiner Acker* bildschön zusammengefaßt.

Mag sein, daß diese Bauernart vor langen Jahren existiert hat, aber heutzutage ist der Bauer das am besten behütete Mitglied der Gesamtwirtschaft. Als Stadtmensch kann ich Ihnen versichern, daß Städter und Ländler alles andere als Liebe füreinander empfinden (solange der Ländler keine Tochter hat).

Alljährlich sieht sich die Regierung mit demselben Problem konfrontiert – nämlich, wie sie den Getreideüberschuß loswerden soll. Man hat alles versucht: das Zeug auf Schlachtschiffen zu lagern, es in Speichern abzuladen (in der Hoffnung, daß Ratten und Eichhörnchen wenigstens mit einem Teil davon abhauen); man hat sogar versucht, es kostenlos an Schwarzbrenner abzugeben. Aber die Fuselbranche ist auch nicht mehr das, was sie mal war. Die Schwarzbrenner verlangen heutzutage Kartoffeln, weil die amerikanische Öffentlichkeit sich aufs Wodkatrinken verlegt hat. Trotzdem läßt sich das Problem der Regierung ganz einfach lösen: Gebt einfach mir das Schrot und Korn, dessen mein Buch so dringend bedarf.

Die unablässige Sorge der Regierung um den Provinzler hat dem Rest des Landes die Luft zum Atmen abgeschnürt. Weshalb tun die nicht mal was für Verleger und Autoren? Und weshalb tun sie nicht mal was *gegen* Literaturkritiker, die mit drei geschliffenen Sätzen den Verkauf jedes Buches lahmlegen können? Hat man je von einem Agrarkritiker gehört, der hingeht und sagt »Das diesjährige Korn von Bauer Snodgrass ist nicht so gut wie das vom letzten Jahr?« oder »Noch eine Ernte wie diese, und er wird wieder Abwasserkanäle fürs Kreis-Irrenhaus buddeln«?

Wie Ihnen nicht entgangen sein dürfte, haben die amerikanischen Verleger in Washington keine Lobby, um ihre Interessen zu vertreten. Sie haben einen Buchüberschuß, den sie gern unterpflügen würden, aber sie haben nicht genug Geld für das Loch, in dem sie ihn verbuddeln müßten.

Die Öffentlichkeit ist ziemlich sauer auf die Bauern. Egal wie viele dieser angeblichen Ackersleute wir unterpflügen, es gelingt ihnen doch immer wieder, die Regierung um mehr Geld zu prellen als alle anderen Interessengruppen zusammengenommen. Es ist also an der Zeit, daß die amerikanischen Bauern auch mal was fürs Volk tun, und sofern die Verleger, die mich zu dieser Arbeit beschwatzt haben, irgendwas auf dem Kasten haben, sollten sie aufhören, Wodka-Martini schlabbernd an der Madison Avenue herumzuhängen, und statt dessen die Regierung und die Bauern nach Kräften unter Hochdruck setzen. Falls es meinen Verlegern gelingt, das kostenlose Saatgut zu bekommen, könnte dies hier ohne weiteres »Das Buch des Jahres« werden. Überlegen Sie doch mal, was

Sie für Ihre lumpigen vier Dollar bekämen – ein Spiegelei, einen Sack Getreide und die gesammelten Weisheiten von Groucho Marx. Und all das für schäbige vier Dollar. Und vergessen Sie nicht, daß dieses Buch nicht ausschließlich in Buchhandlungen angeboten würde. Man könnte es in Supermärkten, Imbissen, Baumärkten und Autokinos verkaufen.

Heutzutage muß alles vernünftig vermarktet werden. Man kann nicht einfach ein Buch schreiben und erwarten, daß alle Welt losstürzt und es kauft, solange es kein Klassiker ist. Wenn ich wollte, könnte ich einen Klassiker schreiben, aber ich schreibe lieber für die Leute von der Straße. Mir liegt nichts daran, daß man öffentlich mit dem Finger auf mich zeigt und ruft: »Sieh dir den an. Der hat gerade einen Klassiker geschrieben!« Nein, ich möchte lieber, daß man voller Bewunderung sagt: »Was für ein Schundschreiber! Aber bei welchem anderen zeitgenössischen Autor bekommt man außer dem Buch auch gleich noch ein Spiegelei und einen Sack Getreide?«

Man sagt, jeder Mensch trage ein Buch in sich. Diese Verallgemeinerung ist so zutreffend wie jede andere. Nehmen wir zum Beispiel: »Morgenstund hat Na-Sie-wissen-schon.« Das ist kompletter Schnickschnack. Die meisten wohlhabenden Menschen in meinem Bekanntenkreis schlafen gern aus und feuern jeden Diener, der Störungen vor fünfzehn Uhr zuläßt. Und Hand aufs Herz (das hab ich aus *Kleine Frauen* abgekupfert): Wer steht denn schon in der frühesten Morgendämmerung auf? Polizisten, Feuerwehrleute, Müllmänner, Warenhausverkäufer, Busfahrer und andere Angehörige der Niedriglohngruppe. Hat man Marilyn Monroe je um sechs Uhr früh aus den Federn krabbeln sehen? Die traurige Wahrheit ist, daß *ich* Marilyn noch zu überhaupt keiner Uhrzeit habe aus den Federn krabbeln sehen. Aber wenn Sie die Wahl hätten, würden Sie bestimmt lieber Marilyn um fünfzehn Uhr beim Aufstehen beobachten, als zuzusehen, wie der fleißigste Müllmann der gesamten Stadt um sechs Uhr morgens aus dem Bett hüpft.

Leider ist die Versuchung, über sich selbst zu schreiben, unwiderstehlich, insbesondere, wenn man von einem geriebenen Verleger angespornt wird, der einen hinterlistig mit einem Vorschuß von lumpigen fünfzig Dollar und einer Kiste billiger Zigarren geködert hat.

Anfangs dachte ich mir überhaupt nichts dabei. Beeinflußt von Samuel Pepys' berühmten Tagebüchern, begann ich vor Jahren, selbst Tagebuch zu führen. Nebenbei bemerkt glaube ich, daß die Tagebücher von *Pieps* oder *Päppies* oder *Peips* heute wesentlich bekannter wären, hätte man sich auf eine allgemeingültige Aussprache seines Namens einigen können. Ich habe mich häufig bei vornehmen Abendgesellschaften zu Gesprächen über Pepys' Tagebücher hinreißen lassen, war aber nie sicher, wie man seinen Namen richtig ausspricht. Sagt man nämlich zum Beispiel *»Pieps«,* erwidert die Dame links von einem unweigerlich »Verzeihen Sie, aber meinen Sie nicht *Peips?«,* worauf der Tischnachbar zur Rechten sagt: »Tut mir leid, aber Sie irren sich beide. Richtig ist: *Päppies.«* Wäre *Pieps, Peips* oder *Päppies* helle genug gewesen, sich beispielsweise *Joe Blow* zu nennen, würden heute sämtliche amerikanischen Schüler seine Tagebücher lesen, statt die Straßen unsicher zu machen und Radkappen zu klauen.

Wer schlau ist, wechselt zu diesem Zeitpunkt des Essens von Literatur und Pepys zu einem Thema, von dem er etwas versteht, zum Beispiel den Schlag- und Fangquoten von George Sisler. Eine Diskussion über Sisler führt zum raschen Exodus der beiden molligen Matronen, zwischen denen Sie dank der zuvorkommenden Gastgeberin festsaßen. Dies verschafft Ihnen Gelegenheit, jenes süße kleine Starlet auf der anderen Tischseite schmachtend anzulächeln, das die Natur so überaus großzügig mit allem ausgestattet hat, was das Leben lebenswert macht.

Ich weiß nicht, welchen Einfluß Fernsehen und freie Liebe

auf die Verlagsbranche haben, aber eines der größten Hindernisse auf dem Weg zur Veröffentlichung eines literarischen Meisterwerks (was dies hier zweifellos sein wird) ist und bleibt der Schnorrer.

Lassen wir also Marilyn – so schwer es uns auch fällt – links liegen und wenden uns einer kurzen, unfreundlichen Betrachtung dieses elenden Knausers zu, der in Fachkreisen als »der Schmökerer« berüchtigt ist. Sie werden ihn bestimmt schon in etlichen Buchhandlungen bemerkt haben. Im *New Yorker,* im *Atlantic Monthly* oder in der *Saturday Review* liest er eine wohlwollende Rezension eines just erschienenen Buches, betritt, mit dieser Instruktion gewappnet, zwanglos eine Buchhandlung, schnappt sich ein Exemplar des bewußten Werkes und liest es, sofern er ein Schnelleser ist (beziehungsweise ein »Überflieger«, wie man in der Branche sagt), in grob geschätzt fünfundvierzig Minuten durch. Anschließend verzieht er sich unauffällig durch einen Seitenausgang, um tags darauf unerkannt zurückkehren und dazu beitragen zu können, den nächsten hart arbeitenden Autor an den Bettelstab zu bringen.

Ist ein Buchhändler dumm genug zu fragen, ob er dem Schmökernden behilflich sein könne, wird der (in die Ecke getriebene) Widerling geschickt nach *Franganis Geschichte der Chinesischen Mauer* oder dem *Kurz-Kompendium des Argotischen Staatenbundes* fragen. Kein Mensch denkt lange darüber nach, ob er vier oder fünf Dollar für eine Hose auf den Tisch legen soll, aber ehe er den gleichen Betrag für ein Buch berappt, wird er sehr gründlich und sehr lange in sich gehen.

Dieses Opus hat als Autobiographie begonnen, aber mir ist jetzt schon klar, daß daraus nichts wird. Es ist praktisch unmöglich, eine aufrichtige Autobiographie zu verfassen. Mag sein, daß Proust, Gide und ein paar andere es geschafft haben, aber die meisten Autoren mühen sich in ihren Autobiographien nach Kräften, ihr wahres Gesicht vor dem Publikum zu verhüllen. Was einem in fast allen Fällen angedreht wird, ist ein diskreter Wälzer, randvoll mit geschickt verschleierten Tatsachen, Gewäsch und Unklarheiten.

Abgesehen von den Werken professioneller Autoren sind die meisten dieser unwahren Geständnisse zudem nicht einmal von dem geschrieben, dessen Name auf dem Umschlag steht. In großen Lettern wird da verkündet, es handle sich um *Die Autobiographie von Charles W. Moonstruck,* und weiter unten flüstern andere Buchstaben, klein genug, um auf einem Stecknadelkopf Platz zu finden: »Aufgezeichnet von Joe Flamingo«. Joe Flamingo, der eigentliche Autor, ist der Packesel, der zwei Jahre seiner Lebenszeit vergeudet hat, um gegen ein lausiges Honorar die paar hingestotterten Bemerkungen von Charles W. Moonstruck niederzuschreiben und gehörig auszuschmücken. Wird das Buch schließlich gedruckt, stolziert Moonstruck kreuz und quer durch die Stadt und fragt seine Freunde (die paar, die er hat): »Hast du mein Buch gelesen? ... Ach, ich hab ja vorher nie geschrieben ... Wenn ich gewußt hätte, daß das so einfach ist ...! Ich muß demnächst unbedingt noch ein Buch veröffentlichen.«

Er vergißt, daß er kein einziges Wort seines schalen Schmökers selbst geschrieben hat und daß sein literarischer Handlanger, sein »Ghostwriter«, alles außer Geburtsort und -jahr (wobei letzteres auch nicht ganz stimmt) frei erfinden und sich die dreihundert unsterblichen Seiten aus dem eigenen Daumen saugen mußte.

Wir leben wahrhaftig im Zeitalter der »Ghostwriter«. Der Großteil des heutzutage Bankiers, Politikern, Schauspielern, Industriellen und anderen Besserverdienenden entquellenden Gewäschs stammt aus den Federn unterernährter Lohnschreiber, die Leib und Seele mühsam zusammenhalten, indem sie stapelweise Lug und Trug für glattzüngige, aufgeblasene Fatzkes zu Papier bringen. So sieht die Epoche aus, in der wir leben, ob's Ihnen paßt oder nicht.

Mit diesem Rundumschlag gegen das Ghostwriting lehne ich mich natürlich weit aus dem Fenster. Mir ist durchaus bewußt, daß ich kein Faulkner, Hemingway, Camus oder Perelman bin… nicht mal eine Kathleen Winsor. Mit Kathleen habe ich nicht mal das Geschlecht gemein. Aber jedes einzelne Wort dieses zähen, schlecht geschriebenen Durcheinanders habe ich mir eigenhändig abgerungen.

Was bleibt, ist die Tatsache, daß in den meisten Autobiographien an Tatsachen nicht viel bleibt. Neunzig Prozent dieser Werke sind zu neunzig Prozent frei erfunden. Schriebe man jemals die reine Wahrheit über den Großteil der Menschen, die in der Öffentlichkeit stehen, reichten die derzeit zur Verfügung stehenden Gefängnisse nicht aus, um sie unterzubringen. Das Lügen ist zu einem der bedeutendsten amerikanischen Industriezweige geworden.

Nehmen wir zum Beispiel die Beziehung eines Mannes zu seiner Frau. Selbst wenn die beiden goldene Hochzeit feiern und zueinander – öffentlich wie privat – eine Million mal »Ich liebe dich« gesagt haben, wissen Sie und ich doch ganz genau, daß die Wahrheit – die reine Wahrheit – zwischen den beiden immer unausgesprochen geblieben ist. Ich meine nicht Oberflächlichkeiten wie »Deine Mutter ist eine Ratte!« oder »Warum kaufen wir uns nicht ein teures Auto statt dieser Blechbüchse, in der du mich durch die Gegend kutschierst?«, nein, ich meine die heimlichen Gedanken, die den beiden durch die Köpfe geistern, wenn sie mitten in der Nacht aufwachen und Hirngespinste über die Schlafzimmerwand huschen sehen.

Aber wenn zwei Menschen, die seit fünfzig Jahren glücklich miteinander verheiratet sind, es fertigbringen, ihre innersten Gedanken für sich zu behalten, wie zum Teufel sollte da wohl eine Autobiographie, die theoretisch von Tausenden von Menschen gelesen werden könnte, mehr sein als eine endlose Anhäufung von Halbwahrheiten? Die innersten Gedanken, die jedem einzelnen durch die Hirnwindungen sickern, bleiben in tiefen, finsteren Winkeln verborgen und kommen nie an die Oberfläche.

Soweit ich mich erinnere, sind die meisten der nachfolgend geschilderten Vorfälle tatsächlich so passiert, wie ich sie schildere, aber eigentlich kennen Sie mich auch jetzt noch keinen Deut besser als zu Beginn des verwegenen Abenteuers, auf das Sie sich gerade eingelassen haben. Ich würde das nicht als großes Unglück bezeichnen. Wenn Sie mich fragen, sollten Sie sich eher glücklich schätzen. Ich meine bloß, daß Sie nicht den blassesten Schimmer von dem haben, was in mir vorgeht. Denken Sie immer daran: »Jeder ist seine eigene Insel.« (Das mag etwas ungenau zitiert sein, aber zum Nachschlagen habe ich momentan keine Zeit. Um fünfzehn Uhr muß ich zur Massage, außerdem geht mir gerade das Papier aus.)

Man könnte bestimmt eine sachliche, aufrichtige und wahrheitsgetreue Autobiographie schreiben, aber die müßte man sicherheitshalber posthum veröffentlichen lassen. Sogar ich könnte selbstredend ein sensationelles Buch schreiben, wäre ich willens, meine innersten Gedanken betreffend das Leben im allgemeinen und mich im besonderen zu enthüllen. Aber welchen Nutzen hätte ein posthum veröffentlichtes Buch – für mich? Selbst wenn es sich als Bestseller entpuppte und später eingedampft in *Reader's Digest* erschiene, hätte ich doch nichts davon. Bis also jemand eine Möglichkeit findet, dem letzten Hemd Taschen einzunähen, kriegen Sie von mir unverdünnten Ersatz-Groucho. Sie wären also gut beraten, anstelle dieses Buches ein Wörterbuch durchzuschmökern oder in den Garten zu gehen und Ihre Obstbäume zu beschneiden.

2 Besser Kleingeld als kein Geld

Geboren wurde ich etwa um die Jahrhundertwende. Um welche Jahrhundertwende, verrate ich nicht. Aber Sie dürfen alle einmal raten.

Unser Yorkviller Shangri-La an der Upper East Side von New York war ein ständig übervölkerter Haushalt. Mit uns fünf Brüdern – in chronologischer Reihenfolge: Chico, Harpo, Groucho, Gummo und Zeppo – lebten meine Mutter und mein Vater (genaugenommen lebten die schon vor uns), meine Oma und mein Opa mütterlicherseits sowie eine adoptierte Schwester; außerdem wälzte sich Tag und Nacht ein nie versiegender Strom armer Verwandter durch unser Haus.

Sie kamen zum Vergnügen, sie kamen zum Essen, und sie kamen als Ratsuchende. Wer das Essen bezahlte, weiß ich nicht. Wahrscheinlich die Märkte in der Umgebung, denn wie die Zigeuner zogen wir ständig von einem Yorkviller Bezirk in den nächsten. Damals konnte man für zehn Dollar mit Sack und Pack umziehen, was wesentlich billiger war, als alle offenen Rechnungen zu bezahlen. Jedenfalls schien immer genug Eßbares vorhanden zu sein, um alle zu ernähren.

Aber weswegen unsere Besucher auch kamen, sie wandten sich immer an meine Mutter – nie an meinen Vater. Sie beriet sie in Liebesdingen, sagte ihnen, wo es Arbeit gab, und half ihnen aus diversen Schwierigkeiten. Wenn jemand Geld brauchte, vermittelte sie Kredite. Mir ist bis heute schleierhaft, wie sie das alles schaffte, aber sie schaffte es immer. Sie kittete Ehen, die in die Brüche zu gehen drohten, und redete Vermieter, Krämer, Schlachter und all unsere anderen Gläubiger in Grund und Boden. Ihre Manöver waren Meisterwerke der Geschicklichkeit, der Tatsachenverdrehung und der Phantasie.

Mein Vater war Schneider und verdiente zuweilen bis zu achtzehn Dollar die Woche. Allerdings war er kein gewöhnlicher Schneider. Die Geschichte von Yorkville kennt keinen Schneider, dessen Unfähigkeit sich mit der meines Vaters vergleichen ließe. Vermutlich läßt sich diese Behauptung sogar auf Brooklyn und Teile der Bronx ausweiten. Mit der Auffassung, er sei Schneider, stand mein Vater übrigens ganz allein da. Unter seinen Kunden war er als »Sam Paßtnix« berüchtigt. Er war der einzige mir bekannte Schneider, der sich standhaft weigerte, ein Meßband zu benutzen. Ein Meßband, beharrte er, sei vielleicht etwas für einen Bestattungsunternehmer, aber doch nicht für einen Schneider, dessen Blick so unfehlbar sei wie der eines Adlers. Seiner Ansicht nach waren Meßbänder reine Protzerei und kompletter Blödsinn, und Schneider, die bei ihren Kunden Maß nehmen mußten, konnten ohnehin einpacken. Paps tönte, er könne jeden Menschen mit einem einzigen Blick taxieren und ihm einen perfekt sitzenden Anzug schneidern. Was dabei herauskam, war ungefähr so akkurat wie Chamberlains Voraussagen über Hitler.

Unser Viertel war voll von Paps' Kunden. Man konnte sie auf der Straße leicht erkennen, weil sie alle mit unterschiedlich langen Hosenbeinen oder Ärmeln herumliefen oder mit Mantelkragen, die nicht recht zu wissen schienen, wo sie hingehörten. Infolgedessen arbeitete mein Vater nie zweimal für denselben Kunden. Dies wiederum bedeutete, daß er ständig auf der Suche nach neuer Kundschaft war und sich im Zuge der zunehmenden Durchsättigung unserer Nachbarschaft mit Herren in schlecht sitzenden Anzügen nach Gegenden umsehen mußte, in die ihm sein Ruf noch nicht vorausgeeilt war.

Er schweifte in die Ferne – nach Hoboken, Passaic, Nyack und sogar noch weiter. Sein Bekanntheitsgrad stieg, und er sah sich gezwungen, in ständig wachsender Entfernung von seinem Basislager nach neuen Opfern Ausschau zu halten. Es gab immer wieder Wochen, in denen seine Fahrtkosten größer waren als seine Einnahmen. Noch größer als die Fahrtkosten waren allerdings seine Hühneraugen und die Schwellungen an seinen Fußballen, die Dr. Krinkler, einer meiner Lieblingsonkel, regelmäßig behandeln mußte.

Wie meine Mutter zurechtkam, wird mir ewig ein Rätsel bleiben. Alexander Hamilton mag der beste Finanzminister der amerikanischen Geschichte gewesen sein, aber ich bezweifle, daß er sich in punkto Geschick mit meiner Mutter hätte messen können.

Es ist erstaunlich, wie untalentiert ein Mensch auf dem einen und wie begnadet er zugleich auf einem anderen Gebiet sein kann. Mein Vater war der geborene Koch. Normalerweise bekochte er die ganze Familie. Jeder kennt solche Zeitgenossen: Aus zwei Eiern, etwas altem Brot, einem bißchen Gemüse und einem Stück billigem Fleisch zaubern sie ein Mahl für die Götter (vorausgesetzt, daß es noch welche gibt).

Wie die meisten Frauen haßte meine Mutter das Kochen und nahm kilometerweite Umwege auf sich, um bloß nicht in die Küche zu geraten. Aber das kulinarische Geschick meines Vaters ermöglichte ihr in späteren Jahren einige überaus vorteilhafte Geschäftsabschlüsse. Als unsere Vaudeville-Nummer noch in den Kinderschuhen steckte, gehörte es zu den Durchtriebenheiten meiner Mutter, die betreffenden Agenten zunächst zu einem von Paps bereiteten Abendessen einzuladen. Nach dem Essen waren die Agenten dann so milde gestimmt, daß die Verhandlungen ganz im Sinne meiner Mutter verliefen.

Eine meiner Tanten gebar ihrem damaligen Gatten eine Tochter. Als er das Kind zum ersten Mal sah, verzog er sich nach

Kanada und ward nie wieder gesehen. Das fertige Mädchen war dann aber recht gut gebaut – wie wir damals, in jener Zeit der Unschuld, zu sagen pflegten – und hatte auch sonst alles Notwendige mitbekommen, um einen Mann in die Falle zu locken. Nun gehörte zu den Binokel-Bekanntschaften meines Vaters ein Klempner namens Appelbaum, der nicht nur in den besten Jahren war, sondern zudem überzeugter Junggeselle. Er mochte Frauen, empfand jedoch heftigen Abscheu vor Eheschließungen. Meine Mutter mochte das Mädchen und wußte, daß Sally – so hieß die Kleine – sich nie im Leben aus eigenen Stücken oder dank ihrer Reize einen Ehemann angeln würde. Sofort wurde sie tätig. Eines Abends, als Appelbaum zum Binokelspielen bei uns zu Gast war, ließ sie sich ihm vorstellen. Der unberechenbare Zufall wollte es, daß Sally ebenfalls anwesend war. Appelbaum wurde überredet, zum Essen zu bleiben. Mein Vater hatte für den bewußten Abend ein besonders gutes Essen vorbereitet, und nach ausgiebigem Schmatzen und gelegentlichem Rülpsen und Grunzen erfuhr Appelbaum von meiner Mutter, das gesamte Mahl habe er allein Sallys zierlichen kleinen Händchen zu verdanken.

Anschließend kam Appelbaum häufiger zum Essen, und Sally war stets anwesend, um die Ragouts meines Vaters aufzutragen. Für einen Junggesellen war diese Konstellation alles in allem ungewöhnlich angenehm – eine kostenlose Mahlzeit, gefolgt von einer Runde Auktionsbinokel mit meinem Vater und einem anderen Kauz, der unter dem Dach des Hauses wohnte. Appelbaum nahm nicht nur eine Magenverstimmung mit nach Hause, sondern häufig auch einen oder zwei Dollar, die Paps nun wirklich kaum entbehren konnte. Als Appelbaum sich eines Abends in besonders lauschiger Stimmung befand, sagte meine Mutter: »Bernard« (so hieß er), »hast du je ans Heiraten gedacht? Ein Junggeselle lebt nicht … er existiert bloß. Was ihm fehlt, ist ein nettes, gemütliches Zuhause. Und mit einem Mädchen wie Sally wäre dein Leben bestimmt die reinste Idylle.«

Appelbaum wußte nicht genau, was »Idylle« bedeutete, aber das wußte meine Mutter ebensowenig. Sie war bloß irgendwann in einer Anzeige für Kreuzfahrten über das Wort gestolpert.

In diesem Augenblick betrat Sally das Zimmer und ging hüftschwenkend und zwinkernd vorüber. Meine Mutter stürzte auf sie zu und raunte heiser: »Hau ab! Ich glaube, ich habe ihn!« So sprechen Hochseefischer beim Speerfischfang. Als das Thema Hochzeit zur Sprache kam, kuckte Appelbaum wie ein Fisch am Haken. Meine Mutter erkannte, daß sie ihn an der Angel hatte, und ließ nicht mehr locker. Kein Staranwalt, nicht einmal Darrow im Loeb/Leopold-Prozeß, war je redegewandter und überzeugender als sie. Noch am selben Abend nahm meine Mutter einem angeschlagenen Appelbaum das Versprechen ab, das Mädchen ihrer Wahl zu ehelichen.

Die Hochzeit fand in Shafer's Casino in der Bronx statt, und eine stattliche Menschenmenge – größtenteils Verwandte von mir – machte ihre Aufwartung. An der eigentlichen Hochzeit waren die Leute nicht sonderlich interessiert, aber die Aussicht auf eine kostenlose Mahlzeit ließ sie eilen und weilen.

Unsere Sippe war mit ungefähr fünfzig Gästen vertreten. Appelbaum kam allein. Die ganze Angelegenheit war ihm offenbar peinlich, und er schien vermeiden zu wollen, daß irgendwelche Freunde Zeugen seiner Niederlage wurden. Heute würde ich Shafer's Casino vermutlich eher armselig finden, aber damals hatte es, zumindest in meinen Augen, die Erhabenheit einer Mischung aus Windsor Castle und den Gärten von Versailles.

Schließlich tauchte auch der Rabbiner auf, und die Zeremonie konnte beginnen. Der Rabbiner (der lausig war, aber kein Schweinepriester, weil das widersinnig wäre) hob zu einer langen, öden hebräischen Predigt an. Harpo und ich fanden die rabbinische Rhetorik langweilig – vor allem, weil wir kein Wort verstanden – und verzogen uns auf die Herrentoilette, um die Zeit bis zum Essen totzuschlagen. Aus irgendwelchen Gründen, die für mich heute nicht mehr nachvollziehbar sind, empfanden wir es beide plötzlich als echte Herausforderung, gemeinsam auf einem der Pißbecken herumzuhüpfen. Ich bin nicht besonders versiert, was diese besondere Sparte der Klempnerei betrifft, kann aber mit Bestimmtheit sagen, daß derartige Sanitärgeräte denkbar ungeeignet sind, einem Gewicht von schätzungsweise neunzig Pfund in Form hüpfender Jungs standzuhalten. Jedenfalls klappte die gesamte Anlage mit einemmal weg wie ein Stück Käse, und eine Miniaturausgabe der Niagarafälle begann aus den Rohren zu sprudeln. Da wir nicht wußten, was wir dagegen unternehmen sollten, mischten wir uns zügig wieder unter die Schar der Hochzeitsgäste.

Irgendwie kriegte der Casinobesitzer Wind von der Katastrophe. Sekunden später kam er aus seinem Büro gestürmt und kreischte: »Schluß mit der Hochzeit! Schluß mit der Hochzeit!« Als der allgemeine Tumult nachließ, brüllte er: »Jemand war im Herrenklo und hat eins von den Pißbecken abgerissen!«

»Wenn ich den Kerl erwische«, fügte er wutschnaubend hinzu, »bringe ich ihn um!« Dann wandte er sich an meine Mutter, die den Saal gemietet hatte, und sagte, wenn nicht auf der Stelle jemand achtunddreißig Dollar für das Pißbecken auf den Tisch des Hauses lege, habe es sich ausgefeiert. Die Hochzeit war geplatzt! Es ist lange her, und vielleicht bilde ich es mir bloß ein, aber wenn ich mich recht entsinne, blitzte in diesem Moment im Auge des Bräutigams zum ersten Mal ein Hoffnungsschimmer auf.

Unverzagt schnappte meine Mutter sich den Hut eines der Gäste und begann zu sammeln. Obwohl immerhin fünfzig von unserer Sippe anwesend waren, brachten wir nicht mehr als siebzehn Dollar zusammen, und Appelbaum, der bereits die Feier, den Rabbiner, den Saal und das Essen bezahlt hatte, mußte notgedrungen den restlichen Betrag beisteuern. Anschließend wurde die Hochzeit fortgesetzt, und Sally und Appelbaum lebten glücklich bis an ihr Lebensende. Diese Geschichte ist wahr, inklusive Happy-End. Ich habe lediglich die Namen geändert, um nicht den schönsten Rechtsstreit seit dem Peaches-Browning-Prozeß am Hals zu haben.

Kurz nach der Appelbaumschen Eheschließung kam mein Vater eines Tages bestens gelaunt nach Hause. Nach langem Hin und Her hatte er den dicken, reichen Konditor Stookfleisch endlich überreden können, einen Anzug für Ostern bei ihm zu bestellen. Normalerweise berechnete mein Vater für die Anfertigung seiner sartorischen Ungetüme jeweils zwanzig Dollar, aber da Stookfleisch 160 Kilo wog, einigte man sich schließlich auf achtundzwanzig. Meinem Vater war bewußt, daß er wegen der zusätzlich erforderlichen Stoffmenge nichts an dem Geschäft verdienen würde, aber Konditor Stookfleisch war tonangebend in Süßigkeiten-und-Eiscreme-Kreisen, und Paps wußte, daß er, sofern der Anzug Stookfleisch zufriedenstellte, beste Aussichten hatte, zum Schneider sämtlicher wohlhabenden Schlachter, Krämer, Brauer und Ladenbesitzer an der East Side zu avancieren. Mein Vater war so entschlossen, sich dieses lukrative Geschäft unter den Nagel zu reißen, daß er drei Dollar für einen fähigen Schneider anlegte, der ihm beim Vermessen des Fleischberges helfen sollte. Als Stookfleisch dann zur Anprobe kam, stellte sich zum Erstaunen meines Vaters heraus, daß am Anzug nur sehr wenig geändert werden mußte.

Am Sonnabend lag der fertige Anzug sorgfältig verpackt in einer Pappschachtel. Man hatte mir einen Eisbecher mit Sirup und Soda in Aussicht gestellt, wenn ich den Anzug am frühen Sonntagmorgen, rechtzeitig vor dem Osterspaziergang auf der First Avenue, bei Stookfleisch ablieferte. Die kostbare Schachtel unter dem Arm, hüpfte ich fröhlich auf die Konditorei und das Schokoladeeis mit Sirup zu, für das ich mich inzwischen entschieden hatte. Mitten im Eisgenuß hörte ich das wütende Gebrüll eines verletzten Tieres. Und vor mir ragte plötzlich dieser mächtige, dicke Riese auf, der lediglich die obere Hälfte jenes Anzuges trug, den mein Vater so sorgsam für ihn geschneidert hatte. Wo die untere Hälfte hätte sein sollen, war Stookfleischs Unterhose. »Was zum Teufel hast du mit meiner Hose gemacht!« schnaubte er. Widerwillig, aber umgehend, ließ ich mein halb gegessenes Eis stehen, war mit einem Satz auf der Straße und hörte erst zu Hause wieder auf zu rennen.

Mein vorfreudig strahlender Vater erwartete mich bereits vor der Haustür. »Und?« fragte er gespannt, »was hat Stookfleisch zu dem Anzug gesagt? Der Mann hatte bestimmt noch nie eine so gut sitzende Hose!«

»Paps«, sagte ich, »das kann schon sein, aber die Hose war nicht da.«

»Was soll das heißen, die Hose war nicht da? Gestern war die Hose noch in der Schachtel, und von allein wird sie ja wohl nicht weggelaufen sein!«

Mein Vater hatte recht. Sie war nicht von allein weggelaufen. Sie war herausgenommen worden. Der Verdacht fiel wie üblich auf Chico.

Sooft im Haus irgend etwas fehlte – die Scheren, mit denen mein Vater seine Anzüge zuschnitt, die silberne Uhr, die Gummo zur Bar-Mizwa bekommen hatte, Großvaters Spazierstock mit dem Silberknauf –, richteten sich sämtliche Verdachtsmomente unverzüglich gegen Chico und eine Pfandleihe in der Third Avenue. Das Fehlen solcher Gegenstände verriet, daß Chico in finanzieller Hinsicht mal wieder Pech gehabt hatte – im Billardsalon in Harlem.

Wenn ausländische Nationen heutzutage Geld brauchen, klopfen sie einfach beim Finanzminister in Washington an. Für Chico gab es leider keinen derartigen pekuniären Zufluchtsort. Für ihn bestand die einzige Aussicht auf sofort verfügbares Bargeld darin, eines der jämmerlich wenigen Besitztümer zu versetzen, die der Marxsche Haushalt zu bieten hatte. Dank Chicos Emsigkeit befand sich zuweilen mehr von unserem Familienbesitz in der Pfandleihe in der Third Avenue als in unserer Wohnung.

Paps wußte genau, wo er die verschwundene Hose suchen mußte. Am Montagmorgen hing Stookfleischs geräumiges Beinkleid fröhlich im Fenster der Pfandleihe, während mein Vater im Inneren des Ladens stand und ein neues Geschäft abschloß. Um Stookfleischs Hose zurückzubekommen, erklärte er sich bereit, auch dem Pfandleiher eine Hose zu schneidern.

Da ich den Wutanfall des Konditors ausführlich geschildert hatte, brachte keiner von uns den zum Ausliefern der unteren Anzughälfte erforderlichen Mut auf. Erschwerend kam hinzu, daß Stookfleisch, da der Osterspaziergang inzwischen vorbei war, weder das Jackett noch die Hose haben wollte. Nach ein paar Tagen ließ er das Jackett zurückbringen.

Der Traum meines Vaters, den Einzelhandel an der East Side im Sturm zu nehmen, hatte sich in einen finanziellen Alptraum verwandelt. Und wer war schuld? Kein anderer als unser Spielerkönig Chico. Finster entschlossen, Chico an die Gurgel zu gehen, wartete Paps auf die Heimkehr seines ältesten Sohnes. Der jedoch war nicht auf den Kopf gefallen und schlich sich durch die Hintertür herein beziehungsweise über die Feuerleiter. Hin und her gerissen zwischen Vergeltungssucht und Müdigkeit, schlief mein Vater schließlich auf seinem Stuhl neben der Haustür ein. Und als er am nächsten Morgen aufwachte, war Chico bereits wieder ausgeflogen, um sich nach spannenderen Weidegründen umzusehen.

Monatelang hing der geräumige Anzug nutzlos und verschmäht in unserem Kleiderschrank. Er paßte keinem der Kunden meines Vaters. Er paßte niemandem außer Stookfleisch. Als mein Vater eines Tages knapp bei Kasse war, trug er den Anzug schließlich zurück in die Pfandleihe und versetzte ihn für zehn Dollar. Zwei Wochen lang hing das gute Stück im Fenster. In der dritten Woche watschelte ein stämmiger Mann in den Laden und erkundigte sich danach. Dem Pfandleiher war inzwischen klargeworden, daß er sich einen Ladenhüter hatte andrehen lassen, also gab er den Anzug für acht Dollar her. Und wer war der glückliche Besitzer? Sie ahnen es: der bekannte East-Side-Konditor Stookfleisch.

Paps' wöchentliche Einnahmen aus der Schneiderei schwankten zwischen achtzehn Dollar und null. Ich weiß nicht, ob ihm das je Sorgen bereitet hat. Wenn ja, hat er es sich nie anmerken lassen. Er, der geborene Elsässer, war ein glücklicher Mensch voller *joie de vivre.* Er lachte gern. Manchmal lachte er über einen Witz, den er nicht verstand, um dann, nachdem wir ihm den eigentlichen Witz des Witzes erklärt hatten, noch einmal von vorne loszulachen. Auktionsbinokel liebte er mit einer Leidenschaft, die andere Männer nur für Ruhm, Reichtum oder eine Dame aufbringen. Er zog Harpos und Chicos Gesellschaft der meinen vor, da die beiden erstklassig Binokel spielten, während ich ein hoffnungsloser Fall war. Zum Kartenspielen fehlt mir jede Begabung. Ich habe zwar hin und wieder um hohe Einsätze gepokert, bin aber immer als Verlierer aus diesen Runden hervorgegangen. Nach spätestens einer halben Stunde angestrengter Konzentration schweifen meine Gedanken ab und verleiten mich, Witzchen zu reißen oder über Politik zu reden. So fand ich ziemlich schnell heraus, daß Kartenspielen eine ernste Sache ist und keineswegs der geeignete Rahmen für komische Bemerkungen.

Es enttäuschte meinen Vater, daß ich Kartenspielen für eine ausgesprochen langweilige Art hielt, den Abend zu verbringen. Es gab so vieles andere, Interessantere – Mädchen, auf der Veranda sitzen, Gesangsquartett, Lesen, ins Nickelodeon gehen. Binokel war etwas für ältere Herren und Zocker.

»Julie«, sagte mein Vater zu mir, »wenn du nicht anständig Binokel spielen lernst, wird nie ein richtiger Mann aus dir.« In gewisser Weise hat er recht behalten. Aus mir ist nie ein richtiger Mann geworden. Nur bezweifle ich, daß das irgendwas mit Binokel zu tun hatte.

Von Zeit zu Zeit wandte Paps sich von der Schneiderei ab und anderen Dingen zu, die sich dermaßen grandios anhörten, daß wer meinen Vater kannte, wußte: Sie waren von vorneherein zum Scheitern verurteilt.

Einige Jahre später, nach dem Umzug der Marxschen Sippe nach Chicago, schneiderte mein Vater einen Anzug für Mr. Alexander Jefferson, einen begnadeten Eisenbahnschaffner, der es mit Hilfe von einem Paar schäbiger, launischer Würfel zu fünfzig Dollar Ersparnissen gebracht hatte.

Mr. Jefferson versicherte meinem Vater, nicht das Glücksspiel sei seine Lebensgrundlage, sondern seine Arbeit als Schaffner; allerdings fügte er hinzu, daß er im Falle einer ungewöhnlich reizvollen Geschäftsidee nicht zögern werde, seine gesamten Ersparnisse aufs Spiel zu setzen.

Mein Vater, der ständig nach unverhofften Glücksfällen Ausschau hielt, erzählte Mr. Jefferson, er sei vor kurzem, beim Blättern in der aktuellen Ausgabe der Schneiderzeitung, auf eine Anzeige für einen neuen Hosenbügelautomaten gestoßen. Die Maschine arbeitete fast automatisch und brachte es praktisch ohne menschliches Zutun fertig, täglich zweihundert Hosen zu bügeln. Seinerzeit bügelte man Hosen grundsätzlich per Hand. Ein menschlicher Hosenbügler konnte, selbst wenn er bis zum Rand mit Benzedrin abgefüllt war, unmöglich mehr als fünfzig Hosen am Tag schaffen. Angestachelt von den fünfzig Dollar des Schaffners, kreischte mein Vater: »Wir kaufen diese Maschine und verdrängen alle unabhängigen Hosenbügler vom Markt. Die Rechnung ist doch ganz einfach: Alle anderen berechnen fünfundzwanzig Cent pro Hose. Also bügeln wir für zwanzig! Mal sehen, zweihundert Paar Hosen je zwanzig Cent – das macht vierzig Dollar am Tag, Sonntage nicht mitgerechnet. Das macht wöchentlich – zweihundertundvierzig Dollar!« Auf rosa

Wölkchen schwebend, fuhr Paps fort: »Und das ist längst noch nicht alles. Wir werden überall in Amerika Läden eröffnen, und sobald wir den amerikanischen Markt beherrschen, stürzen wir uns auf Europa!«

Mr. Jefferson, immerhin stolzer Besitzer von fünfzig Dollar Bargeld, war begreiflicherweise etwas skeptischer als mein Vater. »Mr. Marx«, fragte er, »was soll diese Maschine denn kosten?«

»Achthundert Dollar. Aber was macht das schon? Die haben wir doch in Null Komma nichts abbezahlt. Die Anzahlung und die Monatsraten betragen jeweils hundert Dollar. Und sobald Europa unser ist, schnappen wir uns den Orient!«

Daß man damals im fernen Osten ausschließlich Kimonos trug, wußte mein Vater nicht.

Trotz der ungehemmten Begeisterung meines Vaters zögerte Mr. Jefferson zunächst, sich von seinem Fünfziger zu trennen. »Na schön, Mr. Marx«, sagte er, »wenn Sie so sicher sind, riskiere ich meine fünfzig. Aber bevor ich mein Geld auf den Tisch lege, will ich Ihre fünfzig sehen.«

Derartiges hatte mein Vater von Mr. Jefferson nicht erwartet; er lehnte den Vorschlag kategorisch ab. Er wäre weniger kategorisch gewesen, hätte er über fünfzig Dollar verfügt, aber leider besaß er lediglich dreizehn Dollar, die er beim Binokel gewonnen, vor meiner Mutter in Sicherheit gebracht hatte und sorgfältig verborgen hielt. Von fünfzig Dollar Kapital war er himmelweit entfernt. Um zum Hosenbügelmagnaten aufsteigen zu können, brauchte er also dringend siebenunddreißig Dollar.

Angesichts dieses Problems wandte er sich ausgerechnet an Chico, der natürlich sofort versuchte, meinen Vater um die dreizehn Dollar anzupumpen. Da ihm dies nicht gelang, ließ er uns seine Standardlösung für jedes erdenkliche Problem hören: »Im Spielsalon in der South Street wird heute abend gewürfelt. Wenn du mich für dich spielen läßt und die Würfel richtig rollen, lassen sich aus deinen dreizehn Dollar bestimmt fünfzig machen.« Chico war in Hochform, die Würfel rollten richtig, und mein Vater hatte endlich den Fünfziger, den Mr. Jefferson sehen wollte – genug, um seine Hälfte der Anzahlung für die Bügelmaschine zu leisten.

Zwei Wochen später wurde der Wunderapparat aufgestellt. Auf einem Drehschild vor der Tür prangten stolz die Namen der Herren Marx und Jefferson. Heute stehen diese beiden Namen für politische Anschauungen, die weniger miteinander gemein haben als ein durchschnittliches Ehepaar; im Falle der Hosenbügler Marx und Jefferson indes standen sie für nichts Geringeres als Ruhm und Reichtum.

Die Maschine hielt alles, was die Anzeige versprochen hatte. Sie war beinahe menschlich, bloß wesentlich schneller. Sie bügelte jede Hose in fünfzehn Sekunden platt und erwartete begierig die Hosenlawine, die binnen kürzester Zeit auf sie einstürzen sollte. Die Automatisierung war im Begriff, die Hosenbügelbranche in ihren Grundfesten zu erschüttern.

Vergessen hatte man lediglich eine Kleinigkeit: die Kunden. Wie sich herausstellte, ließen die meisten Leute in ihrem jeweiligen Viertel waschen und bügeln und hatten offenbar keine Lust, ihre Hosen kilometerweit durch die Gegend zu schleppen, nur um popelige fünf Cent zu sparen.

Zwei Wochen später stattete ich dem Laden einen Besuch ab, um die Maschine in Betrieb zu sehen. Kein mexikanisches Dorf zur Mittagszeit hat je ruhiger und friedlicher gewirkt. Die beiden Partner waren nicht da. Im Hinterzimmer traf ich einen kleinen schwarzen Jungen, der mit einem Kreisel spielte. »Wo ist Mr. Jefferson?« fragte ich.

»Ach, Dad?« sagte der Junge. »Der arbeitet wieder als Schaffner. Er hat gesagt, Mr. Marx könne die Maschine bedienen.«

»Und wo ist Mr. Marx?« fragte ich.

»Mr. Marx hat gesagt, wenn ihn jemand sucht, ist er hinten im Tabakladen und spielt Binokel.«

Am nächsten Monatsersten wurde der Wunderapparat auf

der Ladefläche eines Lastwagens verstaut und wieder weggekarrt. Mein Vater kehrte zur Schneiderei zurück, trauriger und klüger als zuvor. Nein, nicht klüger – nur trauriger, denn seine dreizehn Dollar waren unwiederbringlich verloren. Er hätte sie ebensogut gleich Chico geben können.

3 Trautes Heim, allein: kein Glück

Soweit ich mich zurückerinnern kann, lebten mein Großvater und meine Großmutter ständig mit uns zusammen, egal wo in Yorkville wir gerade wohnten. Beide kamen aus Deutschland und hatten dort als Schausteller gearbeitet – er als Bauchredner, sie als jodelnde Harfenistin. Er hieß Lafe Schönberg, sie hieß Fanny. (Seinerzeit war der Name »Fanny« noch mit Rudimenten von Ehrbarkeit behaftet.) Als Großvater fünfzig war, wanderten die beiden nach Amerika aus.

Lafe erreichte das stolze Alter von hundertundeins Jahren und drehte damit sämtlichen Gesetzen der Langlebigkeit eine lange Nase. Er rauchte täglich zehn lange schwarze Zigarren, die er sich eigenhändig aus den Abfällen einer Tabakfabrik rollte. In den Zigarrenpausen paffte er eine Pfeife, die duftete wie ein feuchter Keller, in dem gerade aussortierte wollene Unterwäsche verbrannt wird. Wollte Lafe ein Zimmer ganz für sich allein haben, brauchte er es bloß mit seiner Pfeife zu betreten. Der kleinste Hauch aus seinem Miniaturverbrennungsofen ließ alle Anwesenden aufspringen und an die frische Luft eilen. Von Großvaters Pfeife hätte jedes Stinktier im Lande einiges über beißende Gerüche lernen können. Wir versteckten sie häufig, aber Großvater stöberte sie jedesmal anhand des Geruches wieder auf.

Lafe trank täglich einen guten halben Liter Whisky. Und zwar keine Importware, sondern ein selbstgemischtes Gebräu aus Rückständen einer kleinen Schnapsbrennerei, die heilfroh war, das Zeug loszuwerden. Lafes Augen waren so gut wie die von Daniel Boone, und bis zu seinem fünfundneunzigsten Lebensjahr brauchte er keine Brille. Er war aufrecht wie ein Telegraphenmast und auch fast so groß.

Da weder mein Großvater noch meine Großmutter englisch sprachen, bekamen sie nach ihrer Ankunft in Amerika keinerlei Engagements. Aus unerfindlichen Gründen schien praktisch kein Bedarf an einem deutschen Bauchredner und einer fremdsprachig jodelnden Harfenistin zu bestehen.

Enttäuscht über den Empfang in der neuen Heimat, kehrte Lafe dem Showgeschäft notgedrungen den Rücken und wandte sich verblüffenderweise einer Laufbahn zu, die denkbar wenig mit der Schauspielerei zu tun hatte. Er, der nie in seinem Leben einen Regenschirm geflickt hatte, entschied sich nach reiflicher Überlegung, Regenschirm-Reparateur zu werden. Nach der Anzahl der von ihm reparierten Schirme zu schließen, muß jenes Jahr das trockenste in der Geschichte des New Yorker Wetteramtes gewesen sein. Im Laufe von zwölf ganzen Monaten reparierte er genau sieben Regenschirme und verdiente insgesamt 12 Dollar 50. Nicht besonders viel und keinesfalls genug, um einem Mann und seiner Frau ein Leben in Saus und Braus zu ermöglichen. Niedergeschlagen zog Lafe sich aus der Regenschirmreparaturbranche zurück und entschloß sich zu einer anderen Karriere, in deren Verlauf er bis an sein Lebensende, also während der folgenden neunundvierzig Jahre, keinen einzigen Tag mehr mit Arbeit zubrachte.

Nach der Ankunft meiner Großeltern in Amerika pflegte meine Großmutter täglich Harfe zu spielen und zu singen. Als dann jedoch die Berichte über Großvaters Karriere in der Regenschirmreparaturbranche eintrafen, verstummte ihr Gesang. Nach einiger Zeit wurde die kleine Harfe auf Nimmerwiederhören in einem Wandschrank verstaut – bis Harpo sie eines Tages entdeckte. Einige Saiten fehlten, ebenso Pedale für die Halbtöne, aber für einen Jungen, dessen bis zu jenem Tage einziges Instrument eine Blechflöte für zehn Cent gewesen war, besaß die billige kleine Harfe die Erhabenheit eines Konzertflügels. Binnen kurzer Zeit schwatzte Harpo meiner Mutter genügend Geld ab, um die fehlenden Saiten ersetzen zu können. Und bald konnte er jedes einfachere Stück spielen – vorausgesetzt natürlich, es hatte keine Halbtöne.

Eines Tages verschwand die Harfe. Harpo war völlig verzweifelt. Wieder und wieder durchsuchte er unsere Wohnung. Er suchte auf den Fluren, auf der Straße und in der Umgebung. Die Harfe war auf mysteriöse Weise verschwunden, als hätten Geister ihre Hände im Spiel. Und dem war tatsächlich so, nur wußten wir alle aus langjähriger Erfahrung, daß diese Geisterhände Chicos waren.

Harpo war untröstlich. Ohne seine Harfe erschien ihm die Welt als leerer, öder Planet. Der Marschbefehl meiner Mutter an meinen Vater war kurz und bündig. »Sam, geh zum Leihhaus in der Third Avenue. Die verschwundene Harfe wird da irgendwo sein.«

Nach langem Feilschen brachte mein Vater das Geschäft mit dem Pfandleiher zum Abschluß. Als Gegenleistung für die Harfe versprach er dem Mann eine seiner berühmten, schlecht sitzenden Hosen. Am Nachmittag kehrte er triumphierend mit der Harfe zurück und stellte sie wieder in den Schrank. Nachdem das erledigt war, schnappte er sich Chico und prügelte ihn windelweich. Aber Chico hatte ein dickes Fell; die Dresche, die er gelegentlich bezog, schien ihn nie von seiner ständigen, rastlosen Suche nach neuen Einnahmequellen abzubringen. Genaugenommen hatte Chico nicht ein Zuhause, sondern drei: die Pfandleihe, den Spielsalon und unsere ständig überlaufene Wohnung. In die Wohnung kam er nur zum Essen und zum Schlafen.

Ich begreife bis heute nicht, wie ein einziges Elternpaar so viele grundverschiedene Kinder in die Welt setzen kann. Chicos Gehirn zum Beispiel arbeitete schnell und genau wie eine Rechenmaschine. Er löste mathematische Aufgaben fixer im Kopf als ich mit Bleistift, Papier und Rechenschieber. Sein Verstand arbeitete wie jener der russischen Schach-Wunderkinder, die mit zwölf Jahren ein Dutzend Großmeister durch ein paar beiläufige Hexenzüge verwirren, verstören und in tiefe Verzweiflung stürzen. Mit seiner natürlichen mathematischen Begabung hätte Chico in die Fußstapfen eines Euklid oder Einstein treten können, aber wie wir alle fand er das akademische Leben nie sonderlich reizvoll. In der Grundschule hatte er immer gute Noten, aber das war ihm egal. Seine Interessengebiete lagen anderswo, auf den Rennbahnen in Belmont und Pimlico, auf dem grünen Filz und in den dazugehörigen Löchern, beim Bridge, beim Poker und beim Binokel, wo die Einsätze seine finanziellen Möglichkeiten grundsätzlich weit überschritten. Wenn gar nichts los war, legte er Patiencen – und setzte gegen sich selbst.

Als wir Kinder waren, wohnten wir in der Ninety-third Street und spielten die damals üblichen Lauf-, Hüpf- und Springspiele. Chico fand sehr schnell heraus, daß diese Spiele auch in der Ninety-forth Street gespielt wurden, dort allerdings um Geld. Und so sahen wir Chico, außer zu den Mahlzeiten und zum Schlafen, nur sehr selten. Mir ist bis heute schleierhaft, wann er Zeit fand, Klavier zu üben. Ich bin aber ziemlich sicher, daß er, um sich nicht allzu sehr zu langweilen, ständig mit sich selbst gewettet hat, ob er das C oder das Dis treffen würde.

Harpo war das zuverlässigste männliche Mitglied unserer Familie. Er hatte alle guten Seiten meiner Mutter geerbt – Sanftmut, Verständnis und Freundlichkeit. Der Rest ging an mich. Damals arbeitete Harpo als Laufbursche für einen Schlachter, interessierte sich jedoch kaum für die Lebensmittel, die er für seinen Boß herumschleppte. In Gedanken war er meilenweit entfernt von Schmorfleisch, Kalbsleber und Kanincheneintopf, denn durch seinen Kopf geisterten Beethoven, Mozart und Bach.

Wenn Chico Klavierspielen übte, hockte meine Mutter immer mit einem Besenstiel neben ihm, damit er die vorgeschriebene halbe Stunde auch bestimmt absaß. Sobald Chico diese Pflichtübung hinter sich gebracht hatte, machte er sich aus dem Staub, und kaum war der Klavierhocker frei, rutschte Harpo hinauf und begann, mit Akkorden und Läufen zu experimentieren. Bei Harpo wäre der Unterricht sinnvoller investiert gewesen, aber die Stunden kosteten jeweils fünfundzwanzig Cent, und unser Geld reichte nur für einen von beiden.

Als ich fünf Jahre alt war, reisten wir – trotz unserer bescheidenen finanziellen Möglichkeiten – nach Europa. Meine Mutter stammte aus einem kleinen deutschen Dorf namens Dornum. Es hatte etwa dreihundert Einwohner, vier Kühe mitgezählt, die sich aus dem Nachbardorf verirrt hatten.

Eine unserer Kusinen und ihre beiden kleinen Töchter sollten mitfahren. Die Mädchen waren sechs und acht Jahre alt. Meine Mutter hätte uns gern alle mitgenommen, nur reichte das Geld, das sie sich von ihrer Kusine geliehen hatte, lediglich für zwei von uns. Da sie niemanden bevorzugen wollte, rief sie uns alle zusammen und erklärte, daß nur zwei von uns mitkönnten. Sie fügte hinzu, die anderen beiden bekämen jeweils einen Leiterwagen für drei Dollar. Als geborene Geschäftsleute entschieden sich Harpo und Gummo für die Leiterwagen. Und so bestiegen meine Mutter, Chico und ich mit den beiden Mädchen und deren Mutter einen Kahn, der die Bezeichnung »Passagierschiff« lediglich verdiente, weil er etwa hundert verarmte Passagiere an Bord hatte.

Damals war meine Mutter noch sehr jung und sehr hübsch, und ein junger Bursche, der fünfzig Pferde nach Deutschland verschiffte (wahrscheinlich, um sie zu Mortadella verarbeiten zu lassen), verfolgte sie unermüdlich über das Schiff. Sie war glücklich verheiratet und wollte nichts mit ihm oder irgendwem sonst zu tun haben. Außerdem roch er nach Pferd. Die Hölle kennt keine schlimmere Strafe als einen verschmähten Möchtegernliebhaber, und so kam der Kerl am Vorabend unserer Ankunft in Bremen in unsere Kabine, weckte uns auf, drückte jedem von uns eine Tafel Schokolade in die Hand und sagte, auf dem obersten Deck finde ein Kostümfest statt und meine Mutter bitte uns, nackt nach oben zu kommen. Wir waren blutjung und hundemüde, aber als er uns die Schokolade vor die Nasen hielt, kannten wir kein Halten mehr. Unser Auftritt bei der Feier sorgte für ziemliches Aufsehen.

Meine Mutter war strohblond und hatte diese Stundenglasfigur, die man damals für selbstverständlich hielt. In meiner Jugendzeit sprachen Männer (und sogar Jungs) bewundernd oder in anderer Weise über Mädchenbeine beziehungsweise (in feineren Kreisen) ihre »Gliedmaßen«. Heutzutage hat das Bein als Sexsymbol praktisch ausgedient. Man bekommt zwar noch immer Beine zu sehen – sogar mehr und besser denn je –, aber sie sind kein Gesprächsthema mehr. Das Interesse hat sich mehr nach oberhalb der Knie verlagert, hin zum ausgereiften Busen. Und der muß nicht mal echt sein. Unter dem Kleid oder der Bluse kann durchaus Gummi oder ein Zelt stecken – oder beides. Wichtig ist allein, daß das verhüllte, wie auch immer geartete Material möglichst abwegig weit nach vorn ragt. Diese Form weiblicher Hinterlist führt höchstwahrscheinlich zu mehr Scheidungen junger Ehen als die Unfähigkeit des Ehemannes, seine Frau in jener Art und Weise zu unterstützen, die sie nach Ansicht seiner Schwiegermutter verdient hätte, oder als der Zusammenprall grundverschiedener Temperamente oder als all die anderen Reibereien, die junge Paare auf Analytiker-Couchen oder zum Scheidungsrichter hasten lassen.

Als meine Mutter auf die Vierzig zuging, stellte sich die unvermeidliche Körperfülle ein, gepaart mit dem Ergrauen ihrer goldblonden Haare. Damals waren Schönheitssalons selten und wurden nur von reichen Leuten regelmäßig besucht.

Meine Mutter begann, das verräterische Grau mit Wasserstoffsuperoxyd zu behandeln, war allerdings dermaßen beschäftigt mit der Erziehung von fünf Söhnen und der Haushaltsführung, daß sie weder die Zeit noch die Geduld aufbrachte, diese Behandlung sachgemäß vorzunehmen. Folglich trug sie das Wasserstoffsuperoxyd schnell und wahllos auf. Zuweilen war eine Seite ihres Schopfes goldgelb, während die andere grau gescheckt war, und schließlich hatte sie die Nase voll von dieser Methode, sich den Anschein ewiger Jugend zu geben, pfefferte das Wasserstoffsuperoxyd in den Mülleimer und kaufte sich eine strahlend strohblonde Perücke.

Wie fast alle Frauen in jener Zeit trug meine Mutter ein Korsett. Wann immer meine Eltern ausgingen, gehörte es zu den Hauptattraktionen des Abends, meinen Vater beim verzweifelten, oft vergeblichen Versuch zu beobachten, Mutters immer draller werdende Figur in ein ihr grundsätzlich zwei Nummern zu kleines Korsett zu quetschen. Waren endlich die letzten Schnüre verknotet und die blonde Perücke zurechtgerückt, brachen die beiden zu irgendeinem Bekannten auf, um sich dort den Abend mit Pokern zu vertreiben. Sobald das Spiel in vollem Gange war, verschwand meine Mutter im Badezimmer und kehrte Minuten später zurück – das nachlässig in Zeitungspapier gewickelte Korsett samt fröhlich herausbaumelnden Hüfthaltern unter den Arm geklemmt. Einige Runden später verschwand sie ein zweites Mal. Diesmal war die Perücke fällig. Erst dann war sie wirklich imstande, es mit der Glücksfee aufzunehmen.

Eines Tages fragte ich sie: »Mama, wieso trägst du dieses enge Korsett und die alberne Perücke? Es ist unbequem, und außerdem weiß sowieso jeder, daß es fauler Zauber ist.«

»Julie«, sagte sie, »das verstehst du nicht. Wenn eine Dame abends ausgeht, möchte sie gern gut aussehen.«

»Ich weiß, Mama, aber sobald du irgendwo angekommen bist, legst du doch dein Korsett und die Perücke ab.«

»Selbstverständlich«, erwiderte sie. »Ich lege beides ab, weil es unbequem ist. Aber was bin ich für ein hübscher Anblick, wenn ich hinkomme!«

Ich konnte dieser Logik nicht ganz folgen, aber ihr leuchtete sie ein.

4 Auf einem morschen Ast meines Stammbaums

Es ist sicherlich weder ein großes Geheimnis noch von großer Bedeutung, aber vor der Nachwelt und der Ewigkeit lautet mein wirklicher Name Julius Henry Marx. Ursprünglich gab es einen ausgesprochen triftigen Grund, mir diesen Namen anzuhängen, aber wie so oft in unserer Familiengeschichte lief auch in diesem Fall alles anders als geplant.

Wenn Eltern ihren Sohn Julius nennen, tun sie dies meist aus tiefer Verehrung für den berühmten römischen Staatsmann, Feldherrn und Hansdampf in allen Betten. Andere tun es, weil bei ihnen zu Hause zufällig Julius La Rosas Platte »Love me tonight« herumsteht. John Ruskin zufolge ist letztgenannter Grund unbestreitbar der einleuchtendere. Es ist besser, ein Kind nach einem lebenden Sänger zu benennen als nach einem toten Feldherrn.

Daß man mich Julius nannte, hatte praktischere Gründe. Gegen Ende des neunzehnten Jahrhunderts gehörte zu unserer Familie ein Onkel Julius. Ohne Schuhe (aber mit löchrigen Socken) war er einen Meter fünfundfünfzig groß. Er hatte einen braunen Ziegenbart, eine dicke Brille und auf dem Kopf eine kahle, schimmernde Stelle, die ungefähr so groß war wie ein Buchweizenkeks. Irgendwie kam meiner Mutter zu Ohren, Onkel Julius sei wohlhabend, und so erklärte sie meinem Vater, es wäre ein brillanter Schachzug, den Mann zu meinem Paten zu machen.

Als ich zur Welt kam, saß Onkel Julius im Hinterzimmer

eines Tabakladens in der Third Avenue und zog seinen Mitspielern das Fell über die Ohren. Als man ihm zutrug, er sei Pate geworden, ließ er alles stehen und liegen, einschließlich zweier Asse, die er im Ärmel gehabt hatte, und eilte hinüber in unsere Wohnung.

Mit einer Ansprache, deren Rührseligkeit seine Brillengläser beschlagen ließ, drückte er seine Fassungslosigkeit über die warmherzige Geste unsererseits aus und gab uns zu verstehen, meine – rosige – Zukunft werde unumstößlich mit der seinen verbunden sein. Zum Abschluß seiner Rede küßte er – noch immer blind hinter seinen beschlagenen Gläsern – meinen Vater, drückte meiner Mutter eine Zigarre in die Hand und raste zurück zu seiner Binokelrunde.

Zwei Wochen später zog er mit seinem Pappkoffer und seiner restlichen Habe bei uns ein. Im Laufe der Zeit fand meine Mutter heraus, daß Onkel Julius nicht nur mittellos war, sondern zu allem Überfluß meinem Vater vierunddreißig Dollar schuldete.

Mein Vater erbot sich, ihn an die frische Luft zu setzen, aber das hielt meine Mutter für unklug. Sie sagte, sie habe schon häufig von reichen Männern gelesen, die ihr Dasein in ärmlichsten Verhältnissen fristeten und ihren Erben dann sagenhafte Reichtümer hinterließen.

Jedenfalls blieb er bis zu meiner Heirat bei uns. Zu diesem Zeitpunkt bewohnte er das beste Zimmer des gesamten Hauses und schuldete meinem Vater vierundachtzig Dollar. Kurz nach meiner Hochzeit sah meine Mutter endlich ein, daß sie sich in Onkel Julius fürchterlich getäuscht hatte, und wies meinen Vater an, ihn rauszuschmeißen. Onkel Julius kam dem zuvor, indem er kurzerhand das Zeitliche segnete und mich zu seinem Alleinerben einsetzte. Wie sich nach Eröffnung des Testamentes herausstellte, bestand sein Besitz aus einer Neuner-Billardkugel, die er irgendwo geklaut hatte, einer Schachtel Leberpillen und einer Hemdbrust aus Zelluloid.

Meinen zweiten Vornamen – Henry – verdanke ich der

sentimentalen Beziehung meiner Mutter zu einem Fünfdollarschein, den sie sich von meinem Onkel Henry geliehen hatte. Onkel Henry begriff schon sehr bald, daß es immenser Anstrengungen bedurft hätte, den Fünfer von meiner Mutter zurückzubekommen, oder anders gesagt, daß es vergleichsweise kinderleicht gewesen wäre, Blut aus einer roten Rübe zu quetschen. So vergingen viele Jahre. Eines Tages, als meine Geburt unabwendbar schien, sagte er: »Minnie, falls du wieder einen Jungen bekommst und ihn nach mir benennst, vergesse ich die fünf Dollar, die du mir schuldest. Ich weiß ja ohnehin, daß ich sie nicht wiedersehe.«

Irgendwann wird man neue Regeln für die Vergabe von Namen festlegen müssen; nicht für die Namen, die ehekrachende Eltern füreinander erfinden, sondern für die, mit denen sie ihre wehr- und arglosen Kinder strafen.

Sogar Pferde und Hunde werden mit mehr Sinn und Verstand benannt. Ich weiß, daß ich mich hiermit als altmodisch zu erkennen gebe, aber ich wäre lieber Man o'War Marx gerufen worden, als mit dem Spitznamen herumlaufen zu müssen, den man mir aufgehalst hat. Vergleichen Sie doch nur jenen erlauchten Namen mit »Julius Henry Marx«. Prosaischer geht es wohl kaum. Verfügten Sie, lieber Leser, über einen Hauch Intelligenz (was ich bezweifle, da sie blöd genug waren, dieses Buch zu kaufen – oder gehören Sie etwa zu den üblen, berüchtigten Literaturschnorrern und haben sich dieses Exemplar von irgendeinem meiner loyalen Freunde geliehen, einem jener Getreuen, denen ich die paar Dollar wert bin, die das Buch kostet?), würden Sie mir sicherlich zustimmen.

Mein Lieblingsonkel war ein Original namens Dr. Carl Krinkler. Onkel Carl war ein gutaussehender Mann mit eisengrauen Haaren und blauen Augen. Er trug stets eine kleine schwarze Tasche bei sich, und wer ihn nicht kannte, konnte ihn durchaus für einen sehr teuren Spezialisten für seltene Krankheiten halten. Tatsächlich war er Fußpfleger. Er konnte sich keine Praxis leisten, besuchte uns jedoch regelmäßig und schnorrte ein Essen, bevor er seine kleine schwarze Tasche aufklappte und säuberlich die Hühneraugen und Hornhautschichten wegschälte, die mein Vater sich beim Pflastertreten auf der Jagd nach neuen Kunden zugezogen hatte. Die Arztrechnung war nicht hoch. Beide Füße zusammen kosteten fünfundzwanzig Cent. Und in Anbetracht der schmerzenden Latschen meines Vaters war die Behandlung jeden einzelnen Penny wert.

Im Spätherbst, wenn die Blätter fielen und die Nächte länger und kälter wurden, blieben Onkel Carls Besuche aus, und es dauerte bis zum Frühjahr, ehe wir ihn wiedersahen. Eines Frühjahrs jedoch tauchte er nicht wieder auf und blieb fünf Jahre lang verschollen. Auf der Postkarte, die uns dann schließlich aus einem kleinen Gefängnis im Norden des Staates New York erreichte, stand nur ein einziger Satz: »Ich komme bald raus!«

Als wir ihn wiedersahen, erzählte er uns die ganze Geschichte. Offenbar war er bei einer Brandstifterbande angestellt gewesen. Seine Aufgabe bestand darin, die Fackel an das eine oder andere Kurhotel zu halten, dem es finanziell nicht allzu gutging. Verständlicherweise konnte man dieser Beschäftigung nur im Winter nachgehen, wenn die Hotels leerstanden. Onkel Carl war ziemlich stolz auf seine Leistungen und prahlte, er habe im Laufe der Jahre einen beträchtlichen Teil der Catskills in Schutt und Asche gelegt. Er zeigte keinerlei Reue hinsichtlich seiner Laufbahn und fügte hinzu, seine Inhaftierung sei insofern Pech gewesen, als er der Brandstifterbande gerade den Rücken habe kehren wollen, um sich selbständig zu machen. Er plante, die Catskills-Ebene zu verlassen und in die Adirondacks umzuziehen, wo nicht nur die Hotels wesentlich größer waren, sondern natürlich auch die Verdienstmöglichkeiten.

Ich traf ihn erst Jahre nach diesem Gespräch wieder. Inzwischen arbeitete er in einem Imbiß am Broadway – als Kassierer. Vielleicht hatte er sich eines Besseren besonnen. Vielleicht wollte er auch bloß die richtige Gelegenheit abpassen. Ich weiß es nicht. Aber da ich seine Vorgeschichte kannte, überraschte es mich, ausgerechnet ihn die Registrierkasse eines anderen bewachen zu sehen. Beim Bezahlen muß er mir wohl angesehen haben, was mir durch den Kopf ging. Als ich gehen wollte, rief er mich zurück und flüsterte: »Weißt du, Julius, wenn ich nicht den Polypen in die Hände gefallen wäre, hätte ich inzwischen längst einen Großteil der Adirondacks abgefackelt!«

Tja, so spielt das Leben. Auf seinem Marsch durch Georgia hat General Sherman haargenau dasselbe getan und wird heute, zumindest in weiten Teilen des Nordens, als Held verehrt. Carl Krinkler eiferte Sherman nach und marschierte für fünf Jahre in den Knast.

Bisher habe ich Ihnen von drei Onkeln berichtet, die zwar allesamt sehr nette Burschen waren, aber gleichzeitig fürchterliche Versager in ihren jeweiligen Berufen. Warum also nicht gleich ein komplettes Geständnis ablegen und zugeben, daß ich auch einen sehr erfolgreichen Onkel hatte, nämlich den Bruder meiner Mutter. Er hieß Shean und sang zusammen mit seinem Partner Gallagher einen Song, der heute genauso untrennbar mit Amerika verbunden ist wie Baseball. Sollten Sie sich nicht an die berühmte Ohrwurm-Zeile »Positively, Mr. Gallagher; absolutely, Mr. Shean« erinnern, schicken Sie mir zehn Dollar in Briefmarken. Im Gegenzug schicke ich Ihnen dann nichts. Schicken Sie mir einfach zehn Dollar in Briefmarken.

Al Shean hatte bei einem Ausbeuter in der New Yorker City als Hosenbügler gearbeitet. Er sang gern und gut. Nur sang er in der Bügelfabrik leider zu oft. Er hatte ein Quartett auf die Beine gestellt, und wann immer die vier zusammentrafen, begannen sie vierstimmig zu singen. Hosenbügler verabscheuen nichts so sehr wie das Hosenbügeln, und sobald Al und seine

Freunde ihre herrlichen Harmonien zu trällern begannen, arbeitete in der Fabrik kein Mensch mehr. Die Folge war, daß bald darauf ein bestimmter Mensch nicht mehr in der Fabrik arbeitete. Der Besitzer, der Al und Musik haßte (in dieser Reihenfolge), schmiß ihn schließlich mit der Bemerkung raus, wenn er singen wolle, solle er sich gefälligst eine Bühne suchen.

Umständlicher kann man wahrscheinlich nicht erklären, wie ich ins Showgeschäft geraten bin. Ursprünglich hatte ich Arzt werden wollen. Die Erfolge von Onkel Al überzeugten meine Mutter jedoch davon, daß die Schauspielerei ein angenehmes und lukratives Geschäft sei und daß ich die Welt der Medizin und den Eid des Hippokrates doch besser vergessen solle, vor allem, weil sie noch nie von Hippokrates gehört hatte.

Mein Onkel Al war ein charmanter, gutaussehender Bursche, und wenn er uns besuchen kam, geriet alles in helle Aufregung. Wir wurden in alle Himmelsrichtungen ausgeschickt, um seine Lieblingsspeisen und -getränke zu beschaffen. Ich wurde in der Regel beauftragt, den Kümmelkäse zu besorgen, Harpo war für den Heidelbeerkuchen zuständig, und Chico, der älteste von uns, holte das Bier. Das bedeutete, daß er zwei- oder dreimal gehen mußte, aber bei jedem Durchqueren der Schwingtüren hatte er so viele geklaute Lebensmittel in den Taschen, daß es sich lohnte. Nach dem Essen bekam jeder von uns Jungs einen Dollar von Onkel Al. Bei unserem Taschengeld von wöchentlich fünf Cent bedeutete dieser Dollar wochenlangen Luxus.

Heutzutage unterscheiden sich Schauspieler optisch nicht vom Rest der Menschheit, aber damals waren sie eine Klasse für sich. Mein Onkel beispielsweise trug seine Haare schulterlang, dazu Prä-Presley-Koteletten und bei seinen Besuchen einen Gehrock, einen Spazierstock mit Goldknauf und einen Zylinder.

Wenn Onkel Al schließlich wieder aufbrach, hatte sich stets

ein Rudel Jugendlicher vor unserer Veranda versammelt. Zum Abschied schmiß er jedesmal eine Handvoll Kleingeld in die Luft und sah zu, wie die Jungen und Mädchen sich darum balgten.

Das war *Glamour*! Weshalb sollte irgendwer Arzt werden wollen und sich das Gejammer von Invaliden und Hypochondern anhören, wenn er es beim Theater zu einem Zylinder bringen konnte – und zu genügend Mammon, um Kleingeld unters gemeine Volk werfen zu können?

Damit hieß es: Lebwohl, Hippokrates, mit deiner kleinen schwarzen Tasche, deinem Stethoskop und deinen lateinischen Rezepten. Der Show-Virus pulsierte durch meine Adern und bescherte mir fiebrige Träume von Zylindern, Gehröcken und Kleingeld. Wenn das kein erstrebenswertes Ziel für einen jungen Burschen war – was dann?

5 Meine Jugend – die kriegen Sie geschenkt

Das Geld fiel mir in jungen Jahren nicht gerade in den Schoß. Mein Taschengeld betrug wie gesagt fünf Cent wöchentlich, und diese fünf Cent gab ich mit Bedacht aus. Ich hatte allerdings einen guten Dreh zur Einkommensverbesserung gefunden: Ein Laib Brot kostete fünf Cent, während Brot vom Vortag vier Cent kostete, also drängelte ich mich immer vor, wenn jemand zum Bäcker gehen sollte. Ich kaufte das Brot für vier Cent und steckte den gesparten Penny ein. Jahre später erzählte mir meine Mutter, sie habe sich von dem harten Brot, das ich heimbrachte, nie täuschen lassen, allerdings nichts dazu gesagt, weil sie weder mein Einkommen beschneiden noch meinen Unternehmergeist habe ersticken wollen. Jahrelang aß meine Familie altbackenes Brot, und ich zweigte pro Woche zusätzliche fünf Cent ab. Womit ich meiner Familie letztlich (wenn auch völlig unbewußt) sogar einen Gefallen tat, denn wie wir heute von Ärzten hören, kann der hemmungslose Verzehr von frischem Brot ausgesprochen ungesund sein.

Für einen Cent kriegte man damals vier Dauerlutscherbonbons, sogenannte Kieferbrecher. Über ihre Zusammensetzung weiß ich nichts Genaues, aber man konnte an jeder Kugel zwei Stunden herumlutschen, bis endgültig nichts mehr übrig war. Der Hartnäckigkeit nach zu urteilen, mit der die Dinger sich der Auflösung widersetzten, müssen sie aus Farbe, Zucker und einer billigen Zementmischung bestanden haben. Sie waren ungefähr golfballgroß, und kein Mund – außer vielleicht der von Joe E. Brown – hätte mehr als zwei dieser Kugeln gleichzeitig aufnehmen können.

Eines kalten, verschneiten Tages hatte ich vier Kieferbrecher erstanden, mir einen in den Mund gesteckt und die übrigen drei sorgfältig unter meiner Mütze verstaut. Sie werden jetzt natürlich denken, das sei ein sonderbares Versteck für Süßigkeiten, aber meine Vorgehensweise hatte einen praktischen Grund. Wenn ich nämlich einem anderen Jungen begegnete und der mich nach einem Kieferbrecher fragte, sagte ich: »Tut mir leid, hab keinen mehr.« Blieb er mißtrauisch, konnte ich ihm erlauben, meine Taschen zu durchsuchen. Keiner kam je auf die Idee, unter meiner Mütze nachzusehen.

An jenem Tag kam mir ein großer, rauher Bursche entgegen, der in einer härteren Gegend wohnte als ich, und sagte angesichts meiner vom Kieferbrecher ausgebeulten Wange: »He, du, gib mir einen Kieferbrecher.« Ich erwiderte wie üblich: »Tut mir leid, hab keinen mehr.«

»Du lügst«, sagte er. Da er wesentlich größer war als ich, ignorierte ich diese Frechheit.

»Wenn du's mir nicht glaubst«, sagte ich, »dann durchsuch mich doch.«

Während er meine Taschen umkrempelte, sagte ich triumphierend: » Siehste? Ich hab dir doch gesagt, daß ich keinen mehr hab.«

Wütend und frustriert schnappte er sich meine Mütze und pfefferte sie auf den Boden. Zu meinem Entsetzen kullerten die drei kostbaren Kieferbrecher in den Schnee. Schon hatte er sie sich geschnappt, steckte sich einen in den Mund und die beiden anderen in die Tasche. Dann holte er aus und verpaßte mir einen fürchterlichen Kinnhaken. Eine Zeitlang ruhte ich friedlich im Schnee wie ein Fisch in der Tiefkühltruhe. Als ich wieder zu mir kam, war der Junge verschwunden, und mein Kinn tat weh.

Dieser unerwartete Schlag ins Kontor war mir eine unschätzbare Lehre. Wann immer ich danach Kieferbrecher kaufte, steckte ich mir erst dann einen in den Mund, wenn ich die anderen unter meiner Matratze in Sicherheit gebracht hatte.

Einmal bot sich mir eine weitere Gelegenheit, rasch an Kleingeld zu kommen. Einer der Lehrer an unserer Schule war als außerordentlich versnobt bekannt. Die meisten seiner Kollegen brachten ihr Mittagessen von zu Hause mit und hatten sich offenbar damit abgefunden, in den Pausen auf dem Schulhof zu stehen und ihre karge Mahlzeit aus einer Papiertüte oder einem Schuhkarton zu sich zu nehmen. Nicht so Bertram Smith. Frühstücksdosen und ähnliches kamen für ihn nicht in Frage. Alljährlich wurde ein glücklicher Junge auserkoren, die Umgebung nach Leckereien für Smith abzuklappern. Zum normalen Abscheu, den Schüler für ihre Lehrer empfinden, kam in diesem Falle hinzu, daß man Smith wegen seiner Überheblichkeit und Arroganz gegenüber allem, was direkt oder indirekt mit der Schule zu tun hatte, einfach hassen mußte. Er kleidete sich wesentlich besser als die anderen Lehrer, sogar besser als der Rektor. Ich weiß nicht, wie er das anstellte, hege aber aufgrund meiner inzwischen erworbenen Reife und Welterfahrung den starken Verdacht, daß er sich von einer reiferen Dame aushalten ließ.

Wie dem auch sei: Der Glückliche, dem schließlich die zweifelhafte Ehre zuteil wurde, werktags das Mittagessen für Smith aufzutreiben, war ich. Von Bezahlung oder anderen Zuwendungen war nicht die Rede. Smith war so großzügig gewesen, mir dieses ehrenvolle Amt anzuvertrauen, und von mir wurde nun erwartet, daß ich angemessen dankbar und glücklich dreinblickte.

Bertrams kulinarische Neigungen waren ausgefallen und exotisch. Meine Mittagspause dauerte nur eine Stunde, und so mußte ich mein Eiersandwich und meinen Apfel beziehungsweise mein Mortadellasandwich und meine halbe

Orange hinunterschlingen, damit mir anschließend genügend Zeit blieb, die weit entfernten Restaurants aufzusuchen, zu denen er mich schickte – deutsche, griechische, spanische, koschere und türkische. Tag für Tag, ob's stürmte oder schneite, mußte ich seltsame Gerichte anschleppen. Manchmal waren die verpackten Teller heiß und sperrig, aber nie hörte ich ein Wort des Dankes aus dem Mund des teiggesichtigen Feinschmeckers.

Am Ende des Halbjahres kriegte ich, inzwischen dürr und anämisch vom ständigen Herunterschlingen meines Essens und der dauernden Hetzerei, von Smith widerwillig einen Dollar in die Hand gedrückt. Geträumt hatte ich von zwanzig, und gerechnet hatte ich – in Anbetracht seines Rufes – mit zehn. Nachdem er mich in sein Zimmer gerufen hatte, gab er mir einen Dollarschein und bugsierte mich eilig wieder nach draußen. Mit dem Zehner, der mir entgangen war, hatte ich große Dinge vorgehabt. Ich wollte mir für neun Dollar einen Anzug kaufen und mit dem verbleibenden Dollar meiner Mutter etwas besorgen, das wir dringend brauchten – eine Kaffeekanne. Wir hatten zwar eine, aber die war uralt und am Boden an drei Stellen undicht. Ließ man sie unbeaufsichtigt in der Küche zurück, löschte sie regelmäßig die Gasflamme. Ich erinnere mich an mindestens drei Gelegenheiten, bei denen Familienmitglieder, überwältigt von Gasgeruch, halb bewußtlos aus der Küche gezogen werden mußten. Um es kurz zu machen: Ich kriegte keinen Anzug für neun Dollar, aber meine Mutter kriegte eine nagelneue Kaffeekanne. Und ich freue mich sagen zu können, daß von diesem Tage bis zu meinem Eintritt ins Showgeschäft nie wieder jemand aus meiner Familie in der Küche ohnmächtig wurde.

Bis zu meinem zwölften Lebensjahr war meine prekäre Finanzlage das einzige, zudem völlig unkomplizierte Problem meines Daseins gewesen. Aber eine neue Dimension sollte bald hinzukommen – eine, die ich wahrhaftig kaum mehr erwarten konnte.

Die Liebe von Zigeunern stammt. Was das heißen soll, weiß ich nicht genau, aber auch Komponisten müssen von irgend etwas leben. Vermutlich soll es bedeuten, daß die Liebe umherschweift und sich nur schwer fassen läßt. Heutzutage wirft man mit dem Begriff »Liebe« so achtlos um sich, daß er seine Bedeutung fast vollständig verloren hat. Der eine sagt »Ich liebe Cheddar«, die andere sagt »Ich liebe den Pariser Frühling«, ein Junge sagt »Ich liebe es, wie Mickey Mantle nach links und rechts ausholt«, und irgend jemand singt »Ich liebe den Anblick der untergehenden Sonne«. Letzterer ist wahrscheinlich Einbrecher. Der Begriff »Liebe« sollte einer einzigen Sache vorbehalten sein – der Beziehung zwischen ihm und ihr, zwischen Mann und Frau, zwischen Junge und Mädchen.

Ich war zwölf, als die Liebe mich zum erstenmal erwischte. Ich trug noch kurze Hosen, aber auf meiner Oberlippe begannen erste zarte Härchen zu sprießen. In der Wohnung über uns wohnte ein Mädchen, das auch gerade zwölf war. Sie war »gut gebaut«. Und außer der guten Bauweise hatte sie etliche hellbraune Löckchen vorzuweisen, die ihr reizend in den Nacken fielen, und Zähne, die so ebenmäßig waren wie die Körner auf einer gut gewachsenen Ähre. Durch geschickte Schachzüge meinerseits konnte sie kein einziges Mal die Treppe zu ihrer Wohnung hinaufsteigen, ohne mir im Hausflur zu begegnen.

Ich hatte eine Weile an allen Ecken und Enden gespart und so schließlich genügend Geld zusammenbekommen, um sie ins *Hammerstein Victoria* einzuladen, ein Vaudeville-Theater in der Stadt. Ich war noch nie dort gewesen, hatte aber viel davon gehört. Ich hatte siebzig Cent gespart und alles genau ausgetüftelt: zwei Karten für den zweiten Rang – fünfzig Cent... Fahrtkosten hin und zurück – zwanzig Cent... insgesamt: siebzig Cent.

Wir hätten natürlich zu Fuß gehen können, nur wohnten wir in der East Ninety-third Street, und das Theater war in der West Fourty-second Street. Wir hatten Januar, die Tage waren kurz, und das Klima brachte eine recht ansehnliche Lappland-Imitation zustande.

Lucy sah reizend aus und ich nicht übel, als wir am Times Square aus der Straßenbahn stiegen. Leider fiel ein Haar in die Suppe. Das Haar war ein Handkarrenhändler. Er stand genau vor dem Theater und pries lautstark sein Kokosnußkonfekt für fünf Cent die Tüte an. Als reinrassige Frau erspähte Lucy den Karren sofort und raunte mir zu, für Kokosnußkonfekt könnte sie sterben. Was tun? fragte ich mich – und tat, was in der bisherigen Geschichte der Menschheit noch jeder Trottel getan hat, wenn Schönheit etwas von ihm forderte. Was diese besondere Schönheit nicht wissen konnte, war, daß ihr beiläufiges Verlangen nach Konfekt mein akribisches Budget gründlich über den Haufen schmiß und den Nachmittag vermasselte, bevor er überhaupt angefangen hatte.

Wir saßen im zweiten Rang, weit, weit von der Bühne entfernt. Sämtliche Darsteller sahen aus wie Zwerge, und die Laute, die sie ausstießen, waren in unserem Ausguck kaum zu vernehmen. Endgültig übertönt wurden die Stimmen der Schauspieler indes vom stetigen Knirschen, mit dem das Kokosnußkonfekt Stück für Stück anmutig im Schlund meiner liebreizenden Lucy verschwand. Vielleicht war sie zu gefesselt von der Vorstellung, um mir etwas abzugeben, vielleicht dachte sie aber auch, ich sei zuckerkrank, und wollte, da sie unsterblich in mich verliebt war, meine Gesundheit nicht gefährden. Warum auch immer: Sie aß die ganze Tüte allein leer, bis zum letzten Krümel.

Ich war rechtschaffen verärgert über Lucys Raffgier, hatte jedoch ein anderes Problem, das mich sogar das mir entgangene Konfekt vergessen ließ. Alles hoffnungsvolle Durchstöbern half nichts; in meinen Taschen versteckte sich bloß noch ein einziges Fünfcentstück. Das Leben war damals nicht teuer, aber so billig, daß zwei Leute für fünf Cent mit der Straßenbahn hätten nach Hause fahren können, war es auch nicht.

Schließlich endete die Vorstellung. Schweigend verließen wir das Theater. Als wir ins Freie traten, standen wir nicht nur im Dunkeln, sondern zudem mitten in einem wütenden Schneesturm. Heute ist mir das Ganze schrecklich unangenehm, aber bedenken Sie bitte, daß ich damals erst zwölf und daß es bitter kalt war und daß Lucy das ganze Konfekt allein verschlungen hatte. Außerdem wären, hätte sie mich nicht zum Konfektkauf genötigt, noch immer zehn Cent übrig gewesen – also genug für zwei Fahrkarten.

Ungeachtet all dieser überzeugenden Argumente besaß ich noch einen Rest von Anstand. Ich wandte mich ihr zu und sagte: »Lucy, als wir uns auf den Weg gemacht haben, hatte ich siebzig Cent, also genug für die Karten und für die Fahrt. Konfekt hatte ich nicht eingeplant. Ich wollte kein Konfekt. Du wolltest Konfekt. Hätte ich vorher gewußt, daß du Konfekt wollen würdest, hätte ich dich erst in ein paar Wochen eingeladen. Tatsache ist, daß ich nur noch fünf Cent habe. Denk dran, Lucy, du hast das Konfekt gekriegt, und du weißt, daß jetzt gerechterweise ich nach Hause fahren und du zu Fuß gehen müßtest. Aber du weißt auch, daß ich in dich verknallt bin, also gebe ich dir eine faire Chance. Paß auf: Ich werfe jetzt diese Münze hoch. Du sagst ›Kopf‹. Wenn es ›Kopf‹ wird, fährst du nach Hause. Wenn es ›Zahl‹ ist, fahre ich.«

Die Götter standen mir bei. Es war »Zahl«.

Die Menschenweibchen haben mich immer verblüfft, und ich habe sie stets als Rasse für sich betrachtet. Merkwürdigerweise sprach Lucy fortan kein Wort mehr mit mir. Als wir uns das nächstemal sahen, schnitt sie mich einfach. Und hätte sie ein Messer bei sich gehabt, wäre ich nicht so glimpflich davongekommen.

Tja. Das war das Ende meiner ersten Romanze und, nebenbei bemerkt, auch das Ende meiner siebzig Cent. Ich glaube aber, daß sie sich in zumindest einer Hinsicht von allen anderen unterschied: Es war vermutlich die einzige Liebesbeziehung der Geschichte, die an einem fehlenden Nickel zerbrach.

Als Chico dreizehn wurde, war es Zeit für seine Bar-Mizwa. Hierbei handelt es sich um einen außerordentlich feierlichen Anlaß im jüdischen Familienleben, denn mit der Bar-Mizwa ist ein Junge kein Junge mehr, sondern wird, wenn auch nur formal, ein Mann. Man versammelt sich in der Synagoge, und der Junge muß eine Rede halten, in der er seinen Eltern für seine Geburt dankt und berichtet, wie sie ihn behütet und sich um ihn gekümmert haben. Da keiner aus meiner Familie lange genug zur Schule gegangen war, um die Rede schreiben zu können, kaufte meine Mutter sie für einen Vierteldollar von einem rangniedrigen Würdenträger der Synagoge. Die Rede wurde im Abstand von jeweils zwei Jahren von Chico, Harpo und mir gehalten.

An meine eigene Bar-Mizwa-Feier erinnere ich mich kaum noch. Ich sprach einige mystische hebräische Worte, die ich allesamt nicht verstand, und hielt anschließend die Vierteldollardankesrede auf meine Eltern. Alles war ziemlich schnell überstanden, und ich kehrte nach Hause zurück, wo ein Fest zu meinen Ehren stattfand. Es gab nicht viele Geschenke. Erinnern kann ich mich lediglich an eine Schachtel Fruchtgummis, drei Paar schwarze Kniestrümpfe und einen Füllfederhalter, der gerade undicht genug war, um einige hochinteressante Muster auf mein Hemd zu kleckern.

Ich liebte diesen Füllfederhalter. Er war der erste wertvolle Gegenstand, den ich je besessen habe.

Nun, da ich zum Mann geworden war (mit einem undichten Federhalter als Beweis), war ich bereit, es mit der Welt aufzunehmen. Kurz nach meinem dreizehnten Geburtstag fragte ich meine Mutter: »Mama, wenn ich Arbeit finde, kann ich dann mit der Schule aufhören?«

»Willst du denn keine Ausbildung?« fragte sie.

»Nicht, wenn ich deswegen zur Schule gehen muß«, erwiderte ich kühn. Und bevor ihr eine passende Antwort einfallen konnte, setzte ich alles auf eine Karte. »Ich habe ein Buch von Horatio Alger gelesen, *Julius, der Gassenjunge.* Da steht drin, wie sich ein armer Junge mit nichts als Mumm und Entschlossenheit aus dem Nichts zum Bankdirektor hocharbeitet. Ich heiße genau wie er, warum soll ich mir also nicht einen Job suchen und helfen, die Familie zu unterstützen?«

»Tjaa«, sagte meine Mutter bedächtig, »es ist dein Leben. Wenn du lieber Bankdirektor werden möchtest, als etwas zu lernen, such dir ruhig einen Job.«

Die Zeitungen waren voll von »Bürogehilfe gesucht«-Anzeigen, und bald arbeitete ich in einem Maklerbüro in der Pine Street. Mein Boß hieß Harvey Delaney. Er war untersetzt und bewegte sich grundsätzlich schwankend vorwärts. Ich weiß nicht, ob er ständig angetrunken war oder bloß unter Gleichgewichtsstörungen litt. Ich sollte täglich von neun bis siebzehn Uhr arbeiten und dafür pro Woche drei Dollar und fünfzig Cent bekommen.

Außerdem wies Delaney nachdrücklich darauf hin, er habe meinen Vorgänger gefeuert, weil dieser ständig zu spät gekommen sei.

»Was soll ich denn im Büro machen?« fragte ich.

»Wenn ich morgens komme«, erwiderte er, »gibst du mir die Post. Außerdem nimmst du alle Anrufe entgegen.«

Die Post war kein besonderes Problem, weil außer Werbebroschüren und einem kostenlosen Anzeigenblättchen namens *The Pine Street News* keine kam.

»Zum Telefonieren merkst du dir folgendes«, sagte er. »Sobald es klingelt, nimmst du den Hörer ab, notierst dir ganz genau, wer wann angerufen hat, und vergewisserst dich, daß du die Nummer richtig verstanden hast.«

Während meiner ersten drei Arbeitswochen klingelte das Telefon nur zweimal. Der eine Anruf kam von einer Frau, die darauf beharrte, mit dem Büro von J. Pierpont Morgan verbunden zu sein. Der andere kam von meinem Boß, der sich erkundigte, ob jemand angerufen hatte.

Anfangs trat ich meinen Dienst um Punkt neun an und blieb bis fünf. Der Boß schlingerte gegen zehn Uhr ins Büro und ging jeweils um vier. Mittags machte er zwei Stunden Pause. Ich aß mein Mittagessen im Büro, ein Spiegelei-Sandwich und eine große Tüte Trauben, die ich bei einem Straßenhändler in der Park Row kaufte. Die Zeit wurde mir lang. Da ich nichts Besseres zu tun hatte, verbrachte ich den Großteil des Vormittags damit, Trauben zu essen und die Kerne auf den Teppich zu spucken. Den Nachmittag verbrachte ich damit, sie wieder aufzusammeln.

Nichts hält einen jungen Mann besser von Dummheiten ab als eine geregelte Beschäftigung. Da Mr. Delaney inzwischen erst gegen elf anzufangen pflegte, erschien ich um zehn zur Arbeit. Als er seinen Feierabend auf drei Uhr nachmittags vorverlegte, verlegte ich meinen auf vier Uhr. Ein paar Wochen später ließ er die Mittagspause gänzlich sausen und trudelte gegen vierzehn Uhr ein, um mich wegen des Telefons auszuquetschen. Ob ich sicher sei, daß niemand angerufen habe? Ich sagte: »Heute hat das Telefon einmal geklingelt.« Seine Augen begannen zu leuchten. »Aber«, fuhr ich fort, »es war nur das Fernmeldeamt. Die wollten die Leitungen testen.«

Da er nun erst gegen zwei anfing, fing ich um eins an. Nach einer Weile war mein Timing so perfekt, daß immer kurz nach meinem Eintreffen im Büro seine Schritte unten im Flur ertönten.

Es war wirklich ein ruhiges Büro. Ich kam mir vor wie in einem mit Teppich ausgelegten Mausoleum. Eines Nachmittags stand ein Spiel der Giants in den Polo Grounds an. In dieser Phase kam Mr. Delaney gar nicht mehr richtig ins Büro. Gegen eins lugte er kurz herein und fragte, ob jemand angerufen habe. Auf mein »Nein« hin machte er kehrt und ging wieder weg. An jenem verhängnisvollen Nachmittag spazierte ich wenige Minuten nach seiner Stippvisite auf dem Weg zum

Stadion die Park Row hinunter. Es war ein herrlicher, windiger Tag. Als ich plötzlich einen Herrenhut durch die Luft segeln sah, rannte ich, ganz im Geiste Horatio Algers, sofort hinterher und apportierte. Als ich den Hut seinem Besitzer zurückgab, blickte ich ins Gesicht meines Chefs. »Julius!« rief er aus, »wieso bist du nicht im Büro und paßt aufs Telefon auf? Man weiß nie, wann es klingelt! Ich habe dich eingestellt, damit das Telefon immer besetzt ist, wenn jemand anruft!« Als er seinen Hut nahm, sagte er. »Vielen Dank, daß du mir den Hut zurückgebracht hast. Ach, und noch was, Julius, du bist gefeuert.«

Es tat mir leid um den Job. Das Büro war hübsch gewesen und die Traubensaison auf dem Höhepunkt. Und zu allem Überfluß bestand nun meine Mutter darauf, daß ich wieder zur Schule ging.

6 Was man nicht im Geldbeutel hat, muß man in den Beinen haben

Ich war Feuer und Flamme fürs Showgeschäft. Die Schule fand ich unsagbar langweilig, und das einzige, was mich interessierte, war unsere Lehrerin, eine junge, große, wohlgeformte, blauäugige Irin namens Seneca, die *Evangeline* mit tiefer, dramatischer Stimme zu rezitieren verstand. Vergleichbares sollte mir erst wieder zu Ohren kommen, als ich Barrymore den Hamlet-Monolog sprechen hörte. Ihr bebender Bariton, gepaart mit ihren anderen Vorzügen, elektrisierte mich... bis ich eines Tages herausfand, daß sie Mädchen bevorzugte, was dann leider das Ende von Longfellow und Miss Seneca war.

Der übrige Unterricht kam mir völlig sinnlos vor. Algebra und Geometrie waren Teufelswerk und einzig zu dem Zweck ersonnen, kleinen, dummen Jungs das Leben zur Hölle zu machen.

Als ich dann eines Tages wieder mal die Schule schwänzte, lief mir die Glücksfee über den Weg. In der Morgenausgabe der *World* las ich folgende Anzeige: *Sängerknabe für erstklassige Vaudeville-Show gesucht. Vier Dollar die Woche. Kost und Logis frei.*

Für einen Jungen, dessen wöchentliches Taschengeld fünf Cent betrug, waren vier Dollar gleichbedeutend mit dem Schlüssel zum Münzamt. Und dem Ende der Schulausbildung. Ich zog also meinen besten Anzug an – der zugleich mein schlechtester war, weil ich sonst keinen hatte –, enterte eine Straßenbahn, stieg keine Stunde später fünf Stockwerke hoch und klopfte an die Tür einer der schmuddeligsten Mietwohnungen, die ich je gerochen habe.

Die Tür ging auf, und ein hakennasiger Mann mittleren Alters, der einen blauen Kimono und eine Spur Lippenstift auf den schmalen Lippen trug, geleitete mich in eine Wohnung, die unsere eigene an Schäbigkeit noch übertraf. Ich verkündete, ich hätte die Anzeige gelesen und sei Sängerknabe. »Geh rauf aufs Dach«, sagte er, »ich komme gleich nach.« Als ich oben ankam, stellte ich fest, daß etwa dreißig andere Herumtreiber mir zuvorgekommen waren. Einige von ihnen trugen Tanzschuhe mit Holzsohle (Steppschuhe, wie man sie heutzutage nennt), und da wir auf einem Blechdach standen, lärmten sie wie eine aus vollen Rohren angreifende Feldartillerie.

Schließlich ließ sich Robin Larong (so hieß der Herr im verwitterten Kimono) bei uns blicken. In ungewöhnlich hoher Tonlage – jedenfalls für einen Mann – verkündete er, er habe eine erstklassige Vaudeville-Tour abgeschlossen und brauche einen guten Sängerknaben und einen Jungen, der tanzen könne. Glücklicherweise hatten sich insgesamt nur drei Sängerknaben eingefunden. Die übrigen Jungen waren mehr oder minder begabte Stepper. Larong entschied sich am Ende für einen rauhen Burschen von der East Side, der Johnny Morton hieß. Nachdem ich »Love Me and the World Is Mine« gesungen hatte, lächelte er mich an, zeigte allen anderen seinen gebieterisch ausgestreckten Zeigefinger und kreischte »Raus!«

Ich war damals fünfzehn und wußte ebensoviel vom Leben wie ein zurückgebliebener Achtjähriger. Ich fragte: »Wohin fahren wir, Mr. Larong? Und wann fahren wir los?« Er antwortete, wir würden zuerst in Grand Rapids auftreten und dann nach Denver weiterreisen. Weitere Städte erwähnte er nicht, und ich fragte nicht nach. Er hatte von einer erstklassigen Vaudeville-Tour gesprochen, und soweit ich wußte, dauerte so eine Tour mindestens zwei Wochen. Wichtig war nur eines: Ich war im Showgeschäft! Die Bühne rief, und ich war ganz Ohr.

Ich machte mir allerdings Sorgen, wie man die Ankündigung meiner Abreise zu Hause aufnehmen würde. Vor meinem geistigen Auge hatte ich mir meine Familie krank vor Kummer vorgestellt oder, wenn schon nicht krank, so doch tieftraurig bei dem Gedanken, daß ich sie nun bald verlassen würde. Aber nicht genug damit, daß weder Kummer noch Klagen zu hören waren, nein, meine Ankündigung schien alle schlagartig in einen Zustand heller Freude zu versetzen, wie ich ihn bei meiner Familie erst Jahre später wieder erleben sollte, als das Ende des Ersten Weltkrieges bekanntgegeben wurde. Wären sie draußen auf der Straße gewesen, hätten sie sicherlich Freudentänze aufgeführt und ihre Hüte in die Luft geworfen. Ausgelassene Karnevalsstimmung schien die gesamte Familie zu erfassen, und das einzige, was sie wissen wollten, war, wann ich auszöge. Ansonsten gaben sie mir stillschweigend zu verstehen, daß es ihnen eigentlich auch nichts ausmachen würde, wenn ich ganz wegbliebe.

Wir probten zwei Wochen lang. Da Larong, unser Chef, in einem der Zimmer seiner Wohnung lebte, probten wir auf dem Dach. Die Augustsonne verwandelte das Blechdach unter unseren Füßen in eine glühende Herdplatte, aber wir waren jung, enthusiastisch, hungrig und – für die Bühne – bereit, alles zu ertragen. Nach langen Proben stand die Nummer, und Thespis konnte kommen.

Während meine Mutter beim Abschied einige Tränen vergoß, rang der Rest der Familie beinahe mühelos um Fassung. Als ich schon fast auf dem Gehweg stand, kam unser Hund angelaufen und biß mir ins Bein.

Mein Gepäck bestand aus einem Pappkoffer und einem mit Pumpernickel, Bananen und hartgekochten Eiern gefüllten Schuhkarton. Eier müssen damals besonders günstig gewesen sein, denn nie wieder habe ich so viele in einem einzigen Karton gesehen. Obwohl ich nur bis Grand Rapids reisen wollte, hätte mein Eierproviant problemlos bis San Francisco gereicht.

Meine älteren Brüder Chico und Harpo waren natürlich viel zu beschäftigt, um von etwas so Belanglosem wie meiner Abreise Notiz zu nehmen. Harpo hatte seine Schullaufbahn unmittelbar nach der Kindergartenreife abgebrochen und kassierte inzwischen drei Dollar pro Woche dafür, daß er die reicheren Familien in der Umgebung mit Fleisch und Gemüse belieferte.

Chico, der einzige Marx-Brother mit abgeschlossener Volksschulbildung, machte etwas aus seinem Wissen: Er arbeitete inzwischen als festangestellter Zocker in einem schicken Billardsalon in der Ninety-ninth Street, mitten in den Slums von Harlem.

Ich war jedenfalls im Showgeschäft, wenn auch nur für zwei Wochen. Wir nannten uns *Das Larong-Trio.* Um bereits auf der Straße Aufsehen zu erregen, hatte Larong uns mit Pagenanzügen und dazu passenden Kopfbedeckungen ausgestattet, runden Pillbox-Hütchen, auf denen in goldenen Buchstaben die Worte LARONG-TRIO prangten. Als ich ihn fragte, wozu das gut sein solle, sagte er, es sei eine sagenhafte Werbung für unsere Nummer, da wir diese sonderbaren Kostüme auch auf der Bühne trügen. Mir war es egal. Ich wäre sogar in einem Bärenfell glücklich gewesen. Was immer ich trug, es stellte eine Verbesserung gegenüber meinen normalen Klamotten dar. Außerdem starrten mich in meinem neuen Aufzug die Leute an. Und ich stellte fest, daß mir das gefiel. Zum ersten Mal in meinem Leben hatte ich nicht mehr das Gefühl, ein Niemand zu sein. Ich gehörte zum Larong-Trio. Ich war Schauspieler. Mein Traum hatte sich erfüllt.

Ich wußte nicht, mit was für einem Zug wir fahren würden, und hatte, da ich noch nie zuvor mit einem Zug verreist war, keine Ahnung, was mich erwartete. Ob zu unserem Zug ein Schlafwagen gehörte, habe ich nie erfahren. Das gilt übrigens auch für den Speisewagen. Aber ich war fünfzehn und hätte auf einem Fahnenmast schlafen können. Als wir endlich, nach drei rußigen Tagen, in Grand Rapids ankamen, hatte ich noch immer sechs Eier in meinem Schuhkarton.

Lassen Sie mich an dieser Stelle kurz das Programm schildern, mit dem die nichtsahnenden Einwohner von Grand Rapids traktiert werden sollten. Zu Beginn der Vorstellung kamen wir drei mit kurzen Röcken, Strumpfhosen, Stöckelschuhen und schlappigen Lustige-Witwe-Hüten angetan auf die Bühne. Derartige Auftritte waren damals im Vaudeville nichts Ungewöhnliches. Wir drei sangen ein Lied mit dem Titel »I Wonder What's the Matter with the Mail?« Das Stück fing so an:

I wonder what's the matter with the mail;
It never was so late before;
I've been up since seven bells,
And nothing's slipped under my door.

Die restlichen Zeilen dieses Evergreens sind mir entfallen, aber das Lied handelt von einem Kerl, der sich von einer Frau namens Liza aushalten läßt und dessen wöchentlicher Scheck aus irgendeinem Grund nicht eingetroffen war. Über Lizas Einnahmequellen weiß ich nichts Genaues, aber dem Text nach zu urteilen, war sie in einem Haus beschäftigt, in dem die Geschäfte nicht allzu gutgingen. Bei dem Haus handelte es sich erkennbar nicht um ein trautes Heim. Man könnte die Art Mann, die sich von einer solchen Frau aushalten läßt, durchaus beim Namen nennen, aber das wollen wir hier nicht vertiefen. Jedenfalls war das unser Lied. Von einem Mann vorgetragen, hätte es vielleicht irgendeinen Sinn ergeben, aber daß drei Männer in Frauenkleidern die traurige Geschichte von Liza und ihrem mittellosen Liebhaber herunterjaulten, muß das Publikum mächtig durcheinandergebracht haben.

Wie alle Lieder endete auch dieses schließlich, und ich entledigte mich rasch des Rockes, der Stöckelschuhe und des Schlapphutes. Dann tauchte ich wieder auf, diesmal als Ministrant verkleidet, und schmetterte »Jerusalem, öffne deine Tore und singe!« in die geballte Stille. Der einzige, der applaudierte, war ein religiöser Fanatiker, der dem Stück offenbar erbauliche Bedeutung zumaß, sich auf seinen Sitz stellte und »Halleluja!« brüllte. Schließlich kam der Manager – offensichtlich ein Atheist – durch den Mittelgang geeilt und schmiß den Mann raus.

Anschließend stolzierte Johnny auf die Bühne und begann zu steppen. Unglücklicherweise flog ihm bei einem komplizierten Ausfallschritt der rechte Schuh vom Fuß und traf eine Zuschauerin am Kopf. Am Ende unseres Engagements zog uns der Geschäftsführer zehn Dollar von der Gage ab – mit der Erklärung, die müsse er der Frau geben, damit sie ihn nicht wegen Körperverletzung verklage.

Nach diesem Mißgeschick schwebte Larong in einem tief ausgeschnittenen Abendkleid mit Schleppe auf die Bühne und sang Victor Herberts »Kiss Me Again«, während der Strahl des Punktscheinwerfers über die Glatze eines Zuschauers streichelte. Larong beendete die Nummer als fackeltragende Freiheitsstatue. Morton und ich waren als Soldaten der Kontinentalarmee ausstaffiert, die *Miss Liberty* vor dem unsichtbaren Feind beschützen sollten. Wie sich herausstellte, war der unsichtbare Feind das Publikum, und daß wir nicht gesteinigt wurden, verdankten wir allein dem Umstand, daß das Theater zu diesem Zeitpunkt bereits praktisch leer war.

Auf der Fahrt nach Grand Rapids hatte Larong uns gesagt, unsere Tour beschränke sich derzeit auf eine Woche Grand Rapids und eine geteilte Woche – je drei Tage in Victor und drei Tage in Cripple Creek, Colorado; er fügte jedoch hinzu, man werde uns mit Angeboten förmlich überschütten, sobald die Kunde von unseren Vorstellungen die New Yorker Agenturen erreichte. Offenbar hatte sie New York bereits erreicht, denn es blieb bei den zwei Wochen.

Wir überlebten die Auftritte in Victor und Cripple Creek. Nach der letzten Vorstellung in Cripple Creek kehrte ich in unsere Pension zurück, um Larong wegen unserer weiteren Pläne auszufragen, mußte dabei jedoch feststellen, daß der große Herr Schauspieler seinen blauen Kimono, sein Abendkleid und seine Wimperntusche eilig zusammengepackt hatte und auf Nimmerwiedersehen verduftet war.

Anschließend suchte ich den Teufelsstepper Johnny Morton, aber auch der war abgehauen. Als letzte Freundschaftsgeste hatte er meine Gage mitgenommen, also die gesamten acht Dollar, die ich intelligenterweise unter meine Matratze gestopft hatte. Außerdem war mein zweites Paar Socken weg.

Ich weiß nicht genau, wo die Pleitegeier kreisen, aber sie konnten nicht mehr weit sein. Ich hatte kein Geld, keine Arbeit, konnte praktisch nichts und war weit, weit weg von zu Hause. Meiner Mutter oder meinem Vater zu schreiben und sie um Geld zu bitten, hätte nichts genützt: Die hatten ja selber keins.

Bei meiner Rückkehr zur Pension lauerte mir bereits die Vermieterin auf, eine liebenswerte alte Hexe. Sie nagelte mich unverzüglich mit der Frage fest, wo ihre Miete sei. Ich erzählte ihr die traurige Mär von meinem treulosen Ex-Arbeitgeber und von Johnny, der die Kurve gekratzt und mich allein und mittellos zurückgelassen hatte. »Bursche«, sagte sie und fixierte mich mit ihrem einen gesunden Auge, »du hast achtundvierzig Stunden Zeit, anderthalb Dollar hier abzuliefern – die Miete für vier Tage –, andernfalls fliegst du hochkant raus!« Zum Abschluß schnaubte sie: »Ich hab' in meinem Leben noch keinen Schauspieler getroffen, der kein krummer Hund gewesen wäre!«

Falls sie mich mit dieser Bemerkung treffen wollte, vergeudete sie ihren Atem. Zum ersten Mal hatte mich jemand als Schauspieler bezeichnet, und daraus folgerte ich, daß sie unsere Vorstellung im Theater nicht besucht hatte. Daß sie mich außerdem als Gauner bezeichnet hatte, störte mich nicht. »Ein krummer Hund von einem Schauspieler.« Das klang schmissig und romantisch, und ungeachtet meines beklagenswerten Talentmangels betrachtete ich mich von diesem Augenblick an als einem Mansfield, Warfield, Hitchcock oder, ja, sogar den Barrymores ebenbürtig.

Bei seiner überstürzten Flucht hatte Larong vergessen, mein Pagenkostüm mitzunehmen. Das Glück war mir hold. Bei meiner ziel- und ratlosen Wanderung durch die Stadt stieß ich in der Hauptstraße auf ein kleines Hotel namens Mansion House, in dessen Foyer ein echter Page hockte. Nach zähem Feilschen kaufte er mir die Uniform für drei Dollar ab. Ich hatte vier haben wollen, aber er meinte, es werde ihn mindestens einen Dollar kosten, den Namen »Larong-Trio« von der Mütze entfernen und durch »Mansion House« ersetzen zu lassen. Immerhin konnte ich mit den drei Dollar die Vermieterin in Schach halten und mir etwas zu essen kaufen. Das einzige, was mir jetzt noch fehlte, war ein Job.

Ich hatte mich schweren Herzens von meinem Pagenkostüm getrennt. Mit ihm und der dazugehörigen »Larong-Trio«-Mütze hatte ich der Welt beweisen können, daß ich im Showgeschäft arbeitete. In normaler Straßenkleidung war ich bloß ein junger, unbedeutender Arbeitsloser.

Am nächsten Tag sah ich ein Schild mit der Aufschrift: »Junger Mann als Fahrer für Lebensmitteltransporte von Cripple Creek nach Victor gesucht. Erfahrung mit Pferden Voraussetzung.« Als in Manhattan geborener und aufgewachsener Junge war ich bis zu diesem Zeitpunkt lediglich mit einer einzigen Pferderasse in Berührung gekommen, nämlich den Karussellpferden auf Coney Island. Angesichts dieser fragwürdigen Ausbildung verlieh mir allein der Gedanke an meine schwindenden Mittel den Mut, in den Laden zu gehen und mich um die Stelle zu bewerben.

Der Besitzer des Lebensmittelgeschäfts, ein langer, ausgemergelter Dieb, war gerade damit beschäftigt, einen Kunden ums Wechselgeld zu betrügen, und nahm kaum Notiz von meinem Eintreten. Schließlich wandte er sich mir zu und fragte mürrisch: »Kommst du wegen der Stelle?«

Ich nickte energisch.

»Hast du Ahnung von Pferden? Irgendwann mal geritten?«

»O ja«, log ich. »Ich bin mit Pferden aufgewachsen. Auf einer Ranch in Montana.« Da er noch immer zu zweifeln schien, fügte ich rasch hinzu: »In Cheyenne bin ich sogar Erster beim Junior-Rodeo geworden!«

Das muß ihn wohl überzeugt haben. Er deutete mit dem Daumen über die Schulter und grunzte: »Geh hinten raus. Da stehen zwei Pferde. Spann sie vor den Wagen, und bring die Kartoffeln da drüben nach Victor. Ich zahle dir fünf Dollar pro Woche – und wenn du irgendwas aus dem Laden klaust, ziehe ich dir den Preis für die Sachen vom Lohn ab und prügle dich grün und blau!«

In späteren Jahren, als ich zu lesen begann, entdeckte ich diese Figur in vielen von Dickens' Geschichten wieder.

Wenn man nicht an Pferde gewöhnt ist, können sogar zahme Exemplare ziemlich wild aussehen. Als ich den Hof betrat, stand ich vor zwei der größten Tiere, die ich je gesehen hatte. Zuerst hielt ich sie für Elefanten. Sie scharrten auf dem Boden, schüttelten ihre Mähnen, bleckten die Zähne und trugen die feindseligsten Gesichtsausdrücke diesseits von Dr. Fu Manchu zur Schau. Sicherlich bildete ich es mir nur ein, aber eines der beiden Tiere ähnelte meiner Vermieterin auf so frappierende Weise, daß es ein Blutsverwandter sein mußte. Als ich mich zaghaft näherte, stellte sich der Verwandte meiner Vermieterin auf die Hinterbeine und wieherte laut. Wenn man auf der Bühne steht und nicht allzu gut aussieht, bricht einem der sogenannte »Flop-Schweiß« aus. Für mich gehörte die Bühne – wenigstens vorübergehend – der Vergangenheit an, aber der Schweiß war klamme Wirklichkeit. Ich fühlte ihn aus jeder einzelnen Pore sickern und mein schlotterndes Rückgrat hinunterrieseln.

Ich hatte aber nicht bloß Angst vor diesen Pferden, sondern zudem nicht den blassesten Schimmer, wie man sie anschirrte. Als ich mich einem der beiden endlich so weit genähert hatte, daß ich ihm das Zaumzeug überwerfen konnte, bäumte sich das Tier erneut auf und warf die Zügel ab. Ich schlotterte noch immer, aber langsam wuchs auch meine Verzweiflung. Entweder schirrte ich die Pferde an, oder ich verhungerte im Hinterhof eines Lebensmittelladens.

Schließlich kam der Besitzer zu mir heraus.

»Was machst du denn da?« wollte er wissen. »Ich hab doch gesagt, du sollst nach Victor fahren. Was spielst du hier rum, statt die Pferde anzuschirren?«

»Schirren *Sie* die Pferde an«, erwiderte ich, »ich weiß nicht, wie man das macht.«

»Hast du mir nicht gerade erzählt, du wärst auf einer Ranch in Montana aufgewachsen?« brüllte er.

»Doch«, gab ich bibbernd zu, »aber wir hatten nur Reitpferde.«

Daraufhin stampfte er an mir vorbei und schirrte die Viecher zügig an, half mir auf den Sitz, schlug einem der Pferde auf den Hintern und schrie »Hüüüü-ah!«

Die Pferde stürmten los, und weg war ich. Der Weg nach Victor führte zunächst durch die beiden Straßen von Cripple Creek, die zu diesem Zeitpunkt glücklicherweise menschenleer waren. Mein Versuch, die Rösser zu bremsen, entpuppte sich umgehend als aussichtsloses Unterfangen. Bald darauf gerieten wir auf eine enge Bergstraße, und die Pferde galoppierten wie wild durch die Kurven. Ich ließ die Straße nicht aus dem Auge. Ich hatte einen kurzen, nervösen Seitenblick riskiert, weil ich eigentlich abspringen wollte, dabei jedoch lediglich einen ungefähr tausend Meter tiefen Abgrund entdeckt. Verzweifelt versuchte ich, meine Pferde zum Traben zu bewegen, aber die waren offenbar seit Tagen nicht bewegt worden und hatten daher reichlich Feuer unter dem Hintern.

Wahrscheinlich hatte ich bloß Glück. Als wir auf die

Hauptstraße von Victor schlingerten, wieherte eines der beiden Pferde laut auf, torkelte einen Augenblick – entweder vor Erschöpfung oder vor Überanstrengung – und fiel dann praktischerweise tot um. Ich hüpfte vom Wagen, würdigte das Desaster eines kurzen Blickes und legte anschließend den halben Rückweg nach Cripple Creek rennend zurück. Spät am Abend kehrte ich in meine Pension zurück und versteckte mich dort, bis meine Mutter mir genügend Geld für die Heimreise schickte. Ich weiß nicht, woher sie das Geld hatte, nehme aber stark an, daß sie einen meiner Brüder versetzen mußte.

Nach meiner Rückkehr aus Cripple Creek betrachtete ich mich als vollwertigen Schauspieler. Es stimmte zwar, daß ich arbeitslos war, aber das kam im Showgeschäft einer Auszeichnung gleich. Angestachelt von meinem Erfolg, überließ Mutter die Haushaltsführung meinem Vater und zog mit mir von Agentur zu Agentur. Es war keine dankbare Aufgabe. Gelegentlich durfte ich in Biergärten als Bänkelsänger auftreten. Zum Glück war ich immer erst am späten Abend dran, wenn die meisten Stammgäste schon sinnlos betrunken waren und mein Gesinge kaum mehr zu Kenntnis nahmen. Ich erinnere mich an den Titel eines Stückes, das ich damals sang: »Im alten Hölzchen vor der Hütte, süße Estelle«. Obwohl ich es damals noch nicht ahnte, war dies ein Vorgeschmack auf die Witze, die ich in meinem späteren Leben erzählen sollte.

Beim Besuch einer Theateragentur lernte meine Mutter eines Tages eine bildschöne Engländerin namens Irene Furbelow kennen. Miss Furbelow stellte sich als berühmte Londoner Schauspielerin vor und sagte, ihre Vorstellungen seien grundsätzlich so sensationell, daß die Leute in England sie praktisch ununterbrochen in Champagner badeten. Sie fügte hinzu, sie suche einen Sängerknaben, der das Publikum während ihrer Umkleidepausen unterhalten sollte. Sie war für sieben Wochen auf dem »Interstate Circuit« gebucht und bot mir eine wöchentliche Gage von fünfzehn Dollar an. Das war wesentlich mehr als bei meinem ersten Engagement, und als ich Miss Furbelow dann selbst kennenlernte, griff ich sofort zu. Ich hätte am liebsten nicht nur beim Angebot zugegriffen, nur war ich fünfzehn und sie dreiundzwanzig, und mir war sofort klar, daß wir mit meinem Gehalt niemals glücklich werden konnten.

Der »Interstate Circuit« umfaßte die meisten Großstädte in Texas und Arkansas. Nach zweiwöchigem Proben mit der bezaubernden, aufregenden Irene war mir sonnenklar, daß sie sogar noch weniger Talent besaß als ich.

Nachdem meine Familie mich wie üblich im Vorbeigehen verabschiedet hatte, saß ich also wieder in einem jener staubigen Halb-Güterzüge, die damals bockig zwischen Texas und New York hin und her ratterten. Das Ziel unserer Reise war Hot Springs. Wie gehabt war ich mit dem unvermeidlichen Schuhkarton voller hartgekochter Eier und Schwarzbrote bewaffnet. Allerdings hatte meine Mutter inzwischen eingesehen, daß ich kein Amateur mehr war, und deshalb statt der Bananen drei Orangen hineingestopft.

Seinerzeit bestritten die verschiedenen Künstler eines Vaudeville-Programms die gesamte Tournee gemeinsam. Wie die meisten Programme setzte sich auch unseres aus Auftritten von Komödianten, Akrobaten, Sängern und Tänzern zusammen. Der Star der ganzen Veranstaltung war ein großer, dunkelhäutiger Neapolitaner namens Professor Renaldo. Er hatte fettige Haare und einen gewichsten Schnurrbart und trat mit einer Dressurnummer auf. Außerdem hatte er eine Frau, die er liebevoll im verborgenen hielt – was man ihm nicht verdenken konnte. Sie war nämlich einen Meter fünfzig groß, brachte knapp zweihundert Pfund auf die Waage und hatte einen Schnurrbart, auf den manche Löwin stolz gewesen wäre. Die meiste Zeit verbrachte sie in der Kulisse und gurrte in Baby-Sprache auf die Großkatzen ein.

Eines Tages gestand sie mir, sie dürfe niemandem erzählen, daß sie Renaldos Frau sei. Falls jemand frage, müsse sie sich als seine Schwester ausgeben. Niemand, hatte ihr Mann gesagt, dürfe erfahren, daß er verheiratet sei, andernfalls werde seine romantische Anziehungskraft entscheidend beeinträchtigt.

Renaldos Spezialität bestand darin, lediglich mit einer Pistole, einer Peitsche und einem Stuhl ausgestattet, lässig in einen Käfig voller afrikanischer Löwen zu schlendern, dort mit ungeheurem Aufwand die Peitsche zu schwingen und knallen zu lassen und die trägen Tiere so schließlich zum Absolvieren einiger kümmerlicher Tricks zu bewegen. Als Irene Furbelow ihn zum erstenmal zu Gesicht bekam, wußte ich, daß meine zu diesem Zeitpunkt noch im Planungsstadium befindliche Liebesaffäre mit ihr ein jähes Ende gefunden hatte. Sie flog auf ihn, als sei er der letzte Löwenbändiger auf Erden. Unsere gemeinsame Darbietung hieß *Der Kutscher und die Dame,* und Sie dürfen einmal raten, wer der Kutscher war. Ich trug ein lila Jackett mit Messingknöpfen, eine weiße Hose zu lila Reitstiefeln und einen riesigen gelben Zylinder, an dem eine Kokarde befestigt war.

Der Premierenabend verlief ereignislos. Am zweiten Abend jedoch, als Miss Furbelow und ich gerade unser grandioses Duett herunterschmetterten, ließen sich zwei der Löwen nicht wie geplant vom großen Bühnenkäfig in ihre Einzelkäfige zurückführen, sondern brachen aus. Vollkommen unbeeindruckt von unserem Gesang, marschierte einer der Löwen aus der Kulisse mitten auf die Bühne und fauchte das Publikum wütend an. Binnen dreißig Sekunden war das Theater leer. Zu Tode erschrocken stürzten Miss Furbelow und ich zum nächstgelegenen Zufluchtsort. Es war dic Herrentoilette. Ich schlotterte und war verlegen, aber trotzdem selig, denn zum erstenmal seit unserem Kennenlernen hatte ich sie ganz für mich allein. Zu meinem großen Bedauern kamen wir uns nie wieder so nahe.

Nach einiger Zeit konnte der Professor seine Löwen zur Rückkehr in die Käfige bewegen. Das Publikum zur Rückkehr ins Theater zu bewegen war ungleich schwieriger. Allerdings nicht wegen der Löwen, sondern weil man befürchtete, Miss Furbelow und ich könnten weitersingen.

Auf mein Geld gab ich inzwischen besser acht. Den Großteil der Gage, die ich wöchentlich am Zahltag bekam, verstaute ich sorgfältig, um am Ende der Tournee einen schönen Batzen beisammen zu haben. Ich verwahrte mein Geld in einem *Grouchbag,* einem kleinen Beutel aus Sämischleder, wie ihn damals viele Schauspieler um den Hals trugen, um ihre schwer verdienten Piepen vor raffgierigen Kollegen zu bewahren. Jetzt werden Sie natürlich glauben, diesem Umstand verdankte ich meinen Namen. Aber dem ist nicht so. Lange vor *Groucho* hingen *Grouchbags* vor etlichen Brüsten.

Weitere besondere Vorkommnisse blieben aus, bis wir Waco in Texas erreichten, die Endstation unserer Tournee. Am letzten Abend drückte Miss Furbelow mir die Rückfahrkarte nach New York in die Hand und brannte mit dem Löwenbändiger durch, der seine Frau und die Löwen zurückließ.

Ich bedauerte Miss Furbelows Weggang, tröstete mich jedoch mit dem Gedanken an die ansehnliche Geldmenge, mit der ich diesmal nach Hause zurückkehren würde. Als ich im Zug saß, fühlte ich mich geborgen und war glücklich. Fortwährend tätschelte und drückte ich meinen *Grouchbag.* Am zweiten Tag beschloß ich, nach meinem Spargroschen zu sehen. Statt der sechsundfünfzig Dollar, die ich bei mir zu tragen glaubte, fand ich lediglich alte, zusammengefaltete Zeitungsblätter. Als Gentleman der alten Schule (Lexington Avenue 86, Ecke Ninety-sixth Street) lasse ich mich nicht dazu hinreißen, Miss Furbelow des Diebstahls meiner Ersparnisse zu bezichtigen, wohl aber zu der Feststellung, daß außer ihr niemand wußte, wo ich mein Geld aufbewahrte.

Da saß ich nun mit meinem leeren *Grouchbag* und meinem noch leereren Bauch. Zum Glück reiste ich in Gesellschaft einiger netter alter Damen, die nette, kleine Frühstücksdosen voller netter Bananen und hartgekochter Eier mit sich führten. Ich muß in jungen Jahren wohl noch hypnotischer und faszinierender gewirkt haben als heute, denn bei meiner Rückkehr nach New York wog ich acht Pfund mehr als bei der Abreise.

Meine zwei Versuche, im Showgeschäft Fuß zu fassen, hatten mir also nichts eingebracht – abgesehen von meiner unerwiderten Liebe zu Miss Furbelow und einem auf Kilometer verzehrter Bananen zurückzuführenden Blähbauch.

Eines Tages sagte mein Vater zu mir: »Wie lange willst du eigentlich noch zu Hause herumlungern? Deine Brüder arbeiten. Was ist mit dir? Harpo arbeitet beim Schlachter, und Chico spielt im Kintopp Klavier. Warum suchst du dir nicht eine feste Anstellung – oder willst du als Gammler enden?«

Als meine Mutter einige Abende später von ihrer täglichen Heimsuchung der Theateragenturen nach Hause zurückkehrte, teilte sie mir mit, Heppner suche jemanden.

»Für einen Job im Showgeschäft?« fragte ich gespannt.

»Ja, gewissermaßen«, erwiderte sie. »Heppner ist der größte New Yorker Perückenmacher. Er beliefert die meisten Broadway-Stars mit Perücken. Wenn du für ihn arbeitest, kriegst du ganz bestimmt gute Verbindungen zum Theater.«

»Wieviel zahlt er?« fragte ich nach.

»Drei Dollar pro Woche«, sagte sie.

»Mama, da habe ich ja sogar beim Larong-Trio mehr bekommen!«

Meine Mutter sagte: »Greif zu! Das ist die Gelegenheit, die Stars kennenzulernen.«

Ich ging zu Heppner und wurde eingestellt. Fünf Minuten später drückte er mir zwei 20-Liter-Blechkanister in die Hände und sagte: »Geh rüber in die Tenth Avenue und laß die beiden hier mit Kerosin auffüllen. Wenn du wiederkommst, bringst du sie in den Hinterhof, gießt etwas Kerosin in einen Kübel und wäschst diese Perücken.«

»Mr. Heppner«, sagte ich, »ich bin Schauspieler.«

»Unsinn«, erwiderte er, »für einen Schauspieler bist du viel zu klein.«

Offensichtlich hatte er noch nie von *Singer's Midgets,* Mickey Rooney oder Tiny Tim gehört. Ich blieb dabei: »Doch, ich bin Schauspieler. Ich war gerade mit der berühmten englischen Schauspielerin Irene Furbelow auf Tournee.«

»Nie von ihr gehört«, sagte er. »Aber wenn die irgendwas wert wäre, würde sie ihre Perücken hier waschen lassen.«

»Sie trägt keine Perücke«, erwiderte ich erregt. »Sie ist jung und bildschön und hat eigene Haare!«

Heppner beendete die Diskussion mit einem Achselzucken. »Wenn sie keine Perücke trägt, kann sie keine sonderlich gute Schauspielerin sein. Und jetzt hol das Kerosin.« Als ich mich niedergeschlagen zum Gehen wandte, sagte er: »Keine Sorge, Junge. Hier wirst du alle Stars und Sternchen kennenlernen.«

Die einzigen Sternchen, die ich innerhalb der nächsten vier Wochen kennenlernen sollte, waren die, unter denen ich spätabends auf dem eiskalten Hinterhof stand und Fettschminke aus Perücken wusch.

Eines Tages rief Mr. Heppner mich aufgeregt in den Laden. Es war das erste Mal, daß ich diesen geweihten Bereich betreten durfte. Er führte mich zu einer der Nischen und deutete auf einen älteren Herrn, der dort auf einem Stuhl saß. Der Mann trug eine weiße Perücke, die gerade von einem der Gehilfen hergerichtet wurde. Heppner flüsterte mir ehrfürchtig zu: » Das ist Jacob Adler, der berühmte jüdische Schauspieler von der East Side.« Dann tätschelte er meinen Kopf. »Junge«, sagte er, »bleib hier, arbeite hart und lerne das Geschäft von der Pike auf, dann wirst vielleicht eines Tages *du* Mr. Adlers Perücken zurechtmachen dürfen.«

Am darauffolgenden Samstag nahm ich meinen Lohn entgegen und kündigte fristlos. Ich war insgesamt sieben Wochen dort gewesen und hatte in dieser Zeit nicht mehr gesehen als einen schmutzigen Hinterhof, etliche noch schmutzigere Perücken und – allerdings nur flüchtig – Jacob Adler.

7 Beim ersten Akt tut's immer weh

Mein Fortkommen in der Theaterwelt hatte sich zu einem Kriechen verlangsamt. Chico und Harpo kamen in ihren jeweiligen Berufen gut voran. Ich trat auf der Stelle.

Dank der Hartnäckigkeit meiner Mutter konnte Chico inzwischen halbwegs wiedererkennbare Stücke auf dem Klavier klimpern. In seinem Repertoire, das allerdings bei weitem nicht so umfangreich war wie das eines Horowitz oder Rubinstein, glich er durch *Fortissimo* aus, was ihm an Genauigkeit fehlte... Zum Glück konnte kein durchschnittlich ungeschulter Zuhörer den Unterschied zwischen der Melodie, die dem Komponisten ursprünglich vorgeschwebt hatte, und der Patzerorgie heraushören, die unter Chicos Händen aus dem Klavier drang.

In jenem Sommer war er als Pianist in einem mottenzerfressenen Hotel in Asbury Park, New Jersey, engagiert worden. Wäre seine Einstellung allein vom Klavierspiel abhängig gewesen, hätte man ihn sicherlich vor die Tür gesetzt, aber die Stelle erforderte glücklicherweise eine zweite Begabung. Tagsüber mußte er als Bademeister den Strand bewachen und abends im modrigen Speisesaal des Hotels sitzen und durch schiere Klavierhexerei die Gäste von dem Schweinefraß ablenken, den man ihnen anstelle eines Essens auftischte.

Inzwischen wird Ihnen sicherlich aufgefallen sein, daß meine Brüder und ich geborene Lügner waren. Bevor Sie nun jedoch allzu hart mit uns ins Gericht gehen, bedenken

Sie bitte, daß wir schon in sehr jungen Jahren gelernt hatten, daß unsere einzige Überlebenschance in stetigem, unbeirrbarem Lügen bestand. Auf die Frage, ob er für den Posten als Bademeister gut genug schwimmen könne, sah Chico dem Hotelbesitzer also direkt in die Augen und erwiderte, er sei noch im Vorjahr Kapitän der Jugendmannschaft des Yorkviller Schwimmvereins gewesen. Das stimmte sogar. Nur verschwieg Chico wohlweislich, daß er zwar Meister über die Hundert-Meter-Strecke gewesen war, aber jenseits der hundert Meter ein absoluter Versager.

Chico bekam die Stelle und bewachte den Strand gewissenhaft, allzeit bereit, jeden in Not geratenen Schwimmer zu retten – innerhalb eines Radius von hundert Metern. Einer der Gäste, der tollkühner war als die anderen und nichts von Chicos begrenzter Reichweite wußte, geriet etwa zweihundert Meter vom Strand entfernt in Schwierigkeiten. Verständlicherweise rief er um Hilfe. Kein Feigling – aber auch kein Trottel –, tat Chico, als müsse er einem kleinen Jungen beim Errichten seiner Sandburg behilflich sein. Die Schreie verloren sich langsam in der Ferne. Chico buddelte weiter.

Schließlich stürmte der vom Gebrüll des Ertrinkenden aufgeschreckte Hotelbesitzer an den Strand und mußte seinen Bademeister förmlich in die Gischt treten. Eingekesselt zwischen seinem Arbeitgeber und dem tiefen blauen Meer, schwamm Chico mutig auf das vollgesogene Opfer zu und schnappte es sich vorsichtig bei der Kehle – ganz wie ein richtiger Rettungsschwimmer. Daraufhin begannen beide in den Fluten zu versinken. Wäre nicht ein aufmerksamer Bademeister vom Nachbarstrand mit einem schnellen Boot zur Rettung geeilt, hätte dies Chicos Ende bedeutet. So bedeutete es nur das Ende seiner Anstellung. Am Abend spielte im Speisesaal ein neuer Pianist, und am nächsten Morgen bewachte ein neuer Bademeister den Strand.

Ungefähr zu dieser Zeit kamen auch Harpos Träume von einem Dasein als wohlhabender Schlachter zu einem unverhofften, jähen Ende. Harpo hatte es sich angewöhnt, beim Austragen seiner Frankfurter hin und wieder ein Würstchen zu knabbern. Nicht, weil er hungrig gewesen wäre, sondern vor allem, weil die Arbeit ihn entsetzlich langweilte. Als er eines Tages, verzagter und mutloser als sonst wegen seiner Laufbahn und der schlechten Aussichten, jemals Schlachtermeister zu werden, ein Dutzend Frankfurter zu einer Mrs. Fuchtwanger bringen sollte, hatte er auf dem Weg einen Aussetzer und verschlang, vor lauter Vergeblichkeit und Verzweiflung wie von Sinnen, gleich alle zwölf Würstchen.

Ich weiß nicht, was die Fuchtwangers an jenem Abend aßen, aber am nächsten Morgen stürmte Mr. Fuchtwanger in Mr. Schweins Schlachterei und erkundigte sich lautstark nach dem Verbleib seiner Würstchen. Unglücklicherweise bummelte Harpo just in diesem Augenblick in den Laden, um mit seiner täglichen Plackerei zu beginnen. Schwein überreichte Mr. Fuchtwanger kleinlaut ein Dutzend Ersatzwürstchen und wandte sich dann Harpo zu, der noch immer nicht das geringste von dem Gewitter ahnte, das sich über ihm zusammenbraute. Mit vorwurfsvoll erhobenem Metzgersfinger trieb Schwein Harpo in eine Ecke. »Du Dieb, du! Wo sind die Frankfurter, die du gestern zu Mrs. Fuchtwanger bringen solltest?«

»Mr. Schwein«, antwortete Harpo mutig, »ich kann nicht lügen. Ich habe sie gegessen.« Mr. Schwein drückte Harpo zwei Dollar und elf Cent in die Hand und teilte ihm mit, dies sei sein Drei-Dollar-Lohn abzüglich des Betrages für das Dutzend Würstchen. Mit traurigem Kopfschütteln sagte er: »Ich habe immer gewußt, daß du ein bißchen was mitgehen läßt – aber wenn du anfängst, ganze Lieferungen aufzuessen, kann man dir nicht mehr trauen.« Dann stellte er ein Schild mit der Aufschrift LAUFBURSCHE GESUCHT ins Fenster und beförderte Harpo mit einem Fußtritt aus dem Laden.

Harpo fand problemlos eine neue Anstellung. Am nächsten Tag entdeckte er eine Anzeige BURSCHE GESUCHT in der Zeitung und arbeitete schon wenige Stunden darauf als Page in einem vornehmen Hotel im Bezirk Murray Hill. Der Geschäftsführer versprach Harpo ein Gehalt von zwei Dollar, also einen Dollar weniger als bei seinem vorherigen Job. Aber, fügte er hinzu, wenn Harpo die Augen offen und die Ohren gespitzt halte, könne er eine Reihe dicker Trinkgelder einstreichen. Beispielsweise wohne augenblicklich die berühmte englische Tragödin Cecilia Langhorne im Hotel. Und wer morgens mit ihrem kleinen Liebling Gassi gehe, bekomme jeweils ein Trinkgeld von fünfundzwanzig Cent. Von Cecilia Langhorne hatte Harpo noch nie gehört, aber leichter, dachte er, konnte man sein Geld nun wirklich nicht verdienen.

Bevor ich mit dieser Erzählung fortfahre (und obwohl ich weiß, daß die Spannung dermaßen hoch ist, daß Sie mir kaum verzeihen können), möchte ich ein paar Sätze über eine amerikanische Institution verlieren, die zügig den Weg aller Straßenbahnen, Eiskarren und frisch gezapften Biere geht. Ich meine den altmodischen Pagen. Gekleidet wie ein Tambourmajor, saß er fesch auf einer Bank in der Hotelhalle, allzeit bereit aufzuspringen, wenn die Glocke auf dem Rezeptionstresen oder der Ruf »Träger!« erklang.

Hatte in der guten alten Zeit ein Handlungsreisender das Pech, in einer jener trübseligen, gottverlassenen Ortschaften und dem unweigerlich dazu passenden Hotel zu landen, setzte er sich nach dem Auspacken seiner paar Habseligkeiten hin und ließ niedergeschlagen einen Blick durch die ihm zugewiesene Zelle schweifen. Darin befanden sich normalerweise ein Metallbett, ein Stahlschrank (so angestrichen, daß er nach Holz aussah), ein Tonkrug und eine Schüssel. Über letztere waren zwei verschlissene Handtücher gebreitet. Außerdem fand er einen Klumpen Seife vor, dessen Schaumentwicklung die Vermutung nahelegte, er sei aus purem Granit.

Der Unglücksreisende hatte nun die Wahl. Entweder holte er das vor dem Fenster baumelnde Feuerseil für Notfälle ein und erhängte sich, oder er ließ den Pagen kommen. Ein leichter Druck auf den Summer, und schon erschien wie ein Flaschengeist der Page. Gastes Wunsch war ihm Befehl ... mehr Handtücher, kaltes Wasser oder, wenn man in ein Trockengebiet geraten war, vielleicht sogar eine Flasche Schnaps. Außerdem warnte er einen davor, im Hotel zu essen – außer man verspürte keine besondere Sehnsucht, seine Familie wiederzusehen.

Ach ja, und dann kannte er natürlich auch noch ein Mädchen – »Nein, Sir. Sie macht das nicht beruflich. Ehrlich gesagt ist sie eine Freundin meiner Schwester und kommt aus sehr gutem Hause – bieten Sie ihr bitte auf gar keinen Fall Geld an. Sie wird furchtbar wütend, wenn man ihr Geld anbietet. Aber wenn Sie mir einen Zehner geben, sehe ich schon zu, daß sie den kriegt. Auf die Weise ist es ihr nicht so peinlich ... Nein, nein, ich verdiene nichts daran. Ich möchte nur, daß Sie sich wohl fühlen.«

Was ich meine, ist, daß die Welt nicht immer Fortschritte macht. Es stimmt, daß man heute in den Fahrstuhl steigt, auf einen Knopf drückt und sanft, sicher und seltsam leise in sein Zimmer transportiert wird. Steht einem der Sinn nach kaltem Wasser, muß man lediglich auf einen Knopf über dem Waschbecken drücken, und schon strömt es kalt, klar und glitzernd hinein. Man bekommt ständig frische Handtücher und wird sogar gebeten, die Seife als Andenken mitzunehmen. Aber abgesehen von all diesen Verbesserungen sind moderne Hotels kalte, seelenlose, mechanische Konglomerate aus Stahl, Holz und Gleichgültigkeit. Außerdem kommen Sie (falls Sie wieder nur das im Sinn haben) in jeder U-Bahn zur Feierabendzeit zu intensiveren persönlichen Kontakten.

Und damit zurück zu Harpo und in die Hotelhalle. Am zweiten Tag klingelte die Rezeptionsglocke, und Harpo wurde angewiesen, Miss Langhornes Schoßtierchen etwas frische Luft schnappen zu lassen. »Bring das Vieh auf jeden Fall durch den Hinterausgang raus«, sagte der Portier. »Wir wollen die Gäste in der Halle nicht unnötig beunruhigen.« Das verwirrte Harpo. Wie, grübelte er, konnte ein Schoßhündchen irgend jemandem Angst einjagen? Miss Langhorne jedoch, eine Vollblutschauspielerin, reiste nicht mit etwas so Profanem wie einem Schoßhündchen. Das Tier, mit dem sie um die Welt gondelte, war ein Leopardenbaby.

Harpos neue Tätigkeit unterschied sich deutlich von seiner bisherigen. Im Gegensatz zu den Frankfurter Würstchen konnte er das, was er jetzt im Schlepp hatte, nicht essen. Denkbar war jedoch, daß sich der Spieß umdrehte und der Leopard Harpo verspeiste. Zum Glück hing der verspielte kleine Liebling »Dodo« an einer Leine, und für den Augenblick fühlte Harpo sich einigermaßen sicher. Außerdem hätte ihn ein Rückzieher um das in Aussicht gestellte Vierteldollar-Trinkgeld gebracht, also blieb ihm ohnehin keine Wahl.

Als Harpo halb um den Block herummarschiert war, erspähte der Leopard einen Hund, riß sich los und servierte den Köter sofort ab. Panisch rannte Harpo zurück zum Hotel und überbrachte Miss Langhorne die leere Leine sowie die Nachricht, Dodo sei von einem zufällig gerade aus dem edlen Sportgeschäft Abercrombie & Fitch tretenden Kunden erschossen worden. Miss Langhorne wurde achtundvierzig Stunden mit starken Sedativa ruhiggestellt und brach unmittelbar darauf nach Indien auf – vermutlich, um ein neues Schoßtier aufzulesen. Die Geschäftsführung zeigte Harpo energisch, wo der Zimmermann das Loch gelassen hatte, und eine Stunde später war er wieder zu Hause und studierte die Stellenangebote.

Chico hatte inzwischen seine beginnende Karriere als kombinierter Bademeister-Pianist in New Jersey bereitwillig zugunsten des gesellschaftlichen Lebens in einem Harlemer

Spielsalon aufgegeben. Gewisse Umstände jedoch, auf die er keinerlei Einfluß hatte, zwangen ihn schon sehr bald, wiederum ein neues Kapitel aufzuschlagen und sich nach einer Stelle umzusehen. Er fing bei einem Papiergroßhandel an, der sich auf Löschblätter spezialisiert hatte. Seine Arbeit bestand darin, jeweils tausend Löschblätter in einem Pappkarton zu verstauen. Sein Lohn: vier Dollar wöchentlich.

Trotz seiner Spielleidenschaft war Chico ein braver Junge und versprach seiner Mutter, er werde nun, da er erwerbstätig sei, nie wieder vom rechten Wege abkommen. Er fügte hinzu, die wiederholten Prügel, die er von meinem Vater bezogen hatte, hätten dazu beigetragen, seine Leidenschaft für Billardstock und Dominosteine abzukühlen. Feierlich gelobte er, von nun an seinen Beitrag zu den Familienfinanzen zu leisten und seinen Lohn jeden Samstagabend pflichtschuldig meiner Mutter in den Schoß zu legen.

Während der ersten zwei Wochen hielt er sein Versprechen. Mein Vater war so erfreut über Chicos offenkundige Bekehrung, daß er sagte: »Chico, wenn du noch ein paar Wochen so weitermachst, schneidere ich dir einen neuen Anzug.«

Diese Drohung jagte Chico einen solchen Schrecken ein, daß er fast wieder auf die schiefe Bahn geraten wäre. »Ach, bitte, Paps«, sagte er, »spar dir die Mühe. Gib mir einfach zehn Dollar, dann kaufe ich mir bei Bloomingdale's einen Anzug von der Stange.«

Das Verpacken der Löschblätter erforderte keinerlei Fähigkeiten und nur sehr wenig Kraftaufwand, und nach der aufregenden Lehrzeit im Spielsalon kam Chico die Arbeit bald entsetzlich eintönig vor. Von neuer Leidenschaft gepackt, begann er sich nach Ablenkungen umzusehen. Er fand sie in der dritten Woche im Keller des Löschblattunternehmens. Eine schwungvolle Dreier-Würfelrunde war in vollem Gange, und so schnell, wie ein stehender Junge in die Hocke geht, waren statt dreien nun vier Spieler an der Runde beteiligt.

Unglücklicherweise fand dies am Samstag statt – also

am Zahltag –, und Chicos Vierdollargehalt wanderte zügig aus seiner Tasche in die eines geschickteren Würfelspielers. Chico war klar, daß es glatter Selbstmord wäre, ohne Lohn nach Hause zu kommen. Beim Gedanken an eine erneute Tracht Prügel wurde ihm entsetzlich flau zumute. Was sollte er Mama und Paps erzählen? Was für eine plausible Erklärung konnte er sich aus den Fingern saugen? Urplötzlich traf ihn eine Eingebung, die so brillant war, daß er vor seiner eigenen Gerissenheit fünf Minuten lang in Ehrfurcht erstarrte.

Einige Stunden später kam er mit einem großen Pappkarton nach Hause. Als er die Wohnungstür öffnete, stand mein Vater vor ihm und empfing ihn mit einem Lächeln. »Na, Chico, hast du heute hart gearbeitet? Gib Mama deinen Lohn.«

»Paps, ich habe keinen Lohn.«

Das Lächeln meines Vaters verschwand. »Du hast keinen Lohn? Wo ist er denn geblieben?«

Chico deutete auf den Karton zu seinen Füßen. »Tja, also, das ist so, Paps… Heute wurden in der Fabrik Löschblätter verkauft, aber nur an Angestellte der Firma. Da ich zum Glück ein Angestellter bin, habe ich meine vier Dollar genommen und dir und Mama viertausend Löschblätter gekauft.« Mit diesen Worten wich er langsam zurück.

Chico hätte uns nichts Nutzloseres nach Hause bringen können als Löschblätter. Wäre er mit stinknormalem Müll aufgekreuzt, hätten wir den notfalls einem Bauern als Dünger verkaufen können. Wäre er mit Mäusen gekommen, hätten wir die notfalls einer vorbeistreunenden Katze verkauft. Aber Löschblätter! Viertausend Stück! Genug, um den Jahresbedarf des New Yorker Postamtes abzudecken! Wir waren kein literarischer Zirkel, und wenn bei uns überhaupt etwas geschrieben wurde, dann mit Bleistift. Mit einem einzigen Löschblatt wäre unsere Familie ein Leben lang ausgekommen.

Paps wollte Chico erwürgen, aber Mama zerrte ihn gerade

noch rechtzeitig vom Hals seines Sohnes. Dann begann sie zu weinen. Chico, der Schnelldenker, reichte ihr ein Löschblatt und sagte: »Da kannst du mal sehen, wie nützlich diese Dinger sind, Mama. Wenn dir zum Heulen ist, nimmst du einfach ein Löschblatt aus dem Karton. Erstens sind die besser als Taschentücher – und zweitens halbieren sich so unsere Wäschereikosten.«

Nach diesem guten Rat wich er Paps behende aus und flüchtete über die hintere Feuerleiter, verfolgt von meinem fassungs-, aber völlig chancenlosen Vater.

Die Dinge standen nun folgendermaßen: Chico war in die Ninety-ninth Street zurückgekehrt und zockte für seine Arbeitgeber. Harpos Pagenkarriere hatte ein jähes Ende genommen. Ich war Schauspieler »zwischen zwei Engagements«, und Gummo versuchte seinem Klassenlehrer noch immer weiszumachen, Harrisburg sei die Hauptstadt von Montana. Damit will ich keineswegs andeuten, Gummo sei blöd gewesen. Nur lagen seine Interessen anderswo, ebenso wie die Chicos. Er wollte von der Schule abgehen und Erfinder werden.

Irgendwann kam meine Mutter zu dem Schluß, daß Erfolge im Showgeschäft sich vermutlich eher einstellten, wenn man nicht einen Sohn nach dem anderen darauf losließ, sondern alle gleichzeitig. Dieser Gedanke nahm feste Gestalt an, als sie eines Tages beim Nachhausekommen feststellen mußte, daß Gummo, eifrig in den Fußstapfen seines Vorbildes Thomas Edison wandelnd, Chicos Klavier weitgehend auseinandergenommen hatte und nun in ein Xylophon umzubauen versuchte – zur übergroßen Freude von Chico, der Gummo beriet und ihm seelischen Beistand leistete, und zum ebenso großen Entsetzen meiner Mutter. Ihr wurde klar, daß Gummo das Herz und die Triebe eines Erfinders in sich trug und schleunigst aus der Wohnung geschafft werden mußte, bevor er alles darin in etwas anderes verwandelte. Gummos Blick nach zu urteilen, wäre als nächstes mein Vater fällig gewesen.

In jenem Augenblick traf meine Mutter eine Entscheidung, die unser aller Leben grundlegend verändern sollte. Sie verkündete, Gummo solle Schauspieler werden. Ausgerechnet Gummo! Er, der für ein Leben auf der Bühne nicht besser geeignet war als ein durchschnittlicher Zulu für die Psychiaterlaufbahn.

»Ich werde eine sensationelle Nummer mit euch aufziehen«, verkündete Mutter. »Wir besorgen uns eine Sängerin. Als erotisches Element. Und ihr zwei«, sagte sie und deutete auf Gummo und mich, »tretet als Sportsegler auf. Matrosen und Sex – das kann nicht schiefgehen!«

Ich war ein bißchen erschrocken und fragte zweifelnd: »Aber Mama, wieso denn Sportsegler?«

»Das werde ich dir sagen«, erwiderte sie. »Heute morgen habe ich bei Bloomingdale's weiße Leinenanzüge für neun Dollar achtundneunzig im Fenster hängen sehen. Wir besorgen uns ein paar billige Strohhüte – die gibt es sowieso im Sonderangebot, weil der Sommer fast vorbei ist – und weiße Schuhe. Die sind auch im Sonderangebot, weil es nur noch ausgefallene Größen gibt. Und für das Mädchen habe ich schon ein Kostüm geschneidert.«

»Mama«, unterbrach ich sie erneut, diesmal schon ziemlich schwach, »woher willst du denn wissen, ob das Kostüm dem Mädchen paßt, das wir nachher kriegen?«

»Sei nicht albern«, sagte sie abwinkend, »es gibt Hunderte von Sängerinnen. Wir müssen bloß eine finden, der das Kostüm paßt!«

Bald darauf probten wir im Wohnzimmer, ausgestattet mit weißen Anzügen, weißen Strohhüten, weißen Schuhen, Ansteckfliegen, Zelluloidkragen und Papierrosen in den Knopflöchern. Ich weiß nicht mehr genau, was das Mädchen trug. Ich weiß nur noch, daß es ihr nicht paßte.

Unsere Nummer hatte noch immer keinen Namen, aber als meine Mutter uns ein reizendes Liedchen mit dem Titel »How'd You Like to be My Little Sweetheart?« singen hörte, sagte sie: »Mir ist gerade der perfekte Name für euch eingefallen. Ihr nennt euch *The Three Nightingales*!«

»Nachtigallen? Wieso Nachtigallen?« fragte ich.

»Weil«, erwiderte sie, »jedermann weiß, daß Nachtigallen Tag und Nacht singen.«

Es gibt drei mögliche logische Gründe für ihren Entschluß, uns *The Three Nightingales* zu nennen. Erstens: Sie hatte noch nie eine Nachtigall gehört. Zweitens: Sie war absolut unmusikalisch. Drittens: Sie hatte einen ausgeprägten Sinn für Humor.

Wirklich singen konnte nur ein einziges Mitglied unserer Truppe, nämlich das Mädchen. Die beiden anderen Nachtigallen waren gerade im Stimmbruch, und niemand konnte vorhersagen, wie sich die aus ihren goldenen Kehlen dringenden Laute von einem Tag auf den anderen verändern würden.

Dank dem resoluten Charme meiner Mutter – und der Kochkunst meines Vaters – ergatterten wir ein Engagement für einige Wochen. Wir wären gern länger aufgetreten, aber leider hatte unsere Sängerin, so schön sie auch sang, eine etwas unglückliche Eigenart. Sie war nicht in der Lage, eine Tonart zu halten. Als Solonummer sang sie »Love Me and the World Is Mine«. Das Stück endet in einem herrlichen Crescendo, das sich bis zum D über dem hohen C aufschwingt. Während all der Wochen, die sie mit uns auftrat, gelang es ihr kein einziges Mal, das hohe D zu treffen. Mal sang sie höher, mal tiefer, aber gegen ausgerechnet diesen Ton schien sie einen solchen angeborenen Widerwillen zu empfinden, daß sie ihn monatelang hartnäckig mied.

Und so flogen die drei Nachtigallen ins Nimmerland davon, und niemand hörte oder sah sie jemals wieder.

Wer nun aber glaubt, das hätte meine Mutter entmutigt, hat sie bestimmt nie kennengelernt. Ihre nächste Idee war noch großartiger. Sie beschloß, die unzuverlässige Sopranistin rauszuschmeißen und statt dessen einen guten, verläßlichen Sängerknaben einzusetzen – möglichst einen, der den Ton halten konnte. Dann spielte sie ihre Trumpfkarte aus. Sie entschied sich für Harpo, der absolut kein Gesangstalent hatte (aber auch keinen Job) und ernannte ihn zum Baß. Das erschien Harpo nicht sonderlich vielversprechend. Bevor er jedoch protestieren konnte, plapperte meine restlos begeisterte Mutter bereits weiter. »Ich habe eine tolle Idee«, sagte sie. »Ihr nennt euch von heute an nicht mehr *The Three Nightingales,* sondern *The Four Nightingales*! Was für ein herrlicher Name! Ich gehe gleich heute nachmittag zu Bloomingdale's und kaufe noch zwei Anzüge. Und solange ich weg bin, Harpo«, fügte sie hinzu, »übst du singen – Baß.«

»Mama«, flehte er, »du weißt doch, daß ich nicht singen kann.«

»Mach einfach den Mund auf, dann merkt das schon keiner!« erwiderte sie.

Daraufhin schwenkte Harpo auf einen anderen Kurs. »Na gut, aber wenn wir schon weiße Anzüge haben, wieso nennen wir uns dann nicht *The Four Yachtsmen*?«

»Das geht nicht«, erwiderte sie. »Die *Four Yachtsmen* gibt es schon.«

Harpo hakte nach. »Und? Sind die wie Segler angezogen?«

»Nein«, sagte sie, »eigentlich nicht. Sie tragen nur solche Hüte.«

»Warum nennen sie sich dann *The Four Yachtsmen*?«

Die Antwort meiner Mutter gehört zu den sonderbarsten, die ich in meinem ganzen Leben gehört habe. Sie sagte: »Sie nennen sich *Yachtsmen,* weil sie sonntags immer ein kleines Boot mieten und in der Jamaica Bay angeln!«

Das wird in Ihren Ohren ziemlich bekloppt klingen, aber bitte vergessen Sie nicht, daß ich über die Anfänge des Vaudeville schreibe, und seinerzeit war das ganze Theater noch wesentlich durchgedrehter als heute.

Vier Jahre vergingen. Die *Four Nightingales* traten inzwischen am Atlantic Pier in Atlantic City auf. Am Ende dieses Piers hing ein weit ins Meer reichendes Fischernetz, mit dem zweimal täglich genügend Fische an Land gezogen wurden, um ganz New Jersey zu versorgen. Für zweieinhalb Dollar konnte sich jede Pension mit einer Wochenration Fisch eindecken; Fleisch kam in Atlantic City nur bei sehr reichen Leuten auf den Tisch.

Meine Mutter hatte die Vertragsverhandlungen übernommen und war zu unserer übergroßen Freude mit einem erstklassigen Abschluß heimgekehrt – vierzig Dollar wöchentlich, dazu freie Kost und Logis.

Wir waren damals ziemliche Scheunendrescher und konnten die erste Mahlzeit in der Pension kaum erwarten. Frühstück wurde ab acht Uhr serviert. Um halb acht saßen wir im Speisesaal.

»Was darf's denn sein, Jungs?« fragte uns der Kellner. Wir alle bestellten Steak. »Nein, nein«, sagte er kopfschüttelnd, »ihr habt mich mißverstanden. Ich wollte wissen, was für einen Fisch ihr frühstücken möchtet.«

»Wir möchten keinen Fisch«, antworteten wir, »wir wollen Steaks.«

»Na schön«, sagte er, »wie wär's mit einem schönen Heilbuttsteak?«

»Hören Sie mal«, sagte ich, »wir sind Schauspieler, wir haben Hunger, und wir wollen *Fleisch.*«

»Tja.« Er zuckte die Achseln. »Wenn ihr Fleisch wollt, müßt ihr woanders essen. Hier eßt ihr entweder Fisch oder gar nichts.«

Wir frühstückten Fisch. Wir aßen Fisch zum Mittag. Und zum Abendessen aßen wir, um die Eintönigkeit zu durchbrechen, Krabben. Am Dienstag aßen wir Goldmakrelen, am Mittwoch Seeheringe und am Donnerstag mittags Rotbarsch und abends gebratenen Aal. Inzwischen waren zwei von uns Nachtigallen Flossen gewachsen. Als wir am Freitag morgen zur Abwechslung Fische frühstückten, erzählten wir einander spaßeshalber von unseren Träumen der vergangenen Nacht. Die Übereinstimmungen waren erstaunlich: Wir alle hatten von Steaks, Schweinekoteletts, Kalbsschnitzeln und Brathähnchen geträumt.

Auf der Promenade direkt vor dem Theater verkaufte ein Mann Roastbeef-Sandwiches. Auf dem Tresen seiner kleinen Imbißbude lag eine koffergroße Roastbeefscheibe. Wir traten viermal täglich auf und mußten, da kein anderer Weg ins Theater führte, achtmal täglich an dem Roastbeefschrein vorbei – viermal hin, viermal zurück.

Am Freitag war unsere Fleischeslust so unerträglich geworden, daß wir uns schon gegenseitig taxierten. Wir gingen zum Direktor und baten ihn um einen Vorschuß auf unsere Gage. »Keinen roten Heller«, erwiderte er. »Zuletzt habe ich den *Drei Fliegenden Simpsons* etwas vorgeschossen. Zwei haben sich besoffen, und derjenige, der fliegen mußte, landete auf einer Frau in der fünften Reihe!« Da standen wir also, wir vier hungrigen Nachtigallen, und mußten uns damit abfinden, daß sich in unseren Bäuchen bald mehr Fische tummeln würden als in den Bassins des städtischen Aquariums.

Wir wurden fast wahnsinnig vom verlockenden Roastbeefgeruch, und schon beim Gedanken an eine weitere Fischmahlzeit drehten sich uns die Mägen um. Es schien nur eine Lösung zu geben: Um an Fleisch zu kommen, mußten wir etwas Wertvolles verkaufen. In unserem gemeinsamen Besitz befand sich nur ein einziger Gegenstand, der sich möglicherweise zu Roastbeef-Sandwiches machen ließ – mein Füllfederhalter. Vier Jahre lang hatte ich mein Bar-Mizwa-Geschenk gehütet wie meinen Augapfel. Wieviel er tatsächlich wert war, weiß ich nicht, aber als Erinnerungsstück bedeutete er mir sehr viel, und die Vorstellung, mich von ihm trennen zu müssen, machte mich unbeschreiblich traurig. Am Ende jedoch kapitulierte ich vor dem Geruch saftigen Fleisches und dem Flehen und Drohen meiner Brüder und gab meinen Füllfederhalter nach längerem Feilschen für acht Roastbeef-Sandwiches her.

In der folgenden Woche mußten wir nicht auftreten und blieben in Atlantic City. Zusammen gaben wir fast zwanzig Dollar, also die Hälfte unserer Wochengage, für Roastbeef-Sandwiches aus. Nachdem wir unser Geld bekommen hatten, versuchte ich meinen Füllfederhalter zurückzukaufen, aber der Fleischhändler erzählte mir, er habe ihn verloren. Eines Morgens war er auf den Pier hinausgegangen, um beim Einholen des Netzes zuzusehen. Als er sich vornübergebeugt hatte, war der Füllfederhalter ins Wasser gefallen und in der Tiefe verschwunden. Ich kann nur hoffen, daß ein Tintenfisch ihn gefunden hat, denn die beiden hätten bestimmt ein hübsches Paar abgegeben. Ich war siebzehn, als ich den ersten Füller meines Lebens verlor. Den nächsten Fisch meines Lebens aß ich mit vierzig.

Wenn schon nicht in allen, so doch in den meisten Fällen hingen die Gagen der weniger wichtigen Vaudeville-Nummern von der Anzahl der daran beteiligten Schauspieler ab. Vier Jahre lang waren wir die *Four Nightingales* gewesen und verdienten inzwischen zweihundert Dollar. Vier Leute, zweihundert Dollar. Sechs Leute, dreihundert Dollar, und so weiter. Das brachte meine Mutter auf eine brillante Idee: Mama war damals fünfzig und hatte eine fünfundfünfzigjährige Schwester. Sie kam zu dem Schluß, daß wir unsere Gage von zweihundert auf dreihundert Dollar erhöhen könnten, wenn die beiden mit uns aufträten. Der Umstand, daß weder meine Mutter noch ihre Schwester auch nur einen Funken Talent besaßen, gab meiner Mutter nicht im geringsten zu denken. Sie sagte, sie kenne eine ganze Menge untalentierte Unterhaltungskünstler. Dabei sah sie mich an. Mama begleitete uns damals auf unseren Tourneen und erzählte mir, sie wisse nicht genau, ob ihre Schwester Hannah abkömmlich sei, werde sich aber unverzüglich mit ihr in Verbindung setzen und könne sie vielleicht überreden, bei uns mitzumachen. Offenbar bedurfte es keines besonderen Nachdrucks, denn schon am nächsten Morgen stand Hannah vor der Tür, bewaffnet mit einem Pappkoffer, einer zerschrammten Gitarre und einem weißen Organdykleid, das sie auf der Hochzeit ihrer Tochter getragen hatte.

»Mama«, sagte ich, »verzeih mir die dumme Frage, aber was wollt ihr eigentlich auf der Bühne machen, du und Tante Hannah?«

»Erst mal«, sagte sie, »ändern wir jetzt unseren Namen. Wir heißen von nun an nicht mehr *The Four Nightingales,* sondern *The Six Mascots.* Durch die sechs Maskottchen steigt unsere Gage um hundert Dollar.«

»Aber was wollt ihr denn während der Vorstellung machen, um diese Preiserhöhung zu rechtfertigen?« hakte ich nach.

»Wir schnappen uns zwei Gitarren«, sagte sie, »und dann singen Hannah und ich ›Two Little Girls in Blue‹ im Duett. Wir tun so, als wären wir Schülerinnen. Wir ziehen uns richtig jugendlich an, mit blauen Kleidern, dann wird das Publikum uns für kleine Mädchen halten. Ach, die Leute werden bestimmt begeistert sein!«

Schülerinnen! Ich wollte meine Mutter nicht daran erinnern, daß sie fünfzig war und ihre Schwester fünfundfünfzig. »Mama«, sagte ich, »was ist mit der Gitarre? Ich wußte gar nicht, daß du Gitarre spielst.«

»Oh, doch«, erwiderte sie. »Als du das letztemal unterwegs warst, hat Harpo Hannah und mir die drei Grundakkorde beigebracht.«

Beunruhigt gaben wir den Namen *The Four Nightingales* auf und erstrahlten als *The Six Mascots* aufs neue am Theaterhorizont. Der ganze Auftritt blieb unverändert, abgesehen davon, daß nun zu einem bestimmten Zeitpunkt zwei kleine Mädchen mit Gitarren aus entgegengesetzten Richtungen auf die Bühne kommen, sich auf zwei einander gegenüberstehende Stühle in der Bühnenmitte drapieren und ihre Version von »Two Little Girls in Blue« zum besten geben sollten.

Bei der Premiere standen wir vier in der Kulisse und erwarteten neugierig und bangen Herzens die Reaktion des Publikums. Wir hatten die Zuversicht der Mädchen nicht durch die barsche Feststellung erschüttern wollen, ihre Darbietung sei ein schlechter Scherz. Wir konnten nur hoffen und beten, daß sie vom Publikum unbemerkt auf die Bühne huschten und ebenso unbemerkt wieder verschwanden.

Kurz vor dem Auftritt beschlossen Mutter und Hannah, ihre Brillen abzusetzen. Sie pflichteten einander bei, daß sie *sans* Brillen nicht bloß wie Schülerinnen aussähen, sondern vielleicht sogar mit klitzekleinen Knirpsinnen verwechselt würden.

Nachdem sie die Bühne betreten hatten, nahmen beide – entweder wegen des Lampenfiebers, das alle Theaterneulinge befällt, oder weil beide ohne Brille praktisch blind waren – anmutig auf demselben Stuhl Platz. Der zierliche, vergoldete Stuhl, der nicht geschaffen war, das vereinte Gewicht zweier draller Mittfünfzigerinnen zu tragen, tat, was auch jeder andere Stuhl unter diesen Umständen getan hätte – er brach zusammen. Mama und Hannah gingen mit einem dumpfen Aufprall zu Boden und ließen die Gitarren in hohem Bogen fahren. Der gelangweilte Pianist, offenbar an kleinere Katastrophen wie diese gewöhnt, schlug unverzüglich die Nationalhymne an, während sich Mama und Hannah Hals über Kopf in die Kulisse zurücktasteten.

Am darauffolgenden Morgen gab Mama bekannt, ihre Jungfernvorstellung vom Vorabend sei zugleich ihre Abschiedsvorstellung gewesen. Anschließend gaben die beiden jedem von uns ein Abschiedsküßchen und bestiegen den Zug nach New York.

Nachdem unsere zwei Maskottchen ausgeflogen waren, wurden wir wieder die vier Nachtigallen, und die zusätzlichen hundert Dollar Wochengage, auf die wir gehofft hatten, waren wieder nur ein schöner Traum.

8 Ein fahrender Spielmann bin ich

Ich weiß nicht genau, wie ich Komödiant oder Komiker geworden bin. Vielleicht bin ich gar keiner. Es lohnt nicht, darüber zu streiten. Fest steht, daß ich jahrelang ganz gut davon gelebt habe, mich als einer zu verkleiden. Ich wüßte nicht, daß ich als Junge umwerfend witzig gewesen wäre. Und als eher skeptischer Zeitgenosse verspüre ich weder den Wunsch, noch verfüge ich über die Anlagen, zu ergründen, weshalb gewisse Menschen in den Augen anderer komisch wirken. Ich habe etliche Bücher von angeblichen Experten gelesen, die die Grundlagen des Humors erklären und zu beschreiben versuchen, was komisch ist und was nicht. Ich bezweifle, daß irgendein Komiker wirklich erklären könnte, weshalb er komisch ist und sein Nachbar nicht.

Meiner Überzeugung nach geht auf dem Weg zur komischen Wirkung Probieren über Studieren. Das gilt mit Sicherheit für die frühe Vaudeville-Zeit und hat sich vermutlich bis heute nicht geändert. Ein Team bestand damals gewöhnlich aus einem Stichwortgeber und einem Komiker. Der Stichwortgeber konnte singen oder tanzen oder beides. Der Komödiant klaute ein paar Scherze bei Kollegen und fand ein paar weitere in Zeitungen und Witzblättern. Anschließend begannen die beiden, in Schmalspur-Vaudeville-Theatern, Varietés, Nachtclubs und Biergärten aufzutreten. Handelte es sich um einen originellen Komiker, entledigte er sich allmählich sowohl der geklauten Witze als auch derer, die beim Publikum nicht ankamen, und ersetzte sie durch eigene. Sofern er irgend etwas taugte, ließ er auf diese Weise sehr bald seine ursprüngliche Rolle hinter sich und entwickelte seine eigene, unverwechselbare Bühnenfigur. So war es bei mir und meinen Brüdern und sicherlich auch bei den meisten anderen Komikern.

Vermutlich gibt es weltweit höchstens hundert erstklassige Komiker und Komikerinnen. Sie kommen seltener vor und sind wesentlich wertvoller als alles Gold und alle Edelsteine dieser Welt. Aber da wir die Menschen zum Lachen bringen, scheinen sie nicht recht zu begreifen, wie unentbehrlich wir zum Erhalt ihrer geistigen Gesundheit sind. Verschafften wir der Welt mit unseren Albernheiten nicht hin und wieder eine Atempause, erlebten wir Massenselbstmorde solchen Ausmaßes, daß sich die Sterblichkeitsrate unserer Rasse wohl nur noch mit der von Lemmingen vergleichen ließe.

Bestimmt kennen die meisten von Ihnen die Geschichte von jenem Mann, der schwerkrank zu einem Analytiker geht und berichtet, er habe seinen Lebenswillen verloren und trage sich mit Selbstmordgedanken. Der Arzt lauscht diesem melancholischen Bericht und sagt dann zu seinem Patienten, was diesem fehle, sei ein lautes, herzerfrischendes Lachen. Er rät dem Unglücklichen, am Abend in den Zirkus zu gehen und sich von Grock, dem lustigsten Clown der Welt, ordentlich aufheitern zu lassen. Zum Abschluß sagt der Arzt: »Wenn Sie Grock erst mal erlebt haben, fühlen Sie sich bestimmt gleich viel besser.« Der Patient erhebt sich, wirft dem Arzt einen traurigen Blick zu und schlurft auf die Tür zu. Als er schon fast hinaus ist, fragt der Arzt: »Ach, sagen Sie mal, wie heißen Sie eigentlich?« Der Mann dreht sich um und sieht den Arzt bekümmert an. »Ich bin Grock.«

War ein Komiker in einer ernsten Rolle zu sehen, beobachtete ich immer wieder unter anhaltenden Schmerzen, wie sämtliche Kritiker hysterisch ihre Hüte in die Luft schleudern, auf der Straße tanzen und den Komiker mit Lobhudeleien überschütten. Mir ist bis heute schleierhaft, woher das Erstaunen und die Begeisterung der Kritiker rührt. Es gibt derzeit kaum einen guten Komiker, der nicht in der Lage wäre, eine dramatische Rolle erstklassig abzuliefern. Hingegen gibt es nur sehr wenige dramatische Schauspieler, die aus einer komischen Rolle etwas zu machen wüßten. David Warfield, Ed Wynn, Walter Houston, Red Buttons, Danny Kaye, Danny Thomas, Jackie Gleason, Jack Benny, Louis Mann, Charles Chaplin, Buster Keaton, Red Skelton und Eddie Cantor, lauter erstklassige Komiker, haben dramatische Rollen gespielt und stimmen weitgehend in der Ansicht überein, verglichen mit komischer Schauspielerei sei ernsthafte so anstrengend wie zwei Wochen Urlaub auf dem Lande.

Damit Sie nicht meinen, ich stünde mit dieser Auffassung ganz allein da, darf ich an dieser Stelle S. N. Behrman zitieren, einen unserer fähigsten Drehbuchautoren:

»Jeder Dramatiker, der die Höllenqualen beim Besetzen eines Stückes kennengelernt hat, wird bestätigen, daß man nach Schauspielern mit komödiantischem Talent Ausschau halten muß. Dank ihrer Intuition können Komiker das, was Menschen wirklich ausmacht, mit unvergleichlicher Präzision und Geschwindigkeit wahrnehmen und darstellen. Ein großer Komiker erreicht mit einer leichten Veränderung des Tonfalles soviel wie ein Fechtvirtuose mit einer blitzschnellen Drehung des Handgelenks.«

Trotzdem sind die Kritiker jedesmal überrascht.

Bei unserem Einstieg ins Showgeschäft hatten wir alle gute Singstimmen gehabt... zumindest für Vaudeville-Verhältnisse. Leider schwanden Harpos und Gummos Stimmen im Laufe der Jahre dahin. Als einzige brauchbare Stimme blieb also meine übrig, aber auch die geriet allmählich ins Brechen. Uns wurde sehr bald bewußt, daß unsere Existenz – nicht nur die berufliche, sondern auch die leibliche – davon abhing, daß wir unsere Auftritte um zusätzliche Elemente erweiterten. Ich besorgte mir eine blonde Perücke. Und zwar die alte, die meine Mutter abgelegt hatte. Mit dieser Perücke und einem Einkaufskorb, über dessen Rand Plastikwürstchen hingen, gab ich mich als deutscher Komiker aus. Alle Komiker, die mit deutschem Akzent sprachen, bezeichnete man passenderweise als *Dutch comics.* Der Akzent bereitete mir keine Schwierigkeiten. Wir wohnten in Yorkville, einem deutschen Viertel, mein Onkel Al Shean war *Dutch comic,* und in den Brauereien, von denen wir förmlich umzingelt waren, wimmelte es von Deutschen. Als Bühnenfigur war der Deutsche beim Publikum bekannt und beliebt.

Unsere kleine Nummer war nicht besonders kompliziert. Ich trat als Laufbursche auf, der Würstchen ausliefern sollte, und fragte Harpo und Gummo (die als Sportsegler kostümiert waren) nach dem Weg zu Mrs. Schmidt. Während Gummo mir den Weg erklärte, klaute Harpo die Würstchen. Zugegeben, das ist keine besonders dolle Handlung; sie hat nicht ganz die Klasse von *Front Page* oder wenigstens *My Fair Lady,* aber es war immerhin ein Anfang. Und noch viel wichtiger war, daß das Publikum während dieses kurzen, selbstgebastelten Dialogs vergessen konnte, daß wir gerade gesungen hatten.

Zu jener Zeit standen Schauspieler auf der gesellschaftlichen Rangleiter irgendwo zwischen wahrsagenden Zigeunerinnen und Taschendieben. Tauchten Varieté-Truppen in Kleinstädten auf, versteckten die Familien ihre jungen Töchter, schlossen alle Läden und brachten das Tafelsilber in Sicherheit. Um Ihnen eine ungefähre Vorstellung unseres damaligen gesellschaftlichen Status zu vermitteln: Ein Baumwollpflanzer aus Shreveport, Louisiana, drohte, einen meiner Brüder zu erschießen, falls dieser seine Tochter jemals wieder anspräche. Lediglich der Umstand, daß der Pflanzer am Nachmittag einer Lynchveranstaltung beiwohnen mußte, rettete meinem Bruder das Leben.

Der sogenannte Glanz der Bühne reichte nicht bis in die Theater und Städte, in denen wir auftraten. Um zur Garderobe eines durchschnittlichen Vaudeville-Theaters vorzustoßen, hielt man zuerst nach der schmutzigsten Gasse der Stadt Ausschau. Irgendwo in dieser Gasse befand sich der Bühneneingang. Hatte man den entdeckt, tappte man über eine dunkle, verrußte Treppe abwärts und fand die Garderoben in der hintersten Ecke eines schummrigen, feuchten und zumeist von Ratten bevölkerten Kellers.

Ich gebe zu, daß der unvorteilhafte gesellschaftliche Ruf der Schauspieler nicht ganz zu Unrecht bestand. Die meisten von uns stahlen ein bißchen – unbedeutende Kleinigkeiten wie Handtücher und Bettvorleger. Nur sehr wenige Schauspieler ließen alles mitgehen, was sie in ihre Koffer stopfen konnten. Ein Kollege wurde erwischt, als er mit einem Zwerg abzuhauen versuchte, der zu einer anderen Truppe gehörte. Nichts war vor uns sicher. Wenn man jemanden fragte, wo er im Laufe des Jahres aufgetreten war, mußten die meisten nur einen kurzen Blick auf ihre Handtuchsammlung werfen. Die meisten Hotels blieben allerdings verschont, da sie zu teuer für uns waren. Normalerweise wohnten wir in Pensionen. Einzelzimmer inklusive Verpflegung, sieben Dollar pro Woche. Zu zweit im Zimmer: sechs Dollar pro Person. Zu dritt im Zimmer: fünf fünfzig pro Nase. Wir kannten eine Truppe, die nie in Hotels oder Pensionen abstieg. Sie schlugen ihre Feldbetten in der Garderobe auf und kochten sich alle Mahlzeiten mit einem Gaskocher.

Obwohl wir schlecht gekleidet waren, waren wir doch New Yorker Schauspieler und müssen auf die weibliche Dorfjugend sagenhaft anziehend gewirkt haben. Dafür haßte uns natürlich die gesamte männliche Dorfjugend, weshalb wir beim abendlichen Verlassen des Theaters jahrelang Totschläger in den Hosentaschen trugen.

Ich kann mich nicht erinnern, während meiner ersten zehn Bühnenjahre ein Zimmer mit eigenem Bad bewohnt zu haben. In den Pensionen lag das Badezimmer normalerweise am Ende eines langen, zugigen Flures, und wer morgens über diesen Flur schlich, erspähte so gut wie immer vier oder fünf Köpfe von Damen und Herren, die um halbgeöffnete Türen lugten und darauf warteten, daß die Badezimmertür geöffnet würde. Geschah dies dann endlich, enthüllte das folgende Wettrennen durch den Flur immer wieder erschreckende Aspekte der menschlichen Anatomie.

Die Zimmer jener Pensionen waren normalerweise mit einem Eisenbett, einer verklumpten Matratze, einem dünnen Vorleger, einer Waschschüssel und einem Krug ausgestattet. Über die Schüssel waren jeweils zwei verschlissene Handtücher und zwei Badetücher gebreitet, mit denen man eine ganze Woche auskommen mußte. Gegen Ende der Woche waren diese Handtücher immer so dreckig, daß man sie links liegenließ und sich trockenfächelte. Hatte man das Glück, in einer Pension zu landen, deren Besitzerin Witwe war oder einige Töchter hatte, waren die Aufenthalte zuweilen etwas angenehmer.

Wir spielten in Cincinnati für Gus Sun und wohnten in einer verlausten Absteige, die es, wie ich für Cincinnati hoffen will, inzwischen nicht mehr gibt.

Die *Gus-Sun-Tournee* tingelte durch eine Reihe kleiner, über Ohio und die Nachbarstaaten verstreuter Vaudeville-Theater. Die Shows bestanden aus fünf Vorstellungen, jeweils um zwei, vier, sechs, acht und zehn Uhr. Der Rest des Tages stand zur freien Verfügung, außer wenn das Geschäft ungewöhnlich gutging. In diesem Fall setzte der Manager eine oder zwei weitere Vorstellungen an, für die man natürlich nicht bezahlt wurde.

Im Varieté-Theater am anderen Ende der Straße trat eine Truppe namens »Cooks Ausreißerinnen« auf. Ich weiß nicht, vor was sie ausrissen, aber es könnte sich um ihr eigenes Programm gehandelt haben. Alle Mitglieder der Truppe wohnten im selben Hotel, und nach unseren Auftritten gingen wir allabendlich hin, um uns sehnsüchtig die Mädchen anzusehen, wie arme Kinder aus der Unterschicht die Auslagen im Schaufenster eines Süßwarenladens anstarren.

Wir befanden uns am unteren Ende der Karriereleiter. Täglich fünf Vorstellungen in einem Zehn-Cent-Vaudeville-Theater – schäbiger ging es kaum. Unter uns rangierten nur noch Schausteller, Wanderzirkusse und die fahrenden Quacksalber, die an Straßenecken standen und Einfaltspinseln Wundermittelchen andrehten.

Da die Varieté-Truppe einen Tag vor uns zu spielen begann, hatten wir Gelegenheit, ihre Vorstellung zu besuchen. Es war schrecklich. Die Hauptdarstellerin war fünfundvierzig und wog mindestens siebzig Kilo. Ihr Kostüm bestand aus einem weißen Seidentrikot und einer amerikanischen Flagge, die sie sich um die füllige Hüfte geschlungen hatte. Die Flagge verwirrte mich. Meine anfängliche Vermutung, die Frau müsse sie aus Nationalstolz tragen, wich im Laufe ihres Auftrittes der Überzeugung, daß es sich um eine reine Vorsichtsmaßnahme handelte.

Der Manager der Truppe hatte Frau und etliche Kinder in Brooklyn, war aber trotz dieser ehelichen Fesseln hoffnungslos in seine Hauptdarstellerin verliebt. So hoffnungslos verliebt, wie man als Sechzigjähriger eben in eine fünfundvierzigjährige, wabblige Soubrette verliebt sein kann.

Allabendlich machten wir uns nach unseren fünf Auftritten auf den Weg zu ihrem Hotel, lungerten in der Empfangshalle herum und hofften, bei den Revuetänzerinnen voranzukommen. Eines Abends bemerkte uns der Manager. »Seid ihr Schauspieler, Jungs?« erkundigte er sich.

»Ja«, antworteten wir wie aus einem Munde, »wir treten im Gus-Sun-Theater auf, ein paar Häuser weiter.«

Das schien ihn nicht sonderlich zu beeindrucken. Vielleicht hatte er eine unserer Vorstellungen besucht. Jedenfalls fuhr er fort: »Morgen hat meine Freundin Geburtstag, und da wir alle im gleichen Boot sitzen, seid ihr herzlich eingeladen, nach der Vorstellung zum Essen zu kommen.«

Welches Glück! Nicht nur eine Gratismahlzeit, sondern zudem die Aussicht, endlich bei den vierundzwanzig Tingeltangel-Bienen zu landen.

Wir traten damals mit einem vorlauten Burschen namens Freddy auf. Als wir ihn verpflichteten, teilte er uns mit, er sage grundsätzlich die Wahrheit und halte sich nie bedeckt. Wenn er etwas nicht ausstehen könne, dann sei es Heuchelei. »Wenn ich etwas zu sagen habe«, tönte er, »dann sag ich es geradeheraus!« An jenem Abend machte er sich alle Ehre.

An der Festtafel lief alles wie am Schnürchen. Jeder von uns Brüdern saß an der Seite einer zauberhaften Revuetänzerin, und wir alle hatten das Gefühl, daß die Liebe nicht nur in der Luft lag, sondern daß sogar ziemlich gute Aussichten bestanden, die Liebe (beziehungsweise eine brauchbare Entsprechung derselben) noch vor dem Morgengrauen zu vollziehen.

Als die Geburtstagtorte hereingerollt wurde, sangen wir alle »Happy Birthday«. Anschließend kam der angeheiterte Freund der Hauptdarstellerin taumelnd auf die Beine und hob zu einer romantischen Lobpreisung seiner speckhüftigen Herzensdame an. Seine Worte und Gefühle hätten einem Patrick Henry zur Ehre gereicht. Nach einigen Minuten seiner öffentlichen Liebeserklärung sagte er: »... und es ist kaum zu glauben, daß diese junge Dame all ihre Erfolge im zarten Alter von nur dreißig Jahren erreicht hat.«

Freddy, der wie wir alle nur dank der Großzügigkeit und Freundlichkeit des Redners überhaupt anwesend war, stand auf und verkündete mit lauter, klarer Stimme: »Ach ja? Ich möchte keins von den Jahren geschenkt haben, die sie über vierzig ist.«

Einen Augenblick war es totenstill. Dann folgte das Grollen wütender Stimmen und steigerte sich zu einem Crescendo, in das sich lautes Stühlerücken und das ebenso laute Klimpern und Klirren von allerlei Dingen mischte, die sich möglicherweise als Waffe eigneten. Mit einem langen Messer fuchtelnd, kam der Redner langsam und blutrünstig auf den ehrlichen Freddy zu.

»Bringt den kleinen Mistkerl um«, schallte es durch den Festsaal. Harpo, Gummo und ich verstanden Freddys hastigen Abgang als Stichwort, zogen uns widerwillig von den Revuetänzerinnen zurück und machten uns auf den Weg zum Ausgang. Inzwischen war die gesamte Tingeltangel-Truppe bis an die Zähne mit Geschirr und Tafelsilber bewaffnet und finster entschlossen, nicht nur Freddy abzuservieren, sondern seine drei Kumpane mit dazu. Die anschließende Verfolgungsjagd führte um den Eßtisch, durch den Flur, die Empfangshalle und hinaus auf die Hauptstraße. Die Einwohner von Cincinnati müssen sich schon sehr gewundert haben, als sie diese Bande von fünfzig buntgemischten, angetrunkenen Männern und Frauen vier Jungs durch die Straßen der Stadt hetzen sahen. Nur durch ein paar spritzige Sprinteinlagen gelang es uns schließlich, ohne tödliche Verletzungen zu entkommen. Später am Abend nahmen wir uns Freddy vor und bleuten ihm ein, daß ehrlich nicht in jedem Fall am längsten währt.

Heute, da Schauspieler, Musiker und alle verwandten Zünfte gewerkschaftlich organisiert sind, läßt sich kaum mehr vermitteln, welche Beziehung damals zwischen Schauspielern und Theaterdirektoren bestand. Was Heinrich der Achte für die englische Geschichte und Torquemada für die Inquisition bedeutete, das war der Theaterdirektor dem Vaudeville. Seine Macht war grenzenlos. Erregte jemand sein Mißfallen, konnte er eine Geldstrafe verhängen oder den Betreffenden aus dem Programm streichen – wobei »aus dem Programm streichen« euphemistisch für einen handgreiflichen Rauswurf steht. Berufung einzulegen war nicht möglich. Er war Richter, Geschworene und Anklagevertreter in einem. Schickte er der Agentur einen ungünstigen Bericht, konnte dies das

Ende der gesamten Tournee bedeuten. Selbst wenn man das Glück hatte, einen schriftlichen Vertrag zu besitzen, bedeutete das nichts. Er konnte ihn einfach zerreißen und einem ins Gesicht werfen.

Obwohl es lange her ist, werde ich weder das Theater noch den Direktor beim Namen nennen, aber als sich der nachfolgend geschilderte Vorfall ereignete, führten wir mit neun Jungs, neun Mädchen und einem extra angefertigten Bühnenbild ein Kurz-Musical auf. Wir standen etwas höher auf der Stufenleiter als zu Zeiten der Gus-Sun-Tournee, und inzwischen trat auch Chico mit uns auf. Da ich der Frühaufsteher unter uns Brüdern war, durfte ich mich Woche für Woche mit den Orchesterproben herumplagen. Als ich an jenem Montagmorgen das Theater betrat, sah ich ziemlich fesch aus. Mit meiner karierten Mütze, einem Norfolk-Jackett mit Gürtel, Gehstock, Lackschuhen und der langen, billigen Zigarre, die ich weltmännisch paffte, war ich eine ausgesprochen vorzeigbare Ausgabe des ärmlich gekleideten Schmalspurschauspielers.

Ich stand da und paffte fröhlich meinen Glimmstengel, als plötzlich der Direktor, ein Riesengorilla, der früher beachtliche Erfolge als Preisboxer gefeiert hatte, drohend über mir aufragte. »Hier wird geraucht, ja?« donnerte er. »Hinter der Bühne rauchen verstößt gegen die Theaterordnung. Dafür zahlst du fünf Dollar Strafe!« Mit diesen Worten riß er mir die Zigarre aus dem Mund, schmiß sie auf den Boden und trat sie aus.

Sein schlechter Ruf war ihm vorausgeeilt. Beinahe jeder, der diese Tournee bestritten hatte, kannte und fürchtete ihn als brutalen Schinder. Vor seiner Zeit als Direktor hatte er sogar Tommy Burns, dem Schwergewichtsweltmeister, ein Unentschieden abgetrotzt. Feige war ich nicht, aber blöd auch nicht. Ich wich vorsichtig zurück und stotterte: »He... was fällt Ihnen ein, meine Zigarre kaputtzumachen? Sie können mir keine Strafe...«

»Ach, kann ich nicht, nein?« unterbrach er mich. »Siehst du das *Rauchen Verboten*-Schild da drüben?«

»Nein, das sehe ich nicht«, erwiderte ich trotzig.

»Na, dann komm mal mit, dann zeige ich's dir.« Er packte mich am Kragen und schleifte mich zu einem winzigen Schild an der Rückwand. Darauf stand: *Wer hier beim Rauchen erwischt wird, zahlt fünf Dollar Strafe.*

Am späten Vormittag kamen Harpo, Gummo und Chico zu dem Schluß, sie hätten nun für eine Nacht genug geschlafen, und geruhten sich ins Theater zu begeben. Beim Betreten unserer Kellergarderobe erspähten sie einen niedergeschlagenen, entsetzlich verängstigten Schauspieler. Betrübt berichtete ich von den morgendlichen Vorfällen, dem Verlust meiner Zigarre und den fünf Dollar, die uns nach Ende unseres Engagements vom Gehalt abgezogen werden sollten.

Zu jener Zeit bekamen wir wöchentlich neunhundert Dollar. Das klingt nach einer Menge Geld, aber unsere Truppe bestand aus achtzehn Personen, und nach Abzug der Kosten für Kostüme, Zugfahrkarten und den Agenten blieb ein Durchschnittsverdienst von etwa fünfunddreißig Dollar pro Kopf. Eine Fünfdollarstrafe hätte uns nicht ruiniert, aber wir waren Rebellen; nach kurzem Kriegsrat teilten wir dem Direktor mit (nicht persönlich, sondern per Boten), wenn er die Strafe nicht aufhöbe, träten wir nicht auf. Nicht Verwegenheit trieb uns zu diesem Schritt, sondern die Tatsache, daß wir zu viert waren und meinten, er könne uns nicht alle gleichzeitig verdreschen. Eigentlich lag uns nichts ferner, als es wirklich darauf ankommen zu lassen, aber andererseits trugen wir alle Totschläger in den Taschen, Waffen, die ihrem Namen bei sachgemäßer Handhabung alle Ehre machten, und falls man uns keine Wahl ließ, würden wir sie benutzen. Eines stand jedenfalls fest – wenn wir nicht auftraten, fiel die Veranstaltung aus. Der Direktor kam umgehend in unsere Kellergarderobe hinter der Bühne. Wir machten keine Anstalten, unsere Koffer auszupacken oder uns auf die erste Nummer vorzubereiten.

»He, Jungs, in einer halben Stunde fängt die erste Vorstellung an, also seht zu, daß ihr fertig werdet!« drohte er.

»Es wird keine Vorstellung geben«, sagten wir. »Wenn Sie die Fünfdollarstrafe aufheben, treten wir auf. Wenn nicht, gehen wir zurück ins Hotel und lassen Sie mit dem Publikum allein. Dann können Sie selber auftreten.«

Mit einer solchen Haltung war der tumbe Schläger noch nie konfrontiert worden. Ging eine der kleinen Nummern auf die Barrikaden, schmiß er sie einfach raus und hatte noch immer ein Programm. Aber in diesem Fall waren wir das ganze Programm. Blieben wir in der Garderobe sitzen, blieben die Lichter in seinem Theater aus. Er schnaubte und drohte und schmierte uns Honig ums Maul. Wir blieben ausdruckslos und unbewegt sitzen und ließen unsere Totschläger lässig hin und her pendeln.

Unter unserer aufgesetzten Nonchalance waren wir allerdings genauso nervös wie er. Während er befürchten mußte, mit einem geschlossenen Theater dazustehen, standen für uns neunhundert Dollar Gage auf dem Spiel. Wir alle brauchten das Geld. Weihnachten stand unmittelbar vor der Tür, die Schätzchen von der Heilsarmee zogen durch die Straßen und sammelten eifrig Münzen, und wir wollten um nichts in der Welt davon abhängig sein, was sie zusammenkratzten.

Chico, der immer konziliante Disraeli seiner Epoche, meldete sich schließlich zu Wort. »Passen Sie auf, wir machen folgendes: Wir bezahlen die fünf Dollar, Sie legen fünf Dollar von Ihrem eigenen Geld dazu – und dann spenden wir den Zehner der Heilsarmee.«

Ich konnte mir zuerst nicht vorstellen, daß unser Direktor sich auf diesen Kompromiß einlassen würde, aber inzwischen waren wir schon eine Viertelstunde zu spät dran, das Theater war voll, und die Eingeborenen wurden unruhig. Das Donnern stampfender Füße wurde lauter und lauter; schließlich hob er die Arme und gab sich geschlagen. »Na schön«, sagte er, »abgemacht! Und jetzt macht euch fertig.« Danach hatten wir keinen Ärger mehr mit ihm. Er kam nicht mehr hinter die Bühne, und wir machten ihm nichts mehr vor.

Am Samstag war Zahltag. Unsere letzte Vorstellung dauerte bis elf, und wir mußten den Zug um Viertel vor zwölf erwischen, um rechtzeitig die nächste Station auf unserem Spielplan zu erreichen. Somit blieb kaum Zeit zum Umziehen, Abschminken, Abbauen des Bühnenbildes und für die Fahrt zum Bahnhof.

Um zehn nach elf schleppten vier Platzanweiser vier schwere Leinensäcke zu uns hinter die Bühne. Als sie uns die Säcke vor die Füße fallen ließen, sagte einer der vier: »Da habt ihr eure Gage... achthundertfünfundneunzig Dollar in Pennies!« Wir öffneten einen der Säcke und begannen zu zählen. Als wir auf dem Boden ankamen, war es zwanzig nach elf. Da uns keine andere Wahl blieb, warfen wir die übrigen Säcke ungeöffnet auf die Ladefläche des kleinen Lastwagens, der unsere Koffer und das Bühnenbild geladen hatte, und kamen gerade noch rechtzeitig am Bahnhof an, um auf den abfahrenden Zug zu springen.

Wir vier standen auf der Plattform am Ende des letzten Waggons und sahen die Stadt am Horizont verschwinden. Als sie völlig außer Sicht war, sagte einer meiner Brüder in wesentlich deutlicheren Worten als den folgenden: »Was für ein mieser Trick! Hoffentlich brennt dieses gottverdammte Theater bis auf die Grundmauern nieder!«

Sein Wunsch ging in Erfüllung. Am nächsten Morgen lasen wir in der Lokalzeitung, daß eine Feuersbrunst das betreffende Theater vollständig zerstört hatte. Man hat nur sehr selten das Glück, eine Verwünschung auszustoßen und binnen vierundzwanzig Stunden erfüllt zu sehen.

9 Ein leichter Fall von Auto-Erotik

Kurz vor meinem zwanzigsten Geburtstag zog unsere ganze Familie nach Chicago. An den östlichen Gestaden konnte Paps mit seinen schneiderischen Möglichkeiten nichts mehr anrichten und brannte nun darauf, neue, nichtsahnende Welten an den Ufern des Michigansees zu erobern.

Chicago war eines der großen Vaudeville-Zentren, also stürmte Mama unverzüglich die Büros der bedauernswerten Agenten vor Ort. Wenn wir Jungs nicht gerade auf Tournee waren, lebten wir in den folgenden Jahren in einem alten Haus auf der South Side von Chicago, das meine Mutter für achttausend Dollar gekauft hatte. Sie hatte tausend Dollar angezahlt, und der Besitzer befand sich in dem Irrglauben, irgendwann werde er auch den Rest bekommen.

Während der Sommermonate sah sich meist die gesamte Marxfamilie dort vereint, da wir im Sommer alle arbeitslos waren. Vieles von dem, was man heute für selbstverständlich hält, existierte damals noch nicht. Zum Beispiel Klimaanlagen. Wenn es im Sommer heiß wurde, wurde es *heiß*. Und *blieb* heiß. Infolgedessen wurden alle Theater um den dreizehnten Juni herum geschlossen und öffneten erst am *Labor Day* wieder, also Anfang September. Wer sich trotz des langen Theaterwinters an Schmalspurschauspielern noch nicht sattgesehen hatte, schnappte sich Blazer und Strohhut, sprang in eine Straßenbahn und fuhr zu einem der zahlreichen Vergnügungsparks im Umkreis der Stadt.

In diesen Vergnügungsparks konnte man als Schauspieler nicht viel verdienen, durfte aber immerhin gratis die dort vorhandenen Ruderboote benutzen, Karussell fahren oder ins Riesenrad steigen. Einmal saß ich sechs Stunden auf einem Karussellpferd. Einmal und nie wieder. Der Wolf blieb mir eine Woche treu.

Leider gab es nicht genügend Parks für alle, und wer nicht zu den wenigen gutbezahlten Stars gehörte, sah den heißen Sommermonaten bangen Herzens entgegen. Man mußte also während der Saison genug sparen, um sich bis zur Wiedereröffnung der Theater im September über Wasser zu halten. Außer Chico waren wir alle ziemlich sparsam. Gummo und ich hatten je dreihundert Dollar für unseren Sommerschlaf auf die hohe Kante gelegt.

Unser erster Sommer in Chicago war ungewöhnlich heiß. Der von der Prärie hereinwehende Wind versengte uns nicht nur die Haut, sondern nahm auf dem Weg zu uns auch den Geruch der Viehhöfe und Schlachthäuser an. Diesem halbtropischen Gestank konnte man nur entrinnen, indem man auf die North Side hinüberwechselte und sich die erfrischenden Brisen des Michigansees um die Nase wehen ließ.

Im Norden von Chicago gab es aber nicht bloß kühle, klare Luft, sondern auch zwei Mädchen, die in meinen und Gummos Augen einen Abstecher lohnten. Man konnte mit der Hochbahn zu ihrer Wohnung fahren, war dann allerdings auf dem Hin- wie auf dem Rückweg eine anstrengende Stunde lang unterwegs. Die Rundreise kostete uns den halben Abend und ließ nicht viel Zeit für romantische Verwicklungen. Es schien nur eine Lösung zu geben – ein Auto.

Gummo und ich hatten schon immer von einem eigenen Wagen geträumt, aber damals waren Autos genauso selten wie heute Parkplätze. Ein neuer Wagen kam nicht in Frage. Unsere Mittel waren äußerst begrenzt. Was wir brauchten, mußte in erster Linie billig sein. Wir konnten höchstens zweihundert Dollar ausgeben.

Zur Verzweiflung getrieben von den Reizen der Mädchen und den langen, zermürbenden Nachtfahrten mit der ratternden E1, legten wir jeweils hundert Dollar unseres Sommergeldes zusammen und kauften einen alten Chalmers. Er war bildschön – tiefliegend und feuerrot mit Speichenfelgen. Dank seiner schnittigen Form wirkte er ungefähr einen Meter länger als ein normaler Lastwagen. Er hatte große Messingscheinwerfer, einen Messingkühler und einen außenliegenden Schalthebel. Wegen der durchgesessenen Polster saß man so tief im Sitz, daß man ein Periskop brauchte, um auf die Straße zu sehen. Jede Fahrt war ein Blindflug. Klappte man das Segeltuchverdeck unseres Zweisitzer-Cabriolets hoch, entstand ein Loch, das beinahe groß genug war, um den Kopf hindurchzustecken. Die Reifen waren – abgesehen von den Flicken – gleichmäßig abgefahren und ragten ungefähr so hoch auf wie ein Fünfzehnjähriger.

Das waren die Pluspunkte des Wagens. Seine Schwächen waren Legion. Zuerst einmal hatte er keinen Dampf. Er war eine leere Hülle, ein Muskelprotz mit schwacher Pumpe. Seine absolute Spitzengeschwindigkeit betrug vierzig Stundenkilometer.

Und es war gut, daß er keine fünfzig schaffte, denn wie wir auf unserer ersten Fahrt feststellten, fehlten die Bremsbeläge. Die Bremstrommeln waren noch vorhanden, aber die Beläge existierten nur noch in der Erinnerung. Wir wohnten in der fünfundvierzigsten Straße, und wenn ich den Wagen dort zum Stehen bringen wollte, mußte ich ungefähr ab der vierzigsten Straße aufs Bremspedal treten. Bremste ich erst nach Passieren der zweiundvierzigsten Straße, rollte das Auto an unserem Haus vorbei und blieb nahe der achtundvierzigsten Straße stehen – was ärgerlich war, denn in der achtundvierzigsten Straße kannte ich niemanden.

Der Wagen war fünfzehn Jahre alt und hatte im Laufe dieser Jahre mindestens hunderttausend Meilen auf den holprigsten Straßen Amerikas zurückgelegt. Er grunzte und ächzte und bockte wie ein Profi-Ringer. Zum Glück war Benzin nicht teuer. Solange man den Wagen vorsichtig fuhr, schonte und gelegentlich tätschelte, schaffte er mit einem Liter Sprit rund anderthalb Kilometer.

Man hätte schon lange suchen müssen, um zwei Menschen zu finden, die von Natur aus weniger zum Handhaben dieses Monsters geeignet gewesen wären als Gummo und ich. Vom technischen Innenleben eines Autos verstanden wir nicht mehr als ein durchschnittlicher Hottentotte von Kernspaltung. Aber das störte uns nicht. Wir waren jung, wir waren glücklich, und wir hatten Freundinnen, die fast so schick waren wie unser rotes Auto. Es war eine wundervolle Maschine.

Was wir nicht über Autos wußten, wußte Zeppo. Landesweit gibt es vermutlich haufenweise mechanische Genies mit angeborenem Hang zu jeder Form von Technik. Auch Zeppo gehörte zu diesen Mißgeburten. Einen Motor auseinanderzunehmen, die Ventile einzuschleifen, die Zündung einzustellen und den Vergaser zu entrußen, kostete ihn nicht mehr Mühe oder Anstrengung als mich das Spitzen eines Bleistiftes.

Am ersten Abend brauchten wir fünfzig Minuten bis zur Wohnung der Mädchen. Mit der E1 wären wir genauso schnell gewesen, hätten aber auf den Nervenkitzel verzichten müssen, am Steuer eines Autos ohne Bremsen zu sitzen und spöttisch auf in Sicherheit krabbelnde Passanten herabzulächeln. Die Zehnmeilenreise ans andere Ende der Stadt mußte den Wagen wohl sehr erschöpft haben, denn am nächsten Abend weigerte er sich strikt anzuspringen. Das konnte katastrophale Folgen haben. Am Vorabend waren wir bei unseren Herzchen recht gut vorangekommen, und als wir ihnen eine angenehme Nacht wünschten, hatten sie angedeutet, sie könnten am folgenden Abend möglicherweise der Vorstellung nicht abgeneigt sein, von Gummo und mir den Gnadenstoß zu empfangen.

Da wir keine Garage hatten, stellten wir den Wagen immer vor dem Haus ab. Gummo und ich besaßen gemeinsam einen weißen Flanellanzug, den wir – da wir gleich groß waren – abwechselnd trugen. In jener Nacht war ich dran. Da ich den Anzug nicht beschmutzen wollte, sagte ich: »Gummo, kriech unters Auto und sieh nach, warum es nicht läuft. Während du drunterliegst und es reparierst, trete ich ein paarmal dagegen. Vielleicht springt es dann an.«

Eine halbe Stunde später kroch Gummo unter dem Auto hervor und gab sich geschlagen. Für uns war alles zappenduster, und Gummo war sogar noch dusterer. Was tun? Unsere Beziehung zu den beiden Circen von der North Side war bestenfalls ungefestigt zu nennen. Wie die meisten hübschen Mädchen waren sie absolut unzuverlässig und würden, falls wir zu spät kämen, einfach mit zwei anderen Don Juans ausgehen. Während wir nervös, dreckig und deprimiert dastanden, kam Zeppo aus dem Haus geschlendert. »Was gibt's denn, Jungs?« fragte er lässig. »Ärger mit der alten Mühle?«

»Wir kriegen ihn nicht an«, jammerten wir im Chor.

»Tjaaa«, erwiderte Zeppo mit geheuchelter Besorgnis, »mal sehen, ob sich da was machen läßt. Vielleicht sollten wir mal einen Blick auf den Motor werfen, was meint ihr?«

Seine falsche Freundlichkeit hätte uns eigentlich mißtrauisch machen müssen. »Einen Blick auf den Motor werfen«, hatte er gesagt. Wir wußten nicht mal genau, wo der war – oder besser, daß überhaupt einer da war. Einen Blick auf den Motor werfen? Nie wären wir darauf gekommen. Wir waren zutiefst beeindruckt. Hier sprach ein Fachmann. Mit vereinten Kräften gelang es uns dreien schließlich, die Motorhaube hochzuwuchten. Zeppo sah sich das riesige, dunkle, rostige Triebwerk lange und gründlich an. Dann schlich er ein paarmal um es herum, als wäre es ein wildes Tier, klopfte versonnen mit einem Schraubenzieher dagegen und teilte uns zwei herzrasenden Liebhabern seine wohlerwogene Diagnose mit.

»Also, Jungs, ich will's mal so sagen«, begann er. »Ich

fürchte, ihr sitzt in der Klemme. Eure Antriebswelle pumpt nicht richtig gegen den Zündmagneten, und den Vergaser werden wir wohl oder übel ausbauen und mit der Kardanwelle abstimmen müssen.«

Mit glasigen Augen sahen Gummo und ich einander und um so bewundernder Zeppo an. Kein Zweifel, vor uns stand ein Motorensachverständiger. Natürlich hatten wir nicht die blasseste Ahnung, wovon er redete, und wollten es erst recht nicht wissen, aber seine messerscharfe technische Analyse unseres liegengebliebenen Streitwagens machte uns himmelhohe Hoffnungen. Wir wollten nur eines, nämlich hinüber auf die North Side und die beiden Mädels noch rechtzeitig abfangen.

»Und?« sagte ich. »Wie lange brauchst du, um das wieder hinzukriegen? Kannst du es gleich machen? Falls nicht, lassen wir den Wagen hier und nehmen den Zug.«

Zeppo schüttelte den Kopf. »Nein, dafür müßte ich ein paar volle Arbeitstage Zeit haben. Wenn ihr mich fragt: Laßt den Wagen stehen und fahrt mit der Bahn.«

Auf das Wort »Bahn« hin sprinteten wir zur El-Station und zu unseren Schätzchen. Wir sollten erst wesentlich später erfahren, daß Zeppo, sobald wir außer Sicht waren, ein kleines, zur Zündung gehöriges Teil aus der Tasche zog, es an der richtigen Stelle einsetzte, den Motor ankurbelte und mit dem Wagen zu seiner Freundin fuhr.

Blöd wie wir waren, kamen wir erst nach drei Wochen dahinter. Uns fiel auf, daß der Wagen recht gut lief, solange Zeppo nicht verabredet war. Da dies allwöchentlich an etwa fünf Abenden der Fall war, nützte uns die lahme Kutsche herzlich wenig. Dennoch gaben wir merkwürdigerweise Unsummen für Benzin aus. Am Ende resignierten wir und verkauften den Wagen für einhundert Dollar an unseren jüngsten Bruder. Gummo und ich verloren je fünfzig Dollar bei dem Geschäft. Aber noch tragischer war, daß wir auch die Mädchen an zwei Glückliche von der North Side verloren, die beide je eine Harley-Davidson ihr eigen nannten.

Nachdem wir unsere Mädchen ein für allemal verloren hatten, beendeten Gummo und ich die unglückselige Automobil-Partnerschaft und beschlossen, in Liebesdingen von nun an getrennte Wege zu gehen. Wann immer einer von uns beiden anschließend eine Freundin hatte, die unbedingt Auto fahren wollte, stellte Zeppo uns den Chalmers freundlicherweise für zwei Dollar pro Abend zur Verfügung. Eigentlich konnten wir uns das nicht leisten. Aber ich muß meinen Hut vor Zeppo ziehen und zugeben, daß unser chronischer Invalide, der Chalmers, eine wundersame Genesung erlebte. Das Quietschen und Ächzen verschwand, die Bremse sprach auf die leichteste Berührung an, die Scheinwerfer strahlten wie Leuchttürme, und es war eine Lust, den Chalmers zu steuern – alles nur dank Zeppo, dem genialen Mechaniker, diesem hundsgemeinen, durchtriebenen Autodieb!

Autos haben in meinem Leben eine wichtige Rolle gespielt. Ein Jahr später war ich ein Jahr älter, und merkwürdigerweise waren auch die Mädchen, die ich kannte, um ein Jahr gealtert. Ich wußte, daß mir ein in romantischer Hinsicht äußerst unfruchtbarer Sommer bevorstünde, wenn ich mir kein Auto besorgte. Nachdem ich wochenlang über die Parkplätze von Gebrauchtwagenhändlern gebummelt war und so getan hatte, als sei ich kein potentieller Käufer, erstand ich schließlich einen Scripps-Booth für hundertfünfzig Dollar. Von diesen Wagen gibt es heute, wenn überhaupt, nur noch sehr wenige. Der Scripps-Booth hatte wie ein alter Lebemann ordentlich auf den Putz gehauen, aber am Ende doch den Löffel abgeben müssen und war dem Maxwell, dem Essex, dem Auburn, dem Kissel und all den anderen Legenden zur letzten Ruhe auf einen jener Blechfriedhöfe gefolgt, die heute die Landschaft verschandeln.

Der Scripps war ein sehr kleiner Wagen. Er hatte zwei Sitze und einen Notsitz, der sich unter dem Armaturenbrett hervorklappen ließ. Daß ich mich ausgerechnet für dieses Modell entschied, lag an einem kleinen Knopf auf der Beifahrertür, der auf unerklärlichen Wegen mit der Batterie verbunden war. Es war wie ein Wunder aus Tausendundeiner Nacht. Man drückte auf den Knopf, und die Tür flog auf. Schiere Hexerei! Ich war dermaßen fasziniert von dieser elektronischen Vorrichtung, daß ich auf die Begutachtung des Motors verzichtete, und ehe ich wußte, wie mir geschah, hatte der Händler mein Geld und ich seinen Wagen.

Einige Meilen vom Gelände des Händlers entfernt hörte ich plötzlich ein metallisches Rasseln und Knirschen. Zunächst vermutete ich, der Vorbesitzer sei Musikliebhaber gewesen und habe ein billiges Vibraphon unter der Haube versteckt. Ich fuhr sofort an den Randstein, stieg aus, öffnete die Haube und entdeckte, daß der Wagen tödlich verwundet war. Fünf der Pleuelstangen fehlten. Daß sie Pleuelstangen hießen, wußte ich zu diesem Zeitpunkt noch nicht; ich wußte nur, daß sie aus Stahl waren, daß sie ungefähr bleistiftgroß waren – und daß sie fehlten.

Hängenden Hauptes wanderte ich inmitten des Verkehrs auf dem Michigan Boulevard vier Meilen zurück und fand meine fünf fehlenden Pleuelstangen wundersamerweise wieder. Nachdem ich nicht überfahren worden war, ließ ich den Wagen und mich zum Gebrauchtwagengauner zurückschleppen, wobei ich Mordgedanken wälzte. Als ich angeschleppt wurde, stand der Dieb, der mich um hundertfünfzig Dollar geprellt hatte, vor seinem Wagenpark und hielt aufmerksam nach weiteren Trotteln Ausschau. Großflächig gelbe Zähne entblößend, sagte er: »Sagen Sie nichts! Sagen Sie nichts! Sie haben die verfluchten Pleuelstangen verloren, was? Schon komisch, aber das ist die einzige Macke, die diese Scripps-Booth haben. Je-des-mal der gleiche Ärger!«

»Warum haben Sie mir das nicht erzählt, bevor ich diese lahme Ente gekauft habe?« fragte ich und ging drohend auf ihn zu. (»Lahme Ente« war damals ziemlich saftiger *Slang.*)

»Hör mal, mein Junge«, sagte er, »würden wir dieses

Kleinod für hundertfünfzig verkaufen, wenn die Pleuelstangen irgendwas wert wären? Paß auf, wir machen folgendes: Du legst fünfzig Dollar drauf, und wir tauschen die Pleuelstangen komplett aus – und auf die kriegst du dann sogar 'ne Garantie!«

Meine dreihundert Dollar für den Sommer schmolzen zügig dahin. Hundertfünfzig für den Wagen und nun weitere fünfzig für die Pleuelstangen.

»Warum haben Sie mir nicht gleich beim Kauf des Wagens eine Garantie gegeben?« hakte ich nach.

»Auf einen gebrauchten Scripps geben wir nie 'ne Garantie«, sagte er. »Prinzipiell nicht. Weil die Pleuelstangen lausig sind. Aber wenn wir Buick-Pleuelstangen in einen Scripps einbauen, gibt's nie wieder irgendwelche Probleme.«

Ich war dermaßen benommen vom Versuch, dieser Logik zu folgen, daß ich ihm die fünfzig Dollar gab und mich davonschlich.

In unserer Nachbarschaft wohnte damals eine echte Schönheit. Eines Abends traf ich sie zufällig im Kino. Sie mampfte Popcorn und ließ einiges davon, ob zufällig oder absichtlich, in meine Manteltasche rieseln. Ich werde nicht im Detail schildern, wie sie aussah, aber sie war so schön, daß ich ihr sogar das verirrte Popcorn zurückgab. Meine Ritterlichkeit schien ihr gehörig zu imponieren, denn kurze Zeit später mampften wir gemeinsam.

Sie war neunzehn und hatte, soweit man ihr das im Sitzen ansehen konnte, alles mitbekommen, was ein neunzehnjähriges Mädchen mitbekommen haben sollte. Kurz gesagt (so leitet ein mit mir befreundeter Anwalt jede seiner Bemerkungen ein), ich wäre ihr gern etwas näher gekommen... so nah wie irgend möglich.

Im Laufe unseres Gesprächs stellte sich heraus, daß sie völlig vernarrt in Autos war. Sie sagte, nichts sei ihr so zuwider wie Fußmärsche, und fügte ausdrücklich hinzu, selbst wenn sie unsterblich in jemanden verliebt sei, treffe sie sich nur mit ihm, wenn er ein Auto besitze. Ich hatte ihr nicht erzählt, daß ich eins hatte. Ich hatte ihr ebensowenig erzählt, daß mein Auto verkehrt herum in einer Werkstatt lag und sich die inneren Organe richten ließ. Ich wartete auf die richtige Gelegenheit. Als mein Scripps-Booth nach seiner schwerwiegenden Operation entlassen wurde, rief ich sie an und fragte sie, ob sie eine Runde mit mir drehen wolle.

Heute hält mein Gesicht jeden Vergleich mit dem von William Holden, Tony Curtis oder gar Clark Gable aus, aber ich muß zugeben, daß mein damaliges Profil nicht gerade berühmt war. Ich war einsdreiundsiebzig groß, hatte unregelmäßige Zähne, einen bläßlichen Teint, dazu die klassische Armesündermiene und auf dem Kopf einen Haufen widerspenstiger Haare, die entsprechend der gerade vorherrschenden Windrichtung abstanden.

Es hatte den ganzen Tag geregnet, und das Wasser stand noch immer auf den Straßen, aber der Mond glänzte hell am klaren Abendhimmel. Was außerdem zum ersten Mal seit Wochen glänzte, waren meine Schuhe. Als ich vor dem Haus meiner Angebeteten vorfuhr, quetschte ich fröhlich meine Gummiballhupe. Eine aufgeregte halbe Stunde später ging die Vordertür auf, und etwas so Schönes wie das, was anschließend die Treppe hinunterschwebte, hatte die Welt nicht mehr gesehen, seit Maud Muller eines schönen Sommertages rechend über heuduftende Wiesen schwebte. Sie trug ein weißes Kleid, einen breitkrempigen weißen Hut und weiße Schuhe. Ich ging ihr entgegen, empfing sie mit dem mir eigenen, wohltemperierten Schliff und eilte schnell zurück, um ihr die Wagentür aufzuhalten. Die Tür klemmte ein bißchen, und in meinem Übereifer, sie rechtzeitig zu öffnen, rutschte ich mit einem Fuß oder beiden unter den Wagen. Nachdem ich den Matsch abgestreift und mich zu ihr gesellt hatte, machten wir uns auf den Weg zum See. Ich war halb wahnsinnig vor Glück. Mein Herz bummerte lauter als der Motor, und als sie mich anlächelte, wußte ich, daß ich nun endlich das Mädchen meiner Träume gefunden hatte.

Der Wagen lag nicht allzu gut auf der Straße und schlingerte sogar bei niedriger Geschwindigkeit durch die Kurven wie ein Besoffener. Als wir um eine Ecke bogen, versuchte sie Haltung zu bewahren, indem sie sich mit der Hand auf den Türrahmen stützte. Sie wußte allerdings nicht, daß es sich um die Tür mit dem elektrischen Knopf handelte. Zu meinem Entsetzen flog die Tür auf, und das herrliche Wesen rutschte anmutig aus dem Wagen in eine riesige Matschpfütze. Ich geriet dermaßen in Panik, daß ich weiterfahren wollte, aber dann dachte ich an einen Film mit Francis X. Bushman, den ich gerade gesehen hatte, und mir wurde klar, daß sich Francis X. Bushman in einer solchen Situation nie und nimmer aus dem Staub gemacht hätte. Ich setzte sofort zurück, schaffte es vor Aufregung beinahe, sie zu überfahren, hüpfte aus dem Wagen und half ihr auf die Beine. Obwohl sie naß und matschig war, erkannte ich sie sofort wieder. Ich versuchte es mit erklärenden und entschuldigenden Worten, aber sie sagte nur: »Bring mich nach Hause, du Dreckskerl!«

Wir fuhren schweigend zurück. Bis auf das Klappern des Motors und meiner Zähne war es totenstill. Als wir bei ihr zu Hause ankamen, sprang sie aus dem Wagen und rannte kreischend die Treppe hinauf. Am nächsten Tag bekam ich ein Einschreiben von ihrem Vater. Er schrieb, das Kleid, der Hut und die Schuhe seiner Tochter seien ruiniert, daß es fünfundsechzig Dollar kosten werde, alles zu ersetzen, und sofern das Geld nicht binnen achtundvierzig Stunden bei ihm eintreffe, werde er bei mir eintreffen und mich mit einer Reitpeitsche grün und blau prügeln. Ich spielte kurz mit dem Gedanken, die Prügel einzustecken und das Geld zu behalten, doch nach einer schlaflosen Nacht trennte ich mich – äußerst widerwillig – von meinen fünfundsechzig Dollar.

Dies war, um mit Shakespeare zu sprechen, der Sommer meines Mißvergnügens: hundertfünfzig Dollar für den Wagen, fünfzig für die neuen Pleuelstangen und nun auch noch fünfundsechzig, um den Kleiderschrank dieses Mädchens aufzufrischen. Insgesamt zweihundertfünfundsechzig Dollar – und dafür hatte ich das Mädchen nicht einmal bis zum See gekriegt! Es sollte das letzte Mal gewesen sein, daß ich Francis X. Bushman nachäffte.

Wenn Unterhaltungskünstler sich endlich dazu durchringen, ihre Autobiographie zu schreiben (was in der Regel ein Ringkampf ohne Gegner ist), artet dies meist zu einer üppig ausgeschmückten Chronik ununterbrochener Triumphe aus. Die Schlaueren streuen hier und dort einen Mißerfolg ein, weil sie wissen, daß ihre durchschnittlichen Leser verkrachte Existenzen sind und es nicht gerade ermutigend finden, von einem Glückspilz zu lesen, der durch eine Reihe von Zufällen (und ein Minimum an Talent) zu Ruhm, Reichtum und ständig wechselnden Ehefrauen gekommen ist.

Auch ich habe vor, Sie noch vor Abschluß dieser Chronik mit einigen meiner Triumphe zu langweilen, aber Sie müssen sich noch ein bißchen gedulden. Augenblicklich befinde ich mich, ähnlich wie Picasso, in meiner automobilen Periode.

Nachdem die Zwischenfälle mit dem Chalmers und dem Scripps-Booth mein Liebesleben zertrümmert hatten, folgte eine lange Reibe von Blechbüchsen: ein Nash, ein Essex, ein Elgin, dessen Hinterachse dauernd wegbrach, eine Ford-Limousine, die so hoch aufragte wie ein Elefantenauge und so schlecht auf der Straße lag, daß sie bei jedem Windstoß ins Schlingern geriet, und ein Cord, dessen Handbremsengriff seinen Namen völlig zu Recht trug, weil ich ihn ständig in der Hand hielt, wenn ich bremsen wollte.

Von wenigen Ausnahmen abgesehen, haben wir alle irgendein Lebensziel, das wir mit aller Kraft zu erreichen suchen, sei es, Präsident der Vereinigten Staaten zu werden, sei es Präsident eines Erstliga-Clubs, sei es Superintendent der Hausmeisterinnung. Mein einziges Lebensziel – abgesehen von dem, nicht zu verhungern – war es, ein brandneues Auto zu besitzen – ein von Menschenhand unberührtes Lenkrad, von Essensresten unbefleckte Sitze, ungeflickte Reifen und einen Tachometer, auf dem 00000 stand.

Wir traten im Walnut Street Theatre in Philadelphia mit einem Programm auf, das aus für mich damals wie heute völlig unerfindlichen Gründen *I'll Say She Is!* hieß. Unser Gastspiel dauerte den ganzen Sommer und war, da seinerzeit in Philadelphia außer unserer Show keine lief, ein Riesenerfolg. Meine wöchentliche Gage betrug zweihundert Dollar.

Nachdem ich mich wochenlang sorgfältig bei allen Autohändlern umgesehen hatte, entschied ich mich schließlich für eine Studebaker-Limousine mit Speichenrädern und einer Blumenvase. Ich kaufte den Wagen an einem Mittwochmorgen und gierte danach, in ihm davonzufahren, aber der Verkäufer sagte, er werde ein paar Stunden für die Feinabstimmung brauchen und mir den Wagen erst am Nachmittag übergeben können.

Ich sagte: »Heute nachmittag habe ich eine Vorstellung.«

Er sagte: »Bruder, ich bringe ihn dir zum Theater.«

Ich hatte meinen großen Auftritt als Napoleon Bonaparte im zweiten Akt. Selbstredend war ich *superb.* Mein Kostüm bestand aus einer französischen Generalsuniform, einem Schwert, Stiefeln, einem Dreispitz und einem überdimensionalen schwarzen Schnauzer, den ich mir auf die Oberlippe gemalt hatte. Ich gebe zu, daß ich nicht viel Ähnlichkeit mit dem echten Napoleon hatte, aber Sie dürfen nicht vergessen, daß ich auf Lacher aus war – und wer weiß, vielleicht wäre es dem echten besser ergangen, hätte er ähnliche Ziele gehabt.

Die Napoleon-Szene folgte unmittelbar auf die fünfzehnminütige Pause. Als diese Pause gerade angefangen hatte, lieferte der Händler meinen Wagen an. Ich trug bereits meine komplette Napoleon-Aufmachung. Der Händler sagte: »Hier sind die Schlüssel, und Gott segne dich.« Ich fand später heraus, daß er nie religiös gewesen war, nur waren in jenem Jahr harte Zeiten für die Automobilbranche angebrochen, also war er in die Kirche gegangen und probierte jetzt aus, ob beständiges Beten und fromme Sprüche ihm zu neuen Kunden verhelfen würden. Als er mir die Schlüssel überreichte, sagte er: »Fahr ruhig um den Block, mein lieber Freund. Du wirst dir vorkommen wie in einem Pierce-Arrow.« Zum Abschied fügte er hinzu: »Friede sei mit dir, Bruder.«

Der Wagen war schwarz und funkelte und sah einfach herrlich aus. Da die Pause gerade erst begonnen hatte, blieb mir ausreichend Zeit, einmal um den Block zu fahren. Das konnte nicht länger als zwei, drei Minuten dauern.

Philadelphia gehört zu den alten amerikanischen Kolonialstädten. Hier findet man die Freiheitsglocke, die *Saturday Evening Post* (deren Gründung noch immer Benjamin Franklin zugeschrieben wird) und in der Umgebung des Walnut Street Theatre einige der engsten Straßen diesseits von Bombay. Zwei einander entgegenkommenden Straßenbahnen mißlingt es nur um Haaresbreite, sich gegenseitig von den Schienen zu befördern.

Als ich um die erste Ecke bog, fand ich mich hinter einer stehenden Straßenbahn wieder, die ihrerseits das Ende einer langen Reihe von stehenden Straßenbahnen bildete. Hinter mir stand inzwischen ebenfalls eine Straßenbahn, und hinter dieser reichte die Schlange bis zum Horizont. Flankiert wurden die Straßenbahnen von Lastwagen, Autos und Lieferwagen – so weit das Auge reichte, stand mir ein gewaltiges Hindernis aus bunt gemischten Fahrzeugen im Wege. Alle Räder standen still. Lediglich die Zeiger der Uhr im Armaturenbrett rückten voran und wiesen mich darauf hin, daß die Zeit für Napoleons Auftritt gekommen war. Was tun? Ich hatte keine Nummernschilder. Ließ ich den Wagen einfach stehen, würde er zweifellos gestohlen. Blieb ich im Wagen sitzen, verpaßte ich den Auftritt als Napoleon.

Als ich aus dem Studebaker stieg, erspähte mich ein Polizist. Er dachte wahrscheinlich: »Sieh an, eine neue Variante des Autodiebstahls: Man streift sich ein dämliches Kostüm über, damit die Polizei glaubt, man mache bloß für irgendwas Reklame.« Wir beide rannten los, aber er war eindeutig im Vorteil. Ich trug große, labbrige Stiefel, und als ich halb um den Block herum war, flog mir einer der beiden vom Fuß. Es muß ein ungewöhnlicher Anblick gewesen sein – ein Polizist aus Philadelphia, der Napoleon über die Walnut Street jagte.

Schließlich schnappte er mich. »Wissen Sie nicht, daß es gegen das Gesetz verstößt, ein Auto mitten auf der Straße stehenzulassen!« herrschte er mich an. »Und was zum Teufel soll eigentlich dieser irre Aufzug?«

Ich klärte ihn über meine Identität und die Vorgeschichte auf. Als typischer Philadelphia-Polizist entschuldigte der Mann sich sofort und brachte mir den entflogenen Schuh zurück. Anschließend rannte er mit mir zum Theater. Ich kam gerade noch rechtzeitig.

Ich spielte meine Szene, aber allen Reizen meiner lieben Josephine zum Trotz interessierte mich nicht die Bohne, ob sie mir nun treu gewesen war oder nicht. Ich konnte an nichts anderes denken als an meinen Studebaker, der ohne Nummernschilder, ohne Fahrer und – was am schlimmsten war – ohne Versicherung auf der Straße stand.

Bis ich wieder von der Bühne herunter war und erklärt hatte, was vorgefallen war, hatte sich nicht nur der Stau in Luft aufgelöst, sondern auch mein Auto. Die Polizei fand es vier Wochen später in Lancaster, Pennsylvania, wieder und brachte es mir zurück. Überraschenderweise war ihm außer dem Diebstahl nichts zugestoßen, nur bekam ich natürlich nicht den Neuwagen, von dem ich immer geträumt hatte. Auf dem Tachometer standen 3027 Meilen, und die Sitze waren voller Tintenflecke.

Obwohl mein Studebaker mir 3027 Meilen lang untreu gewesen war, liebte ich ihn fast wie ein Lebewesen. Ich behandelte ihn zärtlich und legte nie mehr als zwanzig Meilen am Tag mit ihm zurück. Ich wollte ihn nicht überanstrengen und hatte ohnehin keinen Grund, längere Strecken zu fahren. Inzwischen war ich nämlich verheiratet, also erübrigten sich amouröse Streifzüge.

Mein normaler Tagesablauf mit dem Wagen sah wie folgt aus: Der Fairmont Park war zehn Meilen von meinem möblierten Zimmer entfernt. Nach dem Frühstück fuhr ich in den Park, suchte mir ein schattiges Plätzchen und polierte den Wagen blank, bis mir der Rücken schmerzte. Anschließend staubte ich das Wageninnere ab und putzte die Scheiben. War auch das erledigt, fuhr ich den Wagen zurück in die Garage und ging spazieren.

Wenn es regnete, blieb der Wagen in der Garage. Ich brachte zwar keinen nennenswerten Kilometerstand auf den Zähler des Studebaker, durfte mir aber dafür von all meinen Freunden bestätigen lassen, mein Wagen sei der sauberste und glänzendste von ganz Pennsylvania.

10 Nester, Nahrungsnot und Narreteien

Und damit zurück zum Showgeschäft. Heute bezeichnet man mit diesem Begriff etwas vollkommen anderes als damals. Wer zur richtigen Zeit in der richtigen Fernsehsendung auftritt, kann über Nacht berühmt werden. Binnen vierundzwanzig Stunden schießt man aus dem Nichts ins Rampenlicht. Es muß nur einmal klingeln, und schon stellt man morgens beim Aufwachen fest, daß die halbe Madison Avenue einem hektisch Verträge unter der Tür durchschiebt.

Früher wurde man nicht über Nacht bekannt. Wir mußten jahrelang über Bühnen hüpfen, um uns durchzusetzen. Wir traten in Städten auf, in denen ich heute nicht mal begraben sein möchte, selbst wenn ich das Begräbnis umsonst bekäme und einen Grabstein als Bonus obendrauf. Wenn ich unterwegs bin, gerate ich hin und wieder in eines dieser staubigen Käffer, in denen wir früher auftreten mußten. Da mir im Laufe der Jahre der Verstand teilweise abhanden gekommen ist, erinnere ich mich nicht mehr an die betreffenden Orte. Und wenn ich sie dann wiedersehe, bin ich entsetzt. Zweigstellen der sechs landesweit bekannten Ladenketten, ein schäbiges Hotel und Restaurants, die einen dermaßen entfernt an Essen erinnernden Fraß auftischen, daß man sich schon wundern muß, daß wir noch am Leben sind. Von einer Tomatencremesuppe, die ich in einem Taubenschlag in Saginaw zu mir nahm, wurde mir so schlecht, daß ich das Zeug erst zwanzig Jahre später wieder anrühren konnte.

Während einer unserer Orpheum-Circuit-Tourneen führten wir eine Nummer mit dem Titel »Come On, Red« auf. Der Sketch stammte von John B. Hymer und war urkomisch. Ich erinnere mich nicht an die gesamte Handlung, wohl aber an den Burschen, der den bösen Buben (sprich »Schurken«) spielte und der im Stück Tiger Smith hieß. Seinen tatsächlichen Namen habe ich nie erfahren. Wir alle nannten ihn Tiger. Tiger war riesengroß und gebaut wie ein ehemaliger Footballspieler.

Sicherlich wissen Sie alle, daß Jack Benny als fürchterlicher Knauser gilt. In Wahrheit gehört er zu den großzügigsten Menschen, die ich kenne, und zwar nicht nur, was Geld betrifft, sondern auch hinsichtlich seiner Zeit und seines Talents. Er ist das genaue Gegenteil der Figur, die er im Fernsehen verkörpert. Tiger Smith hingegen war im wirklichen Leben das, was Benny spielt.

Er kassierte wöchentlich zweihundert Dollar Gage, und seinem Lebensstil nach zu urteilen, müssen davon jeweils hundertfünfundachtzig in seinem Sparstrumpf gelandet sein. Die Steuern waren damals gering, und ich bezweifle, daß er überhaupt je welche gezahlt hat. Er hatte eine tief verwurzelte Abneigung dagegen, sich von Geld zu trennen. Solange der Theaterdirektor keinen Einspruch erhob, befestigte Tiger eine Hängematte in seiner Garderobe und schlief dort.

Die meisten der auf dem Programm stehenden Akteure waren vergleichsweise freundlich – natürlich nur, solange keine der Nummern allzu erfolgreich war. Nach der Matinee gingen wir normalerweise alle zusammen essen. Mit Ausnahme von Tiger Smith. Irgendwann fragte ich ihn, weshalb er uns nicht Gesellschaft leiste.

»Groucho«, antwortete er, »hältst du mich für bescheuert? Wenn du glaubst, ich würde für ein Mittagessen einen Dollar ausgeben, bist du schief gewickelt! Essen«, fügte er hinzu, »ist Essen, und für so was Albernes schmeiße ich bestimmt nicht mein Geld zum Fenster raus.«

»Na, und wo ißt du dann?« erkundigte ich mich. »Züchtest du in der Garderobe Pilze?«

»Nee.« Er schüttelte den Kopf. »Ich esse immer im billigsten Imbiß, den ich finden kann, und meine Mahlzeiten kosten mich nie mehr als einen Vierteldollar.«

»Aber Tiger, von diesem Fraß wird man doch früher oder später krank, oder?«

»Soll das ein Witz sein? Ich ernähre mich schon seit Jahren so!« Daraufhin klopfte er sich mit der Hand auf den Bauch und prahlte: »Ich bin in meinem ganzen Leben noch nie krank gewesen!«

»Und wie stellst du das an?« fragte ich. »Hast du irgendein Geheimrezept?«

»Ja«, gab er zu. »Man könnte es wohl so nennen. Ich werd's dir verraten, aber du mußt es für dich behalten.«

»In Ordnung«, sagte ich, »aber wenn es dir nichts ausmacht, würde ich es lieber für mich vergessen – ich kann mir nämlich nichts merken.«

Freundlicherweise überhörte er diesen armseligen Witzelversuch meinerseits. »Bereit?« fragte er.

»Bereit«, nickte ich.

»Also: Sobald ich aufgegessen habe«, sagte er, »und ganz egal, wie übel mir ist, nehme ich zwei Eßlöffel doppeltkohlensaures Natron. Wenn das erst mal unten ist, bin ich so gut wie neu!«

Dieser Geschichte ist nicht viel hinzuzufügen. Nach Abschluß unserer Tournee verlor ich ihn aus den Augen. Einige Jahre später las ich seinen Nachruf in *Variety.* Darin hieß es, Tiger Smith sei an Nierensteinen gestorben, die er sich durch übermäßige Einnahme von doppeltkohlensaurem Natron zugezogen hatte. Er hinterließ ein Vermögen von zweihunderttausend Dollar. Ich weiß nicht, wer in den Genuß der Erbschaft kam, hoffe aber, daß er vernünftig genug war, bessere Restaurants zu besuchen. Für zweihunderttausend Dollar läßt es sich dort jahrelang wirklich gut essen.

Wie Soldaten legen auch reisende Schauspieler weite Strecken mit leeren Mägen zurück. Deshalb spielte Nahrung – beziehungsweise deren Fehlen – für uns eine entscheidende Rolle.

Wir wohnten in einer Pension in Elizabeth, New Jersey. Es war keine der üblichen muffigen Theaterpensionen, in denen wir sonst immer hausten. Diese war bis zur Ungemütlichkeit kultiviert. Die Vermieterin trug einen silbernen Kamm in den Haaren, und die Tischdecken wurden zweimal wöchentlich gewechselt. Die Kundschaft bestand überwiegend aus eher gesetzten, abgetakelten Witwen und Witwern. Erst im Falle des Auszugs oder Ablebens eines oder mehrerer ihrer Pensionäre war die Vermieterin gewillt, Schauspieler aufzunehmen.

In jener Weihnachtswoche waren offenbar gleich mehrere Gäste gestorben. Nach gründlichem Feilschen um die Miete, die höher war als bei uns üblich, wies man mir und meinen drei Brüdern zwei rückwärtige Zimmer im zweiten Stock an. Verglichen mit unseren sonstigen Unterkünften war das Gasthaus ziemlich schmuck. Am nächsten Tag war Weihnachten, und wir konnten es kaum erwarten, unsere Zähne in den riesigen, saftigen Truthahn zu schlagen, der am Weihnachtstag in allen Pensionen serviert wurde. Das Leben war herrlich. Draußen schneite es, wir hatten warme, kuschlige Zimmer, und – was am wichtigsten war – ein Engagement.

Das Haus war alt, und das Eßzimmer war im Erdgeschoß. Darin standen drei Tische mit Platz für jeweils acht Personen sowie, in der hintersten Ecke, ein kleiner Tisch, zu dem man uns abschob. Offensichtlich hielt unsere Gastgeberin nichts davon, Schauspieler und normale Menschen zu mischen. Aber das war uns egal. Unser Motto lautete: »Her mit dem Truthahn und zum Teufel mit der Rassentrennung.«

An jenem Abend genoß der Mann der Vermieterin, ein klassischer Pantoffelheld, einen großen, flüchtigen Augenblick des Triumphs, als er den Truthahn hereinbrachte. Ich weiß nicht, wer den Vogel zubereitet hatte, aber er war herrlich braun und sah knusprig und saftig aus. Er wurde herumgereicht, und sämtliche Dauermieter langten herzhaft zu. Die besseren Teile waren im Nu verschwunden. Nachdem die Stammgäste versorgt waren, wurde das Tablett nicht etwa zu unserem Tisch weitergereicht, sondern wanderte zurück in die Küche. Unsere Teller waren noch immer so nackt wie der Präsident einer Nudistenkolonie.

Wir wurden zapplig, aber Chico sagte: »Nur die Ruhe, Jungs. Nur Geduld. An dem Truthahn war doch fast nichts mehr dran. Die bringen uns gleich einen neuen.«

Einige Minuten später tauchte eine weitere Sklavin aus der Küche auf und steuerte die Teufelsinsel an. Also uns. Die Küchenhilfe trug eine große Platte mit Deckel in den Händen, und nachdem sie diesen Deckel abgenommen hatte, lag vor uns auf dem Tisch eine große, graue Makrele.

Wir sprangen zornig auf und marschierten aus dem Speisesaal, ohne den Fisch anzurühren. Den Satz »The show must go on« werden Sie sicherlich schon mal gehört haben. Wir gingen ins Theater. An diesem Abend bestand unser gesamter Auftritt aus endlosen Variationen eines einzigen Themas – toter Makrelen. Das Publikum war verwirrt. Niemand lachte, aber wir hielten uns die Bäuche. Wahrscheinlich vor Hunger.

Später an jenem Abend, als die Pension ruhig und still dalag, schlichen wir in die Küche und enterten den Kühlschrank. Zu unserer Überraschung entdeckten wir einen halben kalten Truthahn. Wir verputzten ihn zügig mit Haut und Knochen. Neben dem Truthahn fanden wir die verschmähte Makrele, die die Vermieterin zweifellos aufgehoben hatte, um sie uns am nächsten Tag erneut vorzusetzen. Wir verfrachteten den Fisch auf das inzwischen verwaiste Truthahn-Tablett und steckten ihm einen Zettel ins Maul. Darauf stand schlicht: »Die schwarze Hand.«

Am nächsten Morgen zogen wir aus und suchten uns eine schäbigere, dafür aber gastfreundlichere Pension.

Um all diesen üppigen Gelagen einen passenden, krönenden Abschluß zu verschaffen, begann ich Zigarren zu rauchen – das Pittsburgher Fabrikat war lang, dünn und schwarz wie Herdputzmittel (was beileibe nicht die einzige Gemeinsamkeit war). Für fünf Cent kriegte man drei Stück, konnte also ungefähr vier Stunden lang ununterbrochen rauchen. Ich muß damals einen ungewöhnlich stabilen Magen gehabt haben, denn mir wurde höchstens einmal täglich richtig schlecht. Ich weiß, daß ich hätte aufhören sollen, aber das Zigarrenrauchen machte mir Spaß. Nicht, weil ich den Geschmack besonders anziehend gefunden hätte, sondern weil ich mir mit einer Zigarre männlich vorkam. Mit so einem Ding im Mund konnte man mich unmöglich für ein Mädchen halten. Irgendwann mußte ich mir aber dann doch eingestehen, daß die Pittsburgher Zigarren stärker waren als ich, und stand vor der Entscheidung, entweder die Zigarren aufzugeben oder den Geist.

Im gestandenen Alter von fünfzehn Jahren stieg ich vom Pittsburgher-Raucher zum Fünf-Cent-Zigarren-Raucher auf; mit zunehmendem Wohlstand verbesserte ich mich sogar zum Zehn-Cent-Stumpen. Seinerzeit war eine Zigarre namens *La Preferencia* in aller Munde. Wohin man auch blickte, klebten Werbeplakate: »Rauchen Sie *La Preferencia.* Dreißig Minuten in Havanna für nur fünfzehn Cent.« Dieses Reklameversprechen faszinierte mich. Es klang so tropisch. Man stelle sich das vor, dreißig Minuten in Havanna für fünfzehn Cent! Ich hatte nie zuvor so viel für eine Zigarre ausgegeben – aber ich war auch noch nie in Havanna gewesen.

Schließlich konnte ich der Werbung nicht mehr widerstehen. Ich betrat einen Zigarrenladen, klimperte fünfzehn Cent auf den Tresen und sagte: »La Preferencia, bitte.« Als der Verkäufer mir die Zigarre überreichte, sagte ich: »In Ihrer Anzeige versprechen Sie dreißig Minuten in Havanna. Stimmt das auch?« Er lächelte und nickte bestätigend.

Am gleichen Abend ging ich direkt nach unserer letzten Vorstellung in die Pension, zog mein Nachthemd an und stellte mir den Wecker. Ich ließ mich aufs Bett sinken und begann zu paffen. Die Zigarre schmeckte angenehm. Das Aroma war mild und süß und hatte nichts mit dem verkohlten Gestank der alten Pittsburgher gemein. Ich wurde zwar nicht direkt nach Havanna oder wenigstens bis ins südliche Florida versetzt, aber die Zigarre schmeckte unbestreitbar besser als alles, was ich bis zu diesem Tage gepafft hatte. Nach zwanzig Minuten war sie so kurz, daß ich sie nur noch festhalten konnte, indem ich einen Zahnstocher in den Stummel steckte. Nach zweiundzwanzig Minuten hatte sie ihr Zigarrenleben ausgehaucht und war bloß noch ein Zentimeter nasser Tabak. Ich war stinkwütend. Meine fünfzehn Cent hatten sich in Rauch aufgelöst, und zwar zu wenig!

Gleich am nächsten Morgen verstaute ich das durchweichte Beweisstück in einer kleinen Papiertüte und ging zurück zum Zigarrenladen. Der Verkäufer empfing mich lächelnd. Ich drehte die Tüte um und ließ den feuchten Zigarrenstummel über den Tresen schlittern. »Dreißig Minuten in Havanna, ja?« knurrte ich. »Ich habe so langsam wie möglich geraucht und trotzdem nicht mehr als zweiundzwanzig Minuten rausholen können! Ich will meine fünfzehn Cent wiederhaben!«

Wie alle Verkäufer hatte er sicherlich schon eine ganze Reihe sonderbarer Menschen kennengelernt. »Hören Sie«, sagte er, »ich habe nichts mit den La-Preferencia-Zigarren zu tun und genauso wenig mit den Anzeigen. Ich verkaufe hier bloß.«

»Na und?« schrie ich. »Die haben doch wohl in ihrer Werbung dreißig Minuten Havanna versprochen, oder etwa nicht? Das ist Betrug!«

Er war ein netter Mann und begriff sofort, daß er es mit einem Musteridioten zu tun hatte. »Hör zu, Söhnchen«, sagte er, »ich bin hier nur angestellt und darf kein Geld erstatten.«

»Das ist doch wohl nicht mein Problem!« erwiderte ich erregt. »Ich habe diese Zigarre hier gekauft, und ich will meine fünfzehn Cent zurück! Dafür stehen Sie mir persönlich gerade!«

Inzwischen hatten sich zwei Kunden aus dem Laden verdrückt, und der Verkäufer wurde langsam nervös. »Ich mache Ihnen einen Vorschlag«, sagte er beschwichtigend, »Sie beruhigen sich jetzt, und ich gebe Ihnen eine neue La Preferencia – umsonst.«

Am Abend stellte ich mir den Wecker wieder auf eine halbe Stunde. Ich zündete die Zigarre an und ließ mich in die Kissen zurücksinken. Vielleicht rauchte ich etwas schneller als am Vorabend, was weiß ich, jedenfalls dauerten die dreißig Minuten in Havanna bei diesem zweiten Versuch bloß achtzehn Minuten!

Am nächsten Morgen ging ich erneut zum Zigarrenladen und klatschte erneut meinen nassen Stummel auf den Tresen. »So«, sagte ich streng, »und was sagen Sie jetzt? Gestern abend war ich nur achtzehn Minuten in Havanna!«

»Jetzt hör mir mal zu, Söhnchen«, sagte der Verkäufer. »Ich hab dir doch schon gesagt, daß ich hier nur angestellt bin. Also mach nicht *mir* die Scherereien, wenn dir unser Angebot nicht zusagt. Schreib an die Firma, wenn dir was nicht paßt.« Er drückte mir einen Zettel in die Hand, auf dem Name und Anschrift der Tabakfabrik standen. Ich ging zurück in die Pension und schrieb einen Brief an den Firmenchef, in dem ich detailliert darlegte, wie man mich übers Ohr gehauen hatte.

Trotz ihrer betrügerischen Werbeslogans müssen die Leute dort wohl ein ziemlich netter Haufen gewesen sein, denn zwei Wochen später erhielt ich einen als gedeckt bestätigten Scheck über fünfzehn Cent. Aufgrund dieser großzügigen Geste rauchte ich über viele Jahre weiter *La Preferencia.* Trotzdem bleibe ich dabei, daß sie Gauner waren, denn so langsam ich auch rauchte, blieb ich doch nie länger als zweiundzwanzig Minuten in Havanna.

Dafür blieb ich aber ziemlich lange in Indiana. »Ach, wenn sanft das Mondlicht auf dem Wabash tanzt.« Indiana war schon immer ein Staat, mit dessen Mädchen reichlich Staat zu machen war. Elkhart, Hammond, Lafayette, Muncie. Ah, Muncie!

Ausstaffiert mit meinem Norfolk-Jackett, karierter Mütze, Gamaschen und Spazierstock, schlenderte ich die Hauptstraße von Muncie entlang und peilte die Lage. Unsere Nachmittagsvorstellung war gerade beendet, und wie üblich zogen wir uns nach dem letzten Vorhang sofort um und stürmten ins Foyer, um das aus dem Theater kommende Material zu begutachten. Manchmal waren die Ergebnisse recht befriedigend, aber diesmal kam nichts Brauchbares heraus.

Ich warf meinen Brüdern ein gekünsteltes Gähnen zu und sagte, ich fühle mich nicht besonders gut und ginge zurück in die Pension, um ein Nickerchen zu machen. Anschließend schüttelte ich sie ab, indem ich mich in eine Seitengasse verdrückte, und kehrte wieder auf die Hauptstraße zurück, um zu sehen, ob das Schicksal ein Weibchen für mich in petto hielt.

Ich war noch keine zehn Minuten spaziert, da erspähte ich ein bildhübsches Mädchen mit einem Kinderwagen. Sie war ungefähr in meinem Alter. Sofort griff ich zu einem der ältesten und zugleich sichersten Tricks der männlichen Menschheitsgeschichte. Ich blieb vor dem Kinderwagen stehen und plapperte in Babysprache drauflos. Nicht auf das Mädchen, sondern auf das Kind. »Nein, was für ein hübsches Baby!« rief ich aus. »Und diese bemerkenswerte Ähnlichkeit. Die Kleine kann von Glück sagen, daß sie Sie zur Mutter hat.« (Daß es ein Mädchen war, hatte ich an den rosa Schleifchen erkannt.)

»Danke«, erwiderte die süße kleine Maus, »aber ich bin nicht ihre Mutter. Die Kleine gehört meiner Schwester. Ich passe nur auf sie auf, solange sie einkaufen ist.«

So weit, so gut. Gut? Es war traumhaft! Da das Baby nicht der Kinderwagenschieberin gehörte, war sie höchstwahrscheinlich alleinstehend.

»Sind Sie verheiratet?« fragte ich.

»Ach was«, lächelte sie mit einigen Grübchen, »ich bin doch erst neunzehn.«

Das klang vernünftig. Auch ich war neunzehn und ledig. »Wo soll's denn hingehen, Kleines?« fragte ich.

»Ich nehme das Baby mit zu mir nach Hause, bis meine Schwester kommt und es abholt«, erwiderte sie.

»Tjaa«, sagte ich und warf ihr mein gewinnendstes Lächeln zu, »du brauchst nicht zufällig Hilfe beim Schieben des Kinderwagens?«

»Kannst gern mitkommen, wenn du willst«, schmunzelte sie.

Vor lauter freudiger Erregung über ihre Einladung wäre ich fast über den Kinderwagen gesprungen. Ich konnte gern mitkommen! Ich schien auf eine Goldader gestoßen zu sein! Während wir weiterschlenderten, spulte ich das übliche Einsamkeitsgeschwätz ab und sagte ihr, sie sei ein absoluter Knüller – und eindeutig das schönste Mädchen, das mir je begegnet sei. (Abgedroschenes Zeug? Mag sein. Aber machen Sie sich nichts vor – es funktioniert immer!)

Schließlich erreichten wir ihr Zuhause, eine der für den Mittleren Westen typischen architektonischen Monstrositäten. Es war ein zweistöckiges Zweifamilienhaus aus Holz, dessen gelbe Farbe abpellte, als habe es einen schlimmen Sonnenbrand. Meine Freundin wohnte im ersten Stock. Gemeinsam hoben wir das Baby aus dem Wagen, trugen es nach oben und brachten es schnell zu Bett.

Als alter Stratege pflanzte ich mich sofort auf die Couch, zog eine lange, billige Zigarre aus meiner Jackentasche, um so weltmännisch und beeindruckend zu wirken wie irgend möglich, und begann, das Zimmer zu verpesten.

Sie setzte sich neben mich, und bevor sie »Augenblick« oder auch nur »Au« sagen konnte, hatte ich schon einen Arm um sie gelegt und den anderen startklar gemacht. Sie hatte eine herrliche Taille. Genau der richtige Umfang. Außerdem schien diese Taille schon auf den sanftesten Druck meinerseits zu reagieren. Welche Wonne! Das Baby war aus dem Weg geräumt, und ich saß ganz allein mit diesem Knallkörper auf der Couch – in Anbetracht der Tatsache, daß ich sie erst seit zwanzig Minuten kannte, kam ich wirklich gut voran.

»Wie kommt's, daß ein so hübsches Mädchen wie du nicht verheiratet ist?« fragte ich.

»Meine Schwester ist verheiratet«, erwiderte sie, »und nach allem, was die mir erzählt, kann die Ehe keinen besonderen Spaß machen.«

»Und?« fragte ich schüchtern. »Magst du mich leiden?«

»Und ob!« sagte sie. »Ich finde dich richtig nett. Ja, ich finde dich sogar richtig *süß*.«

Was für eine Konversationskünstlerin! Ihre schlagfertigen Antworten verrieten mir sofort, daß sie keine zweite Dorothy Parker oder Cornelia Otis Skinner war. Andererseits mußte man ihr zugute halten, daß sie wirklich sehr hübsche Beine hatte. »Verglichen mit dir können die Jungs hier in Muncie einpacken«, fuhr sie fort.

Da ich mich erst seit zwei Tagen in Muncie aufhielt, hatte ich keine Ahnung, was die Jungs in Muncie in der Regel ein- oder auspackten, aber mich packte allmählich die Neugier. Während unseres Austauschs von Nettigkeiten hatte sie knapp zehn Zentimeter von mir entfernt gesessen, und nun rückte sie noch etwas näher heran. Liebe breitete sich aus; Ekstase war zum Greifen nah. Ich schwebte im siebenten Himmel. Während ich noch schwebte, hörte ich ein entschiedenes, männliches Klopfen an der Tür. Sie kreischte: »O mein Gott! Mein Mann!«

»Ich dachte, du wärst nicht verheiratet!« japste ich und sprang von der Couch.

»Ach, das war doch nur Spaß.«

Spaß! Da stand ich nun, mit einem Fuß im Leichenschauhaus, und das nannte sie *Spaß*! Inzwischen war das Klopfen lauter und drängender geworden. Von draußen rief eine tiefe Stimme: »Gladys, du mieses Flittchen, mach die Tür auf! Mach auf, Gladys, sonst tret ich sie ein!«

Dem Klang seiner Stimme nach zu urteilen, war er mindestens zwei Meter groß und hatte früher in der Basketball-Nationalmannschaft Verteidiger gespielt. Ich geriet in Panik. »Gladys«, flüsterte ich, »was mach ich denn jetzt?«

»Hüpf in den Schrank«, sagte sie ruhig, »und nur keine Sorge. Dir geschieht schon nichts.«

Ihre gelassenen, besonnenen Anweisungen ließen mich vermuten, daß Vorfälle wie dieser in Gladys' Leben häufiger vorkamen. Ich sprintete in den Schrank und zog die Tür hinter mir zu. Der Schrank steckte voller Mäntel, Jeans, Anzüge, Mottenkugeln und Gummistiefel und vereinigte alle menschlichen Grundgerüche in sich. Ich konnte nichts sehen, hörte aber, daß Gladys die Wohnungstür aufschloß.

Er sagte nicht »Hallo« oder »Na, wie geht's?« Keinerlei höfliche Verzierungen. Offensichtlich war auch er an kleine Episoden wie diese gewöhnt, denn seine Eröffnungszeile lautete: »Wo zum Henker ist er?«

»Er?« fragte Gladys unschuldig und schauspielerte Helen Hayes glatt an die Wand. »Hier ist niemand, Schatzi.«

»Du lügst!« brüllte er. »Ich hab einen Mann gehört!«

»Ralph«, sagte sie beschwichtigend, »du bist doch bestimmt müde. Komm, ich mache dir einen Happen zu essen.«

»Du machst mir gar nichts! Wenn ich das Schwein finde, das sich hier versteckt, mache ich Hackfleisch aus ihm! Wo ist der Kerl?« schrie er. »Den erwürge ich mit bloßen Händen!«

Ich stand im Dunklen und dachte: »Wenn er Manieren hätte, würde er dazu wenigstens Handschuhe anziehen.«

Durch den Luftmangel im Schrank geschwächt, begann ich zu zittern, und alle Kleidungsstücke im Schrank zitterten mit.

»Erzähl mir nicht, daß hier keiner ist!« brüllte er. »Hier riecht's doch nach Rauch!«

»Liebling, sei nicht albern«, sagte Gladys. »Das war ich. Ich habe eine Zigarette geraucht.«

»Du lügst! Du rauchst doch überhaupt nicht!«

»Hab heute morgen angefangen«, erwiderte sie.

Er deutete auf meine karierte Mütze auf dem Stuhl und sagte: »Und seit heute morgen trägst du auch Mützen, oder was?«

Anschließend stampfte er auf den Schrank zu, in dem ich schlotternd kauerte. Ich hielt den Atem an. Zum Glück hatte ich die Kleidungsstücke so geschickt um mich drapiert, daß er sich wieder abwandte. Dann traf ihn ein Geistesblitz. Er wirbelte erneut herum und tastete mit den größten Händen seit Primo Carnera in den Klamotten herum. Er betatschte mich überall. Mit langen Fingern. Ich fühlte mich wie von einem Tintenfisch massiert. Während er mich begrapschte, lärmte mein Herz wie der Maschinenraum eines riesigen Ozeandampfers im Sturm.

Nachdem er sich endlich überzeugt hatte, daß niemand im Schrank steckte, schloß er die Tür und begann die nähere Umgebung zu durchstöbern.

Sowie er das Zimmer verlassen hatte, riß Gladys die Schranktür auf, zerrte mich ins Freie, drückte mir Zigarre und Mütze in die Hand, öffnete ein Fenster und sagte »Spring!«

Ich sah nach unten. Bis zum Boden waren es knapp fünf Meter. Nur hatte ich in diesem Fall unglücklicherweise keine Wahl. Entweder riskierte ich ein gebrochenes Bein oder ewige Ruhe auf dem städtischen Friedhof.

Der Gott der Liebe muß mir wohl beigestanden haben, denn ich landete in dichtem Gestrüpp. Unversehrt bis auf einige größere Rißwunden, kehrte ich in die Pension zurück. Kurz nach meinem Eintreffen hörte ich meine Brüder die Treppe heraufkommen. Verdrossen über meinen Fehlschlag und nicht in der Stimmung, längere Erklärungen abzugeben, stellte ich mich schlafend.

Beim Eintreten sagte einer von ihnen: »Seht ihr? Hab ich doch gesagt, daß er hier steckt. Der arme Kerl hat sich bestimmt nicht wohl gefühlt.«

Wie wenig sie doch wußten.

11 Eine heimelige Abhandlung über männliche Heimlichkeiten

Im letzten September war ich zu Besuch in London. Ich war elf Tage dort, und wenn Sie London kennen, wissen Sie, daß es elf Tage regnete. Gewohnt habe ich im Dorchester Hotel. Das Dorchester ist sehr teuer, und in seiner unmittelbaren Umgebung finden sich fünf oder sechs weitere, nicht minder luxuriöse Hotels. Die Sommerkundschaft dieser Hotels besteht überwiegend aus reichen Touristen, daher sind die Straßenecken in jenem Gebiet dicht mit Prostituierten besiedelt. Das ist grundsätzlich ein trauriger Anblick, aber an verregneten Abenden ist es doppelt bedrückend, diese Frauen dicht gedrängt in Hauseingängen stehen und auf Freier warten zu sehen. Die Polizei kümmert sich selten um sie. Die Mädchen werden quasi stillschweigend geduldet. Offenbar betrachten die Briten sie als notwendiges Übel und beschäftigen sich nicht weiter mit ihnen.

Um wie vieles aufrichtiger als unsere Haltung ist die der Briten. Selbstgefällig und erhobenen Hauptes behaupten wir, so etwas gebe es bei uns nicht. Leider tut es das sehr wohl, nur nicht mehr wie früher ausschließlich in gewissen Vierteln, sondern inzwischen praktisch überall. Wir aber verschließen die Augen und verkünden in überheblichem, ach-so-moralischem Ton, daß wir die Prostitution mißbilligen.

Meiner festen Überzeugung nach treten heutzutage Hunderttausende von jungen Männern in den Stand der Ehe, ohne der immensen Verantwortung, die eine Heirat grundsätzlich mit sich bringt, auch nur im geringsten gewachsen zu sein. Sie geben sich der Illusion hin, sie heirateten aus Liebe. Nur stellen dann etliche von ihnen zu ihrem Leidwesen fest, daß nicht Liebe ihr Motiv war, sondern das Verlangen, ihren angeborenen Geschlechtstrieb zu befriedigen.

Bevor man mich nun wegen Befürwortung legalisierten Lasters in den Knast steckt, möchte ich ausdrücklich darauf hinweisen, daß ich weder für Prostitution eintrete noch sie gutheiße – ebensowenig, wie ich für Diebstahl oder Drogenhandel eintrete. Das Problem besteht jedoch, und ich glaube, daß unsere Einstellung der Sexualität gegenüber noch vor einigen Jahrzehnten wesentlich gesünder war als heute. Ich bin überzeugt, daß wir heute besser dran wären, wenn wir die Prostitution legalisiert hätten – einschließlich der medizinischen Vorsorgeuntersuchungen, die zu jener Zeit, von der hier gleich die Rede sein wird, obligatorisch waren.

Der durchschnittliche Vaudeville-Schauspieler führte ein einsames Leben. Die Kleinstädter begegneten ihm mit Argwohn und Geringschätzung. Daher mußte sich der Schauspieler, wenn er unterwegs war (und in den meisten Fällen von seiner Familie getrennt), ein eigenes soziales Umfeld schaffen. Die Pension, in der er wohnte, war in der Regel schäbig und heruntergekommen und bot dem Gast nichts, was ihn sein Los hätte vergessen lassen können. Ihm blieben also der Spielsalon und das Freudenhaus. Es dürfte fast unmöglich sein, heutzutage einem unter Vierzigjährigen klarzumachen, wie wichtig und großartig die Freudenhäuser für jene einsamen Parias waren. Es wird sie wohl überall im Land gegeben haben, aber eigenartigerweise beschränken sich meine persönlichen Erinnerungen fast ausschließlich auf den Süden: Baltimore, Memphis, Nashville, Birmingham, Montgomery, New Orleans, Dallas, Houston.

Die Premiere eines Stückes im städtischen Konzertsaal oder dem ersten Haus am Platze war immer ein gesellschaftliches

Ereignis ersten Ranges. In jeder Loge saß eine *Madame* mit ihren Mädchen, und wenn ihnen die Vorstellung gefiel, bekam man ein Kärtchen in die Garderobe, auf dem stand: »Möchten Sie uns nach der Vorstellung Gesellschaft leisten?« Das war zwar noch keine Einladung, mit einem der Mädchen ins Bett zu gehen, aber ich gestehe, daß auch das gelegentlich passierte. Vergessen Sie bitte nicht, daß wir alle damals Anfang Zwanzig waren und, um es euphemistisch auszudrücken, »lebenslustig«.

Die Mädchen waren aber nicht das einzige, was uns an diesen Häusern reizte. Gefiel man den Damen, bekam man kostenloses Essen, kostenlose Getränke und konnte sich nach Herzenslust amüsieren. Ich will nicht angeben, aber nichts war für diese Häuser geeigneter als unsere Nummer. Häufig feierten wir dort größere Erfolge als in den jeweiligen Theatern. Was konnten sich eine Puffmutter und ihre Mädchen mehr wünschen? Wir waren jung, wir sahen gut aus, und wir hatten sechzehn Zentimeter hohe Haartollen. Harpo und Chico spielten Klavier, und Gummo und ich sangen. Für uns waren diese Häuser nicht einfach Bordelle, sondern regelrechte Clubs. Und ich darf hinzufügen, daß es dort lustiger zuging als bei der Heilsarmee, den Pfadfindern und sogar den Freimaurern.

Glauben Sie bloß nicht, die Freudenhäuser seien die einzigen Gebäude vor Ort gewesen, zu denen wir Zutritt hatten. In den Spielsalons empfing man uns genauso herzlich. Einem Schauspieler auf Tournee erschienen diese vornehmen Salons wesentlich einladender als das Dreckloch, in dem er wohnte. Und sofern er mit einem Queue umgehen konnte, boten ihm die Salons zudem Gelegenheit, ein paar zusätzliche Dollar einzusacken. Indem wir Chico auf die lokalen Billard-Kanonen losließen, verdienten wir uns einen Haufen Kleingeld dazu.

Die Pantages-Tournee führte von Chicago aus zur Küste

und wieder zurück von einem halbmittelalterlichen Theater zum nächsten. Auf dem Weg von Duluth nach Calgary hatten wir einen dreistündigen Aufenthalt in Winnipeg. Nachdem wir unser Handgepäck am Bahnhof verstaut hatten, brachen alle außer mir unverzüglich zum nächstgelegenen Spielsalon auf. Ich hatte in den zurückliegenden Wochen mit dem Queue nichts zuwege gebracht und mir daher eine kurze Periode der Abstinenz vom grünen Filz verordnet. Ich ließ die Jungs und den Bahnhof hinter mir (in dieser Reihenfolge) und ging die Hauptstraße entlang. Einen halben Häuserblock von einem schmuddligen Theater entfernt hörte ich schallendes Gelächter. Ich beschloß, vorsichtshalber einen Blick ins Innere zu werfen, um mir anzusehen, was oder wer so komisch sein konnte. Auf der Bühne traten acht oder zehn Gestalten in einem Einakter mit dem Titel »A Night at the Club« auf. Einer der Schauspieler trug einen sehr kleinen Schnurrbart und sehr große Schuhe, und während die große, dralle Sopranistin ein Lied von Schubert trällerte, spuckte er abwechselnd im hohen Bogen Salzcrackerkrümel in die Luft und gab der armen Frau mit überreifen Orangen Saures. Als das Stück zu Ende war, sah die Bühne aus wie ein Schlachtfeld.

Ich verließ das Theater, ging zum Bahnhof zurück und traf dort meine Brüder wieder. Ich erzählte ihnen, ich hätte gerade einen großartigen Komiker gesehen. Ich beschrieb ihn: ein zierlicher Mann mit einem winzigen Schnurrbart, Spazierstock, Melone und riesigen Schuhen. Anschließend watschelte ich wie ein Pinguin durch den Bahnhof und imitierte ihn, so gut ich konnte. Als ich endlich aufhörte, von seinen Mätzchen zu schwärmen, konnten meine Brüder es kaum mehr erwarten, ihn selbst zu begutachten.

Da die Sullivan-Considine-Tournee und die Pantages-Tournee parallel zur Küste verliefen, trafen wir erst in Vancouver wieder mit ihm zusammen. In der Zwischenzeit hatte ich ihn dermaßen über den grünen Klee gelobt, daß meine Brüder ein wenig skeptisch geworden waren. Dann trat er auf, und keine fünf Minuten später gaben sie mir in allem recht und setzten selbst noch ein bißchen Lob obendrauf.

Nach der Vorstellung gingen wir hinter die Bühne und stellten uns vor. Er hockte mit drei anderen exzentrischen Komikern in einer schmuddligen Garderobe. Nach den üblichen Präliminarien gestanden wir ihm unsere Bewunderung. Im Laufe des darauffolgenden Gesprächs erzählte er uns, er verdiene fünfzig Dollar wöchentlich – man habe ihm zwar schon vor längerer Zeit sechzig zugesagt, aber daraus sei bisher nichts geworden.

Sogar die Filmbranche war schon auf ihn aufmerksam geworden. Genauer gesagt, hatte ihm bereits irgendein Filmmogul fünfhundert Dollar Wochengage angeboten. Wir gratulierten. »Wann fangen Sie an?« fragte ich.

»Ich werd's nicht machen«, antwortete er.

»Wieso nicht?« fragte ich erstaunt. »Im Moment kriegen Sie doch nur fünfzig pro Woche. Haben Sie was gegen Geld?«

»Im Gegenteil«, erwiderte er (und wie eindrucksvoll hat er das im weiteren Verlauf seines Lebens bewiesen!), »aber es ist doch so, Jungs: Für fünfzig Dollar wöchentlich bin ich gut, aber *kein* Komiker ist fünfhundert pro Woche wert. Wenn ich bei denen unterschreibe und meine Sache schlecht mache, fliege ich raus. Und was ist dann? Was bin *ich* dann? Ich *sag* euch, was ich dann bin: fix und fertig!«

Er war ein sonderbarer kleiner Mann, dieser Charlie Chaplin. Als ich ihn kennenlernte, trug er einen ehemals weißen Hemdkragen und eine ehemals schwarze Fliege. Es fällt mir schwer, seine Erscheinung zu beschreiben, aber er erinnerte irgendwie an einen bleichen Priester, der exkommuniziert worden war und sich partout nicht von seinem Ornat trennen wollte.

In den folgenden Wochen wurden wir wirklich dicke Freunde. Er war furchtbar schüchtern, und besonders deutlich erinnere ich mich an einen Abend in Salt Lake City, an dem wir aus Lust und Laune alle zusammen ins Freudenhaus gingen. Die *Madame* verkuckte sich in Charlie, aber er wollte nichts von ihr wissen und ebensowenig von den jüngeren Mädchen. Statt dessen lag er den ganzen Abend auf dem Fußboden und spielte mit der Bulldogge der Bordellbesitzerin. Als wir später am Abend aus dem Haus traten, entdeckten wir auf der Straße drei Mülleimer. Wir stellten sie in vorschriftsmäßigem Abstand hintereinander auf, kramten unser Kleingeld heraus und schlugen uns fast die gesamte Nacht mit Preis-Bockspringen um die Ohren.

Einige Jahre später liefen wir einander wieder über den Weg, als meine Brüder und ich im *Orpheum Theatre* in Los Angeles gastierten. Charlie bevorzugte noch immer die sonderbare Kombination aus Hemdkragen und Fliege. Aber im Gegensatz zu früher waren sie diesmal makellos sauber. Ach ja, und noch etwas hatte sich geringfügig verändert. Er war inzwischen der berühmteste Komiker der Welt.

Nach der Vorstellung kam er hinter die Bühne und lud uns alle zu sich nach Hause zum Essen ein. Wir saßen zu zwölft an der Tafel. Die Teller waren aus massivem oder wenigstens fast massivem Gold, und wenn mich nicht alles täuscht, bestand das restliche Mobiliar aus dem gleichen Material. Sechs uniformierte Lakaien trugen die Speisen auf. Er hatte einen ziemlichen Sprung hingelegt, seit ich ihn zum ersten Mal in diesem Billigtheater in Winnipeg hatte Cracker spucken und die Sopranistin mit Orangen bewerfen sehen.

Charlie lebt inzwischen in der Schweiz, aber wo er lebt, ist völlig egal. Er ist nach wie vor der größte Komödiant, den das Kino oder irgendein anderes Medium je hervorgebracht hat.

Nach Chaplins Erfolg begriffen die Filmmogule allmählich, daß es in den Vaudeville-Theatern und am Broadway eine Reihe wirklich guter Komiker gab. Nach und nach wurden die meisten von ihnen dem Kinopublikum vorgestellt, aber kaum einer der großen Bühnenkomiker setzte sich auf der Leinwand durch. Wir gehörten zu den wenigen Glücklichen.

Ed Wynn, Bea Lillie, Willie Howard, Bobby Clark, Frank

Fay und viele, viele andere konnten ihre ungeheuren Broadway-Erfolge nie wiederholen. Die wirklich großen Kinokomiker waren Buster Keaton, Charlie Chaplin, Harold Lloyd und Laurel und Hardy – alles Künstler, die auf der Bühne nicht sonderlich viel bewegt hatten.

Sie werden lachen, aber ich halte Skelton für Chaplins logischen Nachfolger. Für meine Begriffe ist Red der am wenigsten gewürdigte Clown der gesamten Unterhaltungsbranche. Ich habe fast alle großen, legendären Zirkusclowns erlebt und muß gestehen, daß mich kaum einer von ihnen länger als eine Minute begeistert hat. Es stimmt, daß sie alle mit lustigen Kostümen, lustigen Hüten und geschminkten Gesichtern auftreten, aber das allein macht noch keinen großen Komiker.

Das letzte Mal, als ich Skelton im Theater auftreten sah, kam er in einem Aufzug auf die Bühne, den auch der Vorstandsvorsitzende des Arbeitgeberverbandes ohne weiteres hätte tragen können. Mit Hilfe eines einzigen Requisits, nämlich eines zerknautschten Filzhutes, verwandelte er sich nacheinander in einen dummen Jungen, eine mürrische alte Dame, einen schwankenden, stotternden Betrunkenen, eine spießige Vereinstante, einen Landstreicher und etliche andere Gestalten, die ihm offenbar gerade in den Kram paßten. Kein groteskes Make-up, kein lustiges Kostüm, bloß Red. Es gibt weit und breit niemanden, der so formvollendet und hinreißend auf die Nase fällt wie er. Außerdem tanzt und singt er, trägt trügerisch simple komische Monologe vor und spielt dramatische Szenen fast ebenso zwingend wie jeder seiner seriösen, gründlich ausgebildeten Schauspielerkollegen.

Ich fürchte, eines Tages werden die Eierköpfe sich seiner bemächtigen und tieferen gesellschaftlichen Sinn in seine Mätzchen interpretieren. Hoffen wir, daß sie es lassen und uns nicht einen weiteren erstklassigen Darsteller verderben. Wir brauchen nämlich so viele reine Komiker von Reds Kaliber, wie wir nur kriegen können.

12 Scherze auf und abseits der Bühne

Wir gastierten in einem räudigen Vaudeville-Theater auf der New Yorker West Side. Vermutlich kurz nach dem Ende des Sezessionskrieges (oder während des Krieges) erbaut, war die Bruchbude reines Rokoko der protzigsten Sorte; eine unförmige Masse aus quietschenden Plüschsesseln und abgewetzten Teppichen mit oberen und unteren Logen zu beiden Seiten der Bühne. Eigentlich hätte man das ganze Theater als Paradebeispiel für schlechten Geschmack unter Denkmalschutz stellen sollen, aber der Fortschritt stampfte vorüber und machte alles dem Erdboden gleich. (Und natürlich wurde anstelle des Theaters ein noch wesentlich häßlicheres Bürogebäude errichtet.)

Wir flirteten grundsätzlich mit den Mädchen im Publikum, ganz egal, was für eine Szene wir gerade spielten. Und ich muß – bei aller Bescheidenheit – hinzufügen, daß sie fast immer zurückflirteten. An jenem Abend saßen zwei besonders anziehende Mädchen in einer der oberen Logen. Sie schienen sich nicht sonderlich für das zu interessieren, was auf der Bühne gespielt wurde, und uns ging es genauso. Sie lenkten uns ziemlich ab. Durch hektisches Armschwenken versuchten sie uns erstens zu signalisieren, daß sie Harpo und mich rasend gern kennenlernen würden, und zweitens, wo wir uns treffen sollten. Ob nun wir von Zeichensprache zu wenig verstanden, um sie zu begreifen, oder ob die beiden zu wenig davon verstanden, um sich mitzuteilen – wir konnten uns nicht klar genug verständigen, um das Rendezvous unter Dach und Fach zu bringen. Zum Glück ist Harpo ein Meister der Pantomime und bedeutete den beiden schließlich, sie sollten ihre Namen und ihre Anschrift auf einen Zettel schreiben. Zum Ende der Vorstellung schloß sich wie üblich der Vorhang, und wir setzten das gekünstelte Strahlen auf, das alle Schauspieler aufsetzen, wenn sie vor dem Publikum katzbuckeln und sich verbeugen.

Als der Vorhang wieder hochging, ging Harpo zu unser aller Überraschung mit. Der Vorhang erreichte die obere Loge, und Harpo hielt sich in lebensgefährlicher Höhe mit einer Hand fest und streckte die andere in Richtung Loge aus. Eines der Mädchen drückte ihm schnell den Zettel in die Hand, auf dem alles Wissenswerte geschrieben stand.

Harpo und ich schminkten uns zügig ab (jedenfalls größtenteils, denn einen Teil unseres Make-ups ließen wir grundsätzlich drauf, damit man uns als Schauspieler erkannte), schlüpften in unsere Straßenkleidung und strebten bald darauf die Eighth Avenue entlang. Es war inzwischen fast Mitternacht. Auf unserem Weg trafen wir einen einsamen Straßenhändler, der seinen Karren gerade dichtmachen wollte. Vor lauter Verzweiflung hatte er ein Schild am Wagen befestigt, auf dem stand: *Ausverkauf! Vier Dutzend Orangen für nur vierzig Cent!*

Vielleicht hatten wir einfach Mitleid mit dem armen Kerl, vielleicht hatten wir auch gerade nicht alle beisammen oder konnten dem Sonderangebot nicht widerstehen – jedenfalls brachten wir zu unserem romantischen Rendezvous weder Pralinen noch Blumen, noch Parfüm, noch irgendwelche anderen gewöhnlichen Kavaliersgeschenke mit, sondern achtundvierzig Orangen.

Als wir die Wohnung der Mädchen erreichten, stießen beide angesichts der vier ausgebeulten Tüten spitze, entzückte Schreie aus. Ich weiß nicht, welchen Inhalt sie vermuteten. Sie werden bestimmt nicht erwartet haben, daß wir Juwelen oder teure Kleider in braune Papiertüten verpackt anschleppten. Da wir sie nur ungern länger auf die Folter spannen wollten, rissen wir die Tüten sofort auf und präsentierten stolz unsere vier Dutzend Orangen.

Das Zimmer war ziemlich groß, und auf beiden Seiten standen Betten. Ich trennte vierundzwanzig Orangen von ihren Artgenossen und kullerte sie zum einen Ende des Zimmers. Anschließend kullerte Harpo seinen Anteil zum anderen Ende des Zimmers. Ich weiß nicht mehr, ob Harpo anfing oder seine Freundin, aber als ich mich abwandte, knallte mir eine Orange an den Hinterkopf. Ich begab mich sofort hinter einem der Betten in Deckung, nahm eine meiner Orangen und erwischte Harpos Freundin voll im Kreuz.

Schier berstend vor ritterlicher Wut, schnappte Harpo sich eine Orange und verpaßte meinem Mädchen einen Volltreffer. Zu diesem Zeitpunkt hatten er und seine Freundin sich bereits hinter dem Bett auf ihrer Zimmerseite verbarrikadiert, und damit war der Krieg offen ausgebrochen. Die Mädchen waren sofort mit Feuereifer dabei und bewiesen tödliche Treffsicherheit.

Aus unerfindlichen Gründen war alle Liebe flötengegangen. Jetzt ging es ums nackte Überleben. Dies war ein neuer Grabenkrieg. Wir standen mit Orangen an der Maginot-Linie. Die Früchte hagelten dicht und schnell um uns herum, und binnen einer halben Stunde sah der Raum aus wie ein Schlachtfeld. Möbelstücke standen auf dem Kopf, eine dicke Schicht aus Orangensaft und -schalen bedeckte den Teppich, und die Nachbarn hämmerten gegen die Wände und brüllten: »Hört mit dem Radau auf, sonst holen wir die Polizei!« Als die Orangen breiiger und unhandlicher wurden, ließ der Beschuß allmählich nach. In diesem Augenblick ging die Tür auf, und der Vermieter kam herein. Er sagte nicht viel, aber wir konnten uns auch so zusammenreimen, daß wir seine Gastfreundschaft überstrapaziert hatten. Wir nahmen unsere Hüte und brachen überstürzt auf, ohne uns von den Mädchen zu verabschieden. Der Fuß des Vermieters verfehlte mich um fünf Zentimeter. Harpo hatte weniger Glück.

So endete unsere orangene Periode. Ohne Liebe, ohne alles – und mit einem für nichts und wieder nichts verballerten Vierzig-Cent-Budget.

Einer meiner besten Freunde war überzeugter Junggeselle. Wie jeder, der dem ehelichen Netz glücklich entgangen war, spottete auch er über das Heiraten und die angeblichen Vorzüge der Ehe. Ständig tönte er angriffslustig, er sei gefeit gegen die hochgelobten Reize des anderen Geschlechts. »Einige meiner Freunde«, erzählte er mir eines Tages, »haben sich unter die Haube bringen lassen – und was hatten die dann ein paar Jahre später vorzuweisen? Tiefe Falten, Kinder und Schulden! Die meisten sind dermaßen unter der Fuchtel, daß sie nur noch Schatten ihrer selbst sind! Ich lasse mich nicht von einem Weibsbild einfangen«, prahlte er, »heiraten ist für die Katz. Dafür bin ich zu schlau. Ich bin ein einsamer Wolf. Ich ziehe allein meiner Wege – und das gern!«

Ziemlich bald nach diesem Gespräch kündigte er brieflich seine bevorstehende Hochzeit an. Das überraschte mich nicht im geringsten. Er hatte zu viel und zu laut getönt, und ich wußte, daß er über kurz oder lang einem weiblichen Wesen in die Hände geraten mußte, das ihn die weiße Flagge hissen ließ.

Einige Tage später erhielt ich die unvermeidliche Einladung zum Junggesellen-Abend, den seine zahlreichen Freunde ihm zu Ehren veranstalteten. All jenen, die mit dieser halböffentlichen Erniedrigung nicht vertraut sind, sei gesagt, daß es für solche Herrenabende nur einen einzigen triftigen Grund gibt (abgesehen von dem, sich vollaufen zu lassen) – sie bieten den verheirateten Freunden des Opfers Gelegenheit, ihren Frauen zu entkommen und sich zudem einige Stunden am bevorstehenden Elend eines armen Schweines zu ergötzen.

Auf der Einladung stand die Adresse eines vornehmen, berühmten Steakhauses im New Yorker Zentrum (Name aus rechtlichen Gründen gestrichen). In meinem Antwortschreiben wies ich darauf hin, daß die Show, in der wir gerade auftraten, nicht vor dreiundzwanzig Uhr beendet wäre, versprach jedoch, daß Harpo und ich so schnell wie irgend möglich nachkommen würden.

Das Restaurant hatte fünf Stockwerke mit jeweils einem Speisesaal. Es gab einen Fahrstuhl, und von diesem aus gelangte man ohne Umwege durch Foyers oder Vestibüle direkt ans Ziel. Man drückte auf einen Knopf, der Fahrstuhl brachte einen ins gewünschte Stockwerk, die Türen gingen auf, und schon stand man mitten im Speisesaal.

Harpo und ich heckten einen brillanten Plan aus. Wir beschlossen, jeder einen Koffer mitzunehmen, in den Fahrstuhl zu steigen und uns auszuziehen. Unsere Klamotten wollten wir in den Koffern verstauen. Wenn dann der Fahrstuhl in jenem Stockwerk hielt, in dem die Feier stattfand, würden sich die Türen öffnen, und wir würden mit nichts weiter als unseren Adamskostümen und Strohhüten bekleidet hinaustreten, jeder mit einem Koffer in der Rand. Ein Riesenlacher wäre uns gewiß. Außerdem wäre es nicht nur lustig, sondern besäße sogar gewisse Schock-Qualitäten. Wir konnten es kaum erwarten.

Als die Fahrstuhltüren aufglitten, hatten die beiden derben Witzbolde ihren großen Auftritt. Aber irgend etwas war schiefgegangen. Statt herzhaftes, männliches Gebrüll zu hören, sahen wir drei Frauen in Ohnmacht fallen und etliche andere nach der Polizei rufen! Offenbar hatten Freundinnen der Braut beschlossen, ebenfalls eine Feier zu veranstalten – am gleichen Abend, im gleichen Haus, allerdings ein Stockwerk höher. In unserem aufgeregten Übereifer hatten wir im Fahrstuhl auf den falschen Knopf gedrückt.

Entsetzt wirbelten wir herum, aber die automatische Fahrstuhltür hatte sich inzwischen geräuschlos wieder geschlossen. Da standen wir nun. In der Falle! Wir sahen uns nach einer Treppe um, konnten jedoch keine entdecken. Irgend jemand, der uns feindlich gesonnen war, mußte sie entfernt haben. Dann entdeckten wir in einer der Ecken einen großen Gummibaum. Zusammengekrümmt und schaudernd vor Verlegenheit rannten wir hin und versteckten uns hinter der Pflanze.

Endlich kam uns der Oberkellner zu Hilfe. Er schnappte sich zwei große Tischtücher und eilte zu uns. Wir hüllten uns in die Laken, schenkten den entrüsteten Damen ein mattes, entschuldigendes Lächeln und ließen uns, völlig vergeblich um einen Rest von Würde bemüht, von einem Hilfskellner ins Treppenhaus geleiten. Die Nachhut bildete der Oberkellner mit unseren Koffern. Anschließend verschwanden die beiden Mahatma Gandhis unverzüglich in den Keller, zogen sich dort um und gingen nach Hause.

Weder Harpo noch ich wurden zur Hochzeit eingeladen.

Irgendein berühmter misanthropischer Philosoph, dessen Name mir gerade nicht einfällt, erwachte eines Morgens nach durchwachter, zergrübelter, unruhiger Nacht und tat (nachdem er sich dreimal mit seinem Rasierapparat geschnitten hatte) einer gleichgültigen Welt kund, niemand sei über das Versagen seines besten Freundes gänzlich unglücklich. In diesem groben Pauschalurteil steckt gerade genug Wahrheit, um den meisten von uns Schuldgefühle zu bescheren, außerdem trifft es auf die Unterhaltungsbranche mit Sicherheit zu. Im Laufe der Jahre habe ich zu viele Beispiele für des Menschen Unmenschlichkeit dem Menschen gegenüber beobachtet, um diesem Philosophen widersprechen zu können. Außerdem hat der Weise, von dem diese Beobachtung stammt, schon vor langen Jahren ausgestänkert, und – mit den *Two Black Crows* zu sprechen – »bloß deswegen würd' ich ihn auch nicht wieder ausbuddeln«.

Da ich lediglich die Theaterbranche kenne, weiß ich nicht, wie Menschen auf anderen Lebenswegen auf Erfolg und Mißerfolg reagieren. Ich bin aber sicher, daß eine dicke Neid-Ader zum Wesen fast jedes Menschen gehört.

Das Showgeschäft ist ein launisches Gewerbe. Der Star von heute ist oft der Trottel von morgen, oder umgekehrt. Vermutlich wird man mich jetzt steinigen, aber ich bin der festen Überzeugung, daß weite Teile der Unterhaltungswelt froh und erleichtert sind, wenn irgendwer einen gigantischen Flop am Broadway landet. Was nicht unbedingt bedeutet, daß am Morgen nach einem weithin hörbaren Reinfall sämtliche Produzenten, Regisseure und Schauspieler auf die Straße rennen und Fandango tanzen (oder eine Mazurka, wenn es Rote sind), aber die brutale Wahrheit ist, daß es kaum jemandem behagt, wenn ein Konkurrent sich nicht nur vom Rudel absetzt, sondern die Spitzenposition dann auch noch hält. Im Showgeschäft ist andauernder Erfolg unverzeihlich. Ein Flop hingegen beweist schlüssig, daß derjenige, der gerade auf den Bauch gefallen ist, nicht talentierter ist als der Rest des Rudels und daß die meisten seiner Erfolge reine Glücksfälle waren.

Ich habe auf etlichen Dinnerparties in Hollywood den fast unverhüllten Schimmer in den Augen von Freunden gesehen, die erfreut über die Besprechung eines durchgefallenen Filmes oder Mitteilungen der Branchenblätter diskutierten, denen zufolge eine neue Fernsehshow wegen zu niedriger Einschaltquoten vom Sponsor eingestellt werde. Außer den Beteiligten vergießt darüber niemand Tränen. Ich habe Schauspieler, die monatelang auf ihre Linie geachtet hatten, urplötzlich einen Rappel kriegen und Festmahle verschlingen sehen, die Heinrich dem Achten zur Ehre gereicht hätten, bloß weil man ihnen schlechte Nachrichten über einen Konkurrenten zugetragen hatte.

Zu meiner großen Schande muß ich gestehen, daß auch meine Reaktionen auf Mißerfolge gewisser Zeitgenossen nicht immer so erhaben waren wie zum Beispiel die eines Doktor Schweitzer. Für einen Komiker ist es ausgesprochen entmutigend, in der Garderobe zu sitzen und zu hören, wie sich das Publikum über einen anderen Komiker totlacht. »Bravo« ist ein wunderbares Wort, solange man es selbst zu hören bekommt; sobald diese Auszeichnung jedoch einem Kollegen zuteil wird, ist sie unerträglich. Wäre ich eine Petze, könnte ich Ihnen jetzt von einem Star berichten, der grundsätzlich hinter verschlossener Garderobentür hockte und das Wasser laufen ließ, nur um nichts von dem Applaus oder dem Gelächter an seine gefährdeten Ohren dringen zu lassen, das sein Rivale dem Publikum entlockte.

Kurz: Kein Schauspieler gönnt einem Kollegen größeren Erfolg als sich selbst. Die meisten meiner fettgeschminkten Brüder und Schwestern werden dies entschieden bestreiten, aber lassen Sie sich von solchen Beteuerungen nicht täuschen. Ich habe sie gesehen, ich habe sie beobachtet, und ich habe ihnen zugehört.

Bisher habe ich lediglich von der Theaterbranche gesprochen, aber nicht nur Schauspieler leben in einem großen, ungemütlichen Dschungel. Und das erste Naturgesetz lautet: Überleben. Dies fällt uns um so leichter, je mehr Rivalen auf den Hintern fallen. Und so leid es mir für die menschliche Rasse tut: Dieser charakterliche Schandfleck dürfte sich auch in jedem anderen Beruf und jeder anderen Branche entdecken lassen.

Mit Sicherheit bricht kein Chrysler-Angestellter weinend zusammen, wenn General Motors ein neues Modell auf den Markt bringt, dessen Rahmen sich bei Geschwindigkeiten über dreißig Meilen in seine Bestandteile auflöst. Und ebensowenig wird sich lautes Wehklagen an den Mauern von Ford-Fabriken erheben, wenn der neue Chrysler auf der Straße liegt, als sei er nur mit Geduld und Tapetenkleister montiert. Ich führe diese krassen Beispiele nur an, um obenstehende Aussage zu unterstreichen: Niemand ist über das Versagen seines besten Freundes gänzlich unglücklich.

Vor vielen Jahren, als wir noch auf der Schmalspur reisten (und es uns nicht besonders gutging), gastierten wir in der Universitätsstadt Williamstown. Im Rahmen des Programms traten auch zwei junge, hübsche, unbegabte Schwestern auf, die wir im Rahmen dieser Geschichte die *Delaney Twins* nennen wollen. Würde ich die Schwestern beim tatsächlichen Namen nennen, könnten die Älteren unter Ihnen sich an sie erinnern, da die beiden im Verlauf ihrer Karriere ziemlich berüchtigt wurden.

Da die Schwestern aber nicht nur bemerkenswert untalentiert waren, sondern zudem ausgesprochen hübsch, jung und gut gebaut, schien niemanden zu kümmern, was sie auf der Bühne taten. Und da wir in einer Universitätsstadt waren, bestand das Publikum überwiegend aus Studenten, die, wie all ihre Altersgenossen auf der großen weiten Welt, nach hübschen, jungen Mädchen völlig verrückt waren.

Der Applaus am Ende ihres Auftrittes war so frenetisch, lautstark und fordernd, daß die beiden ihr Programm unverzüglich wiederholten, um die Studenten vom Stürmen der Bühne und möglichen Handgreiflichkeiten abzuhalten.

Nachdem die Ovationen verklungen waren, traten wir auf. Wir waren damals schon ziemlich gut und standen dank der zahlenmäßigen Überlegenheit unserer Truppe ganz oben auf dem Programm. Das Publikum fand diesen Status offenbar wenig beeindruckend – ebenso wie unsere Vorstellung. Vielleicht waren sie in Gedanken noch bei den beiden Sexbomben, deren herrliche Formen sie, wenn auch nur vorübergehend, in jenen Himmel versetzt hatten, der Männern unter fünfundzwanzig vorbehalten ist. Um es kurz zu machen und diesen Absatz endlich zu Ende zu bringen: Wir fielen mit Pauken und Trompeten durch. Die exakte Raumtemperatur während unserer Vorstellung ist mir nicht bekannt, aber sie dürfte grob geschätzt der Temperatur des Wassers entsprochen haben, das das Heck der *Nautilus* beim Unterqueren des Südpols umspülte.

Als wir abgeschminkt und umgezogen waren, hatten die Zwillinge das Theater bereits verlassen. Die Tür zu ihrer Garderobe war angelehnt, und im Vorbeigehen sahen wir drinnen merkwürdige Objekte an einem Haken baumeln. Dinge, die verdächtig nach symmetrischen Formern aussahen. All jenen, die nicht zufällig vor dreißig Jahren Frauen waren, darf ich kurz erklären, was symmetrische Former sind. Wer allzu dünne Beine und Hüften hatte und auch sonst eher wenig Fleisch auf den Knochen, verstaute den unteren Teil seines Gerippes einfach in diesem »Polster« und zog eine lange Strumpfhose darüber. Mochte man unter der Dusche auch aussehen wie ein unterernährter Truthahn, sobald man diese Polster angelegt hatte, verschwanden alle grundlegenden Unvollkommenheiten und machten urplötzlich überall dort, wo einem der Schöpfer übel mitgespielt hatte, perfekten Wölbungen und Rundungen Platz.

Es ist mir peinlich weiterzuschreiben. Ein Geständnis wie das folgende sollte man nie öffentlich ablegen, sondern höchstens vor seinem persönlichen Seelenklempner. Selbst heute, dreißig Jahre später, schäme ich mich noch für mein damaliges Verhalten. Ich stellte Gummo (der im Grunde immer ein Spanner war) als Wachtposten vor der Tür auf, schlich verstohlen in die Garderobe, nahm die Former rasch vom Haken, trug sie in mein Hotelzimmer und bettete sie in einer Schublade sanft zur Ruhe.

Als wir am Abend ins Theater zurückkehrten, herrschte hinter der Bühne ungeheure Aufregung. Wir hörten die erschöpften, unvermeidlichen Durchhalteparolen des Direktors – *The show must go on* –, vermischt mit dem Schluchzen der lieblichen Zwillinge, die ihm hysterisch klarzumachen versuchten, sie könnten unmöglich auftreten. Verwirrt fragte der Direktor sie wiederholt, weshalb. Schließlich gaben sie auf, erzählten ihm von den »Fälschungen« im unteren Bereich und gestanden, ohne diese bloß zwei dürre Mädchen ohne besondere Begabung zu sein. Sie fügten hinzu, sie hätten überall gesucht, aber die Grundlage ihrer Nummer sei ihnen auf mysteriöse Weise abhanden gekommen.

Auf dem Höhepunkt des Tumultes schlenderte ich, die Scheinheiligkeit in Person, in die Garderobe der Mädchen und erkundigte mich unschuldig, was all das Geschrei solle. Sie schämten sich zu sehr, um es mir zu sagen. Der Direktor, dessen Liebe zur Kasse durch kein Taktgefühl gestört wurde, brüllte: »Irgendein Mistkerl hat sich hier reingeschlichen und den Mädchen die Figuren geklaut! Jetzt kriegen keine zehn Pferde die beiden auf die Bühne, obwohl das Theater bis auf den letzten Platz besetzt ist – und ich weiß einfach nicht, wie ich ihnen Beine machen soll!« (In Anbetracht meines Wissens fand ich die Bemerkung ziemlich lustig.)

»Ach«, sagte ich betont lässig, »machen Sie sich mal keine Sorgen wegen der Studenten. Die kriegen ja uns zu sehen.«

»Ihr könnt mich mal, du und deine Brüder!« erwiderte der Direktor. »Das Publikum da draußen will die Mädchen sehen. Die interessieren sich nicht für eure lausige Nummer!« Er sah sich gehetzt im Raum um. »Diese verfluchten Former können sich doch nicht in Luft aufgelöst haben!«

Als er »Former« sagte, wandte ich meinen bohrenden Blick galant von den Mädchen ab. Die beiden erröteten bis unter die Haarwurzeln, die, wie ich erst jetzt erkannte, vor kurzem aufgehellt worden waren. »Hmmm«, sagte ich in bester Sherlock-Holmes-Manier, »spurlos verschwunden, wie? Tja, wir sind in einer Universitätsstadt, also werden vermutlich ein paar liebestolle Studenten zwischen Nachmittags- und Abendvorstellung hinter die Bühne geschlichen sein und sich die Polster aus Jux unter den Nagel gerissen haben.« Ich verstummte kurz, dann fügte ich hinzu: »Waren sie versichert?«

Daraufhin brachen die beiden dürren jungen Schönen erneut in lautes Schluchzen aus, und der Direktor hob geschlagen die Arme und stakste aus dem Raum.

Da die Zwillinge an jenem Abend nicht auftreten konnten

und außer unserer Nummer nur noch eine Hundedressur auf dem Programm stand, nahmen wir das Publikum im Sturm. Ich weiß nicht, wie es Gummo ging, aber ich schlief in der folgenden Nacht nicht besonders gut. Ich mußte die ganze Zeit an die beiden armen, hilflosen, formlosen Mädchen denken, deren entscheidende Bestandteile in meiner Schrankschublade ruhten. Es war ein fieser Streich gewesen, und ich lag im Bett und ließ mich von meinem Gewissen martern. Die beiden waren doch nette Mädchen, dachte ich, und wären sie ein bißchen fülliger gewesen, hätte ich mich durchaus in eine von ihnen verlieben können – oder in beide.

Am Morgen hatte mein Gewissen mich endgültig auf die Bretter geschickt. Ich packte die Former in meinen Koffer, verzichtete aufs Frühstück und auf Gummos Meinung und trug sie zurück ins Theater. Ich vergewisserte mich, daß niemand in der Nähe war, schlich in die Garderobe und hängte die Auftrittsgrundlage der beiden wieder an den freien Haken.

An diesem Abend traten die Mädchen auf. Sie wurden stürmisch gefeiert, und wir fielen wie üblich durch. Aber obwohl wir das Publikum nicht unterhalten hatten, schlief ich in der folgenden Nacht wesentlich besser.

13 Nicht mehr recht bei Sinnen, aber gut bei Kasse

Zuweilen prügelt einen das Schicksal auf recht sonderbare Art und Weise in Situationen, die meistern zu können man sich im Leben nicht zugetraut hätte.

Lange Zeit trat immer ein Gast mit uns auf. Unsere eigenen komischen Versuche waren eher lahm und wohl auch ziemlich primitiv gewesen, also nahmen wir grundsätzlich einen Sänger, einen Tänzer oder einen Komiker hinzu, um unsere Auftritte so weit zu beleben, daß sie wenigstens in Schmierentheatern bestehen konnten.

Wir tourten durch den Mittleren Westen, und zwar im Rahmen des sogenannten *Western Vaudeville Circuit* – so genannt jedenfalls von den Theaterdirektoren. Da sich dieses Buch demnächst hoffentlich auf sämtlichen Postwegen des Landes befinden wird, verrate ich Ihnen nicht, wie die Tournee in Schauspielerkreisen hieß.

Wir traten in etlichen Universitätsstädten auf, also im Dunstkreis der Colleges Michigan, Purdue, Indiana, Ohio State, Illinois, Northwestern, Notre Dame und Dutzender anderer. Die Studierten unter Ihnen werden sich an die Städte erinnern. Alle anderen haben nicht viel verpaßt.

Es waren rüde Colleges. Das heißt, eigentlich waren nicht die Colleges rüde, sondern die Studenten. Bei der kleinen Revue, die wir aufführten, ließen wir uns von acht jungen, hübschen Chorsängerinnen unterstützen. An den meisten Universitäten waren zwei- bis dreitausend Studenten. Mädchen dagegen waren überall Mangelware, also können Sie sich wohl denken, wie gierig die Elite in spe unseren Hühnerhaufen angaffte.

Wenn den Jungs eine Vorstellung nicht gefiel, bewarfen sie einen bedenkenlos mit allem, was nicht niet- und nagelfest war. Hin und wieder landeten auch ausgewählte Teile der Bestuhlung auf dem Podium. Es war ziemlich riskant, die Mädchen vom Hotel ins Theater zu bringen und wieder zurück. Normalerweise wurden sie von sämtlichen männlichen Mitgliedern der Truppe eskortiert, und keiner von uns ging ohne Totschläger los.

Als wir in Ann Arbour auftraten, der ehrwürdigen Zitadelle der Universität Michigan, warteten eines Abends etwa vierhundert Studenten vor dem Bühnenausgang, die fest entschlossen waren, sich unsere Mädchen zu schnappen. Sie riefen, brüllten und johlten und ignorierten all unsere Aufforderungen, gefälligst die Kurve zu kratzen. Der Theaterdirektor trat beunruhigt nach draußen und bat sie inständig, nach Hause zu gehen, aber sie waren nicht in der Stimmung, sich irgend etwas einfach ausreden zu lassen. Sie waren gekommen, um sich die acht Mädchen zu greifen – und wehe, das klappte nicht.

Offensichtlich war der Direktor mit derartigen Situationen bestens vertraut. Nein, er rief nicht die Polizei. In Ann Arbour gab es nicht genügend Polizisten, um vierhundert wildgewordene, sexbesessene Jugendliche im Zaum zu halten. Der Direktor beschaffte uns eine wesentlich wirkungsvollere Eskorte: Er rief die Feuerwehr. Diese entrollte sämtliche Schläuche, schloß sie an die nächstbesten Hydranten an und setzte die Studenten mit Hochdruck unter Dauerbeschuß. Als die Menge allmählich zurückwich, kletterten wir alle auf den Spritzenwagen und wurden blitzschnell und wohlbehütet in unsere Buden zurückgeschafft.

Mit uns trat damals ein Bursche namens Manny Linden auf, der in Al-Jolson-Manier singen konnte. (Seinerzeit sang praktisch jeder junge Sänger in Al-Jolson-Manier. Das konnte nicht schiefgehen; genausowenig wie das Schwenken der Landesflagge oder das Herauszerren der eigenen Kinder zur letzten Verbeugung vor dem Publikum.) Das Publikum liebte ihn. Ebenso wie wir bekam Manny wöchentlich fünfunddreißig Dollar Gage, aber als ihm der Erfolg zu Kopf stieg, meinte er, auch sein Gehalt müsse entsprechend steigen.

Wir traten in Champaign, Illinois auf, also vor studentischen Zuschauern der brutaleren Sorte. Etwa eine Stunde vor der Premiere kam Manny in unsere Garderobe und ließ uns wissen, er sei unglücklich. Allerdings, fügte er hinzu, könne man seinen Kummer auf sehr einfache Weise aus der Welt schaffen. Beispielsweise, indem Chico, Harpo und ich von nun an wöchentlich dreißig statt fünfunddreißig Dollar bekämen und der Rest seinem Gehalt zugeschlagen würde. Da es unsere Nummer war, erschien es uns nicht ganz gerecht, daß Manny pro Woche fünfzehn Dollar mehr verdienen sollte als wir. Während wir einander mißmutige Blicke zuwarfen, gab Manny uns zu verstehen (was heißt hier, »gab uns zu verstehen«? Er sagte es uns einfach auf den Kopf zu), daß das gesamte Programm sowieso mit ihm stehe und falle und daß wir uns glücklich schätzen sollten, ihn zu beschäftigen. Mit bewundernswerter Bescheidenheit fügte er hinzu: »Ihr wißt doch selbst, daß ich für jedes meiner drei Lieder mehr Beifall kriege als Harpo mit seiner ganzen Harfennummer und Chico am Klavier.« Mich oder meinen Beitrag erwähnte er gar nicht erst – er wird meine Anwesenheit auf der Bühne wohl für nicht der Rede wert gehalten haben. Jedenfalls stellte er uns ein Ultimatum. Entweder bekam er eine Wochengage von fünfzig Dollar, oder er trat nicht mehr auf.

Uns graute vor seinem Abgang und dem damit entstehenden Loch in unserem Programm, aber das bedeutete noch lange nicht, daß wir seine Forderung schlucken konnten. Er wurde merklich bleicher, als wir ihm unter großzügiger Zuhilfenahme wüstester Kraftausdrücke mitteilten, er könne sich zum Teufel scheren. Wir fügten hinzu, auf ihn und sein armseliges bißchen Talent seien wir nicht angewiesen, und wir kämen schon allein zurecht.

Da ich der einzige von uns war, der überhaupt singen konnte, wurde ich auserkoren, Mannys Lieder zu übernehmen. Es waren »Get Out and Get Under«, »Won't You Be My Little Bumblebee?« und »Somebody's Coming to My House«. Mit letzterem hatte Manny das Publikum jedesmal von den Sitzen gerissen.

Nachdem er gegangen war, betraten wir mit verhängnisvollen Vorahnungen die Bühne des leeren Theaters und entwickelten folgenden Ablauf: Ich würde die erste Strophe und den Refrain singen und mich nach Kräften bemühen, Jolson zu imitieren. Chico sollte mich am Klavier begleiten, während Harpo dahinter hockte. Ab dem zweiten Refrain finge ich an zu tanzen, und mittendrin sollte Chico aufspringen, mich packen und mit mir über die Bühne wirbeln, während Harpo auf den Stuhl hüpfte und weiterspielte. Kurz vor Ende des Liedes würde ich dann Chico dermaßen kräftig schubsen, daß er gegen Harpo taumelte und diesen vom Hocker schmiß. Anschließend sollte Chico mich bis zum Ende am Klavier weiterbegleiten, während Harpo ausgestreckt auf dem Boden läge und sich bewußtlos stellte.

Da wir wußten, wie entsetzlich ungemütlich Studenten werden können, wenn ihnen eine Darbietung nicht gefällt, waren wir natürlich furchtbar nervös. Aber es klappte. Sie fraßen es. Sie johlten, brüllten und stampften, und wir mußten das Ganze noch einmal wiederholen.

All das mag Ihnen nicht besonders wichtig erscheinen, aber für uns war es entscheidend. Genaugenommen war dies für uns der Ausgangspunkt, das Ende unserer Unmündigkeit, unser erster zaghafter Schritt über die mysteriöse Schwelle zwischen tiefer Finsternis und grellem Rampenlicht. Zum ersten

Mal in unserer Karriere hatten wir das Gefühl, ohne fremde Hilfe bestehen zu können. Wir brauchten keine zusätzlichen Sänger, Tänzer oder Schmierenkomödianten mehr. Zum ersten Mal waren wir eine Einheit. Wir waren die *Marx Brothers.* Und obwohl sich damals keiner von uns hätte träumen lassen, daß dieser Name jemals eine Bedeutung bekäme, waren wir doch endlich von jener Zuversicht erfüllt, die Voraussetzung für schauspielerische Erfolge ist. Wir hatten uns endlich vom Irrglauben befreit, grundsätzlich einen Außenstehenden zu benötigen, der uns über den Berg half, und waren von diesem Tag an in der Lage, aus eigener Kraft voranzukommen.

Im Rahmen unseres *Keith-Circuit*-Engagements gastierten wir eine Woche lang im *Fifth Avenue Theatre* an der Ecke Twenty-ninth Street und Broadway. Ich habe nie verstanden, weshalb ein Theater am Broadway ausgerechnet *Fifth Avenue Theatre* heißen mußte, aber in unserer Branche erklärt man solche Ungereimtheiten gern mit einem Achselzucken und dem Hinweis, im Showbusiness sei das nun mal so. Mit dem Theaterdirektor, einem temperamentvollen Iren namens Quinn, war nicht gut Kirschen essen.

Bis zu diesem Zeitpunkt hatte ich bei meinen Auftritten immer einen angeklebten, haarigen Schnurrbart im Gesicht getragen. Ihn anzubringen war leicht, ihn wieder loszuwerden war die Hölle. Ich hatte das unbestimmte Gefühl, daß meine Oberlippe vom ständigen Befestigen und Entfernen des Schnurrbartes allmählich immer dünner wurde. Ich machte mir langsam Sorgen, daß ich, sofern ich das Kleben nicht bald aufgab, in naher Zukunft als der einzige Vaudeville-Darsteller dastünde, der außer seinem Kinn nichts unter der Nase hatte. Nach längerem Grübeln über dieses Problem kam mir schließlich das Schicksal zur Hilfe. Wir traten fünfmal täglich auf und gingen normalerweise um sechs Uhr abends zum Essen. Nachdem ich mir an jenem Tag zum drittenmal den Schnurrbart aus dem schmerzverzerrten Gesicht gerissen hatte, begaben wir uns ins Restaurant, um ein Fünfundsechzig-Cent-Menü zu uns zu nehmen. (Fünfundsiebzig mit Wein und achtzig mit Geflügel. Das Fünfundsechzig-Cent-Menü bestand im Grunde ausschließlich aus gestopften Hühnerhälsen.)

Wir müssen wohl mit dem Essen getrödelt haben, denn bei der Rückkehr ins Theater wurden wir von den Eröffnungsklängen unseres Stückes empfangen. Da ich weder Zeit noch Lust hatte, mir das haarige Ding wieder anzukleben, griff ich rasch nach einem Topf schwarzer Fettschminke, schmierte diese über meine in Auflösung begriffene Oberlippe und stürmte scherzbereit auf die Bühne. Überraschenderweise schien das Publikum den Unterschied entweder gar nicht zu bemerken oder nicht für sonderlich wichtig zu halten. Sie lachten über genau die gleichen Witze wie vorher, als ich noch meinen haarigen Schnurrbart getragen hatte. Nach dem Auftritt beglückwünschte ich mich mit einem fröhlichen »Heureka!« (Ich hatte bisher noch keine Gelegenheit, das Wort »Heureka!« unterzubringen, und finde, hier macht es sich ausgezeichnet.) Was ich mit Sicherheit sagte, war »Tschüs Kleister und tschüs Pelz«.

Kaum hatte ich meine Garderobe betreten, kam auch schon Direktor Quinn wutschnaubend hereingestampft. »Hör zu, Freundchen«, sagte er, »ihr seid doch letzte Woche im *Palace* aufgetreten, oder?«

Als geborener Schauspieler erwiderte ich: »Ja, und zwar mit ziemlichem Erfolg. Man hat uns gefragt, wann wir wiederkommen. Wieso, was haben Sie auf dem Herzen?«

»Was ich auf dem Herzen habe!?« äffte er mich nach. »Ich sag dir, was ich auf dem Herzen habe! Ich bezahle euch Kerlen genausoviel wie die vom *Palace,* stimmt's? Also bestehe ich darauf, daß du bei mir den gleichen *Schnurrbart* trägst wie im *Palace.* Ist das klar?«

Ich sagte: »Jetzt hören *Sie* mal zu, Sie irrer Ire: Was für einen Schnurrbart ich trage, ist doch völlig egal. Das Publikum da draußen hat genauso laut gelacht wie das letzte Woche im *Palace.* Mehr können Sie ja wohl nicht verlangen. Und jetzt raus!«

In jener unvergeßlichen Nacht war ich ungewöhnlich mutig. Und weshalb? Weil meine drei Brüder hinter mir standen wie ein Mann und ihre Totschläger lässig schwingen ließen wie die ersten Vorboten schwerster Körperverletzung.

Meine bestechende Logik (und die Totschläger) hatten Quinn erkennbar zermürbt, aber als er sich zum Gehen wandte, sagte er: »Wenn ihr glaubt, daß ihr mich über den Tisch ziehen könnt, habt ihr euch geschnitten! Macht euch auf was gefaßt! Gleich morgen früh erfährt E. F. Albee von dieser Geschichte!« Er kam kein einziges Mal mehr hinter die Bühne, und ich brachte die Woche und die gesamte restliche Spielzeit mit aufgemaltem Schnurrbart hinter mich.

Etwa zehn Jahre lang mischten wir an der Spitze mit und galten im Vaudeville als feste Größe. Und damals hatte Vaudeville einen wirklich hohen Stellenwert. Am besten veranschaulicht dies vielleicht die Tatsache, daß man im Großraum New York ein geschlagenes Jahr lang in verschiedenen Theatern auftreten konnte, ohne jemals seinen Koffer packen zu müssen (vorausgesetzt, man hatte einen).

Wie alles andere (na schön, *fast* alles andere) verschwand schließlich auch das Vaudeville. Den ersten schweren Rückschlag mußte es durch die in Mode kommenden Filme einstecken. Dann kam der Rundfunk hinzu, und den Todesstoß gegen das Vaudeville führte schließlich das Fernsehen. Das Seltsame dabei ist jedoch, daß sich im Grunde nichts geändert hat. Im Fernsehen sieht man heute genau die Nummern, mit denen wir damals in Vaudeville-Theatern auftraten. Der einzige Unterschied besteht darin, daß wir damals pro Vorstellung fünfzehnhundert Zuschauer hatten, während man heute vor einem Fernsehpublikum von zwanzig oder dreißig Millionen Menschen auftritt. Jeder gute oder wenigstens halbwegs begabte Mathematiker wird Ihnen vorrechnen können, daß man selbst mit fünfzig Jahren allabendlicher Vaudeville-Auftritte nicht annähernd so viele Zuschauer erreicht hätte wie heute mit einem einzigen Fernsehauftritt. Ist das nicht erschreckend? Doch, ist es, genauso wie der Großteil des Fernsehprogramms. Aber darauf kommen wir später noch.

Obwohl wir große Erfolge feierten und mehr als anständig bezahlt wurden, waren wir nicht zufrieden. Neue Welten wollten wir erobern! Das war unser Ziel. Wir waren Vaudeville-Stars, sicher, sogar Top-Stars, aber wir waren ehrgeizig und wollten noch höher hinaus. Wir wollten in einer anderen, luftigeren Sphäre schweben – und diese Sphäre hieß Broadway. Selbst wenn man das Publikum bis zum Ende seiner Tage lachend zwischen die Stühle der besten Vaudeville-Theater schickte, blieb man doch ein Vaudeville-Schauspieler. Broadway-Stars genossen ein Ansehen, das man selbst mit den größten Vaudeville-Erfolgen unmöglich erreichen konnte.

Sie werden es kaum für möglich halten, aber damals waren Harpo und ich zurückhaltend und neigten grundsätzlich dazu, unsere Begabung zu unterschätzen. Alle paar Tage kam Chico in unsere Garderobe und fragte: »Warum machen wir keine Broadway-Show?«

Schließlich sagten wir ihm: »Paß mal auf, Chico, wir sind nicht gut genug. Wir könnten uns am Broadway nicht durchsetzen. Wir sind Vaudeville-Schauspieler. Das Publikum am Broadway verlangt Klasse, und genau die fehlt uns.«

»Klasse! Wer von denen am Broadway soll uns denn bitte irgendwas voraushaben?« fragte Chico, der zu unserem gemeinsamen Glück nie an mangelndem Selbstbewußtsein litt.

»Na ja«, sagte ich, »Ed Wynn zum Beispiel, Willie Howard, Al Jolson, Clark und McCullough, Frank Tinney, Montgomery und Stone... und all die anderen überall bekannten Darsteller.«

»Blödsinn!« unterbrach mich Chico. »Die sind doch keinen

Deut besser als wir. All diese Burschen kommen vom Vaudeville. Wenn die es geschafft haben, schaffen wir es auch.«

»Aber du weißt doch ganz genau«, wandte ich ein, »daß das Publikum am Broadway wesentlich kritischer ist als das im Vaudeville.«

»Jetzt hört aber auf, Jungs«, erwiderte Chico. »Genau dieses Publikum hat sich zehn Jahre lang über unsere Auftritte in den besten Vaudeville-Theatern totgelacht. Und wenn diese Leute sich eine Broadway-Show ansehen, machen sie nur zwei Dinge anders: Sie machen sich fein, und sie kommen zu spät.«

Vielleicht hatte Chico recht. Vielleicht waren wir gut genug für den Broadway. Aber wie, fragten wir ihn, sollten wir das bewerkstelligen? »Wir reden hier nicht von einer Vaudeville-Nummer, die man für dreitausend Eier auf die Beine stellt«, merkte ich an. »Sobald du eine Broadway-Show veranstaltest, trittst du automatisch gegen Ziegfelds *Follies,* George Whites *Scandals* und all die anderen teuren Revuen an.«

Die Produzenten jener Shows scheuten keine Kosten. Sogar damals, als der Dollar noch ein richtiger Dollar war und nicht der billige Scherz auf dünnem Papier, zu dem er inzwischen verkommen ist, setzten Ziegfeld, White, Dillingham und Konsorten bedenkenlos zweihunderttausend Dollar oder mehr für ein Musical aufs Spiel. Es stimmt allerdings, daß sie in aller Regel nur sehr wenig eigenes Geld in die Shows investierten. Sie hatten Geldgeber – und bildschöne Tänzerinnen. Womit ich keineswegs andeuten will, diese Prachtweiber hätten irgend etwas mit dem Auftreiben des Geldes zu tun gehabt, sondern nur, daß mancher reiche verheiratete Mann liebend gern fünf- oder zehntausend Dollar investierte, um von sich behaupten zu können, er sei diesen Mädchen nahegekommen. So jedenfalls hat man es mir erklärt.

Geld für ein großes, teures Musical aufzutreiben ist eine Sache für sich. Obwohl die Musik für *Oklahoma* von Rodgers und Hammerstein stammte, wäre das Stück mangels Kapital beinahe nicht zur Aufführung gekommen. Kein gewöhnlicher Theaterbesucher kann sich vorstellen, wieviel Schweiß selbst die erfolgreichsten Produzenten vergießen und welche Demütigungen sie über sich ergehen lassen müssen, um wenigstens die zum Beginn der Proben notwendigen Mittel aufzutreiben. Der Produzent eines der größten Broadway-Musicals aller Zeiten (ich weiß nicht mehr genau, welches es war) mußte nicht nur sage und schreibe fünfundsiebzig Anhörproben veranstalten (also die Partitur komplett vorsingen und das Buch Zeile für Zeile vorspielen lassen), sondern anschließend auch noch wochenlang mit Engelszungen auf die argwöhnischen Geldgeber einreden, ehe diese sich endlich erweichen ließen, die notwendigen Mittel bereitzustellen.

Nur für sehr wenige Geldgeber ist die Aussicht auf ein hübsches Mädchen der Grund, Geld in ein Show-Projekt zu investieren. Die meisten dieser Herren sind nüchterne Geschäftsleute und aufs Geldverdienen genauso versessen wie Sie und ich (geben Sie's ruhig zu, wir sind unter uns). Diese Männer jedoch sind vom Theater fasziniert, und es bedeutet ihnen etwas, dazuzugehören. Hinzu kommt, daß die Mädchen wirklich *sehr* hübsch sind.

Aus begreiflichen Gründen reagieren Geldgeber im allgemeinen zurückhaltend auf die Bitte, in ein großes Musical zu investieren. Man kann einen Volltreffer in Detroit landen und Boston im Sturm nehmen, aber New York ist und bleibt eine Sache für sich. In New York gibt es (grob geschätzt) sechs Kritiker (grobe, aber leider auch geschätzte), deren Stimme Gewicht hat. Deuten vier dieser sechs mit dem Daumen nach unten, kann man die Show gleich nach der ersten Woche wieder abblasen, das Bühnenbild an den nächstbesten Lumpensammler verkaufen und den Mädchen Abschiedsküsse auf die Wangen drücken. Die Investition von dreihunderttausend Dollar kann man anschließend höchstens noch steuerlich abschreiben und ansonsten in den Wind.

Selbst wenn man die größten Stars einkaufte, blieb das

Ganze ein gigantisches Glücksspiel. Und wir, vier Burschen mit nichts als Vaudeville-Erfahrung, wußten überhaupt nicht, wo wir anfangen sollten. Aber wir hatten die Broadway-Rosinen im Kopf. Nun brauchten wir bloß noch einen Produzenten mit reichlich Geld, jemanden, der das Buch schrieb, und einen guten Komponisten.

Eines Tages lernte Chico in seinem natürlichen Lebensraum, einem Spielsalon, einen gewissen Herman Broody kennen. Broody erzählte Chico, er komme aus New Jersey und sei der größte Brezelbäcker von ganz Hackensack. Er fügte hinzu, er sei schon seit langem am Show-Spiel interessiert und daher, falls sich die richtige Gelegenheit böte, durchaus bereit, zwanzig- oder fünfundzwanzigtausend Dollar zu investieren. Wie er sagte, war er in Hackensack glücklich verheiratet und Vater von fünf Kindern. Dann errötete er gerade so weit, daß er richtig widerwärtig wurde, und gestand Chico, er habe außerdem eine Freundin (die Mr. Broody bisher erfolgreich auf Distanz gehalten hatte). Sie hielt sich für eine geborene Schauspielerin und hatte Mr. Broody wissen lassen, wenn er etwas von ihr wolle (was immer das sein mochte), müsse er schon einiges in Bewegung setzen und ihr zu einem Engagement am Broadway verhelfen.

Ich weiß nicht, wie sie auf die Idee gekommen war, irgendein Brezelbäcker könnte einen Broadway-Produzenten dazu bewegen, ein Mädchen ohne jegliche Theatererfahrung zu engagieren und auf die Bühne zu stellen. Chico sagte: »Mr. Broody, Sie wissen doch wohl, daß man mindestens hunderttausend Dollar braucht, um ein Broadway-Musical zu produzieren.«

»Mehr als fünfundzwanzigtausend sind bei mir nicht drin«, erwiderte Broody. »Und solange man mir nicht garantiert, daß Ginny, mein Mädchen, in der Show auftritt, zahle ich keinen roten Heller.«

»Legen Sie die fünfundzwanzig auf den Tisch«, sagte Chico, »dann sorgen wir dafür, daß Ginny ihren Auftritt kriegt. Und wenn Sie wollen«, fügte er in einem Anfall von Großzügigkeit hinzu, »finden wir auch noch Rollen für Ihre Frau und Ihre Kinder!« Bei der Erwähnung seiner Familie wurde Broody ein bißchen blasser. Dann fiel Chico noch etwas ein. »Sagen Sie mal«, fragte er, »kann Ginny eigentlich irgendwas?«

»Können!?« rief Broody. »Und ob sie was kann! Sie ist einfach toll! Letztes Jahr hat sie bei einem Walzer-Wettbewerb mitgemacht – in Appleton. Sie wissen schon, Appleton – direkt hinter Jersey City. Und Ginny ist mit einer anderen zusammen Zweite geworden!«

Restlos beruhigt sagte Chico: »Damit, Mr. Broody, dürfte wohl feststehen, daß Ginny auf dem Weg nach ganz oben ist. So, und wann kriegen wir die fünfundzwanzigtausend Dollar?«

Mr. Broody überhörte die Frage und plapperte verzückt weiter. »Oh, Mann! Wenn ich das Ginny erzähle, wird sie wissen, daß ich's ernst meine.« Beim Gedanken an Ginny verschlimmerte sich Broodys ohnehin schon bedenklich wirrer Geisteszustand. »Wissen Sie was?« sagte er. »Obwohl ich erst einen Tag weg bin, vermisse ich meine Kleine schon. Gleich Montag früh lasse ich das Geld von meiner Bank anweisen, und spätestens drei Tage später können Sie frei darüber verfügen.«

Wie bereits erwähnt, kostet ein großes Musical zwischen zweihundert- und dreihunderttausend Dollar. Kennt man allerdings die richtigen Schneider und Großhändler, bekommt man für fünfundzwanzig Riesen einen ganzen Haufen Zeug. Spaßeshalber sahen wir uns jedesmal die Namen auf den Rückseiten unserer Kulissen-Neuerwerbungen an. Es war, als studiere man ein Bühnenbilder-Who-is-Who der Theaterbranche. Bei unserer Resteverwertung waren fast alle Broadway-Musicals der letzten zwanzig Jahre vertreten. Wir besaßen Teile des Bühnenbildes von *The Gin of the Golden West, The Squaw Man, Way Down East, Turn to the Right* und etlichen anderen. Wenn mich nicht alles täuscht, hatten wir sogar ein Stück der Flußszenerie aus *Onkel Toms Hütte,* vor der Lisa das Eis überquerte.

Das Bühnenbild ergab keinen rechten Sinn, und die Partitur gehörte zu den belanglosesten, die jemals das kollektive Trommelfell des Broadway-Publikums erschüttert hatten. Dafür sahen unsere Mädchen – wie alle Tänzerinnen – einfach toll aus. Die übrigen Mitglieder des Ensembles waren durchgehend Laien vom Lande. Aber *eines* besaßen wir, und das war nicht mit Geld zu bezahlen: bombensicher komisches Material aus fünfzehn Jahren, auf Herz und Nieren getestete Szenen, die von Vaudeville-Zuschauern im ganzen Land für gut befunden worden waren.

Wir hatten uns entschlossen, unsere Show *I'll Say She Is!* zu nennen (das galt damals als unheimlich heißer Ausdruck. Die heutige Entsprechung wäre vermutlich »mein lieber Scholli« – was wohl hinreichend verdeutlicht, welche Fortschritte die Zivilisation in den letzten dreißig Jahren gemacht hat).

Im Gegensatz zu den großen Revuen konnten wir uns keine schlanken Tänzerinnen leisten, die Kleider, Diamanten und Pelze im Wert von mehreren Millionen spazierentrugen. Für solche Dinge fehlte uns das Geld. Die Revue war eine Arme-Leute-Revue, und wir mogelten, wo wir nur konnten. Wir machten einen Winkelzug nach dem anderen. Am Ende hatten wir so viele Winkelzüge gemacht, daß wir einen Winkelbahnhof hätten gründen können. Tänzerinnen wie unsere bezeichnete man damals, in den Zwanzigern, als *Ponies.* Die waren billiger. Sie sahen nicht so toll aus und konnten nicht singen, aber *tanzen,* das konnten sie.

In der zweiten Probenwoche kam Ginny, die Brezelkönigin, in Begleitung ihres Möchtegernliebhabers hereingeschlendert. Broody wirkte wesentlich glücklicher als bei unserer letzten Begegnung. Seiner beschwingten Gangart nach zu urteilen, war er offenbar vorangekommen. Wir schoben ihn sofort in den leeren Zuschauerraum ab.

Ginny sah ganz gut aus und hatte das, was man als flottes Fahrgestell bezeichnete. Vor ihrem Auftauchen hatten wir den Choreographen ins Vertrauen gezogen und ihm erklärt, Ginny müsse mit uns auftreten; Ginny und unser Geld seien untrennbar verbunden, also *müsse* sie irgendwo eingesetzt werden. Bis Ginny auftauchte, hatten wir uns keine großen Sorgen gemacht. Nach Brezel-Joes Schilderungen hatten wir angenommen, sie müsse eine recht gute Tänzerin sein und selbstverständlich die gleichen Dinge beherrschen wie die anderen Tänzerinnen. Der Choreograph rief der Truppe »Und zehn!« zu (mit anderen Worten »Ruht euch zehn Minuten aus«). Neugierig, wie sie waren, blieben alle Mitglieder der Truppe auf der Bühne, setzten sich hin und warteten auf Ginnys Vorführung. Der Choreograph wandte sich Ginny zu und sagte: »Na, dann stepp uns mal was vor.«

Sie beherrschte zwei, drei Schritte, aber sie tanzte, als hätte sie sich die Beine ihres Großvaters ausgeliehen. Als sie ausgetrippelt hatte, klatschte ihr Freund begeistert Beifall. Das restliche Ensemble stürzte geschlossen zum Bühnenausgang und lachte sich über den außergewöhnlichen Auftritt kaputt. Jetzt hatten wir ein echtes Problem! Falls Ginny nicht auftrat, konnten wir das Geld vergessen. Falls Ginny auftrat, konnten wir die Show vergessen.

Nachdem sie getanzt hatte, hüpfte Mr. Broody auf die Bühne. Ginny drückte ihm einen lieblosen Kuß auf die Wange. Er sagte: »Auf Wiedersehen, Liebling. Du warst toll! Ich liebe dich.« Dann wandte er sich uns zu und verkündete: »Zur Premiere bin ich wieder da.«

Harpo sagte: »Wie kommen wir jetzt aus *der* Schlinge raus? Wenn Ginny am Premiereabend auf der Bühne steht, kriegen wir garantiert jede Menge Lacher – aber an den falschen Stellen.«

»Könnten wir ihr nicht ein Bein brechen?« fragte ich.

»Wozu soll das gut sein?« sagte Chico. »Die tanzt doch jetzt schon, als wären beide gebrochen.«

»Wir könnten sie vielleicht kidnappen und im Keller verstecken«, schlug ich optimistisch vor. »Das merkt doch kein Mensch.«

»Broody würde es merken«, widersprach Chico, »und wenn sein kleiner Wonneproppen nicht mittanzt, können wir unser restliches Geld vergessen.«

Die Premiere wurde ein Riesenerfolg. Broody saß strahlend und entzückt in der ersten Reihe. Er hatte Rosen für fünfzig Dollar hinter die Bühne bringen lassen, die Ginny am Ende des Auftritts übergeben werden sollten. Ginny bekam sie nie zu Gesicht. Der Bühnenportier nahm sie mit nach Hause und schenkte sie seiner Frau.

Wie ich später erfuhr, machte dieses unerwartete Geschenk sie so mißtrauisch, daß sie sich drei Monate später wegen Ehebruchs scheiden ließ.

Ginny trat überhaupt nicht auf. Am Vorabend hatte irgendein Mitglied des Ensembles ihr einen präparierten Schlummertrunk untergejubelt. (Keine falschen Verdächtigungen, bitte: Ich stand zu der Zeit auf der Bühne.) Am zweiten Abend tanzte sie. Wir galten zwar als recht passable Komiker, aber mir ihr konnten wir nicht mithalten. Über ihre Tanzerei wurde mehr gelacht als über jeden anderen Scherz des Programms. Sie hatte absolut kein Taktgefühl. Sie war den anderen Mädchen immer einen Schritt voraus oder hinterher. Sie war ein nettes Mädchen und tat uns wirklich leid, aber jeder ihrer Tänze warf uns zehn Meter zurück.

Glücklicherweise blieb Broody nur zwei Abende. Er mußte zurück nach Hackensack – vermutlich, um weiter Salz auf seine Brezeln zu streuen. Wann immer er nicht da war, ließen wir Ginny nicht auf die Bühne. Wir erfanden die abwegigsten Gründe, um sie vom Auftreten abzuhalten. Trotzdem bestand sie gelegentlich auf ihren Tanzeinlagen und schadete der Show. Manche Kolumnisten fingen an, Witze über sie zu machen. Wir machten uns langsam Sorgen. Außerdem steckten wir in finanziellen Schwierigkeiten. Die Show hatte zehntausend Dollar mehr gekostet als die geplanten fünfundzwanzigtausend Dollar, und wir saßen Broody wegen des restlichen Geldes im Nacken. Er hielt uns hin und sagte nur: »Keine Sorge. Ihr kriegt euer Geld schon.«

Schließlich kam uns die Liebe zu Hilfe. Zwei Wochen nach dem Premierenabend verkuckte Ginny sich in einen der Tänzer. Als Broody sie hinter der Bühne besuchte, gestand sie ihm, sie liebe ihn nicht... und habe ihn nie geliebt..., sondern lediglich als Sprungbrett für ihre Karriere benutzt.

Broody schäumte. Er stellte uns sofort ein Ultimatum – wenn wir Ginny nicht unverzüglich rausschmissen, könnten wir die fehlenden zehntausend Dollar vergessen! Wir hätten ihn am liebsten abgeknutscht.

Wir erklärten Ginny die Lage, gaben ihr die Gage für die nächsten zwei Wochen (es gab damals schon Künstlergewerkschaften) und wünschten ihr alles Gute. Beim Abschied sagte sie: »Macht euch um mich keine Sorgen. So wie ich tanze, kriege ich überall einen Job.«

Sie hatte recht. Drei Wochen später bediente sie mich in Child's Restaurant in der Forty-fifth Street. Ich gab ihr ein großzügiges Trinkgeld – fünfundzwanzig Cent – denn immerhin hatte sie, wenn auch unbewußt, entscheidend zum Broadway-Stapellauf der Marx Brothers beigetragen.

14 Reich *ist* besser

Es gibt nichts Sterbenslangweiligeres als typische Schauspieler-Aufzählungen gesammelter Großtaten und Erfolge. Ich erspare Ihnen diese Aufzählung ganz bewußt und kann nur hoffen, daß Sie mir den gleichen Gefallen tun, sollten Sie irgendwann selbst ein Buch schreiben.

Das Allernötigste in aller gebotenen Kürze: Wir gehörten jahrelang zur Theater-Elite. Durch den Broadway-Erfolg mit *I'll Say She Is!* veränderte sich unser Leben natürlich grundlegend.

Meine Angehörigen reagierten darauf vollkommen unterschiedlich. Mein Vater trug unserem Erfolg bekleidungstechnisch Rechnung. Im Broadway-Viertel gab er eine ziemlich schneidige Figur ab. Irgendwer hatte ihm erzählt, wir seien reich, und das nutzte er aus, so gut er konnte. Er schenkte all seine abgetragenen Sachen meinem Großvater, der seit sieben Jahren tot war. Sein neuer Aufzug bestand aus einer perlgrauen Melone, perlgrauen Gamaschen, einer perlgrauen Weste, einem Cutaway, einer mit Diamanten besetzten Krawattennadel in Hufeisenform, perlgrauen Handschuhen und einem Spazierstock.

In diesem Aufzug wäre Paps sogar von Madame Tussauds Wachsfigurenkabinett dankend abgelehnt worden. Er legte sich einen leichten englischen Akzent zu und spickte sein Geplauder mit spitzen, entzückten Lauten und vornehmen »Sieh-da!«s. Kein Mensch verstand ihn, aber da ihn *nie* jemand verstanden hatte, fiel das nicht weiter ins Gewicht.

Chico kehrte den Spielsalons den Rücken und wandte sich den wohlhabenderen Rennbahnen zu. Als er mit ihnen fertig war, waren sie noch wohlhabender. Er war wirklich unschlagbar. Binnen kürzester Zeit sprach der ganze Broadway von seiner unglaublichen Strähne. Am Ende unserer ersten Spielzeit stand er mit einem Siebenunddreißig-Wochen-Vorschuß in der Kreide.

Zeppo kaufte sich eine 12-Meter-Yacht und jagte durch die Bucht von Long Island wie der geborene Seemann.

Harpo, ein zurückhaltender, stiller Gesell, wurde von der Algonquin-Runde aufgenommen, der damals wahrscheinlich berühmtesten und brillantesten Gesprächsrunde in ganz Amerika. An Schönwettertagen fanden sich etliche der nachfolgend Genannten zu Speis und verbaler Verwüstung ein: George Kaufman, Marc Connelly, Robert Benchley, Alexander Woolcott, Franklin P. Adams, Dorothy Parker, Newman Levy, Robert Sherwood, Howard Dietz und viele andere. Es hagelte schnelle, tödliche Bonmots, und wer sich als Dussel entpuppte, konnte nur noch beten. Die Eintrittsgebühr bestand aus einer Natternzunge und einem notdürftig verhüllten Stilett. Ein derartiges intellektuelles Schlachthaus wird unser Land wohl nie wieder erleben. Außerdem spielten die Beteiligten um hohe Einsätze Poker und Krocket, und kaum eine Woche verging, ohne daß der stille kleine Harpo einen großen Batzen Geld nach Hause trug.

Davon abgesehen, daß ich Vater wurde – ach ja, ich war inzwischen verheiratet, aber dazu werde ich mich erst weiter hinten äußern (so eine Autobiographie ist das also, aha) –, war ich ziemlich untätig. Trotz meiner großen Erfolge auf der Bühne war ich unzufrieden.

Ich wollte schreiben. Aber ich traute es mir nicht zu. Ich hatte keine abgeschlossene Grundschulbildung. Fast alle mir bekannten Erfolgsautoren waren aufs College gegangen. Manche hatten sogar studiert, und darum beneidete ich sie. »Was ist schon ein Schauspieler?« dachte ich. »Nichts!

Bloß ein Sprachrohr für die Worte eines anderen. Ob er gut oder schlecht ist, hängt allein vom Autor ab.«

Schließlich schaffte ich es, kleinere Satiren in Zeitungen unterzubringen. Daraufhin begann ich, längere Artikel zu schreiben. Ab und zu sprang ich für Woolcott, Percy Hammond und andere ein. Anschließend verkaufte ich einige meiner Sachen an verschiedene Zeitschriften. Einen Artikel, den ich ursprünglich auf Wunsch von Franklin P. Adams für die New Yorker *World* geschrieben hatte, griff H. L. Mencken auf und druckte ihn in seinem Buch *The American Language* nach. Über keine meiner schauspielerischen Leistungen habe ich mich je so gefreut.

Ich war gern Schauspieler; ich hörte das Lachen gern und verbeugte mich gern unter dem Beifall des Publikums. Daran hat sich auch nichts geändert, aber das Größte war für mich immer, etwas von mir Geschriebenes gedruckt zu sehen. Jetzt wissen Sie, weshalb ich mich an dieses Buch gewagt habe. Es lag nicht bloß an diesem durchtriebenen Verleger mit seiner Kiste billiger Zigarren.

Im Theater galt ich als Improvisationskünstler. Das war im Grunde auch nichts anderes als Schreiben, nur daß ich oben auf der Bühne ohne Bleistift und Papier auskam.

Was meiner Mutter am Abend der Premiere von *I'll Say She Is!* passierte, ist schon oft erzählt worden. Ihre vier Söhne in einer erfolgreichen Broadway-Show auftreten zu sehen war der Höhepunkt ihrer Karriere. Sie tat, was jede normale Frau an ihrer Stelle getan hätte, und bestellte sich ein neues Kleid. Und »bestellte« bedeutet nicht etwa, daß sie zu *Bergdorf Goodman's* ging. Sie bestellte sich ihre Schneiderin aus Brooklyn. Als sie auf dem Stuhl stand und für das Kleid Maß nehmen ließ, das bald die Premierenbesucher verzücken sollte, rutschte sie aus und brach sich das Bein.

Eine Katastrophe dieses Ausmaßes hätte wohl die meisten

Frauen von einem Theaterbesuch abgehalten – nicht jedoch meine Mutter. So wurde die Premiere für sie nur noch aufregender. Ich kann mir nicht vorstellen, daß die Welt jemals einen triumphaleren Einzug ins Theater erlebt hat als den meiner Mutter. Lächelnd und fröhlich ins Publikum winkend, wurde sie auf einer Trage hereingebracht und in der ersten Reihe in einer Loge abgesetzt.

Dies war ihr ganz persönlicher Sieg. Dies war der triumphale Höhepunkt zwanzigjährigen Planens, Hungerns, Schmeichelns und Sich-Abstrampelns. Und ich bin überzeugt, daß sie jede Minute dieses Abends genossen hat. Immerhin handelte es sich um ein höchst ungewöhnliches Ereignis: Nie zuvor in der Theatergeschichte waren vier Brüder am Broadway als Stars in ihrer eigenen Show aufgetreten, und von einer Kleinigkeit wie einem gebrochenen Bein ließ meine Mutter sich dieses Augenblicks höchsten Glücks garantiert nicht berauben.

Trotz des gebrauchten Bühnenbildes und der billigen Produktion wurde *I'll Say She Is!* ein ungeheurer Erfolg. Die Kritiker überschlugen sich vor Begeisterung. Und als sie wieder Boden unter den Füßen hatten, stimmten sie überschwengliche Lobeshymnen an. Etliche schrieben: »Wo haben sich diese Burschen all die Jahre versteckt?« Tatsächlich hatten wir uns überhaupt nicht versteckt. Wir waren jahrelang überall in und um New York in den besten Vaudeville-Theatern aufgetreten. Mir scheint, so ein Kritiker kriegt in seinem Elfenbeinturm nicht allzuviel von dem mit, was in der Welt passiert.

Drei Jahre lang traten wir mit *I'll Say She Is!* auf. 1926 nahm uns dann Sam Harris, ein erstklassiger Produzent, unter Vertrag. Er beauftragte George S. Kaufman und Mornie Ryskind, die vermutlich besten satirischen Dramatiker der gesamten Branche, ein Stück für uns zu schreiben. Zu Kaufmans und Ryskinds zahlreichen Bühnenvolltreffern gehörte auch *Of Thee I Sing,* das erste Musical, das mit dem Pulitzer-Preis ausgezeichnet worden war. Um den Erfolg unserer neuen Show *Cocoanuts* sicherzustellen, engagierte Mr. Harris einen unbekannten Komponisten namens Irving Berlin, der bis zu diesem Zeitpunkt noch nicht mehr als drei-, vierhundert Hits aus dem Ärmel geschüttelt hatte.

Das Stück wurde ein Volltreffer. Es handelte vom Wirtschaftsaufschwung in Florida, und seinerzeit waren die dortigen Immobilienpreise das heißeste Gesprächsthema weit und breit. Berlins Partitur war gut, enthielt jedoch keinen echten Hit, und so entstand ein *Running Gag,* mit dem ich Irving jahrelang aufzog.

Der Erste Weltkrieg war in vollem Gange, Wilson war Präsident, und es schien unvermeidlich, daß wir früher oder später in den Konflikt hineingezogen würden. Trotzdem waren weite Teile der Bevölkerung, vor allem im Mittleren Westen, strikt gegen eine Beteiligung am Krieg. Komponisten versuchen grundsätzlich, Volkes Stimmung mit ihren Liedern einzufangen. Irving Berlin war Komponist. Also schrieb er ein Anti-Kriegs-Lied, das zweifellos die Gefühle und die Gesinnung von Millionen Amerikanern wiedergab. Das Stück hieß »Stay Down Here Where You Belong«, und ich fürchte, der Text lautete wie folgt:

Down below, down below, sat the Devil talking to his son
Who wanted to go up above, up above.
He cried »It's getting too warm for me down here and so
I'm going up on earth where I can have a little fun.«

The Devil simply shook his head and answered his son,
»Kings up there, they don't care for the mothers who must
Stay at home, their sorrows to bear:
Stay at home, don't you roam.
Although it's warm down below,
you'll find it's warmer up there.
If e'er you went up there, my son, I know you'd be surprised.
You'd find a lot of people who are not civilised.«

Refrain:
»Stay down here where you belong
The folks who live above they don't know right from wrong.
To please their kings they've all gone out to war,
And not a one of them knows what he's fighting for.

'way up above they say that I'm a Devil, and I'm bad;
Kings up there are bigger Devils than your dad;
They're breaking the hearts of mothers,
Making butchers out of brothers;
You'll find more hell up there than there is down below!«

Viele Jahre vergingen, und Berlin wurde zum berühmtesten und beliebtesten Komponisten der Welt. Einer seiner Konkurrenten beklagte sich einst verbittert, Berlin habe sämtliche Feiertage aufgebraucht: »I'm Dreaming of a White Christmas«, »Easter Parade« und so weiter. Genauso sorglos verbrauchte er den Großteil des für die angesehensten Komponisten des Landes reservierten Lorbeers.

Im Lauf der Zeit wurden Berlin sowohl der Text als auch die Philosophie seines Anti-Kriegs-Liedes zunehmend peinlich, also wollte er es nie wieder hören. Mich hingegen hatte das Stück schon immer fasziniert (aus Gründen, die vermutlich nur ein Analytiker aufdecken könnte), und so entwickelte ich mich zum einzigen Menschen in den Vereinigten Staaten (vielleicht, aber auch nur *vielleicht,* mit Ausnahme des Komponisten), der sich sowohl an den Text als auch an die Musik erinnerte. Wann immer Berlin und ich die gleiche Party besuchten, sorgte ich dafür, daß mich im Verlauf des Abends jemand bat, das Stück zu singen. Berlin war das Ganze unbegreiflich. Da stand er nun, der größte Barde seiner Epoche, auf dessen Konto Hunderte von Hits gingen, und vor ihm stand sein Freund Groucho und mußte ausgerechnet dieses Lied singen. Laut singen, und mit Betonung jedes einzelnen der unsterblichen (und Berlin verhaßten) Worte des Textes.

Viele Jahre später veranstaltete die ASCAP, der Weihnachtsmann der Komponisten, eine gigantische musikalische Parade zu Ehren des Meisters. Sämtliche Komponisten und Texter aus Hollywood waren anwesend. Sämtliche berühmten Berlin-Stücke wurden von praktisch der gesamten ASCAP-Mitgliederschar vorgesungen und -gespielt. Ich hatte mit meinem Gelegenheitsfreund Harry Ruby, dem bekannten Komponisten, verabredet, er solle mich zu einer von Berlins herausragendsten Kreationen begleiten. Den Titel erraten Sie nie. Es war ein Anti-Kriegs-Lied und hieß »Stay Down Here Where You Belong«.

Berlin ist nicht besonders groß, schien jedoch während des Stückes noch zu schrumpfen. Vermutlich war es kein besonders netter Zug von mir, und mein Auftritt muß ihn wohl sehr betrübt haben, denn gegen Ende der Veranstaltung kam Irving zu mir und sagte: »Groucho, weshalb hörst du nicht endlich auf, dieses entsetzliche Lied zu singen?«

»Tja, Irving«, erwiderte ich, »es ist ein Anti-Kriegs-Lied, und seit du es geschrieben hast, waren wir bloß in drei verschiedene Kriege verwickelt. Einer von denen – welcher, hab ich vergessen – hieß ›der endgültig allerletzte Krieg‹.«

»Groucho«, sagte er, »laß uns ein Geschäft machen. Wann immer du in Zukunft das unwiderstehliche Verlangen verspürst, dieses Lied zu singen, rufst du mich sofort an, und ich schicke dir dann hundert Dollar, damit du es *nicht* singst. Das«, fügte er hinzu, »wäre dann deine ganz private ASCAP.«

Einige weitere Jahre zogen ins Land. 1958 feierte Berlin seinen siebzigsten Geburtstag und wurde in der Sonntagsbeilage der *New York Times* mit einem wundervollen Artikel geehrt. Darin zitierte man ihn wie folgt: »Jedesmal, wenn Groucho mich sieht, besteht er darauf, ›Stay Down Here Where You Belong‹ zu singen.«

Ich schrieb ihm folgenden Brief:

Lieber Irving:
es hat mich sehr gefreut, Dein Gesicht letzten Sonntag in der *Times* zu sehen, und obwohl Du für *Cocoanuts* keinen Hit zustandegebracht hast, halte ich Dich nach wie vor für eine Ein-Mann-Kombination aus Beethoven und Shelley.

Was das Stück betrifft: Wärst Du als Komponist eine Niete, würde ich nie im Leben dieses Lied singen, sondern »A Pretty Girl Is Like a Melody«, »Oh, How I Hate To Get Up in the Morning«, »Alexander's Ragtime Band«, »Say It With Music« oder »God Bless America«. Da Du jedoch eine lebende Legende bist, kann Dir diese eine textliche Katastrophe nichts anhaben.

In Deiner Abwesenheit preise ich Dich grundsätzlich als jenen Mann, der in *Annie Get Your Gun* mehr Hits hatte als der sagenhafte Stephen Foster in seinem gesamten Leben.

Dein Groucho.

In seinem Antwortschreiben gab er zu, daß *Cocoanuts* der Hit gefehlt hatte, wies jedoch zu seiner Verteidigung darauf hin, dies sei nicht allein seine Schuld gewesen. Offenbar hatte er Sam Harris, dem Produzenten, eines seiner neuen Stücke vorgespielt. Harris hörte aufmerksam zu und sagte dann, das Stück werde nie ein Hit. Es hieß »Always«.

»Es könnte sein«, so Berlin abschließend, »daß ihr deswegen keinen Hit in *Cocoanuts* hattet.«

1928 war *Animal Crackers* so weit gediehen, daß wir das Stück in New York hätten aufführen können. Zu den üblichen Problemen beim Stapellauf einer neuen Musical-Comedy kam allerdings hinzu, daß wir uns mitten in einem häßlichen Kleinkrieg zwischen den Shuberts und Walter Winchell wiederfanden. Es ging hart auf hart; wen die Götter vernichten wollten usw. Sie wissen schon. Und falls nicht, finden Sie den Rest in jedem Zitatenlexikon, wahrscheinlich mit dem Hinweis »ebd.«.

Walter Winchell war Mitte der zwanziger Jahre ungeheuer populär. Seine Kolumne war ein *Muß,* und nebenher schrieb er Theaterkritiken. Noch mächtiger als Winchell waren allerdings die Shuberts, Jake und Lee, die auf ihrem Gebiet nahezu unumschränkt herrschten. Und zu diesem Gebiet gehörten alle ernstzunehmenden New Yorker Bühnen. Die Shuberts hatten das Erbe der abgetretenen Zaren Klaw und Erlanger angetreten. Wie alle Produzenten liebten sie jeden Kritiker, der ihre Shows pries, und haßten jeden, der sie verriß. Winchell hatte mehrere vergiftete Pfeile auf ihre jüngsten Darbringungen abgeschossen, also waren sie fürchterlich wütend. So wütend, daß sie Mr. Winchell in all ihren Theatern Hausverbot erteilten.

Ich trete nicht als Anwalt der Kritiker auf. Eigentlich weiß ich nicht einmal, welchem Zweck sie dienen. Aber welchem auch immer, es ist ihr gutes Recht, ihm in jedermanns Theater zu dienen, mögen die Folgen auch noch so katastrophal sein.

Ich habe jahrelang über Kritiker nachgedacht. (Ja, jetzt geht das schon *wieder* los.) Vordergründig betrachtet, entsteht jedes Stück für das Publikum, aber wenn die Kritikerdaumen abwärts weisen, bekommt das Publikum nie Gelegenheit, das Stück überhaupt zu sehen. Auf wen geht die fixe Idee zurück, Aufgabe der Kritiker sei es, das Publikum zu »erziehen«? Wenn die Premierenbesucher Gefallen an einem Stück finden, weshalb sollte man dann den Rest der theaterinteressierten Öffentlichkeit hindern, es sich anzusehen?

In *The Summing Up* antwortete Somerset Maugham auf die Frage, weshalb er das Stückeschreiben aufgegeben habe, es sei zu schwierig, sowohl das Küchenmädchen im dritten Rang als auch den Kritiker der Londoner *Times* zufriedenzustellen. »Ich könnte sicherlich für die eine wie für den anderen schreiben«, erklärte er, »aber nicht für beide gleichzeitig. Ihre Geschmäcker sind zu verschieden.«

Früher gab es in New York City etwa neunzig bis hundert angemeldete Theater. Heute sind es ungefähr zwanzig. Grober Unfug und wüstes Gelächter sind fast vollständig von der Bühne verschwunden. Es gibt Dutzende Stücke über Rassenmischung, Homosexuelle, die Beat-Generation, Quartalsäufer und Ausgeflippte, aber leider nicht mehr viel zu lachen. Meiner Ansicht nach lassen sich die gegenwärtigen Theaterzustände wenigstens teilweise auf das Fehlen herzhaften Gelächters zurückführen. Die gute Laune ist den Theatern gründlich ausgetrieben worden – und zwar von den Kritikern.

Ein prominenter Kritiker (dessen Name nichts zur Sache tut) berichtete vor kurzem über ein Stück mit dem Titel *Make A Million,* in dem Sam Levene die Hauptrolle spielte. Er schrieb folgendes: »Dies ist weniger eine Kritik als vielmehr ein Geständnis. Ich habe einen beträchtlichen Teil des gestrigen Abends damit zugebracht, über ein ausgesprochen schlechtes Stück zu lachen.«

Na bitte. Der Kritiker hat den ganzen Abend gelacht, sich jedoch am Ende entschlossen, das Gesehene für »ausgesprochen schlecht« zu befinden. Das Stück sollte die Leute lediglich zum Lachen bringen und erreichte dieses Ziel. Niemand hatte *König Lear* oder *Tod eines Handlungsreisenden* angekündigt. Man hatte lediglich eine lustige Komödie versprochen – aber das reichte diesem Kritiker nicht.

Ich wüßte wirklich gern, wer diese sechs kritischen Herren in New York und das Dutzend über das Land verstreuter Attentäter zu Hütern des öffentlichen Geschmacks auserkoren hat. Warum lassen die das Theater nicht mal für ein paar Jahrhunderte in Ruhe und geben dem durchschnittlichen Theaterbesucher Gelegenheit, zu sehen, was er sehen will?

Bemerkenswerterweise ist die Automobilindustrie nie Ziel ihrer Angriffe gewesen. Und wissen Sie, weshalb? Weil die geschädigte Firma sofort ihre komplette Werbung zurückzöge. Niemand wagt es, in einer Zeitung zu schreiben: »Kaufen Sie bloß nicht diese Schund-Sweatshirts, die in Delaneys Kaufhaus für $ 1,78 angeboten werden.« Niemand warnt Sie vor der Lektüre der aktuellen *Saturday Evening Post,* weil sie »nicht die Qualität der Ausgabe von letzter Woche erreicht«.

Fragt man einen Kritiker, weshalb er nicht neue Autos oder von General Electric hergestellte Elektrotoaster kritisiert, erhält man immer die gleiche, abgedroschene Antwort. »Ach, wissen Sie, das sind Industrieprodukte, und wir sind keine Handels- und Gewerbekritiker. Wir besprechen nur Kunst.« Gut. Nur geht es hier um *Showbusiness* – und das ist keine Kunst, sondern ein Gewerbe. Falls Sie das nicht glauben, fragen Sie mal einen Produzenten, der gerade dreihunderttausend Dollar in eine beim Publikum, nicht aber bei den Kritikern beliebte Show gebuttert hat.

Ich glaube, wenn die New Yorker Kritiker ihre Schreibmaschinen einpackten, in die äußere Mongolei zögen und etwa zehn Jahre lang dort blieben, würde das Theater wieder aufblühen wie zu Beginn des Jahrhunderts, trotz der Konkurrenz durch Fernsehen, Kinos, Bowlingbahnen und Sex.

(Nach dieser kleinen Schmähtirade würde ich mich nicht einmal mehr mit dem besten Stück aller Zeiten nach New York trauen.)

Und damit zurück zu Winchell und den zwei kleinen Zaren Jake und Lee. Wer gerade regierte, war letztlich unerheblich. Damals waren es zufällig gerade die Shuberts. Kaum saßen sie fest im Sattel, begannen sie sich genauso aufzuspielen wie ihre Vorgänger. Sie hatten ein Hausverbot gegen Winchell verhängt, und ihr Wille war Gesetz. Wir traten mit unserem neuen Stück *Animal Crackers* in einem ihrer New Yorker Theater auf, und Winchell sollte es nicht besprechen dürfen. Darüber hinaus sollte er sogar am Betreten des Theaters gehindert werden.

Inzwischen dürfte Ihnen bewußt sein, daß ich kein Liebhaber von Kritikern bin (und auch sonst kein besonderer). Allerdings hatten wir und Sam Harris, der schon *Cocoanuts* produziert hatte, unser Geld in die Show investiert und sahen nicht ein, weshalb die Shuberts das Recht haben sollten, irgend jemanden vom Zuschauen oder Besprechen derselben abzuhalten. Wir stellten unser Talent, unser Geld und die gesamte Inszenierung zur Verfügung. Die Shuberts stellten uns ihr Theater zur Verfügung und kassierten für diesen relativ unbedeutenden Beitrag beträchtliche Teile der Einnahmen. Die Grundsätze des Bostoner Teesturms von 1773 lebten wieder auf; es spielte keine große Rolle, ob Winchell das Stück besprach oder nicht. Wir kämpften für sein Recht, das Theater zu betreten, oder besser, unser Recht, ihn hereinzulassen.

Von uns mit einem von Harpos Ersatzkostümen (einschließlich roter Perücke, Hupe und Stock) ausstaffiert, stand Winchell in der Kulisse und sah sich die gesamte Aufführung an. Der natürlich mißtrauische Inspizient der Shuberts begriff nicht, weshalb zwei Harpos hinter der Bühne waren, gab sich jedoch mit unserer Erklärung zufrieden: Da Harpo hin und wieder Zustände bekomme, müsse eine Zweitbesetzung für den Fall eines Anfalles bereitstehen. Die Aufführung fand statt, Winchell schrieb eine Kritik, und die Shuberts fanden nie heraus, wie es dazu hatte kommen können.

Die Shuberts bildeten keine Ausnahme. Sie waren nicht despotischer als Klaw und Erlanger oder all die anderen kleinen Könige, von denen die Unterhaltungsbranche befallen war.

Zur Zeit der K.-u.-E.-Herrschaft vollendete ein Herr namens General Lew Wallace sein Meisterstück – *Ben Hur.* Ein Buch, das nicht nur das Buch des Monats, sondern des Jahres zu werden drohte und vom Publikum mit der gleichen Begeisterung aufgenommen und ins Herz geschlossen wurde wie *Vom Winde verweht* von einer späteren Lesergeneration. Das Buch war nicht nur in aller Munde, sondern wurde zudem waggonweise verkauft. Schließlich kriegten sogar Klaw und Erlanger Wind von der Sache.

Was die Körpergröße betraf, erinnerten die beiden an Weber und Fields. (Weber und Fields erinnerten an Mutt und Jeff, und falls Sie nicht wissen, an wen Mutt und Jeff erinnerten – tja, am ehesten wohl an Klaw und Erlanger.) Klaw war der Große und Erlanger der Kleine. Anders als Fields stach Klaw seinem Partner Erlanger allerdings nie mit den Fingern in die Augen, um seinen Worten Nachdruck zu verleihen.

Die beiden lasen das Buch und waren hellauf begeistert.

Sie riefen sofort den General an und sagten ihm, sie wollten unbedingt die Dramatisierungsrechte erwerben. Falls er daran interessiert sei, fügte Klaw hinzu, werde er Erlanger unverzüglich zum Lager des Generals in Louisville entsenden, um dort die finanziellen Einzelheiten zu regeln.

Erlanger, ein Individuum mit eindeutig hebräischem Einschlag, trug immer eine teure Zigarre, einen Homburg und einen leichten Schmerbauch mit sich herum. Am Morgen nach dem Telefonat wurde er von einem Diener, der genau drei Jahre jünger war als Noah, zur Audienz beim erlauchten Herrn General vorgelassen. Verglichen mit dem Diener sah der General wie ein Teenager aus, obwohl er zu diesem Zeitpunkt knapp siebzig war. Über seine Körpergröße hingegen ließ sich kaum etwas sagen, da er in einem tiefen Polstersessel kauerte.

Als Mr. Erlanger das Zimmer betrat, empfing der General ihn mit einem Gesichtsausdruck von ans Übernatürliche grenzender Gleichgültigkeit. Mr. E., fehlende Herzlichkeit bei Geschäftsabschlüssen augenscheinlich gewohnt, ignorierte die Haltung des Generals wohlweislich und kam als Mann der Tat ohne Umschweife zur Sache. »Ich bin Abe Erlanger, und Sie wissen, was mich zu Ihnen führt. Mein Partner und ich haben *Ben Hur* gelesen und finden es sagenhaft. Wir sind überzeugt, daß man ein großartiges Stück draus machen könnte, und würden außerordentlich gern die Dramatisierungsrechte erwerben. Unserem Gefühl nach hat das Buch alle Elemente eines Kassenschlagers. Wir planen – sofern der Vertrag zum Abschluß kommt – das Wagenrennen auf einer Drehbühne stattfinden zu lassen – einer Art Tretmühle. Wie Ihnen bekannt sein dürfte, sind wir die erfolgreichsten Bühnenproduzenten der Welt und verfügen über die Möglichkeiten, Ihr großartiges Werk der theaterbegeisterten Öffentlichkeit in aller ihm angemessenen Pracht nahezubringen. Und damit das Ganze sich auch für Sie lohnt, sind wir bereit, sehr anständig dafür zu bezahlen.«

Der General hörte sich all dies mit geschlossenen Augen an. Für einen Moment dachte Erlanger, seine Redegewandtheit hätte den alten Mann in eine Art Trance versetzt, aber schließlich öffnete der General eines seiner Augen und starrte direkt durch Mr. Erlanger hindurch. Dann schlug er gemächlich auch das andere Auge auf. »Mr. Erlanger«, schnarrte er, »sind Sie sich der Bedeutung dieses Buches bewußt? Genauer gesagt, Sir, seiner religiösen Bedeutung?« Er wurde etwas lauter. »*Ben Hur* bringt man nicht nur um des Profits willen auf die Bühne. Dieses Buch ist das Ergebnis, der krönende Abschluß meiner lebenslangen geistlichen Forschung, und aus tiefster Seele geschrieben. Dieses Buch wurde nicht um des schnöden Profits willen geschrieben, obwohl«, fügte er hastig hinzu, »ich mir seines finanziellen Potentials durchaus bewußt bin. Nur ein Gleichgesinnter kann und darf das Privileg erwerben, diese Geschichte zu dramatisieren. Jemand, dessen Auffassung vom Christentum der meinen entspricht und der die Heiden und Ungläubigen erkennen läßt, daß unser Heiland Gottes Sohn war.«

Er erhob sich aus seinem tiefen Polstermöbel, stakste auf den kleinen Erlanger zu, fuchtelte mit einem knochigen, verhutzelten Finger vor dessen Nase herum und sagte: »Mr. Erlanger, glauben Sie an Jesus Christus, unseren Herrn?«

Mr. E., der sein gesamtes Leben im Showgeschäft verbracht hatte, war selten um eine Antwort verlegen, doch jetzt fand er sich plötzlich auf einem Gebiet wieder, das sehr weit von seinen üblichen Jagdgründen entfernt lag. Vor lauter Verblüffung schwankte er vor und zurück wie ein allzu zuversichtlicher Boxer, dem gerade ein schwächerer Gegner (der zudem versprochen hatte, sich fallen zu lassen) einen Zufallstreffer auf die Nase verpaßt hatte.

Schließlich schüttelte er seine Benommenheit ab und gab etwas zur Antwort, das nicht nur den alten General überrumpelte, sondern meiner Ansicht nach zu den großartigsten verbalen Comebacks aller Zeiten gehört. »General«, sagte er, »Sie fragen mich, ob ich an Jesus Christus glaube. Also, offen gestanden, nein. Mein Partner Klaw, der glaubt dran – aber der sitzt oben in Boston!«

Zwischen Vaudeville-Schauspielern und E. F. Albee, dem Chef des *United Booking Office,* bestand eine Beziehung von ergreifender Primitivität. Sie basierte auf genau den Grundsätzen, die – bis zum Angriff auf Fort Sumter – im Süden geherrscht hatten. Albee war Besitzer einer großen Baumwollplantage, und die Schauspieler waren seine Sklaven. War man beispielsweise um elf Uhr vormittags mit ihm verabredet, bekam man ihn mit etwas Glück gegen vier Uhr nachmittags zu sehen. Das tat er mit Absicht. Taktisch kein besonders großartiger Zug, aber in psychologischer Hinsicht gab es keine furchterregendere Eröffnung. Während des ewigen Wartens im Vorzimmer drehten sich den Schauspielern vor lauter heiligem Schrecken die Mägen um. Manchmal sorgten Albees Lakaien auch dafür, daß man ihn überhaupt nicht zu sehen bekam.

Der alte Massa trug wirklich dick auf. Wurde man endlich in seinen erlauchten Dunstkreis vorgelassen, war alles perfekt inszeniert. Der Teppich in seiner Privathöhle war dick und verschluckte jedes Geräusch. Seinen Schreibtisch, der etwa fünfundzwanzig Meter lang war oder zumindest so aussah, schmückte lediglich eine einzelne Rose in einer teuren Vase. Auf dem einzigen Stuhl im Zimmer saß der Gebieter selbst. Der arme, vor Angst schlotternde Schauspieler stand vor ihm und trat nervös von einem Fuß auf den anderen wie ein Schüler, den man gerade in flagranti beim Klauen einer Lehrersmahlzeit erwischt hatte. In dieser Umgebung hörte der Schauspieler sich demütig an, welche Gage Albee ihm für die nächste Spielzeit zugestehen wollte.

Ich erwähne Albee lediglich als typischen Vertreter dieser Brut. Seine Haltung Schauspielern gegenüber war weit verbreitet, nicht nur bei allen Vaudeville-Circuits, sondern sogar in den kleinen Spelunken in der hintersten Provinz.

Einige ungewöhnlich tapfere Schauspieler trotzten dem Gebieter und ließen ihn wissen, falls sie nicht bekämen, was ihnen ihrer Ansicht nach zustand, würden sie für die Konkurrenz auftreten, also den *Loew Circuit.* Dies erforderte beträchtlichen Mut, denn ihnen war bewußt, daß sie, sobald sie auch nur ein einziges Mal für Marcus Loew arbeiteten, auf die schwarze Liste kämen und nie wieder in einem von Albees Theatern würden auftreten können. Etliche Ensembles wurden von Albees Gestapo, die er selbst lieber als *United Booking Office* bezeichnete, ein für allemal von der Bühne gehetzt.

Als die Gebrüder Warner herausfanden, daß Schauspieler auf der Leinwand sprechen konnten, brauchte man keine Kristallkugel mehr, um dem Vaudeville ein baldiges Ende zu prophezeien. Vermutlich wäre das Vaudeville in jedem Fall verschwunden, selbst wenn die Bosse ihre Schauspieler wie Menschen behandelt hätten. Aber vielleicht hätte es sich wenigstens etwas länger gehalten. In jedem Fall wäre es zu Lebzeiten für die gepiesackten Darsteller etwas erfreulicher gewesen.

Wir waren Stars am Broadway; wir hatten es ganz schön weit gebracht seit unserer Kindheit in New York. Damals war alles herrlich gewesen oder kam uns zumindest rückblickend so vor. Wir waren arm gewesen, was uns Jungs vor lästigen Ammen und Kindermädchen verschont hatte. Meine Mutter erledigte die Hausarbeit, und wir gingen raus und spielten auf der Straße, bis wir Hunger bekamen. Falls einer von uns überfahren wurde, hatte er eben Pech gehabt. Niemand konnte von einer Frau verlangen, daß sie den Haushalt führte und gleichzeitig fünf Jungs im Auge behielt.

Wie bereits weiter oben erwähnt, spielten wir alle möglichen Hüpf-, Lauf- und Springspiele, die auch auf allen möglichen anderen Straßen gespielt wurden. Wie vermutlich in jeder Gegend gab es auch in unserer einen Jungen, der alles besser konnte als wir anderen – bei uns hieß er Leonard Dobbin. Seine Überlegenheit beschränkte sich nicht allein auf die Bewegungsspiele. Er war auch bei Ratespielen und sämtlichen anderen unserer bescheidenen intellektuellen Kindereien der Beste. Außerdem sah er sehr gut aus und angelte sich fast alle angelnswerten Mädchen.

Leonard hatte immer angekündigt, er werde nach seinem High-School-Abschluß aufs College gehen und Jura studieren. Wir alle waren fest davon überzeugt, daß er, dank seiner umfassenden Begabung, eines Tages einem der höchsten Gerichte des Landes vorsitzen würde.

Ich traf ihn erst zwanzig Jahre später wieder, nach einer Aufführung von *Cocoanuts.* Als ich in der Garderobe saß und mir den aufgemalten schwarzen Schnurrbart und das übrige Make-up abschminkte, brachte mir der Bühnenportier eine Karte, auf der stand: »Leonard Dobbin, Rechtsanwalt«.

Leonard wurde hereingeführt. Wir waren zusammen aufgewachsen und hatten allerhand gemeinsam erlebt, also freute ich mich, ihn wiederzusehen. Er sah aus, wie ein junger Anwalt auszusehen hat. »Julius, ich habe eben im Publikum gesessen und mir die Vorstellung angesehen«, sagte Leonard.

Nach einer Einleitung wie dieser sagt man in Show-Kreisen gewöhnlich »Du warst wunderbar« oder »Ich hab mich toll amüsiert« oder »Ich hab mich wirklich kaputtgelacht über dich und deine Brüder«. Selbst eine Bemerkung wie »Die ganze Vorstellung war erbärmlich, und du warst lausig« hätte mich nicht allzu sehr gestört, aber er stand einfach nur da und sah mich irgendwie mitleidig an.

Ich war verschwitzt und müde wie die meisten Schauspieler nach dem letzten Vorhang, und sein Verhalten ging mir auf die Nerven. Als ich es nicht mehr aushielt, sagte ich: »Und? Wie hat dir die Vorstellung gefallen, Leonard?«

Er schnalzte ein paarmal und sah mich weiter an. Das heißt, er sah mich nicht direkt *an* – er sah durch mich *hindurch.* Da er noch immer nicht antwortete, hielt ich es für sinnlos, meiner Eröffnung weitere Fragen folgen zu lassen. Ich entschloß mich, die Sache anders anzugehen. »Wie ist es dir denn so ergangen?« fragte ich. »Was machst du im Moment?«

»Hast du meine Karte nicht gelesen?« begann er das Kreuzverhör. »Ich bin Anwalt.« Er reckte sich zu voller Größe auf und setzte noch einen drauf: »Ich bin Juniorpartner einer Kanzlei. Ich verdiene hundert Dollar pro Woche, und es zeichnet sich ab, daß ich nächstes Jahr hundertfünfundzwanzig kriegen werde.«

Damals betrug meine Wochengage zweitausend Dollar, aber das erzählte ich ihm nicht. Ich war finster entschlossen, ihm eine Stellungnahme über die Vorstellung zu entlocken. »Leonard«, hakte ich nach, »hast du während des ganzen Programms kein einziges Mal lachen müssen?«

Das lockte ihn endlich aus der Reserve. »Doch, Julius«, sagte er, »ich habe tatsächlich lachen müssen, sogar recht häufig. Im großen und ganzen war es ausgesprochen humorig, aber das ist nicht wichtig.«

Leicht verstimmt erwiderte ich: »Für mich ist das sogar *sehr* wichtig! Davon lebe ich.« Ich hätte hinzufügen können, »und zwar verdammt gut«, aber ich wollte nicht unhöflich sein.

»Julius«, sagte er mit Grabesstimme, »ich will ganz offen sein. Wir sind zusammen aufgewachsen, und ich habe immer große Stücke auf dich gehalten. Also sage ich dir unverblümt, was ich denke. Ich habe dich heute abend auf der Bühne gesehen. Du bist fünfunddreißig und stehst da oben und machst dich zum Narren. Zuletzt habe ich dich gesehen, als du Mitte Zwanzig warst und im Vaudeville aufgetreten bist – damals dachte ich mir nichts dabei. Aber mit ansehen zu müssen, wie ein Mann in deinem Alter auf der Bühne über Möbelstücke springt, tanzt wie ein Verrückter und Frauen auf respektloseste Weise belästigt, bricht mir das Herz. Du bist nicht auf den Kopf gefallen. Weshalb setzt du deine Fähigkeiten nicht sinnvoller ein? Du bist noch nicht zu alt, um Geschäftsmann oder Arzt zu werden – oder vielleicht sogar Anwalt. Wäre das nicht besser, als dich vor Tausenden dir völlig unbekannten Menschen zum öffentlichen Gespött zu machen?«

»Leonard«, sagte ich. »Ich kann dir gar nicht sagen, wieviel mir deine Worte bedeuten. Sobald die Spielzeit beendet ist, befolge ich deinen Rat, gebe die Schauspielerei auf und suche mir eine anständige Arbeit. Hundert Dollar wöchentlich, Mensch, das sind wirklich rosige Aussichten!«

»Tjaa –« Er verstummte nachdenklich. »Du wirst wohl kaum mit hundert Dollar wöchentlich anfangen können. Das ist nämlich viel Geld, Julius. Aber ich glaube, du hast eine Menge Fähigkeiten, und finde es unerträglich, daß du sie auf diese Art und Weise verschwendest. Denk darüber nach.«

»Ich bin ja so froh, daß du heute abend hergekommen bist und mir das erzählt hast«, sagte ich. »Unser kleines Gespräch hat mir die Augen geöffnet.« Anschließend gab ich dem Trottel die Hand, und er verschwand.

Ich begegnete ihm erst zwei Jahre später wieder. Zu diesem Zeitpunkt traten wir mit *Animal Crackers* auf. Meine Wochengage betrug inzwischen dreitausend Dollar, und wir hatten gerade einen Vertrag mit Paramount abgeschlossen, der uns für fünf Filme 1,5 Millionen bringen sollte. Zusammengenommen kam ich durch den Filmvertrag und die Gagen auf beinahe sechstausend Dollar wöchentlich. *Animal Crackers* war sogar noch erfolgreicher als *Cocoanuts.* Die Eintrittskarten waren teurer und die Gewinne größer. Ungefähr vier Monate nach der Premiere tauchte eines Abends unser Freund Mr. Dobbin auf. Wieder lieferte der Portier seine Karte in meiner Garderobe ab. Diesmal war die Schrift goldgeprägt.

Wir tauschten die üblichen Begrüßungsfloskeln aus, während ich wieder einmal dasaß und auf ein paar lobende Worte wartete. Ich hätte es besser wissen müssen. »Na, Leonard?« fragte ich, »wie hat dir das Stück gefallen?« (Ich hatte mich diesmal zu einem Frontalangriff entschlossen.) Er sah mich bekümmert an. »Julius, du enttäuschst mich. Als wir uns vor zwei Jahren trennten, hatte ich den Eindruck, du wolltest meinen Rat befolgen und die Schauspielerei aufgeben – aber heute abend habe ich im Publikum gesessen und feststellen müssen, daß du noch immer die gleichen albernen, lächerlichen Dinge tust wie damals.«

»Und? Waren wir etwa nicht komisch?« fragte ich. »Hast du nicht gehört, wie die Leute gelacht und gebrüllt haben?«

»Doch, das habe ich«, gab er zu, »und sogar mir hat eure Vorstellung das eine oder andere Kichern entlockt. Aber du bist inzwischen siebenunddreißig. Ist es dir nicht peinlich, dich in deinem Alter wie ein Verrückter aufzuführen und öffentlich zum Narren zu machen?«

Allmählich klang er wie eine kaputte Schallplatte. »Leonard«, sagte ich, »lassen wir das.« Ich wandte mich seinem Lieblingsthema zu. »Was machst du denn inzwischen so?«

»Es hat sich was getan«, sagte er strahlend. »Die Fünfundzwanzig-Dollar-Gehaltserhöhung, von der damals die Rede war, habe ich nicht bekommen. Statt dessen hat man mein Gehalt um *fünfzig* erhöht! Und«, fuhr er fort, »in absehbarer Zeit werde ich sogar zweihundert pro Woche verdienen. Stell dir vor! In meinem Alter! Zweihundert Dollar pro Woche!«

Als herzensguter Mensch brachte ich es nicht über mich, ihm von den sechstausend zu erzählen, die ich wöchentlich einsackte. Ich blieb einfach sitzen und ließ ihn weiterschwärmen. Abgesehen von einigen zusätzlichen spießigen Floskeln, hielt er mir den gleichen Vortrag wie schon zwei Jahre zuvor.

Als ihm schließlich die Spucke ausging, sagte ich: »Leonard, du hast mich überzeugt! Hiermit sage ich dem Theater Lebewohl! Einem Burschen wie dir gegenüberzustehen, einem, der in so jungen Jahren hundertfünfzig Dollar wöchentlich nach Hause bringt, führt mir die Sinnlosigkeit meines Treibens deutlich vor Augen! Du bist ein Paradebeispiel für das junge, fortschrittliche Amerika, und *Animal Crackers* wird mein theatralischer Schwanengesang sein.«

Zehn Jahre lang sah ich Leonard nicht wieder. Inzwischen liefen unsere Filme weltweit in den Kinos, hatte ich mein Geld auf drei verschiedene Banken verteilt und besaß einen Alpakamantel und zwei Cadillacs.

Es passierte am Ostersonntag auf der Fifth Avenue. Leonard Dobbin trug einen Homburg, einen dunklen, engen Anzug und einen Spazierstock und befand sich in Gesellschaft eines extrem schmuddelig wirkenden Weibes und zweier trübsinnig dreinblickender Gören. Wir begrüßten einander. Dann fing das Großmaul – feinfühlig wie eh und je – wieder von vorn an. »Ich bin bitter enttäuscht von dir, Julius. Du hattest mir doch versprochen, nicht mehr Theater zu spielen.«

Ich lächelte höflich. »Ich habe mein Versprechen gehalten, Leonard. Ich bin jetzt beim Film.«

»Tja«, erwiderte er achselzuckend, »du wirst wohl dein Leben lang ein Clown bleiben. Es ist wirklich jammerschade. Du hättest was Ordentliches werden können. Aus dir wäre bestimmt ein guter Anwalt geworden.«

Da dieses Thema nicht mehr allzu viel hergab, fragte ich: »Und wie geht's dir so, Leonard?«

Er begann zu strahlen wie ein Flipperkasten. »Du wirst es nicht für möglich halten, Julius, aber ich bin vor kurzem gleichberechtigter Partner unserer Firma geworden. Einschließlich Provisionen habe ich letztes Jahr sage und schreibe achtzehntausend Dollar verdient!«

Ich wollte ihm den Osterspaziergang nicht durch die Information vermasseln, daß ich, Film- und Theatergagen zusammengenommen, ebenfalls knapp achtzehntausend verdiente. Allerdings zweiundfünfzigmal im Jahr. Ich verabschiedete mich einfach von dem aufgeblasenen Mastgockel, seiner blassen Familie und seinem Rat und ging weiter meiner Wege.

Er wird wohl noch heute in dem Glauben leben, ich hätte es im Leben zu nichts gebracht – im Gegensatz zu ihm.

Groucho (und ich), 15 Jahre alt. Der Beau Brummell des frühen zwanzigsten Jahrhunderts, komplett ausgestattet mit Zelluloidkragen, Ansteckfliege, papiernem Knopflochsträußlein und Krawattennadel (der Stein ist ein Imitat).

Meine Großeltern am Tag ihrer goldenen Hochzeit. Wie Sie sehen, liebten sie einander nach all den Jahren noch immer – obwohl er sich weigerte, arbeiten zu gehen.

Meine Mutter im Alter von siebzehn Jahren. Eine echte Schönheit, ohne jede künstliche Verzierung.

Mein Vater, aufgedonnert, daß es kracht. Wie Sie bemerken werden, sitzt er. Das liegt daran, daß er einen Flicken auf dem Hosenboden hat.

Von links nach rechts: Ich, Harpo und ein Hund, den wir aus der Feuerwache geklaut hatten.

Sämtliche Brüder und ihre Eltern, glücklich vereint nach einer triumphalen Vorstellung. Von links nach rechts: Harpo, Chico, Vater, Zeppo, Mutter, Gummo und ich.

Victor, Colorado, das Nest, in dem ich nach meinem ersten Schritt ins Showgeschäft festsaß. Manche Stadt wird mit der Zeit zur Geisterstadt. Diese war schon immer eine.

Ich, siebzehn Jahre alt, als scharfer Windhund in New Orleans. Beachten Sie den Zehn-Cent-Stumpen. Die Zigarre und ich standen unter Dampf, aber nur ich war auf der Pirsch nach leicht erlegbaren Weibchen.

Schon wieder ich, diesmal in Great Neck auf Long Island. Ganz der vorstädtische Gutsherr mit Notsitz, Knickerbockern und Engelsgesicht.

Harpo, Gummo, Chico und ich im Palace. Mit den Kragen ließen sich Adamsäpfel hervorragend verbergen.

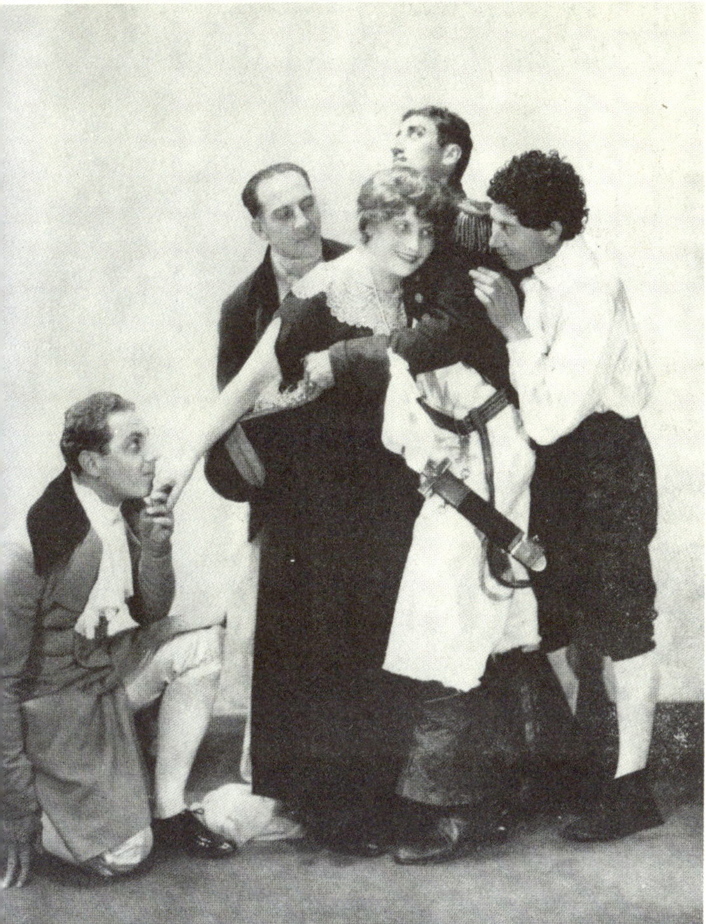

Ein fotografischer Ulk mit meiner Mutter, entstanden während unseres Engagements am Casino Theatre in New York. Sie werden bemerkt haben, daß Zeppo kniet. Er dachte, er solle würfeln.

Die Marx Brothers in »A Night In Casablanca«, dem Film, der mir vor Augen führte, daß ich kein junger Mann mehr war.

Dieses Foto erschien als Titelbild des Time-Magazine. Der Behälter, in dem wir stehen, ist nicht unser Zuhause.

Die Marx Brothers – Harpo, ich und Chico – beim tapferen Versuch, Irving Thalberg zum Lachen zu bringen.

Chico, ich und Harpo beschwören erfolgreich die Vergangenheit herauf.

Golf à la Marx Brothers. Ich, Harpo und Gummo.

Nachts in einem Nachtclub – mit meiner Frau Eden, einem rundherum feinen Kumpel. Was das bedeuten soll, überlegen Sie sich gefälligst selber.

Eden, Melinda und ich. Am Gesichtsausdruck der Dame hinter uns läßt sich unschwer ablesen, daß die Heimmannschaft gerade mächtig unter die Räder geriet.

Mr. Fenneman überreicht meiner Tochter irgendeine Trophäe. Wir wollten sie versetzen, aber sie war leider nichts wert. Der Pfandleiher nahm sie erst, als wir ihm Geld anboten.

Melinda und ich. Die zahnlose Person ist Melinda.

Familie Marx daheim. Melinda übt, wie man das Haus in Brand setzt.

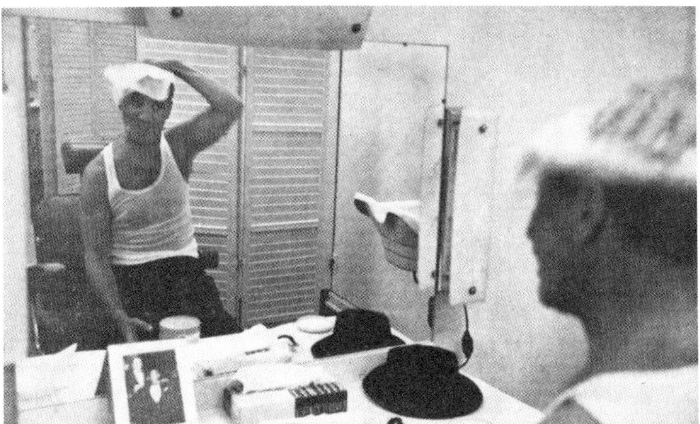

GROUCHO UND ICH. Ein gemütlicher, glücklicher (und eigentlich sehr privater) Augenblick, nach einer gelungenen Vorstellung (daher das Lächeln) in der NBC-Garderobe festgehalten.

15 Die Wirren von 1929 und meine Paraderolle dabei

Schon sehr bald galt meine ungeteilte Aufmerksamkeit (wie die des gesamten Landes) nicht mehr dem Geschäft mit der Unterhaltung, sondern einem ungleich mehr verheißenden – dem Aktienmarkt. Ich machte 1926 mit ihm Bekanntschaft. Wie ich zu meiner angenehmen Überraschung feststellte, war ich ein ziemlich geriebener Wertpapierhändler. Zumindest kam es mir so vor, denn alles, was ich kaufte, zog sofort an. Ich hatte keinen Finanzberater. Wozu auch? Man mußte nur den Finger ausstrecken und mit geschlossenen Augen irgendwo in den Markt tippen, und kaum hatte man seine Aktien gekauft, begannen sie auch schon zu klettern. Ich ließ mir nie einen Gewinn auszahlen. Es erschien mir absurd, ein Papier für dreißig zu verkaufen, wenn feststand, daß es binnen eines Jahres doppelt und dreifach soviel wert wäre.

Meine *Cocoanuts*-Gage betrug wöchentlich ungefähr zweitausend Dollar, aber das war nicht mehr als ein Taschengeld im Vergleich zu dem Batzen, den ich theoretisch an der Wall Street verdiente. Wohlgemerkt, die Vorstellungen machten mir Spaß, aber die Gage interessicrte mich nicht sonderlich. Ich ließ mich von allen Seiten mit Börsentips versorgen. Man kann es sich heutzutage kaum vorstellen, aber Vorfälle wie der nachfolgend geschilderte waren damals an der Tagesordnung.

Ich ließ mich im Bostoner Copley Plaza Hotel mit dem Fahrstuhl aufwärts befördern. Der Fahrstuhlführer erkannte mich und sagte: »Hören Sie mal, Mr. Marx, vorhin waren zwei Kerle hier drin. Ganz große Tiere. In Zweireihern und mit Nelken in den Knopflöchern. Die haben sich über die Börse unterhalten, und, Mann, ich sag Ihnen, so, wie die aussahen, wußten die Bescheid. Die dachten natürlich nicht, daß ich zuhöre, aber wenn ich Fahrstuhl fahre, halte ich immer die Ohren offen. Ich will doch nicht mein Leben lang diese Kisten rauf- und runterschieben! Jedenfalls«, fuhr er fort, »hat der eine zu dem anderen gesagt: ›Steck alles Geld, was du flüssigmachen kannst, in *United Corporation*.‹«

»Und wie heißt die Aktie?« fragte ich.

Er sah mich vernichtend an. »Wasnlos mit dir, Bruder? Hast du's mit den Ohren? Hab ich dir doch gerade *erzählt.* United Corporation hat er gesagt.«

Ich drückte ihm fünf Dollar in die Hand, eilte in Harpos Zimmer und setzte meinen Bruder unverzüglich von der potentiellen Goldmine in Kenntnis, über die ich im Fahrstuhl gestolpert war. Harpo beendete gerade sein Frühstück und trug noch immer seinen Morgenmantel.

»Unten im Foyer ist ein Brokerbüro«, sagte er. »Warte, ich ziehe mich schnell an, dann gehen wir hin und schnappen uns die Aktien, bevor sich die Geschichte rumspricht.«

»Bist du wahnsinnig, Mensch?« erwiderte ich. »Bis du dich angezogen hast, sind die Dinger vielleicht schon um zehn Punkte gestiegen!« Und so rasten wir, ich im Straßenanzug und Harpo im Morgenmantel, quer durchs Foyer ins Büro des Börsenmaklers und rissen United-Corporation-Aktien im Wert von hundertsechzigtausend Dollar bei fünfundzwanzigprozentiger Marge an uns.

Falls Sie zu den paar Glücklichen gehören, die 1929 nicht ruiniert wurden und nichts von Börsengeschäften verstehen, lassen Sie mich kurz erklären, was eine fünfundzwanzigprozentige Marge ist. Wenn man beispielsweise Aktien im Wert von achtzigtausend Dollar kaufte, brauchte man lediglich zwanzigtausend Dollar bar auf den Tisch zu legen. Den restlichen Betrag blieb man dem Broker schuldig. Es war also besserer Diebstahl.

Eines Mittwochabends traf Chico am Broadway einen Wall-Street-Informanten, der ihm zuflüsterte: »Chico, ich komme gerade von der Börse, und da redet man von nichts anderem mehr als von *Anaconda Copper* – Kupferaktien. Die Anteile werden momentan für hundertachtunddreißig gehandelt, sollen aber auf fünfhundert klettern! Greif zu, solange es noch geht! Die Quelle ist zuverlässig – der Tip ist todsicher!«

Chico, schon immer ein Freund todsicherer Tips, eilte mit der Nachricht von der neuen Goldgrube sofort ins Theater. Wir zögerten den Beginn unserer Nachmittagsvorstellung eine halbe Stunde hinaus, bis unser Broker uns endlich versicherte, wir seien glückliche Besitzer von sechshundert Anteilen. Wir waren außer uns vor Begeisterung! Chico, Harpo und mir gehörten je zweihundert dieser absolut narren- und mündelsicheren Wertpapiere! Sogar der Börsenmakler gratulierte uns. »Es kommt nicht allzu häufig vor«, sagte er, »daß jemand bei einer Firma wie Anaconda von Anfang an dabei ist.«

Der Markt schaukelte sich immer höher und höher empor. Wenn wir auf Tournee waren, informierte mich der Regisseur Max Gordon allmorgendlich per Ferngespräch über die New Yorker Börsennotierungen und prognostizierte die weitere Entwicklung. Seine Voraussage blieb immer gleich. Sie lautete Tag für Tag: »Steigend, steigend, steigend«. Bis zu diesem Zeitpunkt hatte ich nicht gewußt, daß man reich werden konnte, ohne zu arbeiten.

Eines Morgens rief Max mich an und riet mir zum Kauf von Auburn-Aktien. Auburn stellte Autos her und existiert inzwischen nicht mehr. »Marx«, sagte er, »das Ding ist ein Renner. Die Aktien werden losspringen wie ein Känguruh. Steig ein, bevor es zu spät ist.« Nach kurzem Schweigen fügte er hinzu: »Sag mal, warum läßt du eigentlich *Cocoanuts* nicht sausen und pfeifst auf die lausigen zweitausend, die du da kassierst? Das ist doch Kleingeld. So, wie du deine Finanzen im Griff hast, würdest du als Börsenmakler in einer Stunde bestimmt mehr verdienen als jetzt mit deinen acht mühseligen Broadway-Vorstellungen wöchentlich.«

»Max«, erwiderte ich, »das ist unbestreitbar ein guter Rat. Aber du darfst nicht vergessen, daß ich bestimmte Verpflichtungen Kaufman, Ryskind und meinem Produzenten Sam Harris gegenüber habe.«

Zu diesem Zeitpunkt wußte ich noch nicht, daß auch Kaufman, Ryskind, Berlin und Harris per Marge einkauften und schließlich von ihren Finanzberatern ruiniert werden sollten. (Endlich mal ein Scherz auf *ihre* Kosten.) Jedenfalls setzte ich mich auf den Rat von Max hin mit meinem Broker in Verbindung und beauftragte ihn, mir fünfhundert Aktien der Auburn Motor Company zu beschaffen.

Einige Wochen darauf schlenderte ich mit Mr. Gordon über den Golfplatz des Country Club. In unseren Mundwinkeln steckten dicke, teure Havannas. Die Welt war in bester Ordnung, und der Himmel hing voller Geigen (und Dollarzeichen). Am Vortag war Auburn um achtunddreißig Punkte geklettert. Ich wandte mich an meinen Golfpartner und sagte: »Max, wie lange geht das jetzt schon so?«

Max antwortete mit einer Al-Jolson-Zeile: *»Brother: you ain't seen nothing yet* – das war doch noch gar nichts!«

Das verblüffendste an der Marktsituation im Jahr 1929 war, daß nie jemand seine Anteile abstieß. Die Leute kauften und kauften und kauften. Eines Tages sprach ich meinen Broker in Great Neck ganz zaghaft auf dieses Phänomen an. »Ich verstehe nicht viel von der Börse«, begann ich kleinlaut, »aber aus welchem Grund steigen diese Aktien eigentlich immer weiter? Sollte der Preis einer Aktie nicht in irgendeiner Beziehung zu den Gewinnen oder Dividenden der betreffenden Firma stehen?«

Er sah über meinen Kopf hinweg und begrüßte nickend ein neues Opfer, das gerade sein Büro betrat. »Mr. Marx«, sagte er, »Sie müssen noch eine Menge über den Aktienmarkt lernen. Mit dem, was Sie alles nicht über Wertpapiere wissen, könnte man Bücher füllen.«

»Jetzt hören Sie mal zu, mein Bester«, entgegnete ich, »ich bin hergekommen, um mich beraten zu lassen. Wenn Sie Ihre Zunge nicht im Zaum halten können, wird man sich anderswo um meine Geschäfte kümmern! Also, was wollten Sie gerade sagen?«

Gründlich gerügt und ordentlich eingeschüchtert, antwortete er: »Mr. Marx, Ihnen ist unter Umständen nicht bewußt, daß wir es nicht mehr mit einem Binnenmarkt zu tun haben. Wir bewegen uns auf dem Weltmarkt. Wir bekommen Kaufaufträge aus allen europäischen Ländern, aus Südamerika und sogar aus dem Orient. Gerade heute morgen haben wir für einen indischen Kunden tausend *Crane-Plumbing*-Anteile gekauft – Sanitäranlagen.«

Etwas skeptisch fragte ich: »Halten Sie das für eine gute Geldanlage?«

»Gibt keine bessere«, erwiderte er. »Wenn es auf dieser Welt etwas gibt, das jeder Mensch dringend benötigt, dann sind es Sanitäranlagen.« (Mir fielen noch einige andere Dinge ein, nur war ich nicht sicher, ob die an der Börse gehandelt wurden.)

»Das ist doch lächerlich«, sagte ich, »ich kenne zwar keine Inder, aber einige meiner indianischen Freunde in South Dakota haben überhaupt keine Sanitäranlagen.« Ich lachte herzlich über meinen kleinen Geistesblitz. Mein Broker lachte nicht. Also fuhr ich fort: »Na schön, Sie bekommen also Aufträge aus Indien, *Crane-Plumbing* zu kaufen... Hmmm. Wenn jemand aus dem hintersten Hindustan Sanitäranlagen bestellt, muß ein großes Geschäft dahinterstecken. Besorgen Sie mir zweihundert Anteile. Ach, nein, besser gleich dreihundert.«

Während die Marktpreise weiter himmelwärts schnellten, wurde ich allmählich nervös. Mein bißchen Urteilsvermögen riet mir, den ganzen Kram möglichst schnell zu verkaufen, nur war ich leider genauso gierig wie all die anderen Trottel um mich herum. Es ging mir gegen den Strich, Aktien abzustoßen, die binnen weniger Monate das Doppelte wert wären.

In letzter Zeit lese ich häufiger Zeitungsberichte über Theaterbesucher, die verärgert sind, weil sie rund hundert Dollar für zwei My-Fair-Lady-Eintrittskarten bezahlen mußten. Ich persönlich finde, das Stück ist den Hunderter wert, aber das nur am Rande. Mich selbst hat es einmal achtunddreißigtausend Dollar gekostet, Eddie Cantor im Palace auftreten zu sehen.

Wie jeder weiß, ist Eddie ein prima Komiker. Sogar er selbst gibt das gern (und schnell) zu. Damals trat er mit einem wunderbaren Programm auf. Er sang »Margie«, »Now's the Time to Fall in Love« und »If You Knew Susie«. Er brachte das Publikum mit seinen zeitkritischen Scherzen zum Brüllen und stimmte zum krönenden Abschluß auch noch »Whoopee« an. Kurz, er war das, was der Volksmund als »Knüller« bezeichnet. Er besaß jenes magnetische Etwas, das einen großen Star von all den ewigen Schmierenkomödianten unterscheidet.

Cantor und ich waren Nachbarn in Great Neck. Da wir zudem alte Freunde waren, besuchte ich ihn nach der Vorstellung hinter der Bühne. Eddie läßt selten jemanden zu Wort kommen, und ehe ich ihn für seinen erstklassigen Auftritt gebührend loben konnte, hatte er mich schon in seine Garderobe gezerrt, schnell die Tür zugedrückt, sich mit einem raschen Blick durch den leeren Raum vergewissert, daß niemand zuhörte, und gesagt: »Groucho, ich liebe dich!« An dieser Begrüßung war nichts Ungewöhnliches. So redet man in der Unterhaltungsbranche eben miteinander.

Einem ungeschriebenen Theatergesetz zufolge ist beim Zusammentreffen zweier Personen (Schauspieler und Schauspielerin, Schauspielerin und Schauspielerin, Schauspieler und Schauspieler oder andere Geschlechtskombinationen respektive -abweichungen) jede unter normalen Menschen gebräuchliche Begrüßungsform tunlichst zu meiden. Statt dessen hat man einander mit Kosenamen zu bombardieren, die in allen anderen Gesellschaftskreisen lediglich nur im Schlafzimmer Verwendung finden.

»Na, Schätzchen«, fuhr Cantor fort, »wie hat's dir gefallen?«

Ich sah mich suchend nach dem hübschen Mädchen um, mit dem er offenbar sprach. Leider war keins da, also mußte er mich meinen. »Eddie, mein Goldstück«, erwiderte ich aufrichtig begeistert, »du warst *superb!*« Ich wollte ihn gerade mit weiteren Blumengebinden überhäufen, da musterte er mich plötzlich mit großen, glänzenden Augen, breitete seine Hände auf meinem Brustkorb aus und sagte: »Schnuckelchen, hast du eigentlich *Goldman-Sachs*?«

»Herzchen«, erwiderte ich (was der konnte, konnte ich nämlich schon lange), »ich habe nicht nur keine, ich weiß noch nicht mal, wovon du redest. Was sind *Goldman-Sachs*? Blasinstrumente?«

Er packte mich an beiden Rockaufschlägen und riß mich fast um. Für Sekundenbruchteile dachte ich, er wolle mich küssen. »Du willst doch wohl nicht sagen, du hättest noch nie von Goldman-Sachs gehört!« sagte er ungläubig. »Immerhin ist das die sagenhafteste Anlage und die beste Holding-Gesellschaft, die man im Moment kriegen kann!«

Dann sah er auf seine Uhr und sagte: »Hmmm. Heute wird das nichts mehr. Die Börse ist schon geschlossen. Aber morgen früh, Süßer, schnappst du dir als allererstes deinen Hut, saust zu deinem Broker und reißt dir zweihundert Goldman-Sachs-Anteile unter den Nagel. Ich glaube, heute war der Schlußkurs 156... und für 156 sind die Dinger wirklich *geschenkt.*« Anschließend tätschelte Eddie meine Wange, ich tätschelte seine, und wir gingen wieder unserer Wege.

Mensch! Was für ein Glück, daß ich Cantor hinter der

Bühne besucht hatte! Gar nicht auszudenken, was mir durch die Lappen gegangen wäre, hätte ich jene Nachmittagsvorstellung im *Palace* versäumt. Am nächsten Morgen raste ich noch vor dem Frühstück los und erreichte das Büro meines Brokers rechtzeitig zum Börsenbeginn. Ich klatschte fünfundzwanzig Prozent der erforderlichen achtunddreißigtausend Dollar auf den Tisch und wurde so zum glücklichen Besitzer von zweihundert Aktien der großartigsten amerikanischen Holding-Gesellschaft *Goldman-Sachs.*

Inzwischen verbrachte ich die Vormittage damit, im Büro meines Brokers zu sitzen und eine große Wandtafel anzustarren, die von mir völlig unbegreiflichen Symbolen nur so wimmelte. Wer nicht zeitig erschien, fand drinnen keinen Platz mehr. Manche großen Broker hatten damals mehr Zuschauer als die Shows am Broadway.

Fast alle meine Bekannten schienen an der Börse zu spekulieren. Die meisten Gespräche kreisten allein um die Frage, wieviel Soundso letzte Woche wieder abgestaubt hatte oder welche Aktie demnächst wieder doppelt und dreifach gesplittet würde. Ob Klempner, Eismann, Metzger oder Bäcker, alle lechzten nach Reichtum und butterten ihre kümmerlichen Gehälter – und oft auch ihre Lebensversicherungen – in die Börse. Hin und wieder geriet der Markt ins Stocken, schüttelte die drohende Baisse und allen gesunden Menschenverstand aber jedesmal wieder ab und setzte seinen stetigen Aufwärtstrend fort.

Gelegentlich meldeten sich weitsichtige Finanzexperten öffentlich zu Wort, verkündeten besorgt, die Preise der Wertpapiere stünden in keinem Verhältnis mehr zu deren tatsächlichem Wert, und erinnerten daran, daß alles, was steige, auch wieder fallen müsse. Kaum jemand beachtete diese albernen Konservativen und ihre dummen Unkenrufe. Selbst Barney Baruch, der Sokrates des Central Park und größte Finanz-Zauberer der amerikanischen Geschichte, warnte vernehmlich. An den genauen Wortlaut kann ich mich nicht erinnern, aber sinngemäß schrieb er: »Wenn die Börse Schlagzeilen macht, ist es Zeit, die Kurve zu kratzen.«

Den 49er Goldrausch habe ich nicht erlebt. Den von 1849, meine ich. Aber die Stimmung damals muß ähnlich fiebrig gewesen sein wie 1929. Präsident Hoover war beim Angeln, und die übrigen Regierungsvertreter schienen überhaupt nicht zu bemerken, was vor sich ging. Vielleicht hätten sie durch größeres Interesse etwas ausrichten können – so, wie die Dinge lagen, sprang der Markt jedenfalls weiter fröhlich auf seinen sicheren Untergang zu.

Eines denkwürdigen Tages begann der Markt zu schwanken. Einige der nervöseren Anleger bekamen kalte Füße und fingen an, ihre Papiere abzustoßen. Heute, dreißig Jahre danach, erinnere ich mich nicht mehr an den genauen Ablauf der über uns hereinbrechenden Katastrophe, aber kaum zeigten sich erste Anzeichen von Panik, war der Verkaufswille aller plötzlich ebenso groß wie die Kaufwut zu Beginn der Aufwärtsbewegung. Anfangs wurde noch geregelt verkauft, aber sehr bald wich alles Urteilsvermögen nackter Angst, und um zu retten, was noch zu retten war, warfen alle ihre Aktien den auf Baisse spekulierenden Börsenhaien in den Rachen.

Auch die Broker bekamen Fracksausen und kreischten nach zusätzlicher Deckung. Da die meisten ihrer Kunden pleite waren, konnten die Broker allerdings lange kreischen und gingen zügig dazu über, ihre Aktien zu Schleuderpreisen abzustoßen. Ich gehörte zu den Dümmeren. Leider hatte ich nämlich noch Geld auf der Bank und schrieb, da ich meine Anteile nicht verlieren wollte, fieberhaft Schecks aus, um die zügig dahinschmelzenden Margen zu decken. Eines denkwürdigen Dienstags warf die Börse schließlich das Handtuch und brach zusammen. Und das Handtuch kam gerade recht, denn inzwischen weinte das ganze Land.

Einige meiner Bekannten verloren Millionen. Ich hatte mehr Glück. Ich verlor bloß zweihundertvierzigtausend Dollar (beziehungsweise hundertzwanzig Arbeitswochen à Zweitausend). Ich hätte noch mehr verloren, hätte ich mehr gehabt. Am Tag des endgültigen, alles erschütternden Zusammenbruchs rief mich mein Freund und gelegentlicher Finanzberater, der mit allen Wassern gewaschene Geschäftsmann Max Gordon, aus New York an. Er ließ eine aus nur fünf Wörtern bestehende Bemerkung vom Stapel, die man meiner Ansicht nach zukünftig in einem Atemzug mit den denkwürdigsten Aussprüchen der amerikanischen Geschichte nennen wird; unvergänglichen Zitaten wie »Gebt das Schiff nicht auf«, »Schießt nicht, ehe ihr das Weiße in ihren Augen seht«, »Gebt mir Freiheit, oder gebt mir den Tod!« und »Nur ein einziges Leben kann ich meinem Vaterlande opfern«. Verglichen mit Max' bemerkenswertem Ausspruch verblassen diese Sätze fast zur Bedeutungslosigkeit. Ein Schwätzer war er nie gewesen, aber diesmal verzichtete er sogar auf das traditionelle »Hallo«. Er sagte lediglich: »Marx, der Ofen ist aus!« Und ehe ich antworten konnte, hatte er bereits wieder aufgelegt.

Hunderte Börsenanalytiker haben einen ganzen Haufen Gewäsch zu diesem Thema niedergeschrieben, aber keiner von ihnen hat den ganzen Scherbenhaufen so prägnant zusammengefaßt wie mein Freund Mr. Gordon. Mit diesen vier Worten hatte er alles gesagt. Der Ofen war wirklich aus. Und wie. Ich glaube, nur das tröstliche Wissen, daß all meine Freunde im gleichen Boot saßen wie ich, gab mir die Kraft zum Weiterleben. Jedes geteilte Leid ist halbes Leid, auch finanzielles.

Hätte mein Broker mich gleich ausbezahlt, als meine Aktien abzusacken begannen, wäre ich mit einem ansehnlichen Vermögen davongekommen. Da ich mir jedoch keinen weiteren Kursverfall vorstellen konnte, begann ich Kredite aufzunehmen, um die zügig schwindenden Margen zu decken. Die *Anaconda-Copper*-Anteile (Sie erinnern sich? Für die hatten wir unsere Vorstellung eine halbe Stunde hinausgezögert) schmolzen dahin wie Schnee auf dem Kilimandscharo (daß mir bloß keiner glaubt, ich hätte meinen Hemingway nicht gelesen) und fielen am Ende bis auf $2^7/_8$ Punkte. *United Corporation,* der tolle Tip des Bostoner Fahrstuhlführers, blieb bei $3^1/_2$ stehen. Gekauft hatten wir sie für 60. Cantors *Palace*-Auftritt war fabelhaft gewesen und mindestens so wertvoll wie jede Broadway-Vorstellung. Aber *Goldman-Sachs* für hundertsechsundfünfzig Dollar? Eddie-Schätzchen, wie konntest du? Als die Preise endlich den Keller erreicht hatten, hätte man zugreifen müssen! Bei diesen Preisen – einem Dollar pro Stück!

16 Alpträume meiner schlaflosen Nächte

Obwohl ich mit leeren Händen dastand, hatte die Pleite mir etwas eingebracht. Für meine zweihundertvierzigtausend Dollar bekam ich galoppierende Schlaflosigkeit, und sehr bald lösten in meinem Bekanntenkreis Gespräche über dieses Thema die Gespräche über Börsennotierungen ab.

Erst zu diesem Zeitpunkt wurde mir bewußt, wie viele Menschen sich für Schlaflosigkeit interessieren. Kommt man bei einer Feier auf Baseball, Politik oder die gestiegenen Ananaspreise zu sprechen, verdrücken sich die meisten der anwesenden Damen sofort zur Bar und genehmigen sich noch ein paar. Kreisen die Gespräche hingegen um Gesichtsbehandlungen, Salatsaucen oder die Frage, ob die neuen Röcke einen Schlitz oder zwei haben werden, beginnen die meisten der anwesenden Männer, Münzen zu schnippen oder mit der dänischen Dogge des Gastgebers (beziehungsweise seiner Frau) zu balgen. Wenn aber nach dem Börsenkrach jemand stöhnte, er oder sie habe letzte Nacht kein Auge zugetan, kamen Gäste, die vorher stundenlang im Halbschlaf dagesessen hatten, plötzlich wieder zu sich und lauschten des Opfers detaillierter Schilderung der endlosen nächtlichen Qual mit offenen Ohren und blutunterlaufenen Augen.

Ich habe nie den Anspruch erhoben, Primus dieses kauzigen Menschenschlages zu sein, bin jedoch im Laufe meiner professionellen Eulentätigkeit seit 1929 in den Besitz etlicher nützlicher Informationen gelangt – nützlich jedenfalls für Anfänger, die erst seit neun oder zehn Jahren hilflos an ihren Heizdecken zerren. Schön, dann legen Sie sich mal hin und erzählen von Ihren Problemen, ja? Zuerst müssen wir klären, was Ihnen zu schaffen macht. Ihre Steuerklasse? Etwas so Banales wie die Wasserstoffbombe? Oder etwas Wichtiges wie der undichte Wasserhahn, der den ganzen Tag keinen Laut von sich gibt und sonderbarerweise immer gegen drei Uhr morgens zu tropfen beginnt?

Man muß sich im klaren darüber sein, daß nicht alle Schlaflosen unter demselben Fluch leiden – was den einen kuriert, ist für den anderen Gift. Wie steht's mit dem Bett, in dem Sie sich wälzen? Liegen Sie auf einer weichen Matratze, auf einer orthopädischen oder wie ein Fakir auf nackten Sprungfedern? Viele Ärzte raten, man solle auf dem Fußboden schlafen, falls man spät abends blau beziehungsweise, medizinisch ausgedrückt, »sternhagelvoll« nach Hause kommt. Ich hingegen rate Ihnen, auf die Ärzte zu pfeifen und auf dem Fußboden zu schlafen, wenn Sie *nüchtern* sind. Dies empfiehlt sich aus mehreren Gründen. Zum einen entfallen die Kosten für ein Bett. Das auf diese Weise eingesparte Geld kann man für ein neuerliches Besäufnis verwenden. Darüber hinaus besteht beim Schlafen auf dem Boden keine Sturzgefahr – solange man nicht zufällig neben einem offenen Gully schläft.

Der Schlaf ist ein schwer faßbares, schreckhaftes kleines Biest, das sich nur mit größter Vorsicht erhaschen läßt. Jagt man ihm allzu verbissen nach, schlägt es sich in die Büsche wie ein Rehkitz und verschwindet auf Nimmerwiedersehen.

Eine meiner ehemaligen Freundinnen, eine gewisse Hornblower (die wir im folgenden, um Unannehmlichkeiten zu vermeiden, Delaney nennen wollen), war mit einem Mann verheiratet, der seit den Flitterwochen nicht mehr geschlafen hatte. Das heißt, seit den zweiten Flitterwochen. Die ersten hatte er von Anfang bis Ende verschlafen. Seine Frau war ihm eine verhältnismäßig treue Gefährtin und suchte den Schlaf zu locken, indem sie ihren Mann hypnotisierte, ihm die Füße kitzelte und ihm laut aus Wirtschaftsmagazinen und einer auf dem Index stehenden Zusammenfassung sämtlicher Stellungen der *French and Indian Wars* vorlas. Da allerdings keines dieser Schlafmittel Wirkung zeigte, grollte er eines Nachts, sie solle sich um ihren eigenen Kram kümmern und ihn das Problem auf seine Weise lösen lassen.

Als ich eines Abends mit seiner Frau Whist spielte, begann Delaney (geborener Hornblower) in meiner Gegenwart mit den Vorbereitungen fürs Zubettgehen. An bewußtem Abend hatte er sich für die Variante L-2 entschieden: heiße Nudelsuppe, Senfbad, drei Aspirin, Ohrenschützer und schwarze Schlafmaske. Früh am nächsten Morgen taumelte er ins Wohnzimmer zurück, bleich und verzweifelt nach einer wie üblich schlaflosen Nacht und erkennbar dem Selbstmord nahe. Seine Frau und ich hatten das langweilige Whistspielen schon Stunden zuvor aufgegeben und spielten inzwischen etwas anderes. Delaney und sein Problem hatten wir begreiflicherweise völlig vergessen, und als er, noch immer mit Ohrenschützern und schwarzer Maske angetan, gegen fünf Uhr das Zimmer betrat, hielt ich ihn irrtümlich für einen Einbrecher und machte mich überstürzt und völlig würdelos über den Hinterhof davon.

Einige Wochen später traf ich Mrs. Delaney zufällig in einem extravaganten Bistro wieder und erkundigte mich natürlich nach ihrem Gatten und seiner Schlaflosigkeit. Sie erzählte mir, er habe seit jener Nacht mit dem Einschlafen keine Probleme mehr. Die Heilung war erstaunlich einfach gewesen. Er schlief jetzt nicht mehr im Schlafzimmer, sondern auf der Couch im Wohnzimmer. Seine Frau und ich spielten nie wieder Whist miteinander. Die Schlaflosigkeit hingegen blieb mir erhalten.

Viele Menschen finden Schlaf, indem sie Schäfchen zählen. Es empfiehlt sich hierbei, die Schafe möglichst im Schlafzimmer zu halten. Wer das Pech hat, allergisch auf Wolle zu reagieren, kann den Schlaf natürlich ebensogut locken, indem er Panther zählt. Dabei besteht zwar die Gefahr, von den Panthern gefressen zu werden, aber wenn man an Schlaflosigkeit leidet, kann einem sowieso nichts Besseres passieren.

Bisher haben wir lediglich die physische beziehungsweise weniger ästhetische Seite des Schlafens erwähnt. Wie aber steht es mit Ihrem Geisteszustand; wie gut sind Sie gegen seelische Erschütterungen gewappnet? Was schießt Ihnen durch den Dickschädel, wenn Sie in die Heia gehen wollen? Dreht sich in Ihrem Kopf alles? Schlägt Ihr Verstand Funken und düst ungebremst in den luftleeren Raum?

Falls Sie verheiratet sind und Ihr Gegenüber beim Frühstück aussieht wie ein kleiner, grüner Gast von einem anderen Planeten, sehen Sie sich fraglos mit einem ernstzunehmenden Problem konfrontiert. Nehmen wir nun mal an, Ihre Traumfrau sei Sophia Loren (hierbei handelt es sich um eine rein hypothetische Annahme, denn meine persönliche Traumfrau ist eine Kombination aus Sophia Loren, Marilyn Monroe und Ava Gardner. Aber dem lieben Seelenfrieden zuliebe wollen wir annehmen, es sei allein Sophia Loren). Daran ist absolut nichts auszusetzen. Millionen gute, aufrechte amerikanische Jugendliche denken Tag und Nacht an nichts anderes als an Sophia Loren. So. Und bevor Sie sich jetzt aufs Ohr hauen, schlagen Sie sich diesen Blödsinn aus dem Kopf und sagen sich, »Kerl« oder »Julius« oder wie immer Sie auch heißen mögen: »Paß auf, Kerl (oder Julius), ich muß mal ein ernstes Wörtchen mit dir reden. Du bist mit einer treuen Frau verheiratet, die dich bestens versorgt, also bleib sauber, Kerl, bleib sauber!«

Wenn das nicht hilft, nehmen Sie ein heißes Fußbad, trinken drei Tassen heiße Schokolade, springen im frühen Morgengrauen aus dem Bett und zischen mit der nächsten Maschine nach Las Vegas, Reno oder Mexiko City.

Ein weiteres Hindernis für Schlafsuchende ist die lästige Angewohnheit, über vergangene Fehler nachzusinnen. Hierbei handelt es sich um eine bestenfalls fruchtlose Freizeitbeschäftigung, sofern man nicht zufällig zu jenen Figuren zählt, die sich vor dem Zubettgehen eine Wassermelone unter den Arm klemmen. Eine kleinere Katastrophe, die sich 1928 während der *Animal-Crackers*-Aufführungen ereignet hatte, versetzte mich in die Lage, eine recht ansehnliche Reihe von Nächten gründlich zu zergrübeln.

Als ich eines Abends gerade meinen schwarzen Schnurrbart auftrug, drückte mir der Bühnenportier eine Karte in die Hand und sagte: »Draußen ist ein Mr. Evans. Er möchte Sie sprechen. Sagt, es sei dringend.«

Als argwöhnischer Mensch fragte ich: »Stellt er Vorladungen zu? Oder verkauft er Versicherungen? Worum geht's denn?«

Der Portier zuckte die Achseln. »Da bin ich überfragt. Ich weiß nur, daß er nach Bargeld aussieht. Hat einen teuren Anzug an und trägt einen Stock.«

Das klang nicht nach jemandem, der mich anpumpen wollte, also sagte ich: »Gut, schicken Sie ihn rein.«

Er kam herein, und ich taxierte ihn sofort: Eliteuniversität mit einem abrundenden Schuß Großkapital. Wir begrüßten einander, dann kam er ohne Umschweife zur Sache.

»Mr. Marx«, begann er, »Sie gehören unbestreitbar zu den bekanntesten Zigarrenrauchern der ganzen Welt.«

Ich nahm dieses wohlverdiente Kompliment würdevoll entgegen, und er fuhr fort. »Die Werbeagentur, die ich vertrete, betreut den größten Zigaretten-Etat des Landes. Sollten Sie sich bereitfinden, unsere Marke zu unterstützen, zahlen wir Ihnen fünfzehnhundert Dollar. Scheck und Vertrag habe ich gleich mitgebracht.«

Mr. Evans ließ eine bedeutungsvolle Pause entstehen und gab dann den Namen seines Auftraggebers preis – es handelte sich tatsächlich um die damals bekannteste amerikanische Zigarettenmarke. Inzwischen haben Sie genug von diesem Firlefanz gelesen, um sich den Namen denken zu können. Ja, es war keine andere als die weltbekannte Marke – Delaney-Zigaretten!

»Mr. Evans«, sagte ich, »ich fände es würdelos und illoyal, für fünfzehnhundert Dollar meine treue Ergebenheit einer Branche gegenüber aufzugeben, der ich hin und wieder eigenhändig aus tiefsten, verworrensten Finanzkrisen geholfen habe. Es trifft unbestreitbar zu, daß ich zu den berühmtesten Zigarrenrauchern der Welt zähle. Vielleicht bin ich sogar der berühmteste. Und aus genau diesem Grund hielte ich es für schändlichsten Verrat allen Herstellern von Havanna-Zigarren gegenüber, etwas so Schäbiges wie eine Zigarette anzupreisen.«

Mitten in diesem schwülstigen Vortrag fiel mir auf, daß er vollkommen nichtssagend war. Zum Glück überhörte der Reklamefritze den ganzen Quatsch und sagte: »Na schön. Ließe dieses Gefühl der Untreue vielleicht nach, wenn wir Ihnen statt fünfzehnhundert zweitausendfünfhundert zahlten?«

Ich schüttelte den Kopf. Inzwischen war ich ziemlich wütend. »Mr. Evans, meine Integrität ist grenzenlos. Sie ist nicht mit etwas so Gewöhnlichem wie Geld aufzuwiegen. Sie reicht weit, weit über zweitausendfünfhundert Dollar hinaus. Zu den wenigen festen Größen im Leben eines Menschen«, fuhr ich fort, »sollten ein guter Ruf und strikte Unbestechlichkeit gehören. Ich habe nicht die Absicht, dies für lumpige zweitausendfünfhundert Dollar zu opfern! Wenn Sie mich jetzt also bitte entschuldigen würden, ich muß gleich auf die Bühne.«

Mr. Evans ignorierte dieses grandiose Geseire und fuhr fort, als hätte er nichts gehört.

»Angenommen, Mr. Marx«, säuselte er verschlagen, »ich wäre bereit, Ihnen statt der zweitausendfünfhundert Dollar einen Scheck über fünftausend auszustellen. Wären Sie dann bereit, für unsere Delaneys zu werben?«

Die Erwähnung von fünftausend Dollar brachte meine Integrität ein ganz klein wenig ins Wanken. Fünftausend waren eine Menge Zaster. Ich wäre der Versuchung gern erlegen, aber nach meinem aufgeblasenen Vortrag blieb mir gar nichts anderes übrig, als Haltung zu bewahren.

Der beflissene Mr. Evans ließ nicht locker. »Fünftausend Dollar sind eine ganz schöne Summe, Mr. Marx. Für so viel Geld könnten Sie sich zwei Cadillacs kaufen.«

»Mr. Evans«, entgegnete ich von sehr weit oben herab, »ich *besitze* bereits zwei Cadillacs. Was sollte ich wohl mit vieren anfangen?«

»Hmmmm«, machte er. »Na ja, Sie könnten Ihren beiden Brüdern je einen schenken.«

Ich richtete mich zu voller Größe auf und verkündete: »*Jeder* von uns Brüdern besitzt zwei Cadillacs.«

»Also gut«, sagte er abwinkend, »vergessen wir die Wagen. Ich muß schon sagen, mit Ihnen kommt man nicht leicht ins Geschäft. Geld scheint Sie ja offenbar nicht zu interessieren.« (Ich wollte schon sagen: »Das denken aber auch nur Sie!« riß mich jedoch gerade noch rechtzeitig am Riemen.) »Ich werde Ihnen jetzt ein weiteres Angebot machen – und zwar mein letztes. Ich zahle Ihnen siebentausendfünfhundert Dollar, wenn Sie Ihren Namen unter dieses Blatt Papier setzen und sich bereit erklären, für Delaney-Zigaretten zu werben.«

Als er »siebentausendfünfhundert« sagte, wurde ich schwach. Mein chronisch niedriger Blutdruck schoß auf fast normale Werte hoch, und der Raum begann sich zu drehen. Während Redlichkeit nackter Gier wich, stahl ich mich vorsichtig zur Garderobentür und schloß ab, damit Evans keinesfalls flüchten konnte. Ich drehte mich um und sah ihm direkt in die Augen. »Bevor ich unterschreibe – das ist wirklich Ihr allerletztes Wort, ja?«

»Und ob!« sagte er. »Siebentausendfünfhundert Dollar sind eine Menge Geld – ganz besonders, wenn man nicht dafür arbeiten muß.«

»Na schön. Her mit dem Vertrag.« Ich unterschrieb hastig, und Evans überreichte mir einen bereits unterzeichneten Scheck über siebentausendfünfhundert Dollar, ausgestellt auf Mr. Groucho Marx. Das verwirrte mich. Wie hatte er wissen können, daß ich die Angebote über fünfzehnhundert, zweitausendfünfhundert und fünftausend ablehnen und erst bei siebentausendfünfhundert unterzeichnen würde? Ich steckte den Scheck rasch ein, gab Evans die Hand und geleitete ihn zur Tür. Bevor er sich endgültig verabschiedete, griff er in seine Jackentasche und zog einen weiteren Scheck heraus. Er zeigte ihn mir. Es war ein auf Mr. Groucho Marx ausgestellter Scheck über zehntausend Dollar. Ich werde nie vergessen, mit welchen Worten Evans diesen Scheck in Stücke riß. Er sagte: »Hätten Sie noch ein klein wenig länger durchgehalten, Mr. Marx, hätten Sie zehn gekriegt.«

An jenem Abend war ich auf der Bühne nicht besonders komisch.

17 Was inzwischen auf der Ranch geschah

Dieses Kapitel ist all jenen Lesern respektlos gewidmet, denen eine Autobiographie unbefriedigend erscheint, solange der Autor nicht hin und wieder eine Handvoll grundlegender statistischer Informationen einstreut. Außerdem hat mein zudringlicher Lektor mich dazu gezwungen. Er behauptet steif und fest, er könne das Buch nicht als Autobiographie ankündigen, wenn ich darin nichts von mir erzähle. Offen gestanden kenne ich pikantere Themen.

In der zweiten Hälfte der Zwanziger war ich, falls es jemand wissen will, männlichen Geschlechts, einen Meter dreiundsiebzig groß, hatte schwarze, leicht angegraute Haare, graue Augen, wog ausgezogen (also nicht oft genug) knapp 70 Kilo und bewohnte mit meiner Frau und meinen zwei kleinen Kindern ein Zehnzimmerhaus in Great Neck auf Long Island. Und falls Sie es wieder mal ganz genau wissen wollen: Das eine Kind war ein Sohn und hieß Arthur, das andere war ein Mädchen namens Miriam.

Mein Sohn hatte ungefähr zur gleichen Zeit das Licht der Welt erblickt wie der achtzehnte Zusatzartikel zur Verfassung. Es erfüllt mich nicht mit besonderem Stolz, aber soweit ich weiß, gab es während der dreizehn Prohibitionsjahre in Amerika keinen jüngeren Alkoholschmuggler als meinen Sohn Arthur.

Wir traten im *Orpheum Theatre* in Vancouver auf, und zu jener Zeit begleitete meine Familie mich auf den Tourneen.

Als zivilisiertes Land war Kanada den verführerischen Versprechen der Prohibitionsgesetze nie aufgesessen. Fast jeder Schauspieler, der in Kanada auftrat, brachte es irgendwie fertig, einige Flaschen ins gelobte Land der Freien und die Heimat der mutigen Schnapsschmuggler zu schleusen.

Arthur war damals drei Monate alt. Was man Säuglingen heutzutage anzieht, weiß ich nicht, aber damals trugen sie lange, wallende Gewänder. Wir hatten in Vancouver zwei Flaschen kanadischen Whisky gekauft. Wer damals in die Vereinigten Staaten zurückkehrte, wurde grundsätzlich Zoll für Zoll nach Schmuggelware gefilzt. Meine Frau stopfte die beiden illegalen Buddeln in die Falten von Arthurs Gewand. Die Vaudeville-Schauspieler strömten in Scharen durch die Zollabfertigung, und die Beamten durchsuchten sämtliche Koffer, Taschen, Kulissenteile und alles, was nach einem guten Versteck aussah – trotzdem tricksten wir sie aus, denn nie hegte ein Zollbeamter den Verdacht, diese amerikanische Vorzeigemutter und ihr unschuldiges Kindlein könnten heimlich zwei Flaschen Feuerwasser ins Land schmuggeln.

Und die Moral von der Geschicht' ist folgende: Falls Sie irgend etwas aus dem Ausland in Ihre Heimat schmuggeln wollen, besorgen Sie sich vorher unbedingt eine Mutter und einen Säugling in langem, wallendem Gewande.

Die Prohibition veränderte mein Leben grundlegend. Nicht nur meines, sondern das im ganzen Land. Mit Sicherheit waren etliche Menschen, die für die Prohibitionsgesetze stimmten und sich an sie hielten, fest davon überzeugt, binnen weniger Wochen würden auch alle anderen ihre verbliebenen Schnapsbuddeln gegen die Wand knallen und dem Alkohol ein für allemal abschwören.

Diese Feststellung ist nicht besonders originell, aber die Welt wimmelt nun mal von Menschen, die sich einbilden, sie könnten durch bloße Verabschiedung eines Gesetzes das Leben anderer beeinflussen. Weite Teile der amerikanischen

Bevölkerung würden, wenn man sie ließe, alles unter Strafe stellen, was sie persönlich nicht gutheißen – Rauchen, Trinken, Tanzen, Kinobesuche, den Genuß italienischer Salami und, könnte man sie gesetzlich regeln, sogar die Liebe.

Heute wissen wir, wie erfolgreich der achtzehnte Zusatzartikel war. Mit seiner Hilfe gelang es nicht nur, niemanden vom Trinken abzuhalten, sondern zudem jenes erstklassig organisierte Gangstertum zu etablieren, das inzwischen fast so mächtig ist wie die Regierung.

Wir hatten seit jeher unser Kontingent an Taschendieben, Falschmünzern, Bankräubern, prügelnden Ehemännern und sonstigen Kleinkriminellen. Weshalb aber sollte jemand alten Damen die Handtaschen klauen oder Blinden die Pennies aus der Blechtasse, wenn er mit der Herstellung billigen Fusels Millionen verdienen konnte? Ungeachtet des achtzehnten Zusatzartikels und des allmählichen Verschwindens echten Whiskys blieben die Leute durstig und sehnten sich hin und wieder nach einem Drink. Statt nun den Bürgern das Recht zuzugestehen, wie anständige Damen und Herren in Maßen zu trinken, nahm die Regierung all ihren Verstand zusammen und bescherte uns so unverzollten Whisky, der teilweise geschlagene zwei Wochen in Eichenfässern gereift war.

Millionen Menschen, die ihr Leben lang abstinent gewesen waren, nie einen Saloon oder einen Nachtclub aufgesucht hatten und weder Highballs noch Martinis etwas abgewinnen konnten, entwickelten urplötzlich eine Neigung zu billigem Fusel. Ich gehörte zu den Millionen. Vor dem 16. Januar 1920 hatte ich nie Alkohol getrunken. Nicht, weil ich moralische Bedenken gehabt hätte, sondern weil ich das Zeug nicht mochte. Ehrlich gesagt, hat sich daran nichts geändert. Ich trinke bloß ab und zu bei Feiern, um nicht nüchtern erwischt zu werden. Mit dem Beginn der Prohibition kam ich jedoch zu dem Schluß, wenn Trinken illegal sei, müsse etwas daran sein, was mir bisher entgangen war.

Vom Tage des großen Staatsstreiches an verbrachte ich viel

Zeit damit, Schnapsschmugglern in Seidenhemden verwässerten Fusel mit teuren Etiketten abzuhandeln. Sie versicherten mir jedesmal, sie hätten das Zeug »direkt vom Schiff«. Und nach der Art zu urteilen, wie es sich durch meine Kehle abwärts brannte, kam es tatsächlich direkt vom Schiff – einfach von den Seiten abgekratzt und auf Flaschen gezogen.

1926 wohnte ich in Great Neck und pendelte zum Theater. Sodom und Gomorrha und Hollywood waren nichts dagegen – fünf Jahre nach Inkrafttreten des Volsteadschen Prohibitionsgesetzes hatte ein Großteil der Menschen, mit denen ich auf Long Island verkehrte, nichts anderes mehr im Kopf, als sich zu besaufen. Mein Alkoholkonsum hielt sich noch immer in Grenzen, allerdings nicht, weil ich besonders gesetzestreu gewesen wäre, sondern weil ich fürchtete, bei Genuß allzu großer Mengen des im Umlauf befindlichen Fusels früher als vorgesehen das Zeitliche segnen zu müssen. Ich ging zu Parties, deren übrige Teilnehmer spätestens um zwei Uhr morgens stocksteif wie Klafterholzstapel auf dem Boden lagen. Oh, ich weiß, daß man sich auch heute (oder morgen) derart besaufen und, sofern man beim Trinken keine halben Sachen macht, am nächsten Morgen mit einem kapitalen Kater aufwachen kann, aber dabei trinkt man wenigstens richtigen Whisky. Und richtiger Whisky bringt niemanden um, solange man nicht drin taucht.

Obwohl der Genuß von Feuerwasser inzwischen gesetzlich erlaubt ist, scheint Amerika nach wie vor Probleme damit zu haben. Im Fernsehen ist Alkohol-Werbung verboten, sogar in den spätesten Spätprogrammen, die nie vor Mitternacht ausgestrahlt werden. In keiner Zeitschriftenanzeige kriegt man klipp und klar zu lesen: »Meister, wenn du mal richtig einen im Tee haben willst, ist *Schlangenbiß Uralt* genau deine Marke.« Nein, sie schleichen so ängstlich um die Wahrheit herum wie um eine verletzte Wildkatze, mit der man sie in ein kleines Zimmer gesperrt hat.

Versuchen sie Bourbon zu verkaufen, sieht man in den Anzeigen einen alten General vor einer kleinen Brennerei auf einem Baumstumpf hocken. Er ist tadellos gekleidet und trägt einen cremefarbenen Stetson auf dem Kopf. In der Rechten hält er ein Glas zehn Jahre gelagerten Rachenputzer, und in der Sprechblase über ihm liest man in reinstem, authentischstem Kentucky-Akzent ungefähr folgende Mahnung: »Wiss' ihr, Freunde, wir sin bloß ne kleine, alte Brennerei. Wir stelln nich viel Schpirituosen her. Aber verdammich, was wir hier brenn, das reift sieben Jahre lang in Holzkohlefässern! So ist das nu mal, Freunde, wir sin bloß ne kleine, alte Brennerei.«

Manchmal sieht man in den Anzeigen auch drei Männer auf einem Schimmel sitzen und fröhlich Wodka-Martinis schlürfen. Ich persönlich kann mich auch ohne einen in der Luft zu balancierenden Wodka-Martini als zusätzliches Handicap kaum im Sattel halten. Außerdem kann man sich anderswo bestimmt bequemer betrinken als auf dem Rücken eines Pferdes. Wieso gehen diese drei Tresenhocker nicht in eine Kneipe, wenn sie einen kippen wollen? Das wäre doch zumindest unauffälliger.

Ich gebe es nur ungern zu, aber leider sind die wenigsten von uns in der Lage, der Kraft und dem Druck moderner Hochspannungs-Werbemethoden standzuhalten. Die eben erwähnte Anzeige hat mir immerhin dermaßen zugesetzt, daß ich heute keinen Wodka-Martini mehr trinken mag, wenn ich nicht mit zwei anderen Männern auf einem Schimmel sitze. Und noch etwas bereitet mir Kopfzerbrechen, seit ich diese Anzeige gesehen habe: Wem gehört das Pferd? Und wes Geschlechts ist das Pferd, wenn überhaupt? Gehört es einer Werbeagentur? Oder ist es bloß ein herrenloser Schimmel, der eines Tages durch die Landschaft streifte und, da er gerade nichts Besseres zu tun hatte, absichtlich unter diese drei Besoffenen trabte, die in einem Baum hockten und sich Wodka-Martinis hinter die Binde gossen? Gehört der Schimmel den Männern anteilig? Und falls, wem gehört welcher Teil? Oder ist es ein Gemeinschaftspferd, das in seiner Gesamtheit den drei Männern gehört? Angenommen, einer der drei wollte mit Sattel reiten? Was geschieht dann mit den beiden anderen? Müssen sie zurück auf den Baum? Oder bleiben sie einfach in der Luft hängen, bis ihr Kamerad mit dem Klepper zurückkehrt?

Irgendwann wird ein gütiger Weiser kommen und uns diese bedeutenden Fragen beantworten. Einstweilen können wir uns nur wundern.

Ich werde keine Namen nennen, aber einige meiner besten und begabtesten Freunde starben dank der Prohibition frühzeitig. Die Puritaner, die für dieses Gesetz verantwortlich waren, haben unserem Land unermeßlichen Schaden zugefügt. Der Prohibition haben wir Al Capone, Dutch Schultz und Hunderte anderer »kleiner Cäsaren« zu verdanken.

Und damit Schluß mit der Sozialphilosophie und zurück nach Great Neck. Viele jener Leute, die die überzogenen Preise der Schwarzbrenner und Schmuggler nicht bezahlen konnten, beschlossen nun, sich ihren Freudentrank selbst zu brauen. Einer meiner (inzwischen verstorbenen) Freunde mischte jeweils Orangensaft mit Grenadine und fügte dann, quasi zur Abrundung des Ganzen, zehn bis fünfzehn Spritzer Äthylbenzin hinzu.

Eines Tages kam mein Vater zu Besuch. Als ich ihm einen Drink anbot, schüttelte er den Kopf. »Groucho«, sagte er, »wieso trinkst du diesen gammligen Gin? Wieso trinkst du keinen Wein?«

»Hör mal, Paps«, sagte ich, »der Wein, den man momentan kriegt, ist genauso schlecht wie der Schnaps. Da könnte ich auch gleich Gärungsalkohol trinken.«

Er lächelte. »Wie du weißt, Groucho, komme ich aus Frankreich. Nicht aus Paris oder Marseille, sondern aus einer Weingegend. Ich kann dir einen Wein herstellen, der genauso gut ist wie die Spitzenweine, die es hier vor der Prohibition gab.«

»Wie willst du das machen?« fragte ich. »Im Moment gibt es doch nicht einmal Trauben.«

»Ich brauche keine Trauben«, erwiderte er.

»Du kannst ohne Trauben Wein machen? Was bist du – Zauberer?«

»Trauben sind altmodisch«, verkündete er. »Ich verwende helle Rosinen und Malz. Besorg du mir drei Dutzend Weinflaschen und Korken, dann mache ich dir in drei Wochen einen Spitzenwein mit so phantastischem Bouquet, daß deine Freunde dir die Tür einrennen werden.«

Paps' Miene hellte sich auf. »Vielleicht könnten wir zusammen groß ins Geschäft einsteigen. Marx-Weine, hergestellt aus hellen Rosinen, Malz und einem geheimen Zusatz. Wir werden überall auf der Welt Läden haben!«

Letztere Bemerkung klang mir vertraut. »Paps«, sagte ich, »mag sein, daß du überall auf der Welt Läden haben wirst, aber bestimmt nicht hier in den Vereinigten Staaten.«

»Blödsinn!« erwiderte er. »Niemand kann einen daran hindern, ein bißchen Wein herzustellen. Ist das etwa ungesetzlich? Blödsinn! Was man in seinen eigenen vier Wänden macht, geht niemanden etwas an. Und falls jemand versucht, uns in die Quere zu kommen«, fügte er hinzu, »verklage ich die Regierung bis auf den letzten Nickel!« Er sah mich listig an. »Das geht jetzt. Es gibt nämlich ein neues Gesetz. Den Mann-Erlaß.«

Am nächsten Morgen schleppte Paps vergnügt einen acht Meter langen Gummischlauch, diverse Korken, Flaschen, Rosinen, Malz und einen großen Leinensack in meinen Keller.

»Paps«, fragte ich, »was ist in dem Sack?«

»Groucho«, antwortete er, »du bist zwar mein Sohn, aber das kann ich dir nicht verraten. Das ist mein Geheimnis.« Er knuffte den Sack vielsagend und fügte hinzu: »Mit dem Zeug hier kommt die Sache in Gang! Alle anderen verwenden bloß Rosinen und Malz, um Wein zu machen. Aber ohne das hier« – wieder knuffte er den Sack – »kommt nur trübes Spülwasser heraus. Wart's nur ab. Marx-Weine – Im- und Export. *Millionen* werden wir verdienen!«

Gegen siebzehn Uhr war das geheimnisvolle Gebräu fertig, und sämtliche Flaschen standen säuberlich und mit den Korken nach unten an der Wand aufgereiht.

Mein Vater sah ziemlich erledigt aus, als er aus dem Keller kam. »Groucho«, fragte er, »wußtest du, daß du da unten Ratten hast?«

»Selbstverständlich«, erwiderte ich, »wo soll ich sie denn sonst haben – im Wohnzimmer?«

»Warum unternimmst du nicht was gegen die Viecher?« überging er meinen Spitzenwitz einfach.

»Ich habe versucht, sie loszuwerden, aber das ist absolut hoffnungslos. Unser Haus liegt nämlich genau an der Ecke, Paps, also bloß ein paar Meter vom Abwasserkanal entfernt. Offenbar kommen die Ratten aus dem Kanal und gelangen auf irgendwelchen unterirdischen Wegen in unseren Keller. Ich hatte Kammerjäger aus allen Ecken von Long Island hier. Die haben Fallen aufgestellt und Gift ausgestreut. Die haben bestimmt alles versucht, aber nichts hat geholfen.«

»Junge«, sagte er, »beim Abfüllen der Flaschen ist mir eine von diesen Ratten sogar übers Knie gesprungen.«

»Ja, Paps, ich weiß. Der Bursche ist unser bester Springer. Ich habe schon ernsthaft überlegt, ob wir ihn nicht nächstes Jahr zur Olympiade anmelden sollten.«

Wenn ich nach unten gehen mußte, um den Ofen anzuheizen, bewaffnete ich mich grundsätzlich mit einem Baseballschläger. An einem Tag erlegte ich vier Ratten. Mit der Zeit wurde ich immer besser. Sie oder ich, hieß es, und da nicht die Ratten das Haus bezahlt hatten, sondern ich, erschien es mir nur gerecht, daß meine Wünsche bevorzugt behandelt wurden.

Etwa drei Wochen später hörte ich unmittelbar nach dem abendlichen Zubettgehen plötzlich ein entsetzliches Donnern, und das Haus wackelte wie von einem Erdbeben erschüttert. Ich schlüpfte rasch in meine untere Pyjamahälfte (und jetzt wissen Sie, wie ich schlafe!... wenn das keine offene und ehrliche Autobiographie ist!), rannte nach unten und schloß mich meiner Frau und den Kindern an, die kopflos in Richtung Haustür flohen.

Draußen war niemand außer uns. »Eigenartig«, dachte ich. »Das muß ein privates Erdbeben gewesen sein. Es hat offenbar nur mein Haus heimgesucht.«

Wir blieben im Freien, schlotternd vor Kälte und Angst, das Erdbeben könne sich zu einer Zugabe entschließen. Im Morgengrauen krochen wir nervös zurück in unsere Betten. Gegen Mittag kam mein Vater vorbei.

»Stimmt was nicht?« fragte er. »Ihr seht alle so krank aus. Irgendwas passiert?«

»Paps«, sagte ich, »heute früh um drei wurde unser Haus von einem Erdbeben getroffen. Wir haben alle nicht geschlafen.«

»Ein Erdbeben? Hmmm. Ihr braucht alle nur einen anständigen Schluck von meinem Wein«, sagte er. »Deshalb bin ich hergekommen. Heute sind die drei Wochen um, und der Wein ist fertig.«

Er hätte einen Tag eher kommen sollen. Was wir für ein Erdbeben gehalten hatten, war bloß der explodierende Wein meines Vaters gewesen. Scherben und Korken waren im ganzen Keller verstreut, und der Wein floß wie bei einer vom Spesenkonto finanzierten Silvesterparty. Die Verwüstung wurde gekrönt vom einem Dutzend Ratten, die den Schlaf der Toten schliefen. Zuerst dachte ich, sie wären betrunken, aber da aus der gesamten Gruppe kein Hicksen zu hören war, schloß ich, daß sie Weinkenner waren und sich nicht viel aus dem Spitzenprodukt meines Vaters gemacht hatten.

Ich habe nie von diesem Wein gekostet. Aber während der acht Jahre, die wir in Great Neck wohnten, sahen wir keine einzige Ratte mehr. Und obwohl ich es nicht beweisen kann, bin ich inzwischen fast sicher, daß erst durch die geheime Zutat aus dem seltsamen Sack meines Vaters die Entwicklung der Wasserstoffbombe möglich wurde.

18 Der sogenannte »Golden State«

Nach acht rattenlosen Jahren in Great Neck zogen meine Frau, die Kinder und ich nach Kalifornien um – zusammen mit einer größeren Ansammlung verwandter Marxes verschiedener Größe, verschiedener Gestalt und verschiedenen Geschlechts. *Animal Crackers* war nach zweijähriger Laufzeit am Broadway abgesetzt worden. Der Grund für unseren familiären Aufbruch gen goldenen Westen war ein Filmvertrag – Balsam auf die Wunden von 1929.

In der Hoffnung, im Filmland einen Claim abstecken zu können, drängelten wir uns in den *Santa-Fe-Express.* Man schrieb das Jahr 1931. Als wir in Los Angeles aus dem Zug stiegen, empfing uns der süße, schwere Duft von Orangen- und Zitronenblüten. Hollywood war damals, vor dem Ansturm auf Kalifornien, ein ruhiger Vorort mit ländlicher Atmosphäre.

Kurz zuvor hatte der Tonfilm lärmend Einzug gehalten und den meisten Filmschaffenden einen Heidenschrecken eingejagt. Gilbert, die Garbo, Charlie Ray, Tom Mix, William S. Hart, Fairbanks, Mary Pickford und einige wenige andere bildeten die königliche Familie des Films. Da es damals noch keine nennenswerten Steuern gab, lebten die Könige und Königinnen von Hollywood in wesentlich luxuriöseren Verhältnissen als die europäischen Herrscherfamilien. Die meisten schmissen mit Geld um sich, als ließen sie es bei sich zu Hause im Keller drucken. Man badete in Wannen aus massivem Gold, ließ sich in Rolls-Royces herumchauffieren, trank Champagner zum Frühstück und aß viermal stündlich Kaviar. Es war ein Leben, das man heute nur noch aus Filmillustrierten kennt, sofern man nicht als Sohn eines lateinamerikanischen Diktators zur Welt gekommen ist.

Die meisten der führenden zwanzig Schauspielerinnen und Schauspieler waren mit Talent gesegnet, der Rest hatte es dank ansprechender Optik oder Anatomie geschafft. Einige der Mädchen waren mit den Produzenten vertrauter als deren Ehefrauen. Viele wurden so zu Ehefrauen, und die Ex-Ehefrauen wurden Agentinnen oder sattelten auf Immobiliengeschäfte um.

Ein Märchenland wie dieses hatte die Welt seit den heißen Tagen des alten Rom nicht mehr gesehen. Die Tanzböden waren genauso laut und voll wie die Gäste. Parties galten nur dann als wirklich gelungen, wenn zumindest einige der Überlebenden vollständig bekleidet – und zwar nicht mit Pyjamas, sondern im Kleid oder Smoking – in den Swimming-pool des Hauses geschmissen wurden.

Heutige Filmstars sind aus anderem Holz geschnitzt. Gegen finanzielle Fehlschläge sind sie ebensogut geschützt wie die Rockefeller-Stiftung. Sie haben Agenten, Steuerberater, Anwälte und Manager. Bei guter Führung dürfen sie ungefähr fünfzig Dollar wöchentlich auf eigene Faust ausgeben. Etliche besitzen Öl-, Vieh- und Immobilienbeteiligungen. Zwei der Stars aus meinem Bekanntenkreis besitzen Schaf-Farmen in Australien. Einem meiner Freunde gehört eine Bowlingbahn, und wenn er gerade mal keinen Film drehen muß, verbringt er seine Abende dort und baut Kegel auf.

Mag sein, daß ich den Anschluß verpaßt habe, aber mir kommt es vor, als sei Hollywood heute eine der spießigsten und verknöchertsten Gemeinden der gesamten Vereinigten Staaten. Die wenigen, die mal auf den Putz hauen wollen, stehlen sich nach Las Vegas, New York oder Europa davon. Praktisch jeder haut sich spätestens um Mitternacht in die

Falle, um am nächsten Morgen entweder früh und strahlend vor der Kamera zu stehen oder sich mit irgendwelchen Steuerberatern zu treffen und die neuesten Kniffe in punkto Kapitalvermehrung zu lernen. Man kommt sich allmählich vor wie in Philadelphia. Benjamin Franklin würde sich hier richtig heimisch fühlen.

Wie praktisch alle Reisenden zu jener Zeit bestiegen wir zu unserer ersten Fahrt nach Kalifornien den *Chief.* Der *Chief* war kein Indianerhäuptling, sondern der beste Zug auf der Santa-Fe-Route. Heutzutage steigt außer ein paar Feiglingen jeder ins Flugzeug, aber wenn man damals flog, brauchte man von New York nach Los Angeles siebzehn Stunden – und bekam gegen Aufpreis eine Koje und zwei Schlaftabletten. Man reiste in dreimotorigen Ford-Maschinen, die bis zu 125 Meilen in der Stunde schafften, solange keiner der Motoren abfiel. Wenn das geschah, gestand normalerweise auch die Fluggesellschaft, daß der Flug nicht ganz nach Wunsch verlaufen war.

Einer der damals größten Stars trat in den Filmen seines Studios meist als Flieger auf. Er war immer der Held und stellte immer einen unerschrockenen Piloten dar, der im Laufe der letzten Rolle erbarmungslos Dutzende feindlicher Maschinen vom Himmel mähte. Er war der mutigste Mann von ganz Hollywood.

Weniger bekannt war, daß er noch nie in einem echten Flugzeug gesessen hatte. Er hatte eine Heidenangst vor dem Fliegen und machte im Studio auch kein Geheimnis daraus. Wenn er im Film fliegen mußte, nahm ihm grundsätzlich ein Double die Drecksarbeit ab. Nur in Nahaufnahmen durfte das Publikum unseren Helden im grimmigen Profil bewundern und zusehen, wie er, mit verächtlichem Blick und lässig Kaugummi kauend, *Krauts* oder verschlagene Orientalen – je nachdem, in welchem Krieg er gerade spielte – mit dem Maschinengewehr abknallte.

Dieser Star hatte eine Herzdame in New York, die ihrerseits leider einen Mann in Europa hatte, der seinerseits telegraphierte, er kehre bald zu seiner Liebsten zurück. Als sie das las, rief sie sofort unseren Helden an und teilte ihm mit, sofern er sie noch einmal in die Arme zu schließen gedenke, müsse er sich die viertägige Zugreise abschminken und statt dessen zügig in ein Flugzeug springen. Sie sagte: »Im Studio fliegst du Tag für Tag für Geld – also kannst du doch wohl mal eine Nacht für die Liebe fliegen.« Darauf fiel ihm keine passende Antwort ein. Und Ihnen wäre bestimmt auch keine eingefallen.

Der bloße Gedanke an die Dreistigkeit des Gatten seiner Freundin, sich just jenen Augenblick zur Rückkehr aus Europa auszusuchen, in dem seine Frau Besuch von ihrem Freund erwartete, versetzte unseren Helden in Verzweiflung und Wut. Nach kurzem Kampf siegte die Wut und verlieh ihm vorübergehend den erforderlichen Mut für das bevorstehende Himmelfahrtskommando.

Ich reiste zufällig mit derselben Maschine, allerdings (wie ich zu meinem Bedauern gestehen muß) aus anderen Gründen. Kaum waren wir vom Flughafen Burbank aus gestartet, begann unser Held zu winseln wie ein Schoßpudel. Flugreisen waren damals nicht ganz ungefährlich, aber sämtliche Maschinen waren dank ihrer gerissenen Betreiber mit bildhübschen Stewardessen bestückt, die die männlichen Passagiere ablenken sollten. Unser Freund blickte starr aus dem Fenster, und während wir uns weiter und weiter vom Erdboden entfernten, troff ihm der Schweiß von der klammen Stirn.

»Was ist los mit Ihnen, Delaney?« fragte ich. (Inzwischen dürfte Ihnen klar sein, weshalb ich ein Pseudonym verwende.) »Was starren Sie denn die ganze Zeit aus dem Fenster und winden sich in Ihrem Sitz? Sie haben doch nicht etwa Angst vor dem wilden blauen Himmelszelt, oder?«

Mit glasigen Augen sah er mich an. »Wo ist die erste Zwischenlandung?«

»In Phoenix, Arizona.«

»Schön«, sagte er, »was Sie machen, weiß ich nicht, aber *mich* halten ab Phoenix keine zehn Pferde mehr in dieser Kiste!«

Ich hielt es für geraten, die hinreißende Stewardess kommen zu lassen und den Schlappschwanz neben mir deren Reizen zu überlassen. Während das Mädchen ihn mit den üblichen koketten Bemerkungen zu beruhigen suchte, appellierte ich vehement an sein männliches Schamgefühl.

»Ich habe Ihren letzten Film gesehen«, sagte ich. »Den, in dem Sie sieben feindliche Flugzeuge abgeschossen haben. Mann, waren Sie mutig! Und wie Sie sich hier oben in den Wolken auskennen! Sagen Sie mal, haben Sie eigentlich nie *Angst*?«

Er sah mich an, sah die Stewardess an und fragte dann: »Wann landen wir in Phoenix?«

Als wir aufgefordert wurden, uns für die Landung anzuschnallen, suchte er sofort sein Handgepäck zusammen und machte sich auf den Weg zum Ausgang. Die Stewardess und ich fingen ihn wieder ein. Vor lauter Angst wie gelähmt, leistete er keinen nennenswerten Widerstand und ließ sich nach kurzem Handgemenge von uns in den Sitz zurückdrücken. Kaum war die Maschine allerdings wieder in der Luft, wandte er sich mir zu und fragte: »Wo ist die nächste Zwischenlandung?«

»In Nashville, Tennessee«, erwiderte ich.

»Und wann sind wir da?«

»In ungefähr vier Stunden.«

Ich klopfte ihm beruhigend auf die Schulter. »Wenn wir nicht vorher abstürzen.«

Er erbleichte. »Darüber macht man keine Witze! So was passiert dauernd! Außerdem war Nashville schon immer meine Lieblingsstadt. Da hab ich viele Freunde, und da steige ich aus, und niemand in dieser fliegenden Todesfalle wird mich davon abhalten!«

Als die Maschine in Nashville aufsetzte, schnappte er sich erneut seine Siebensachen. Als dann jedoch die Tür geöffnet wurde, baute ich mich vor ihm auf und versperrte ihm den Weg. Ich nannte ihn laut beim Namen – einem ziemlich berühmten.

»Wenn Sie hier aussteigen«, brüllte ich, »steht diese Geschichte morgen früh auf der Titelseite jeder amerikanischen Zeitung. Jetzt passen Sie mal auf, Sie Dussel: Die ganze Welt hält Sie für einen Helden, und Sie können es sich einfach nicht leisten, die Wahrheit ans Licht kommen zu lassen. Wenn die Öffentlichkeit wittert, daß Sie die Hosen voll haben, sind Sie beruflich erledigt. Man wird Sie aus dem Kino lachen! Und wenn Sie Pech haben, müssen Sie nachher sogar arbeiten gehen!«

Als ich »arbeiten« sagte, wurde er kreideweiß. Er hatte schon seit Jahren keinen Essex mehr aufgetankt. »Und wenn ich wieder an der Tankstelle anfangen muß! In diesem Schrotthaufen lege ich jedenfalls keinen Meter mehr zurück!« brüllte er und versuchte verzweifelt, mich aus dem Weg zu schieben.

Er war schon halb aus dem Flugzeug, als Hilfe in Gestalt einer neuen Stewardess nahte, die sich mit kessem Hüftschwung die Gangway hinaufbewegte. Die erste war hübsch gewesen. Sehr hübsch. Aber diese zweite war beinahe unbeschreiblich. Sie war eine Mischung aus Greta Garbo und Helena, ja, der aus Troja. Die peinliche Situation, in der wir uns befanden, war für sie offenbar nichts Neues, denn sie ging sofort mit geballten Schmeicheleinheiten und allem ihr zur Verfügung stehenden Charme und Sex auf uns los – und davon hatte sie reichlich; genug für alle Passagiere an Bord der Maschine. Und sogar für den Piloten, den Navigator und die beiden Burschen, die sie gerade am Flughafen zurückgelassen hatte.

Beschämt wegen seiner Feigheit vor dieser sagenhaften Puppe, schlich unser Held sich wieder auf seinen Platz. Als die Maschine abhob, wandte er sich mir zu und flüsterte erschöpft: »Groucho, wo ist die nächste Zwischenlandung?«

Ich erwiderte: »In Washington, D. C.«

»Da steige ich aus«, sagte er. »Ich schleiche mich klammheimlich raus, ohne daß es jemand merkt.«

»Augenblick mal«, sagte ich. »Jetzt sind Sie schon so weit gekommen. Die anderen Passagiere wissen, daß Sie an Bord sind. Sie wollen mir doch nicht allen Ernstes erzählen, Sie hätten nicht den Mumm, die Reise zu Ende zu bringen. Der Flug von Washington nach New York dauert doch bloß zwei Stunden!«

»Und wenn es bloß zwei Minuten wären!« flüsterte er heiser. »Ich bin völlig fertig mit den Nerven. Ehrlich, ich kann nicht mehr! Ich habe einen Revolver! Und wenn jemand versucht, mich aufzuhalten, bringe ich ihn um!« Er taxierte mich warnend.

Die Maschine näherte sich Washington. Die Stewardess hatte alles versucht. Sie hatte Register ihres Charmes gezogen, von deren Vorhandensein bis zu diesem Augenblick nicht einmal sie selbst etwas geahnt haben dürfte. »Oh, bitte, mein Lieber«, hatte sie gefleht, »steigen Sie nicht aus. Das wäre wirklich nicht gut für meinen Ruf. Bitte bleiben Sie bis New York bei uns.«

Wenn mich nicht alles täuscht, hörte ich sie sogar hinzufügen: »Hören Sie, wenn Sie bloß hierbleiben, klettere ich direkt nach dem Abflug von Washington mit Ihnen in die Koje!« Hätte sie mir das vorgeschlagen, wäre ich bis an mein Lebensende in der Maschine geblieben, oder wenigstens bis Thailand, aber weder dieses unglaublich reizvolle Angebot noch all meine unterstützende Redekunst brachten den alten Jammerlappen von seinem Vorhaben ab. Unmittelbar nach dem Aufsetzen der Maschine raffte er seine Taschen zusammen und war verschwunden, ehe die Propeller zum Stillstand gekommen waren.

Einige Tage später traf ich ihn in New York. Nach den üblichen Begrüßungsfloskeln fragte ich: »Na, Lindbergh, wie sind Sie hergekommen?«

»Entspannt«, erwiderte er. Er strahlte über das ganze Gesicht. »Ich hab den Nachtzug von Washington aus genommen und war am nächsten Morgen hier. Glauben Sie mir, das ist die einzig wahre Art zu reisen. Und Sie können Ihren letzten Dollar darauf wetten, daß niemand, wirklich niemand, mich je wieder in ein Flugzeug kriegt!«

Unser Held verbrachte eine Woche bei seiner Freundin in New York, sah sich die besten Shows an und vergnügte sich überall, wo etwas los war. Am siebten Tag tauchte ein Abgesandter des Studios auf und teilte ihm bedauernd mit, er müsse am nächsten Tag dringend nach Hollywood kommen – zu einem Nachdreh. Der Film sollte offenbar sofort in die Kinos kommen, weshalb die Aufnahmen binnen der nächsten sechsunddreißig Stunden im Kasten sein mußten. Es gab nur eine Möglichkeit, diesen Zeitplan einzuhalten – zurückfliegen.

Als unser Freund das hörte, bekam er einen gewaltigen Koller. Er schrie: »Bevor ich mich noch mal von irgendwem in die Luft jagen lasse, steige ich aus aus diesem ganzen Drecksgeschäft!«

Der Vertreter des Studios war indes wesentlich schlauer als unser Held – und Ihr Berichterstatter. Er bestand auf gar nichts. Und sagte gar nichts. An jenem Abend unternahm er mit unserem Freund eine ausgedehnte Tour durch die städtischen Nachtclubs und Kneipen und füllte ihn ordentlich ab. Das heißt, er machte ihn nicht einfach betrunken, sondern ließ ihn saufen, bis er praktisch bewußtlos war. Anschließend schaffte er ihn schleunigst zum Flughafen und stopfte ihn in eine Maschine mit Ziel Los Angeles.

Als die Stewardess ihn mit Hilfe kalter Kompressen, Riechsalz und einiger Packungen schwarzen Kaffees wieder zu sich gebracht hatte, setzte die Maschine gerade in Los Angeles auf. Ein Wagen des Studios holte unseren Freund vom Flughafen ab und brachte ihn sofort ins Atelier. Der Garderobier stopfte ihn wieder in seine Pilotenuniform, der Regisseur quetschte ihn in seine Papp-Propellermaschine, und als die Kameras zu surren begannen, saß er wieder, wo er hingehörte, Zoll für Zoll der landauf, landab bekannte, heißgeliebte Teufelskerl der Lüfte.

Nachdem die *Animal-Crackers*-Aufführungen beendet und wir nach Westen gereist waren, sollte *Cocoanuts* unser erster Film für die Paramount werden. Kurz nach unserer Ankunft ließ man mich zu einer Besprechung rufen und teilte mir mit, ich müsse mich von meinem aufgemalten schwarzen Schnauzer trennen. Als ich fragte, weshalb, bekam ich folgende Erklärung zu hören: »Auf der Leinwand hat noch nie jemand einen aufgemalten Schnauzer getragen. Das Publikum ist so offensichtlich unechte Dinge nicht gewohnt und fände es unglaubwürdig.«

»Das Publikum hält uns sowieso für unglaubwürdig«, erwiderte ich. »Die Leute lachen die ganze Zeit über uns, und wenn mich nicht alles täuscht, werden wir doch genau dafür bezahlt, oder?«

Erzählen Sie mir nichts über kleinkarierte Traditionalisten! Am Ende mußten wir uns auf einen Kompromiß einlassen. Wir erklärten uns bereit, eine Probeszene mit aufgemaltem Schnauzer zu drehen und diese Szene in einem der städtischen Kinos vorzuführen. Das Publikum reagierte genau so wie zu unseren Vaudeville-Zeiten im *Fifth Avenue Theatre*. Es schien die Leute nicht zu kümmern, was für einen Schnurrbart ich trug, solange unsere Scherze komisch waren.

Auf der Bühne war ich regelmäßig aus der Rolle gefallen und hatte mich direkt ans Publikum gewandt. Nach den ersten *Cocoanuts*-Drehtagen sagte der Produzent (der sich inzwischen zum Segen der Filmindustrie zur Ruhe gesetzt hat): »Groucho, du kannst nicht einfach aus der Rolle fallen und dich direkt ans Publikum wenden.«

Wie alle Menschen, die an Traditionen kleben, lag er falsch. Ich sprach in all meinen Filmen mit dem Publikum. (Manchmal antwortete es sogar. Das fand ich ausgesprochen verwirrend.) Die Filmindustrie ging trotzdem ihren Gang und brachte ihren Anteil an guten und an schlechten Filmen heraus – und dabei spielte es ganz offensichtlich keine Rolle, ob ich nun aus der Rolle fiel oder nicht.

Gewisse Menschen widmen ihr gesamtes Leben der Bekämpfung von Fortschritt und Veränderung. Bestimmt waren es ihre Vorfahren, die den ersten Selbstanlasser niederjohlten und lauthals über die Gebrüder Wright und deren Versuche lachten, diesen komischen Apparat in die Luft zu bringen.

Mit ebenso großer Sicherheit waren auch die Bauern ziemlich skeptisch, als man ihnen behutsam erklärte, ihre Sanitäranlagen müßten sich nicht unbedingt neben dem Schweinestall im Hinterhof befinden, sondern könnten auch in unmittelbarer Nähe des Wohnzimmers untergebracht werden. Und etliche Kühe werden entrüstet und empört gewesen sein, als die vertraute, schwielige Hand des Bauern verschwand und man ihnen elektrische Apparate unter die Euter band.

Man stelle sich den Verdruß der Barbiere vor, als ihre Kunden anfingen, elektrische Rasierer zu benutzen. (Ach, übrigens: Falls diese Beatnik-Neigung zum Vollbart weitere Kreise zieht, wird das Kraut bald auch in weiblichen Gesichtern sprießen. Und wenn jener Tag kommt, prophezeie ich, daß es auf der ganzen Welt nur noch einen einzigen Barbier geben wird – und der wird in Sevilla Pfirsiche rasieren.)

Um meiner Geschichte etwa zwanzig Jahre vorzugreifen – mir passierte etwas Ähnliches, als *You Bet Your Life* nach langjährigem Rundfunkeinsatz zum ersten Mal im Fernsehen ausgestrahlt werden sollte. Als erstes fragte man mich, was ich anziehen werde. Ich sagte, ich würde einen ganz normalen Anzug tragen, auf einem Barhocker sitzen und Leute über ihr Leben ausfragen, wie ich es auch im Rundfunk getan hatte.

Ein Blutsbruder aller Hemmschuhe dieser Welt sprang auf: »Mr. Marx, wir sind hier nicht beim Rundfunk. Wir machen Fernsehen, und Fernsehen ist Kino auf einer kleineren Leinwand. Sie müssen den Leuten etwas bieten. Sie können nicht einfach dahocken wie der Affe auf dem Schleifstein.« (Der Bursche sprühte förmlich vor Witz.) »Sie müssen Ihren komischen Gang vorführen und auf der Bühne herumspringen.«

»Schwachsinn«, sagte ich.

»Schwachsinn! Schwachsinn!« rief er und hüpfte auf und ab: »Was ist denn das für eine Antwort?«

»Keine besonders gute«, räumte ich ein, »aber Sie sind ja auch nicht gerade Ring Lardner.«

»Soll das etwa heißen, Sie wollen einfach nur dasitzen und sich überhaupt nicht bewegen?« fragte er nach.

»Keinen Muskel«, erwiderte ich.

»Aber das *geht* doch nicht«, beharrte er.

»Jetzt hören Sie mal zu, Sie Feinzwirnanarcho«, sagte ich. »Gestern abend habe ich Sam Levenson im Fernsehen gesehen. Er trug einen ganz normalen Anzug, rührte sich nicht von der Stelle und hielt einen Monolog. Und als er fertig war, brüllte das Publikum nach einer Zugabe.«

Darauf fiel ihm keine Antwort ein. Er langte schweigend in seine aschgraue Manteltasche, zog zwei trockene Martinis heraus, goß sie sich hinter die Binde und schlich als geschlagener Mann von dannen.

Eine Bemerkung zum Thema Sponsoren: Ich kenne sämtliche Märchen und die meisten Witze über Einmischungen und den angeblich entscheidenen Einfluß mancher Sponsorengattinnen auf den Inhalt und Ablauf von Shows. Das mag für die Zeit gelten, in der Rundfunk und Fernsehen laufen lernten, aber heute sind die Produzenten nicht mehr so blöd. Solange die Einschaltquoten der Shows hoch genug sind, hört man nicht das geringste von ihnen. Ist die Show hingegen nach angemessener Zeit – sagen wir mal, einer Woche – noch immer kein Erfolg, heißt es: »Und tschüs, Meister.«

Um zum eigentlichen Thema dieses Kapitels zurückzukehren (sofern vorhanden): Kein Kinobesucher ahnt, mit wie vielen sonderbaren Problemen sich Regisseure herumschlagen müssen. Beispielsweise brauchten wir für eine wichtige Szene von *At The Circus* einen Gorilla. Auch wenn ich Widerspruch herausfordere, behaupte ich, daß sich auf den Straßen von Hollywood nur sehr wenige leibhaftige Gorillas tummeln. Damals gab es jedenfalls in der gesamten Branche nur zwei Exemplare, und die waren auf Jahre ausgebucht. Wir hatten es also mit einem echten Affenmonopol zu tun – und die Regierung wäre meiner Ansicht nach gut beraten, die Untersuchung der Mauschel-Beziehungen zwischen DuPont und General Motors zügig zu beenden und anschließend (zur sicherlich allgemeinen Freude der Unterhaltungsindustrie) die Situation auf dem Gorilla-Markt gründlich unter die Lupe zu nehmen.

Da uns weder die Zeit noch die Mittel zur Verfügung standen, einen echten Gorilla zu fangen und abzurichten, mußten wir notgedrungen einen auf derartige Rollen spezialisierten Schauspieler engagieren. In keiner anderen als der Unterhaltungsbranche kann ein Mensch durch bloßes Herumstehen in einem Gorillakostüm zu beträchtlichem Wohlstand kommen.

Es gab haufenweise Komplikationen. Der von uns engagierte Schauspieler hatte zwar einen Agenten, aber kein Gorillakostüm. Wie wir anschließend herausfanden, hatte auch das Gorillakostüm einen Agenten. Am Drehtag standen beide Agenten im Atelier, um über ihre Schützlinge und ihre Provisionen zu wachen. Es war extrem heiß, und die Scheinwerfer auf dem Set sorgten dafür, daß es noch heißer wurde. Mutter Natur, wie üblich schlampig in Detailfragen, hatte versäumt, den Gorilla mit einem Fenster oder anderweitigen Belüftungseinrichtungen auszustatten. Andernfalls hätte unser Mann sein restliches Leben im Fell zubringen können. So aber bestand für ihn keine Möglichkeit, frische Luft zu schnappen – oder sonst welche –, also löste er das Problem auf denkbar bequemste Weise, indem er ohnmächtig wurde.

In aufrichtiger Sorge um ihre Provisionen stürmten die beiden Agenten sofort zu ihren Einnahmequellen und knöpften die haarige Hülle hektisch auf. Sie zerrten das Innenleben des Affen rasch ins Freie und brachten es mit kaltem Wasser wieder zu Bewußtsein.

Kaum war der Schauspieler wieder bei sich, jammerte er, er habe zwar den größten Teil seines Berufslebens in Gorillakostümen gesteckt, aber, wie er wütend hervorhob, noch nie in einem ohne jegliche Belüftungsvorkehrungen. Anschließend tauschten der Gorilla-Mann und die beiden Agenten sämtliche ihnen bekannten Kraftausdrücke aus. Das Fell hingegen, das seit seiner lange zurückliegenden Entführung aus dem Dschungel keinen Mucks mehr getan hatte, lag als träges, haariges Durcheinander reglos auf dem Boden.

Der Regisseur, zum einen entsetzt über die Flüche der Agenten, zum anderen weiß Gott kein Nachfahr des weisen König Salomon, beendete den Krach schließlich, indem er aus heiterem Himmel »Mittagspause!« brüllte.

Obwohl der Zirkusriese zum Mittag dröhnend Sellerie mampfte, hörte man den Gorilladarsteller während der gesamten Pause vehement mit seinem Agenten streiten. Er weigerte sich strikt, noch einmal einen Fuß in das Fell zu setzen, solange seine Versorgung mit einem Minimum an Atemluft nicht gewährleistet sei.

Der Fell-Agent aß schweigend – nachdem er den Regisseur gewarnt hatte, jeder Versuch, Schindluder mit seinem Gorillafell zu treiben, werde umgehende Regreßforderungen der Filmgorilla-Gewerkschaft zur Folge haben.

Nachdem sich der Affenmensch ausgiebig an Erdnußbutter und Joghurt gelabt hatte, stand er vom Tisch auf und entschuldigte sich mit der Bemerkung, es sei jetzt Zeit für ihn, die Herrentoilette aufzusuchen (er schien diese Besuche nach einem genauen Plan zu absolvieren). Er schlug einige Haken, um seine Spur zu verwischen, ging in die Küche und borgte sich vom Koch einen Eisdorn. Anschließend eilte er ins menschenleere Atelier, hängte das Fell an einen Nagel und stach mehrere Löcher in seinen unbelüfteten Freund.

Nach der Mittagspause gingen die Dreharbeiten weiter. Aller Unmut schien verflogen zu sein. Der Regisseur warf dem Mädchen, das bei uns die Naive spielte, wieder Seitenblicke zu, der Gorilla benahm sich wie jeder anständig arbeitende Affe, und die beiden Agenten verhielten sich, als seien sie seit Jahren dicke Freunde – um nicht zu sagen: Spießgesellen. Sie hockten zusammen und tauschten lustige Tieranekdoten aus. Sie beschlossen sogar, im nächsten Jahr gemeinsam in Afrika auf Safari zu gehen und dem Affenmenschen ein paar neue Felle zu besorgen. Sie verstanden sich dermaßen gut, daß der Fell-Agent irgendwann aufstand und sich freiwillig auf den Weg zur Kantine machte, um ein paar Kokosnüsse für den Schauspieler im Pelz aufzutreiben.

Anders als bei der Arbeit mit echten Schauspielern waren die Szenen mit dem Gorilla immer schon nach einem *Take* im Kasten. Gegen sechzehn Uhr lief die Arbeit mit dem Affenmenschen noch immer so reibungslos, daß der Fell-Agent mißtrauisch wurde. Schließlich ging er zum Regisseur und forderte ihn auf, die Kameras auszuschalten.

»Hier stimmt was nicht«, sagte er. »Der steht jetzt seit fast drei Stunden in dem Fell und ist noch immer nicht ohnmächtig! Meiner Erfahrung nach kippt jeder, der das Ding trägt, spätestens nach zwei Stunden aus den Latschen!«

Der Agent des Affenmenschen sprang sofort auf und schrie: »Mein Mandant fällt nie in Ohnmacht! Außer wenn er ein minderwertiges Kostüm trägt!«

Der Fell-Agent lief rot an. »Hier wird erst weitergedreht«, verkündete er entschieden, »wenn ich mein Eigentum untersucht habe!« Es war das erste Mal, daß er das Fell als sein *Eigentum* bezeichnete, und ich gebe zu, daß es beeindruckend klang. Die Kameras hörten auf zu surren, der Agent knöpfte das Fell auf, spähte hinein, forderte den Affenmenschen barsch zum Aussteigen auf und nahm dessen Platz ein.

Keine zwei Minuten später kam er kreischend wieder zum Vorschein. »Jemand hat Löcher in meinen Gorilla gemacht!« brüllte er. »Dafür verklage ich MGM bis auf den letzten Heller!« (Es gab damals noch kein Fernsehen, also hatte MGM reichlich Heller.) Ohne ein weiteres Wort schlang er sich das Fell um die Schultern und stampfte wie ein entfernter Verwandter von D'Artagnan wütend aus dem Atelier.

Drei Tage vergingen. Die Kameras schwiegen, und die Kosten stiegen, während der verantwortliche Studiomitarbeiter die Stadt verzweifelt nach einem weiteren Gorilla-Kostüm durchkämmte. Leider war keins zu bekommen.

Schließlich stöberte der Affenmensch, der sich ohne flauschigen Pelz unwohl fühlte, in San Diego einen Orang-Utan-Kostüm-Besitzer auf. Jedes Kind weiß, daß Orang-Utans wesentlich kleiner sind als Gorillas, nur der Affenmensch wußte es seltsamerweise nicht und kaufte das Kostüm, ohne es vorher anprobiert zu haben. Ihn in das Fell zu quetschen erwies sich – aller vereinten Mühe zum Trotz – als völlig hoffnungsloses Unterfangen. Als er endlich einsah, daß er zu groß für das Fell war, brach er zusammen und flennte wie ein Gorilla-Baby. Wir konnten uns mit derartigen Gefühlsduseleien allerdings nicht aufhalten: Wir mußten nicht nur den Tatsachen ins Gesicht sehen, sondern auch dem Studioboß. Der Film mußte fertig werden, und uns blieb keine andere Wahl, als einen kleineren Affenmenschen zu engagieren, der sich auf die Darstellung von Orang-Utans im Großraum San Diego spezialisiert hatte. Zudem verpflichteten uns die gewerkschaftlichen Bestimmungen, dem ursprünglichen Affenmenschen für jede Minute, die er auf dem Studiogelände verbrachte, die volle Gage zu zahlen und darüber hinaus alle Kosten für psychiatrische Behandlungen zu übernehmen.

Bei der ersten Voraufführung nahm uns niemand zur Kenntnis. Unsere begnadete Darstellung wurde einfach ignoriert. Das Publikum interessierte sich nur für den Gorilla. Allerdings beschwerten sich mehrere überkritische Zuschauer, in manchen Szenen wirke der Gorilla größer als in anderen, was die Glaubwürdigkeit der Liebesgeschichte entschieden beeinträchtige. Im Foyer erläuterte ich einer zornigen Horde von Menschen (die größtenteils Freikarten erhalten hatten), der Gorilla habe vor etlichen Jahren in einem der frühen Tarzanfilme mitgewirkt und sich seinerzeit (als es noch keine privaten Krankenversicherungen für Affen gab) eine seltene tropische Krankheit zugezogen. Dieser Virus habe jahrelang in ihm geschlummert, sei dann jedoch mitten in den Dreharbeiten urplötzlich wieder zum Leben erwacht und habe sämtliche lebenswichtigen Hormone des Affen zusammenschrumpfen lassen. Daher sei der Affe mal größer, mal kleiner. Wie alle allzu frei erfundenen Erklärungen stellte auch diese niemanden zufrieden. Später allerdings, als der Film gestartet wurde, beschwerten sich etliche Gorillakenner an den Kinokassen und verlangten ihr Geld zurück: Sie hätten nicht für die Marx Brothers bezahlt, sondern für einen ausgewachsenen Gorilla, und statt dessen habe man ihnen einen Schrumpfaffen untergejubelt.

19 Hollywood intern

Bevor das Fernsehen auf der Bildfläche erschien, schmiß man in Filmkreisen mit dem Begriff »Genie« so unbekümmert um sich, wie Animiertänzerinnen in billigen Schaubuden ihre Muskeln spielen lassen. Vermutlich gab es damals wirklich etliche, aber kennengelernt habe ich nur ein einziges. Dieses Genie hieß Irving Thalberg. Er war so begnadet, daß man sogar ein Gebäude auf dem MGM-Gelände nach ihm benannte. Wie alle großen Talente brauchte er kein Gebäude, um unvergessen zu bleiben. Er starb mit siebenunddreißig Jahren und bahnte sich während seiner siebzehn Jahre beim Film einen breiten Pfad durch die Branche. Für all jene, die die Bezeichnung Genie für übertrieben halten, sei hier eine Auswahl der von ihm produzierten Filme aufgeführt:

The Big Parade
Ben Hur
The Merry Widow
He Who Gets Slapped
Madame X
Broadway Melody
Grand Hotel
Anna Christie
Min and Bill
Trader Horn
The Divorcee
The Big House
The Barretts of Wimpole Street
The Hunchback of Notre Dame
Mutiny on the Bounty
The Good Earth
Camille
Romeo and Juliet

Dazu kommen noch die beiden Filme, die Thalberg mit uns machte: *A Night at the Opera* und *A Day at the Races.* Im Laufe der Jahre drehten wir insgesamt vierzehn Filme. Zwei dieser Filme waren überdurchschnittlich. Einige der anderen waren anständig. Einige waren erbärmlich. Für die beiden besten war Thalberg verantwortlich.

Ich erinnere mich an unsere erste Begegnung mit Thalberg. Wie üblich hatte Chico das Treffen im Rahmen einer Bridgepartie eingefädelt. Thalberg sagte: »Ich würde gern ein paar Filme mit euch Jungs drehen. Ich meine, *richtige* Filme.«

»He!« fuhr ich ihn an. »Was ist mit *Cocoanuts, Animal Crackers* und *Duck Soup?* Sie werden doch wohl nicht ernsthaft bestreiten wollen, daß die lustig waren?«

»Natürlich waren die lustig«, sagte er, »aber es waren keine richtigen Filme. Sie hatten keine *Handlung.*«

»Aber die Leute haben doch gelacht, oder nicht?« fragte Harpo: »Es hat bisher noch keine Komödie gegeben – Chaplins eingeschlossen –, in der so viele Lacher waren wie in *Duck Soup.*«

»Das stimmt«, sagte Thalberg. »Es war ein komischer kleiner Film, aber in einem *richtigen* Film braucht man nicht so viele Lacher. Ich werde einen Film mit euch Jungs machen, der nicht halb so viele komische Stellen hat, aber dafür eine nachvollziehbare Handlung. Und ich wette, daß er doppelt soviel einspielt wie *Duck Soup.*«

Nachdem wir den Vertrag unterschrieben hatten, fragte er uns, wer unserer Ansicht nach das Drehbuch schreiben sollte. Natürlich sagten wir: »Kaufman und Ryskind«. Danach fragte er uns nie wieder um Rat.

Glücklicherweise hatten wir nicht gewettet. *A Night at the Opera,* unser erster Film mit Thalberg, spielte doppelt soviel ein wie *Duck Soup.*

Es war schwierig, einen Termin bei Thalberg zu bekommen. Er tauchte jeweils mittags im Studio auf und ging gegen Mitternacht. Kaum einer seiner Mitarbeiter hatte keine Angst vor ihm. Vielleicht ist *Angst* ein bißchen übertrieben; sagen wir lieber, man begegnete ihm mit größtem Respekt. Wir allerdings ließen uns dank unserer langjährigen Vaudeville-Erfolge von der herrschenden Kathedralen-Atmosphäre nicht abschrecken und führten uns in seiner Gegenwart absichtlich auf wie die Katzenjammer Kids. Derart rüpelhafte Vertraulichkeiten war er von seinen Mietlingen nicht gewohnt, und ich glaube, daß er uns gerade deswegen besonders mochte. Wir machten ihm Spaß.

Das gesellschaftliche Leben von Hollywood interessierte Thalberg nicht. Zum Krocket- oder Polospielen hatte er nie Zeit, und abgesehen von gelegentlichen Bridgepartien galt sein ganzes Interesse dem Kinofilm. Er ließ nie zu, daß sein Name im Vor- oder Abspann genannt wurde. Er machte sich absolut nichts aus derartiger Publicity. Er sagte: »Wenn der Film gut ist, weiß sowieso jeder, wer ihn produziert hat. Ist er schlecht, will es niemand wissen.«

Irgendwann fragten wir ihn, weshalb er seinen Namen nicht auf der Leinwand sehen wolle. Er sagte: »Weil die mit der Nennung eines Namens verbundene Ehre anderen zuteil werden sollte. Wenn man in der Lage ist, sich selbst zu ehren, kann man darauf verzichten.«

Er nahm immer an mehreren Drehbuchbesprechungen gleichzeitig teil, die in nebeneinander liegenden Büros stattfanden. Er schoß herein und wieder hinaus, um hier auf etwas hinzuweisen und dort einen Lösungsvorschlag anzubieten.

Eines Nachmittags saßen wir in seinem Büro und hatten gerade begonnen, eine komische Szene zu besprechen, als er plötzlich sagte: »Augenblick, Jungs. Ich bin in einer Minute wieder bei euch.« Die Minute dauerte zwei Stunden. Einige Tage später wiederholte er diesen Trick. Beim dritten Mal wurden wir wütend. Wir rollten all seine Stahlaktenschränke vor die beiden Türen und ließen ihn erst wieder in sein Büro, als er versprach, uns nicht wieder sitzenzulassen.

Zwei Tage vergingen. Wir hatten gerade mit einer weiteren Besprechung begonnen, als er sich wieder einmal entschuldigte. Uns konnte er nichts vormachen. Wir wußten, daß er sich aus dem Staub machte, um an einer anderen Drehbuchbesprechung teilzunehmen. In seiner Abwesenheit zündeten wir die Scheite im Kamin an und ließen uns aus der Studiokantine Kartoffeln kommen. Als Thalberg zurückkehrte, hockten wir alle nackt vor dem prasselnden Feuer und rösteten unsere Knollen in den Flammen. Er lachte und sagte: »Augenblick mal, Jungs!« Dann rief er in der Kantine an und bestellte Butter für die Kartoffeln. Er ließ uns nie wieder sitzen.

Ein anderer berühmter Produzent, der eigenartigerweise Delaney hieß, veranstaltete auf seinem privaten Rasen ein Krocketturnier. Man spielte um recht hohe Beträge, und irgendwann verkündete der Gastgeber, er werde nun das vierte Tor in Angriff nehmen. Einer der mutigeren Gäste sagte daraufhin: »Entschuldigen Sie, aber Sie sind erst beim dritten Tor.«

Der Gastgeber brüllte: »Ich bin beim vierten Tor, und damit basta!«

Der Gast erwiderte seelenruhig: »Da Sie offenbar nicht gewillt sind, anständig zu spielen, erlaube ich mir, die Partie zu beenden und nach Hause zu gehen.«

Der Gastgeber drohte ihm mit erhobenem Schläger und sagte: »Wasdennnulos? Sind Sie für Stevenson, oder was?«

Der betreffende Produzent hatte ein feines Gespür für Filme und ist eine der letzten lebenden Legenden der Filmindustrie, nur ließ sich sein Gehirn außerhalb des Studios zu allerlei abwegigen Schlußfolgerungen hinreißen. Es erschien ihm offenbar logisch, einen Gast mitten in einem harmlosen Krocketspiel zu bezichtigen, er wähle Stevenson, und dies zudem wie einen politischen Vorwurf klingen zu lassen. Würden Sie ihn so gut kennen wie ich, wüßten Sie, daß dieser Vorwurf implizierte, sein Freund sei mindestens ein latenter Roter oder, noch wahrscheinlicher, sogar eingetragener Kommunist.

Meine persönliche Beziehung zu diesem berühmten Produzenten blieb ausgesprochen flüchtig und oberflächlich. Dreißig Jahre lang liefen wir einander immer wieder auf Parties, in Restaurants und bei Voraufführungen über den Weg. Er begrüßte mich stets mit denselben Worten. Seine einleitenden Sätze lauteten unweigerlich: »Wie geht's deinem Bruder Harpo? Den Jungen hab ich richtig gern.«

Nachdem ich dieses unhöfliche, weggetretene Faseln dreißig Jahre ertragen hatte, riß mir der Geduldsfaden. »Jetzt paß mal auf«, sagte ich irgendwann zu ihm, »Harpo liegt mir genauso am Herzen wie dir, wahrscheinlich sogar mehr, aber wieso fragst du mich jetzt seit dreißig Jahren andauernd, wie es Harpo geht? Warum fragst du mich nicht mal zur Abwechslung, wie es *mir* geht?«

»Groucho«, erwiderte er und legte mir besänftigend eine Hand auf die Schulter, »irgendwann frage ich dich mal, wie's dir geht. Aber im Moment interessiert mich etwas anderes: Wie geht's Harpo?«

In der Filmbranche gab es damals eine ganze Reihe interessanter Regisseure. Einen dieser Herren bezeichnete ein mit mir befreundeter Autor, der für ihn gearbeitet hatte, sarkastisch als lebenden Asbestvorhang zwischen Publikum und Unterhaltung.

Ein erfolgreicher Regisseur, mit dem auch wir zusammenarbeiteten, kannte nur eine einzige Regieanweisung für seine Schauspieler, und zwar folgende: »So, Schätzchen, jetzt leg los und dreh ihnen ne ganze Wagenladung Miesmuscheln an!« Worum es in der Szene ging, war ihm völlig egal. Es machte keinen Unterschied, ob eine Liebesszene, eine dramatische oder eine komische Szene bevorstand. Seine Anweisung blieb stets dieselbe. Die Schauspieler mußten grundsätzlich Muscheln verkaufen.

Nachdem Mornie Ryskind, einer unserer besten Autoren, sich diese brillante, alles umfassende Regieanweisung drei Wochen lang angehört hatte, schlich er vor Beginn einer Szene zu mir herüber und flüsterte: »Groucho, ich bin verwirrt. Bin ich hier beim Film oder auf dem Fischmarkt?«

Die für die Zuschauer offensichtlichen Vorteile des Fernsehens haben der Filmindustrie im Laufe des vergangenen Jahrzehnts schwer zu schaffen gemacht. Andererseits bot die daraus resultierende finanzielle Krise den Studios Gelegenheit, jene Scharen festangestellter Stümper zu feuern, die sich Tag und Nacht nach Kräften bemüht hatten, jeden Film zu ruinieren, der ihnen in die Hände geriet.

Manche unserer Produzenten waren unbeschreiblich. Einer von ihnen (den wir Delaney nennen wollen) war ein leidenschaftlicher Spieler und teilte seine Leidenschaft mit dem Studioboß (den wir ebenfalls Delaney nennen wollen). Irgendwann wurde der betreffende Produzent arbeitslos und fand kein Studio, das seine Dienste brauchen konnte. Erschwerend kam hinzu, daß er beim höchsten Tier unseres Studios dreißigtausend Dollar Spielschulden hatte. Da der Boß kein Trottel war (außer, wenn es ums Filmemachen ging), wußte er, daß er nur dann Aussicht auf Begleichung der Schuld hatte, wenn er den arbeitslosen Produzenten in seinem Studio beschäftigte – und ehe wir wußten, wie uns geschah, hatte er seinen Spielpartner als Produzenten unseres neuen Films eingestellt.

Lassen Sie mich kurz den Tagesablauf dieses Produzenten beschreiben. Das heißt, vorher sollte ich wohl besser ihn selbst beschreiben. Er war groß und aufgedunsen und hievte seinen über den Gürtel hängenden Bauch ständig mit beiden Händen nach oben, als fürchtete er, das Ding könne andernfalls herunterfallen und mit Füßen getreten werden. Er hatte eine tiefe, laute, wütende Stimme, die er nur dann erhob, wenn zweifelsfrei feststand, daß er nicht wußte, wovon er gerade redete. In dramaturgischer Hinsicht litt er an klassischer Begriffsstutzigkeit, war aber andererseits fest davon überzeugt, solange er bei Drehbuchkonferenzen nicht spreche, sondern brülle, werde sich schon irgendeiner der Anwesenden einen Reim auf die aus seinem Gesicht dringenden Laute machen können.

An unserem Drehbuch arbeiteten drei begabte, schüchterne Autoren, die erst kurz zuvor von der Ostküste angereist waren. Wann immer sie zu einer Drehbuchbesprechung ins Büro des Produzenten befohlen wurden, gerieten nicht nur ihre Knie ins Schlottern, sondern vor lauter Mitgefühl auch all ihre restlichen Körperteile.

Als man uns diesen Produzenten unterjubelte, dessen einst klarer Verstand sich im Laufe der Jahre vollständig in Nebel aufgelöst hatte, war er nur mehr eine große, leere Hülle. Er fraß wie ein Schwein, kippte Schnaps um Schnaps und versuchte mit jeder Frau anzubändeln, die in seine Reichweite kam. (Zum Glück für die Mädchen allerdings meist erfolglos.)

Für die Mitarbeiter des Studios begann der Arbeitstag um neun Uhr morgens. Unser Held rollte grundsätzlich gegen elf an, und zwar meist in Begleitung eines gigantischen Katers. Unmittelbar nach dem Eintreffen schnappte er sich ein Telefon, rief seine Frau an und ließ sich detailliert sämtliche Klatsch-Leckerbissen schildern, die man ihr seit seinem Aufbruch am Morgen zugetragen hatte. Dergestalt im Bilde über den in der Stadt kursierenden Schmutz, erhob er sich, rückte seinen Bauch zurecht und walzte schnurstracks ins Büro des Chefs, um hinter verschlossenen Türen ein paar Runden Gin-Rommé zu spielen. In sein Büro kehrte er erst gegen eins zurück – also gerade rechtzeitig zum Mittagessen.

Da die vorzügliche Küche der Studiokantine den Ansprüchen dieses schweinischen Epikureers nicht genügte, verbrachte er die Mittagszeit gewöhnlich in einem mehrere Meilen entfernt gelegenen Nobelrestaurant. Dort verdrückte er einen mittleren Seidel Martinis, eine Platte Horsd'œuvres, zwei verschiedene Fleischgerichte, gemischtes Gemüse, Kaffee und ein paar Gläschen Brandy. Anschließend kletterte er in seinen noch nicht bezahlten Cadillac und platzte auf der Rückfahrt ins Büro vor Verdauungsstörungen, Blähungen und Tücke fast aus den Nähten. Gegen halb drei beruhigte er seinen rebellierenden Verdauungstrakt mit einem Becher Natron. Von diesem Zeitpunkt an klang jeder seiner Rülpser wie eine frisch angebohrte Ölquelle. Gegen drei Uhr nachmittags beruhigte sich die komplexe Geräuschkulisse wieder – also gerade rechtzeitig zur Siesta.

Gegen vier Uhr wachte er wieder auf und brüllte nach seinen drei schüchternen Schreibern, die schon seit Stunden in banger Erwartung seines Rufes im Vorzimmer hockten.

Eine ausgesprochen hübsche, junge Sekretärin, mit der unser Freund bald ein Verhältnis zu haben hoffte, führte die drei in sein Büro. Anschließend ließ er sich widerwillig dazu herab, das von den Autoren im Laufe des Vormittags mühsam erarbeitete Dialogmaterial zu überfliegen. Nachdem er die Szenen gelesen hatte, schüttelte er den Kopf, sah seine drei Autoren mitleidig an und schüttelte dann weiter den Kopf. Anschließend folgte zehnminütiges, unheilverkündendes Schweigen, und daran anschließend zehnminütiges Brüllen und Mit-beiden-Händen-auf-den-Tisch-Hauen. Hüpften schließlich alle auf dem Schreibtisch befindlichen Gegenstände synchron auf und ab, schrie er: »Das ist Mist! Das ist Mist!« Dann stützte er sein Kinn auf beide Hände, saß einfach da und glotzte schweigend seine drei Autoren an, die den weiten Weg von der Ostküste nach Kalifornien in der Hoffnung zurückgelegt hatten, glücklich zu werden.

Wurde die Stille schließlich unerträglich, warfen die Autoren einander einen kurzen Blick zu, erhoben sich wie auf ein Zeichen hin von ihren Stühlen, sammelten ihre abgelehnten Szenen ein und schlichen schweigend zurück in ihre Käfige. Natürlich waren sie nicht erfreut über die Reaktion ihres Produzenten, aber schon die Tatsache, daß sie lebend davongekommen waren, verlieh ihnen die Kraft, einen weiteren Tag zu überstehen. Ich möchte hinzufügen, daß dieses Monster kein repräsentativer Hollywood-Produzent war. Er stand allein auf weiter Flur.

Ein anderer Produzent, der für ein anderes Studio arbeitete und wöchentlich zweitausend Dollar verdiente, war im Gegensatz zu oben beschriebener Gestalt ein Gentleman und hatte sogar studiert – allerdings leider keine Filme.

Er hatte keine Laster. Er trank nicht, rauchte nicht und war ein treuer Ehemann. Sein Anspruch auf Ruhm und einen Job in der Filmbranche gründete sich allein darauf, daß er sämtliche Lincoln-Biographien gelesen hatte und ein großes Lincoln-Ölgemälde die Wand seines Büros zierte. Über den großen Sklavenbefreier wußte er besser Bescheid als Ida Tarbell, Carl Sandburg, Raymond Massey und Mrs. Lincoln zusammen.

Bei Drehbuchbesprechungen hörte er sich unabhängig vom jeweiligen Problem sämtliche Vorschläge und Lösungen der Drehbuchautoren geduldig an. Anschließend bat er um Ruhe, stand auf und hielt mit Grabesstimme eine lange, gewundene Rede über irgendein belangloses Ereignis aus Lincolns Leben. Während dieses Vortrages huschte ein sanftes Lächeln über sein Gesicht. Damit zeigte er seinen Zuhörern, daß er manches mit dem aufrichtigen Abe gemein hatte – Geduld, Seelenstärke und einen feinen Sinn für Humor.

Nach Abschluß seiner schlichten kleinen Anekdote löste sich die Besprechung in nackte, überschwengliche Bewunderung für diesen stillen, kleinen Mann auf, der so anregend und kenntnisreich über unseren heiligmäßigen Präsidenten zu sprechen verstand. Beim Verlassen des Raumes hörte man die Teilnehmer der Konferenz (die inzwischen völlig vergessen hatten, weswegen sie ursprünglich zusammengekommen waren) einander zuflüstern: »Nein, was für ein wun-der-barer

Mann... so was von interessant. Also, irgendwie erinnert er mich doch stark an Lincoln.«

Dieser Windbeutel arbeitete jahrelang für ein und dasselbe Studio. Er produzierte etliche Filme, und alle waren belanglos. Aber wie konnte man einen Mann vor die Tür setzen, der einen so unwahrscheinlich stark an unseren Märtyrer-Präsidenten erinnerte? Sobald sein Name fiel, sagte unweigerlich irgend jemand: »Stimmt, seine Filme sind wirklich lausig, aber sag mal, Mensch, erinnert er dich nicht auch an Lincoln?«

Nebenbei bemerkt, brachte unser Freund es bis zum Ende seiner langjährigen Produzententätigkeit nicht zuwege, das Leben des großen Sklavenbefreiers auf die Leinwand zu bringen. Ein anderes Studio verfilmte den Stoff – und machte daraus ein kolossales Kunstwerk, das beim Publikum kolossal durchfiel.

Und was lernen wir daraus? Wer mit dem Rücken zur Wand steht und bis zum Hals in Schwierigkeiten steckt, kramt am besten irgendeinen abstrusen Gegenstand heraus, mit dem er sich schon seit Jahren beschäftigt, und haut ihn seiner gesamten Umwelt gnadenlos um die Ohren.

Nicht alle in diesem Kapitel erwähnten Filmleute müssen auf die Erwähnung ihres Namens verzichten. Zum Beispiel die Delaney-Brothers, die ich hier der Kürze halber *Warner* nennen werde. Vor einigen Jahren bekam ich einen Brief von meinem Anwalt. Einen Brief, der an mich adressiert, aber ihm zugestellt worden war. In Hollywood kriegt nämlich niemand seine eigene Post. Alles wird grundsätzlich Anwälten, Ärzten, Managern oder Agenten zugeschickt. Briefe von Zahnärzten werden überhaupt nicht beantwortet. Man schickt dem Mann einfach ein paar löchrige Zähne, die er dann verplombt und an den zuständigen Anwalt weiterleitet. Das Ganze ist sehr verwirrend.

Der oben erwähnte Brief kam von der Rechtsabteilung der

Warner Brothers. Die Brüder waren ziemlich erbost, weil wir unseren neuen Film *A Night in Casablanca* nennen wollten... Fünf Jahre zuvor war ein Warner-Brothers-Film mit Humphrey Bogart und Ingrid Bergman in die Kinos gekommen, der schlicht und ergreifend *Casablanca* hieß, und nun drohten die Warners uns mit einem Prozeß, falls wir nicht auf den – ihrer Ansicht nach – zu sehr ans Original erinnernden Titel verzichteten.

Da mein Anwalt verreist war – er spielte in French Lick *chemin de fer* –, schrieb ich folgenden Brief:

Liebe Warner Brothers,
wie es scheint, führen doch mehrere Wege zur Erstürmung und dauernden Besetzung einer Stadt. Als wir mit den Vorbereitungen für unseren Film begannen, wußte ich beispielsweise nicht, daß die Stadt Casablanca einzig und allein den Warner Brothers gehört. Bereits wenige Tage nach unserer Ankündigung erhielten wir dann allerdings Ihre lange, unheilverkündende Mahnung, wir dürften den Namen *Casablanca* nicht verwenden. Augenscheinlich ist Ihr Ururgroßvater Ferdinand Balboa Warner im Jahre 1471 auf der Suche nach einer Abkürzung in die Burbanker Innenstadt über die afrikanische Küste gestolpert und hat diese mit erhobenem Bergstock (den er später gegen hundert Stammaktien eintauschte) auf den Namen Casablanca getauft.

Ihre Haltung ist mir unbegreiflich. Selbst wenn Sie beabsichtigen sollten, Ihren Film demnächst wieder in die Kinos zu bringen, wird doch wohl jeder normale Besucher in kürzester Zeit den Unterschied zwischen Harpo und Ingrid Bergman feststellen können. Ob ich selbst das könnte, weiß ich nicht, würde es aber liebend gern auf einen Versuch ankommen lassen.

Sie behaupten also, *Casablanca* gehöre Ihnen und niemand dürfe den Namen ohne Ihre Erlaubnis verwenden. Und was ist mit »Warner Brothers«? Gehört der auch Ihnen? »Warner«

dürfen Sie sich bestimmt nennen, aber wie steht's mit »Brothers«? Beruflich gesehen waren wir lange vor Ihnen Brüder. Wir sind als »Marx Brothers« übers Land getingelt, als die *Vitaphone*-Idee noch im Hirn ihres Erfinders schlummerte, und sogar vor unserer Zeit gab es schon Brüder – die Smith Brothers; die Brüder Karamasow; Dan Brothers, den Detroiter Baseballer, und nicht zuletzt, »Brother, Can You Spare a Dime?« (Bruder, hast du mal'n Groschen?) Der ursprüngliche Wortlaut war, »Brothers, Can You Spare a Dime?«, aber dabei blieb unter Brüdern von dem Groschen wenig übrig, weshalb man den einen Bruder rauswarf, dem anderen alles Geld in die Hand drückte und das Ganze auf »Brother, Can You Spare a Dime?« reduzierte.

So, Jack, und nun zu Ihnen. Wollen Sie etwa behaupten, Ihr Name sei ein Original? Sie irren sich. Er wurde schon lange vor Ihrer Geburt verwendet. Auf die Schnelle fallen mir immerhin zwei Jacks ein – nämlich der Jack aus *»Jack and the Beanstalk«* und Jack the Ripper, der in seiner Branche wohl den besten Schnitt aller Zeiten gemacht hat.

Und was Sie betrifft, Harry: Wahrscheinlich unterschreiben Sie all Ihre Schecks in der festen Überzeugung, Sie seien der erste Harry aller Zeiten und alle anderen Harrys Hochstapler. Mir fallen zwei Harrys ein, die Ihnen vorausgegangen sind. Zum einen der berühmte Revolutionär Light Horse Harry, zum anderen ein gewisser Harry Appelbaum, der an der Ecke Ninety-third Street und Lexington Avenue wohnte. Leider war Appelbaum nicht allzu bekannt. Soweit ich weiß, verkauft er inzwischen bei Weber & Heilbroner Krawatten.

Und nun zum *Burbank Studio.* So, glaube ich, nennt Ihr Brüder Euren Firmensitz. Der alte Burbank weilt nicht mehr unter uns. Vielleicht erinnert Ihr Euch noch an ihn. Er war ein fabelhafter Gärtner. Seine Frau sagte oft, Luther habe zehn grüne Daumen. Was muß sie doch für eine geistreiche Person gewesen sein. Burbank war jener Zauberkünstler, der alle möglichen Gemüse- und Obstsorten so lange kreuzte, bis die armen Pflanzen vor lauter Verwirrung nicht mehr wußten, ob sie auf der Fleischplatte oder dem Nachtischteller zum Abendessen kommen sollten.

Ich kann natürlich nur Vermutungen anstellen, aber wer weiß: Vielleicht sind Burbanks Hinterbliebene gar nicht so glücklich darüber, daß in ihrer Heimatstadt eine Fließband-Filmfabrik residiert, die sich den Namen Burbank angeeignet hat und als Aushängeschild für ihre Produkte benutzt. Es könnte sogar sein, daß Großvaters Kartoffelkreationen die Familie mit größerem Stolz erfüllen als sämtliche aus Ihrem Studio stammenden Filme, *Casablanca* und *Gold Diggers of 1931* eingeschlossen. Falls der Eindruck entsteht, mein Schreiben laufe allmählich auf eine heftige Schimpfkanonade hinaus, darf ich Ihnen versichern, daß der Eindruck täuscht. Ich liebe *Warners.* Einige meiner besten Freunde sind Warner Brothers. Möglicherweise tue ich Ihnen sogar unrecht, und Sie selbst hören heute zum ersten Mal von dieser kleinkariert knausrigen Haltung. Ich wäre nicht überrascht, wenn selbst die Leiter Ihrer Rechtsabteilung nichts von diesem absurden Disput wüßten – schließlich bin ich mit vielen Ihrer Anwälte persönlich bekannt und weiß, daß sie nette Burschen mit schwarzen Lockenköpfen sind, zweireihige Anzüge tragen und, was die Nächstenliebe betrifft, Saroyan selbst an Saroyanität übertreffen.

Mir schwant, daß dieser Versuch, uns die Verwendung des Titels zu verbieten, dem Hirn eines hinterlistigen Winkeladvokaten entsprungen ist, der sich in Ihrer Rechtsabteilung vorübergehend als Lehrling versucht. Ich kenne diese Typen – frisch von der Uni weg, erfolgshungrig und viel zu ehrgeizig, um sich an die natürlichen Beförderungsgesetze zu halten. Dieser klägliche Gerichtsdiener muß Ihre Anwälte, die größtenteils nette Burschen mit schwarzen Lockenköpfen sind, zweireihige Anzüge tragen usw., zum Versuch angestiftet haben, uns zu belangen. Aber damit kommt er nicht durch! Wir zerren ihn bis in die letzten Instanzen! Kein käsegesichtiger Abenteuerjurist wird je böses Blut zwischen den Warners und den Marxen stiften! Tief in unseren Herzen sind wir alle Brüder – und bleiben Freunde, bis die letzte Rolle von *A Night in Casablanca* durch die Kamera gerutscht ist.

Mit freundlichen Grüßen
Groucho Marx

Eigenartigerweise schien dieser Brief die Warner Brothers zu verwirren. In ihrem Antwortschreiben baten sie mich allen Ernstes, die ungefähre Handlung unseres Films anzugeben. Sie meinten, das Ganze lasse sich bestimmt in gegenseitigem Einvernehmen regeln. Ich antwortete wie folgt:

Liebe Warners,
die Handlung unseres Films ist schnell erzählt. Ich spiele einen promovierten Theologen, der Eingeborene missioniert und – als Nebenbeschäftigung – den Wilden an der afrikanischen Goldküste Dosenöffner und dicke, blaue Marinejacketts andreht.

Ich lerne Chico kennen, der zu diesem Zeitpunkt in einer Kneipe arbeitet und Stammgästen, die sich den einen oder anderen auf die Nase gegossen haben, Schwämme verkauft. Harpo spielt einen arabischen Caddie, der am Stadtrand in einer kleinen griechischen Urne wohnt.

Zu Beginn des Films sehen wir Porridge, ein hinterlistiges Eingeborenenmädchen, Pfeile für die Jagd spitzen. Paul Hangover, unser Held, zündet sich ständig zwei Zigaretten gleichzeitig an. Offenbar weiß er noch nichts von der weltweiten Zigarettenknappheit.

Es wird reichlich Prunk und erbitterte Feindschaft zu sehen geben, außerdem läuft Farbe, ein abessinischer Botenjunge, im Dreieck Amok. Das Dreieck ist, falls Sie nie dagewesen sind, ein kleiner Nachtclub am Stadtrand.

Ich könnte Ihnen noch viel mehr erzählen, will Ihnen jedoch

nicht die Spannung nehmen. Die ganze Geschichte wurde bereits von der Zensurbehörde, der *Good-Housekeeping*-Redaktion sowie den Überlebenden der Haymarket-Unruhen abgesegnet, und wenn die Zeit reif ist, wird dieser Film eine neue, weltumspannende Katastrophe einläuten.

Herzlichst
Groucho Marx

Leider schien diese Mitteilung sie nicht zu besänftigen, sondern bloß für zunehmende Verwirrung zu sorgen, denn im Antwortschreiben teilte man mir mit, man habe die Handlung noch immer nicht richtig begriffen, und bat höflich um detaillierte Angaben. Selbstverständlich kam ich dieser Aufforderung umgehend mit einer wesentlich genaueren Zusammenfassung des Filminhaltes nach:

Liebe Brüder:
Seit meinem letzten Schreiben hat sich am Ablauf unseres neuen Films *A Night in Casablanca* bedauerlicherweise einiges geändert. In der neuen Version spiele ich Humphrey Bogarts Geliebte Bordello. Harpo und Chico treten als fliegende Teppichhändler auf, die das Brückenverlegen satt haben und spaßeshalber in ein Kloster eintreten. Der Spaß geht allerdings auf ihre Kosten, denn im Kloster hat man seit fünfzehn Jahren keinen mehr gehabt.

Das dem Kloster schräg gegenüberliegende Hafenhotel (direkt an der Mole) ist gerammelt voll mit rotwangigen Frolleins, von denen die meisten schon wiederholt wegen Verstoßes gegen die guten Sitten und Freiersuche vor Gericht standen. In der fünften Rolle hält Gladstone eine Rede, die das Unterhaus in Aufruhr versetzt und den König zur sofortigen Abdankung zwingt. Harpo heiratet eine Hoteldetektivin; Chico übernimmt die Leitung einer Straußenfarm. Humphrey Bogarts Freundin Bordello verbringt den Rest ihres Lebens als Bacallgirl.

Wie Sie selbst sehen, ist unser Handlungsgerüst ziemlich wacklig. Unsere einzige Überlebenschance besteht daher im Andauern der Filmknappheit.

Herzlichst
Groucho Marx

Das reichte. Eigenartigerweise hörte ich nie wieder von den Warner Brothers.

Wie ich erst später erfuhr, fuhren zwei von ihnen nach French Lick und leisteten meinem Anwalt beim *chemin de fer* Gesellschaft.

Nach Thalbergs Tod schwand mein Interesse am Filmemachen. Ich trat weiter in Filmen auf, war jedoch mit dem Herzen Gott weiß wo. Die Schauspielerei machte mir keinen Spaß mehr. Ich trat auf wie ein alter Boxer, der seine Routineschläge ausschließlich des Geldes wegen zeigt.

Mein Schwanengesang war *A Night in Casablanca*. Da es sich um eine unabhängige Produktion handelte, waren wir prozentual am Einspielergebnis beteiligt. Der Name des Produzenten ist mir entfallen, aber da er sehr nett war, wollen wir ihn Delaney nennen. Leider reicht Nettigkeit allein nicht aus, um einen guten Film zu machen. Vielleicht war es aber auch nur Zufall, daß unser Produzent seinen Beruf kurz nach der Uraufführung des Films aufgab und sich eine weniger aufreibende Beschäftigung suchte.

Es mag übertrieben klingen, aber bei den Dreharbeiten behauptete Harpo, er höre meine Knochen sogar während der Dialoge knirschen. Irgendwann, nach einer besonders zermürbenden Schlacht, kamen wir dann zu dem Schluß, daß wir unsere besten Tage hinter uns hatten und schleunigst aufhören sollten, solange wir wenigstens noch teilweise lebendig waren.

Obwohl sich viele unserer Szenen besser für Akrobaten (und zwar *junge* Akrobaten) geeignet hätten als für drei lahmende Komiker, ließen wir brav und geduldig alle Gewalttaten über uns ergehen. Wir mußten. Zum einen, weil wir den Produzenten mochten. Zum anderen (und wichtigeren), weil wir an dem Film beteiligt waren. Wäre er durchgefallen, hätten wir kein Geld gehabt, um einen Knochenflicker fürs Zurechtrücken unserer verbogenen Skelette zu bezahlen.

Nichts ist schwieriger, als einen komischen Film zu drehen. Falls Sie das nicht glauben, sehen Sie sich mal um, und zählen Sie die paar guten. Erstklassige Komödien sind so selten wie Hühnerzähne. (Weshalb bemühen gewisse Leute noch immer diesen albernen Vergleich, obwohl jeder Hahn weiß, daß Hühner keine Zähne haben... und auch sonst nicht viel zu bieten?) Lassen Sie mich kurz den typischen Tagesablauf eines Filmkomikers schildern: Man wird um acht Uhr morgens im Atelier erwartet, und zwar ausgeschlafen und heiter. Das ist ziemlich viel verlangt. Die meisten werden solchen Anforderungen selbst am Nachmittag nur mit größter Mühe gerecht. Man kriecht morgens um sechs aus dem Bett, klatscht sich mit einem nassen Handtuch zu Bewußtsein, schlingt ein herzhaftes Frühstück aus kalten Haferflocken und Joghurt herunter, setzt sich lustlos ins Auto und fährt mit hängenden Lidern ins Studio. An jeder Ampel wirft man einen hektischen Blick ins Drehbuch, das auf dem Beifahrersitz liegt. Dank dieser kleinen Ablenkung gerät man zuweilen in ansehnliche Auffahrunfälle. Aber das spielt keine Rolle; wichtig ist allein, daß man sich jene zeitlosen Zeilen auf dem Beifahrersitz gründlich einprägt, Zeilen, die einem im Gedächtnis bleiben und erst wieder verschwinden, wenn der Regisseur »Action!« ruft.

Das Tonfilmstudio, in dem man irrsinnig komisch zu sein hat, ist eine schlecht beleuchtete, im Stile eines alten Mausoleums eingerichtete Lagerhalle. Hunderte von Kabeln und Drähten liegen auf dem Boden, mutwillig in strategisch günstige Positionen gebracht, so daß man prima darüber stolpern kann, während man müde und erschlagen auf seine Garderobe zutaumelt, die die Putzfrau bei ihrem letzten Rundgang leider vergessen hat.

Im gesamten Studio gibt es keine sanitären Einrichtungen – in keinem Studio der Welt gibt es welche. Über die Gründe für dieses entscheidende Versäumnis kann ich nur spekulieren: Waren es rein wirtschaftliche, oder müssen wir schlußfolgern, daß Architekten Schauspieler nie als menschliche Wesen angesehen haben und deshalb dachten, an gewissen Einrichtungen bestünde kein dringendes Bedürfnis? Während meiner zwanzig Jahre beim Film bin ich Hunderte von Meilen verzweifelt umhergeirrt, bei Wind und Wetter, durch künstliche Straßen, durch den Turm von Babel, den Hafen von Marseille, durch Wüstensand auf dem Weg nach Mekka und alle möglichen anderen Kulissen – nicht auf der Suche nach Liebe, nein, nur nach jenem kleinen, stillen Örtchen und seiner vertrauten Wärme.

Gegen Viertel vor neun lassen die Bühnenarbeiter ihre Spielkarten fallen, und die Schauspieler werden vor die Kamera gebeten. Drei Proben und siebzehn Klappen später winkt der Regisseur ab und murmelt oder ruft – je nach Temperament: »Gestorben«. Zwischen dieser Bemerkung und dem gerade von mir erörterten Mangel an Waschräumen besteht allerdings absolut kein Zusammenhang.

Die Dreharbeiten dauern von neun bis sechs und werden nur für eine kurze Mittagspause unterbrochen. Nach dieser Pause kehrt alles unwirsch und quengelig ins Studio zurück – ausgenommen die Bühnenarbeiter, die es sowieso jedem an der Produktion Beteiligten persönlich übelnehmen, daß er sie vom Kartenspielen abhält.

Hat man das Glück, in der ersten Szene nicht gebraucht zu werden, geht man in seine noch immer nicht geputzte Garderobe und poliert seine Nachmittagsdialoge auf. Ist auch das vollbracht, legt man sich für ein paar Minütchen schlafen. Kaum ist man eingeschlummert und träumt, man sitze auf der Insel Bali-Ha'i unter einer Kokosnußpalme und lasse sich in aller Abgeschiedenheit von Shirley MacLaine den Liebestanz vortanzen, nehmen der Leiter der Presseabteilung und zwei äußerst wichtige Zeitungskolumnisten das schattige Plätzchen im Sturm. Man verlangt nicht viel – mit einem vierzigminütigen, prickelnd geistreichen Monolog wäre den Herren schon gedient. Wenn sie den kriegen, haben sie genügend Kolumnenmaterial für die nächsten paar Tage und nachmittags reichlich Zeit, sich in Santa Anita ein bißchen zu erholen.

Vom Aufnahmeleiter erfährt man jetzt, daß man im Atelier erwartet wird. Der Regisseur ordnet an, man solle sich das Gesicht auffrischen lassen. Anschließend wird man vom Maskenbildner mit einem feuchten Schwamm geschlagen. Dies ist besonders angenehm, wenn man leichtes Fieber hat – also so gut wie immer.

Der Nachmittag zieht sich hin, und gegen sechs Uhr interessiert niemanden mehr, was wie abgedreht ist. Das ganze Team will nur noch raus, nach Hause gehen, zu Abend essen und dem nächsten Drehtag mit Hilfe von Tabletten oder anderen Hilfsmitteln möglichst bald entgegenschlafen.

Um sechs strebt alles zügig auf die Ausgänge zu – alles außer den Hauptdarstellern, dem Produzenten und dem Regisseur. Dieser müde Haufen schleppt sich nun über zwei Eisentreppen in einen Vorführraum, um sich die Szenen anzusehen, die der Regisseur am Vortag vermasselt hat. (Ein ungeschriebenes Gesetz der Filmbranche besagt, daß immer zwei Eisentreppen zum Vorführraum führen müssen.) Die erste Szene, die wir uns ansehen, ist gar nicht schlecht. Sie ist sogar ziemlich gut. Bis auf eine Kleinigkeit. Chicos Kopf fehlt. Offensichtlich hatte der für Chico zuständige Kameramann einen Kater und konnte mit seinem schweren Arbeitsgerät nicht einfangen, was er wollte, nämlich Chicos Kopf.

Nach Vorführung sämtlicher Szenen wird das Licht wieder eingeschaltet, und alle sehen einander vorwurfsvoll an – nur den Produzenten sieht niemand mehr, denn der hat sich längst weggeschlichen, um allerletzte Vorbereitungen für einen Berufswechsel zu treffen.

Und damit zurück in die Wirklichkeit und zu *A Night in Casablanca.* Die letzte Drehwoche war angebrochen. Um den Film planmäßig zu beenden (andernfalls hätten wir angeblich das Budget weit überzogen), wurde beschlossen, jeweils bis zweiundzwanzig Uhr zu drehen – sehr zur Freude der Bühnenarbeiter, für die damit goldene Zeiten anbrachen. Falls Sie nie Bühnenarbeiter waren: Man spricht von »goldenen Zeiten«, wenn eine Mannschaft viermal soviel kassiert, wie sie wert ist, statt wie üblich nur doppelt soviel.

Wir sollten die Arbeit am Samstag beenden. Man zeigte uns seltsame Zahlenkolonnen, die keiner von uns begriff, und wies darauf hin, wir könnten ein regelrechtes Vermögen sparen, wenn wir den Film an jenem Abend fertigmachten (und uns dazu).

Ich sollte die letzte Szene wohl besser kurz erläutern. Auf dem Set stand ein großes, maßstabgetreues Flugzeugmodell, aus dessen vorderer Außentür eine Leiter ragte – waagerecht und etwa sechs Meter über dem Boden. Wir drei hockten auf dieser Leiter und sollten versuchen, in die Maschine zu krabbeln. Dort erwarteten uns drei schwere Jungs und versuchten, uns am Einsteigen zu hindern. Harpo und Chico hatten die Tür bereits erreicht, ihr Berichterstatter hingegen war noch nicht so weit gekommen und hing unverändert an Händen und Knien kopfunter in der Luft.

Um ein Uhr morgens arbeiteten wir noch immer an der Szene. Während ich hin und her schwankte, mitten im Luftstrom eines riesigen Gebläses, das die notwendige Flugatmosphäre schaffen sollte (sowie wesentlich bessere Absturzmöglichkeiten für mich), faßte ich jenen Entschluß, der mein Leben von Grund auf verändern sollte. Als ich dahing wie ein gerupftes Huhn, sagte ich mir: »Groucho, alter Junge – und glaub mir, du *bist* ein alter Junge –, findest du nicht auch, daß dies eine ziemlich lächerliche Art ist, deine letzten Jährchen zu verbringen?« Wir beendeten die Dreharbeiten um zwei Uhr früh, verabschiedeten uns alle voneinander, und weder Harpo noch Chico waren überrascht, als ich anschließend das Ende meiner Filmkarriere bekanntgab.

20 Patient am Scheideweg

Je weiter ich mit dieser Chronik der laufenden Nichtereignisse komme, desto klarer wird mir, daß Schreiben ein außerordentlich harter Broterwerb ist. Im Laufe meines Lebens habe ich zwar etliche angeblich komische Beiträge für Illustrierte und Zeitungen geschrieben, wußte jedoch bisher nicht, welche Ausdauer man mitbringen muß, um genügend Seiten für ein ganzes Buch zu füllen. Bis vor kurzem spielte ich jeden Tag schlecht Golf, unternahm lange Spaziergänge mit zwei teuren, flohverseuchten Pudeln und ging sogar gelegentlich reiten. Momentan tue ich nichts – außer schreiben. Und jeder, der irgendwann einmal geschrieben hat, weiß, daß man beim Schreiben denken muß. Und jeder weiß, daß es keine scheußlichere Beschäftigung gibt als Denken. Trotzdem placke ich mich weiter ab. Obwohl ich zugeben muß, daß ich den Gegenstand dieses Buches nie für den hinreißendsten aller Zeiten gehalten habe. Inzwischen bin ich nur noch gespannt, ob ich zäh und willensstark genug bin, es zu Ende zu bringen.

Vor einiger Zeit habe ich Stefan Zweigs Balzac-Biographie gelesen. Balzac überstand seine lebenslange Schriftstellerei nur, indem er sich von einem Diener allabendlich an den Bettpfosten ketten und erst am Morgen wieder befreien ließ. Um sich wach zu halten, trank er täglich zwanzig bis dreißig Tassen Kaffee. Benzedrin oder wirkungsvollere Aufputschmittel waren damals noch nicht erfunden. Am Ende starb Balzac an einer Kaffeevergiftung. Die medizinische Bezeichnung ist mir gerade entfallen, aber ganz bestimmt werde ich nicht meinen Arzt anrufen und ihn fragen: Der würde mir sofort eine Konsultation in Rechnung stellen.

Ich weiß nicht, wie's im Hinterland aussieht, aber in Beverly Hills ist es dem alten Landarzt mit Pferd, Einspänner und kleiner schwarzer Tasche genauso ergangen wie Pferden und Einspännern. Gestern abend sah ich vor dem Country Club jemanden in einen El Dorado Cadillac mit Chauffeur steigen; als er wegfuhr, fragte ich den Parkwächter, in welcher Branche der Mann tätig sei. Reich mußte er in jedem Fall sein, denn heutzutage, in Zeiten praktisch vollständiger Einkommenspfändungen durch das Finanzamt, ist ein Cadillac mit Chauffeur ein ausgesprochen kostspieliges Fortbewegungsmittel. Der Parkwächter sagte, der Mann sei Arzt.

»Arzt!« rief ich aus. »Und dann kann er sich einen Cadillac mit Chauffeur leisten? Was ist denn das für ein Arzt?«

»Er ist Allergologe«, sagte der Junge.

Die meisten von Ihnen wissen vermutlich, was ein Allergologe ist. Für alle anderen folgt eine kurze Erklärung. Nehmen wir beispielsweise an, Ihre Haut verfärbe sich blau, wann immer Sie Gurken essen. Als ganz normaler Durchschnittsmensch (beziehungsweise -trottel, wie Sie wollen) wachen Sie eines Morgens auf, sehen in den Spiegel und stellen fest, daß Ihre sterbliche Hülle über und über mit blauen Beulen bedeckt ist. Unbestreitbar ein herrlicher Anblick.

Natürlich haben Sie keine Ahnung, was Ihnen fehlt. Sie wissen nur eines, nämlich, daß Ihr derzeitiges Aussehen mit Mutter Naturs ursprünglichen Plänen nichts mehr zu tun hat. Sie greifen entsetzt zum Telefon und rufen Ihren Hausarzt an. Dieser ist gerade im Begriff, seine Sprechstundenhilfe zu röntgen, die rein zufällig ein bildschönes junges Ding ist und haargenau die gleichen Maße hat wie Sophia Loren. Sie sagen: »Herr Doktor, was soll ich machen? Ich werde überall ganz blau.«

»Hmmm«, erwidert er. »Blau, ja?«

Sie führen das Telefonat vom kalten Schlafzimmer aus und schlottern entsprechend. Sie wissen, daß Sie sich etwas anziehen sollten, sind jedoch vom Anblick Ihres blauen Körpers restlos fasziniert. Sie wiederholen: »Herr Doktor, was soll ich denn nun machen?«

Der Arzt sagt: »Kommen Sie morgen vorbei.«

Sie sagen: »Doktor, Sie scheinen mich nicht richtig verstanden zu haben. Ich sagte, ich werde blau. Sie müssen mich sofort untersuchen. Ich bin in zwanzig Minuten bei Ihnen. Geht das?«

Die drohende Störung versetzt den Arzt nicht direkt in Entzücken, schließlich ist er noch nicht mit dem Röntgen seiner Sprechstundenhilfe fertig. Außerdem muß er sich ranhalten, weil seine Frau versprochen hatte, ihm im Laufe des Vormittags einen kurzen Besuch abzustatten. Während Sie noch immer nackt dastehen, verdichtet sich das Blau auf Ihrem Körper zu kleinen Hügelketten. Allmählich sehen Sie aus wie eine Reliefkarte von Nordgriechenland.

Inzwischen hat der Arzt, ängstlich darauf bedacht, seinen Röntgenapparat nicht allzu lange unbeobachtet zu lassen, den ihn betreffenden Teil des Problems gelöst – indem er aufgehängt und den Hörer anschließend neben die Gabel gelegt hat.

Sie ziehen sich schnell an, schlingen hastig kein Frühstück herunter und rasen zur Praxis des Arztes – in der widersinnigen Hoffnung, lebendig dort anzukommen. Sie betreten die Praxis, als die Sprechstundenhilfe gerade den Hörer auf die Gabel zurücklegt. Der Arzt ist rechtschaffen verärgert über Ihr schnelles Auftauchen, und der Umstand, daß Sie ihm noch fünfundachtzig Dollar für die Behandlungen des Vormonats schulden, läßt die Kluft zwischen Ihnen und ihm nicht eben kleiner werden.

»Was fehlt Ihnen?« fragt er mürrisch.

»Och, eigentlich nichts«, erwidern Sie sarkastisch. »Nur, daß ich überall blau werde.«

»Blau, ja? Na, machen Sie sich mal frei, dann sehen wir uns das mal an.«

Das »Wir« verwirrt Sie. Meint er sich selbst und Sie, die Arzthelferin und Sie oder sich und die Arzthelferin?

»Gerade hinsetzen!« befiehlt er.

Nach einer mehrminütigen Musterung beginnt er dann, Ihnen mit einem kleinen Hammer kurze Schläge zu verpassen. Auf einer kalten Liege hocken, nackt sein und unter chronisch niedrigem Blutdruck leiden – das sind nicht gerade ideale Voraussetzungen, um sich warm zu halten. »Hmmm«, sagt er. »Kein Zweifel, mit Ihnen stimmt irgendwas nicht. Sie sind ganz blau.«

Na, *die* Mitteilung haut Sie aber fast vom Hocker! Das hätte Ihnen sogar Ihr Gärtner sagen können (dem Sie ebenfalls noch Geld schulden).

Die Arzthelferin ist inzwischen spürbar ungeduldig, und auf ihr Nicken hin sagt der Chef: »Reden wir nicht um den heißen Brei herum. Ich kann nichts für Sie tun. Sie brauchen einen Allergologen.«

»Einen Allergologen? Ich dachte, *Sie* wären Arzt«, erwidern Sie.

»Ich *bin* Arzt, aber das ist nicht mein Fachgebiet. Lassen Sie es mich mal so formulieren: Bei Ihnen scheint eine gewisse Unverträglichkeit vorzuliegen.«

Sie sagen: »Lassen Sie meine Eheprobleme aus dem Spiel.« (Das ist nicht gerade ein Spitzenwitz, aber schließlich ist der Mann auch kein Spitzenmediziner.) »Nein«, sagt er und schüttelt unwirsch den Kopf, »das meinte ich nicht. Sie nehmen irgend etwas zu sich, das Sie nicht vertragen.«

»Ich nehme dauernd Dinge zu mir, die ich nicht vertrage – aber was hat das damit zu tun, daß ich blau anlaufe?«

»Man wird einige Tests machen müssen, um herauszufinden, was Sie in Zukunft meiden sollten.«

Sie denken sich: »Meiden sollte ich in Zukunft vor allem diesen Quacksalber.« Da Sie sich allerdings wegen Ihrer

Nacktheit kaum zur Wehr setzen können, beschließen Sie, Ihren Medizynismus für sich zu behalten.

Kaum sind Sie wieder angezogen, überreicht der Arzt Ihnen eine kunstvoll geprägte Visitenkarte. Darauf steht: *Dr. Hugo Schmaltz. Allergologe.*

»Doktor Schmaltz ist eine Kapazität auf seinem Gebiet«, sagt er. »Guter Mann... weltberühmt... kommt aus Wien. Ach, übrigens, richten Sie ihm doch bitte aus, daß ich Sie zu ihm geschickt habe.« Sie wissen, was das bedeutet. Es bedeutet, daß er an allem beteiligt ist, was Schmaltz Ihnen abknöpft.

Anschließend vermittelt Sophia Loren Ihnen sofort einen Termin bei Dr. Schmaltz, dem Spezialisten.

Zehn Minuten später stehen Sie in Dr. Schmaltz' Allergien-Großmarkt. Der Arzt mißt knapp einen Meter sechzig, und sein Adamsapfel ist fast so groß wie sein Kopf. Seinem Aussehen nach zu urteilen, kennt man ihn nicht nur in Wien, sondern in ganz Europa – von Steckbriefen.

»Ah, Mr. Marx«, sagt er. »Was führt Sie zu mir?«

Was für eine Begrüßung! Da merkt man doch gleich, daß man es mit einem weltberühmten Allergologen zu tun hat!

»Machen Sie sich doch bitte frei, dann sehen wir uns das mal an.« Während Sie sich ausziehen, fragt er beiläufig: »Was fehlt Ihnen denn?«

»Ach, eigentlich nichts«, glucksen Sie, »nur, daß ich überall blau werde.«

»Blau? Hmmmm.«

Diese Information scheint ihn zu beunruhigen. Offenbar hat er mit blauen Patienten keine guten Erfahrungen gemacht. Dann legt er Sie herein. Sie hatten mit dem kleinen Hammer gerechnet. Aber der kommt nicht. Nicht bei Schmaltz. Schmaltz ist Wiener. Er zieht ein Stethoskop heraus. Aber er benutzt es nicht. Er hängt es sich bloß um den Hals. Er glaubt wahrscheinlich, auf diese Weise größere Ähnlichkeit mit einem Arzt zu haben. »Was haben Sie gegessen?« fragt er.

»Tja«, sagen Sie. »Zum Frühstück nichts...«

»Und gestern zum Abendessen?«

»Lassen Sie mich überlegen... Ah, da hatten wir Norman Krasna und seine Frau, Mr. und Mrs. Nunally Johnson – und die Sheekmans.«

Sein Tonfall wird schärfer. »Vielleicht drücke ich mich mißverständlich aus«, sagt er. »Ich möchte wissen, was Sie gestern abend *gegessen* haben.«

»Oh«, sagen Sie. »Ach so. Spaghetti mit Fleischklößchen, ein paar Fischstäbchen und Gurkensalat.«

»Essen Sie häufig Gurkensalat?« hakt er nach. Aber ehe Sie antworten können, steht er auf und beginnt murmelnd im Zimmer auf und ab zu gehen: »Gurken und Fischstäbchen. Gurken und Fischstäbchen.« Vermutlich glaubt er, das sei ein recht brauchbarer Refrain für einen neuen Calypso-Song. Plötzlich bleibt er stehen, wirbelt herum und sieht Sie an. »Wann können Sie wiederkommen?«

»Wann ich *wiederkommen* kann?« rufen Sie aus. »Ich bin doch gerade hier!«

»Stimmt«, sagt er. Er scheint erst jetzt begriffen zu haben, daß Sie in seiner Praxis sitzen.

»Warum sagen Sie mir denn nicht, was mir fehlt?« quengeln Sie.

Er sieht Sie mitleidig an. »Mr. Marx, so schnell geht das nicht. Zuallererst müssen wir jetzt einige Allergietests machen. Es könnte sein, daß Sie einen Monat lang täglich herkommen müssen.«

»Täglich!« wiederholen Sie. »Haben Sie nicht gerade gesagt, es liege an den Gurken?«

»Keineswegs«, erwidert er. »Sie sagten, Sie hätten Gurken gegessen, aber das bedeutet *nicht,* daß Ihre Blaufärbung auf die Gurken zurückzuführen ist.«

Das leuchtet Ihnen ein. Gurken sind ja bekanntlich grün. Trotzdem fahren Sie optimistisch fort. »Ich könnte doch die Gurken einfach weglassen.«

»Nein«, sagt er geduldig. »Damit wir uns nicht mißverstehen: Es könnte an den Gurken liegen. Andererseits könnte es aber auch an den Fleischklößchen liegen.« Dann lacht er herzlich. »Es *könnte* sogar an den Fischstäbchen liegen. Tja! Da haben wir uns ganz schön was vorgenommen!«

Es ist immer ziemlich peinlich, einen Arzt nach seinem Honorar zu fragen, aber bevor Sie dem Altmeister der Allergien tagtägliche Besuche abstatten, sollten Sie doch besser herausfinden, wieviel er Ihnen aus der Tasche ziehen wird. Ihr Entschluß steht fest: Falls er mehr als fünfundzwanzig Dollar pro Termin verlangt, bleiben Sie blau. Im Geiste multiplizieren Sie zügig dreißig Tage mit fünfundzwanzig Dollar pro Versuch. Das ergibt für einen Monat – siebenhundertfünfzig Dollar! Dafür kriegt man einen gut erhaltenen Gebrauchtwagen! Sie räuspern sich, wenden Ihren entsetzten Blick ab und fragen: »Herr Doktor, was berechnen Sie pro Termin?«

»Tja«, sagt er, »normalerweise beträgt mein Honorar fünfzig Dollar, aber da Sie einen ganzen Monat lang täglich herkommen müssen, behandle ich Sie für fünfundzwanzig.«

»Augenblick mal«, sagen Sie. »Was, wenn Sie nun schon nach drei Tagen herausfinden, was mir fehlt? Wieso muß ich einen Monat lang jeden Tag herkommen?«

»Nur keine Sorge«, erwidert er fröhlich. »Es wird schon einen Monat dauern!«

Dies erklärt wohl, weshalb sich Dr. Schmaltz in einem El Dorado Brougham Cadillac vom Country Club nach Hause chauffieren läßt.

Nachdem ich den medizinischen Berufsstand nun fein säuberlich seziert habe, möchte ich ihn für eine letzte Demonstration wieder zusammensetzen. Falls Sie, verehrter Leser, ähnlich empfinden wie ich, stehen Ihnen die originellen Bezeichnungen, mit denen Ärzte sich eigenhändig dekorieren, allmählich bis hier.

Ich will keineswegs behaupten, in dieser Hinsicht stünden

die Ärzte allein da. Es läßt sich nicht leugnen, daß unsere Zeit von Euphemismen und billigen Decknamen nur so wimmelt. Beispielsweise leitet heute jeder, der Tote vergräbt, ein Bestattungsinstitut. Zwar wissen alle (mit Ausnahme der Leiche), daß der Mann Totengräber ist – aber dank seines originellen Titels können die Hinterbliebenen sich leichter in dem Glauben wiegen, der Verschiedene sei nicht wirklich tot, sondern habe sich bloß für ein paar Millionen Jahre bei einem Institut eingeschrieben.

Die miese Laus, die Ihnen ein Reihenapartment andreht, das garantiert auseinanderfällt, bevor Sie Ihr Klavier abbezahlt haben, nennt sich nicht mehr Wohnungsvermittler – sondern Immobilienmakler. Die Putzfrau, die sich unverzagt durchs Leben wischt, läßt sich inzwischen als Raumpflegerin ansprechen.

Aber Schluß mit der Schmalspur-Sophisterei: Was echten Obskurantismus betrifft, steht die Ärzteschaft hinsichtlich erfolgreicher Verschleierung nebulöser Aktivitäten allein auf weiter Flur. Aus irgendwelchen Gründen haben *alle* Ärzte ihre ursprünglichen Berufsbezeichnungen abgelegt: Ich habe Jahre gebraucht, um herauszufinden, bei welcher Art Arzt ich gerade im Wartezimmer saß. Der Pädiater hieß früher Kinderarzt. Was früher *Fußarzt* hieß, heißt heute Chiropodist (nicht zu verwechseln mit dem Chiropraktiker).

Chiropraktiker sind Sadisten, die ihren Patienten erst mal eine halbe Stunde lang das Rückgrat verdrehen und anschließend eine weitere halbe Stunde lang versuchen, es irgendwie wieder in die ursprüngliche Position zu biegen. Aber nicht genug damit, daß man nach Strich und Faden vermöbelt wird: Der gemeine Chiropraktiker setzt der Körperverletzung die beleidigende Krone auf, indem er während der gesamten Behandlung ununterbrochen *lacht.* Niemand weiß, ob er über die Verfassung seines Patienten lacht oder in freudiger Erwartung seines horrenden Honorars, aber eins steht fest: Er amüsiert sich köstlich. Es scheint sich hierbei um eine unheilbare

Berufskrankheit zu handeln. Spricht man den Betroffenen allerdings offen darauf an, weist er alle derartigen Anschuldigungen entschieden von sich und behauptet steif und fest, er komme seiner Pflicht so ernst und verdrießlich nach wie der Sensenmann persönlich. Glauben Sie ihm kein Wort! Ich habe diese Typen jahrelang ganz genau beobachtet und weiß, wovon ich rede. Jeder Arzt oder sogenannte Chiropraktiker, der beim Verknoten und Verdrehen seiner Patienten lacht, ist die Massageliege nicht wert, auf der er sie zu Krüppeln knetet.

Erlauben Sie mir eine überflüssige Information am Rande (die Sie vielleicht demnächst bei einer Abendgesellschaft nutzbringend verwenden können – statt Ketchup): Der einzige Unterschied zwischen einem Chiropraktiker und einem Osteopathen besteht in der Länge des Titels. Der Osteopath ist also eindeutig im Vorteil: Da sein Titel kürzer ist, kann er einen zweiten Osteopathen in seine Praxis aufnehmen und nicht nur Ihr Rückgrat, sondern auch die Miete mit seinem Kollegen teilen.

Ich gestehe nur sehr ungern, in welchem Alter ich endlich begriff, daß Gynäkologen Mediziner sind, die mysteriöse Dinge mit Frauen machen. (Es gibt natürlich auch in anderen Branchen Leute, die mysteriöse Dinge mit Frauen machen, nur habe ich bisher nicht herausfinden können, ob es für die einen Sammelbegriff gibt.) Wissen Sie, werter Leser, was ein Proktologe ist? *Ich* weiß es. In dieses Gebiet werden wir daher nicht tiefer vordringen.

Zahnärzte gelten als Kieferorthopäden (und werden entsprechend entgolten). Auch sie sind ständig bestens gelaunt. Im Gegensatz zu Chiropraktikern lachen sie allerdings nicht laut. Sie lächeln ihre Patienten bloß mitleidig an, wenn diese hilflos vor ihnen sitzen, den ganzen Mund gespickt mit Werkzeugen, die allesamt scharf genug sind, Nashornleder wie Butter zu durchstoßen.

Während der Zahnarzt fröhlich bohrend in Ihren Hinterkopf vordringt (ich habe immer das Gefühl, die suchen eine Abkürzung nach Indien), erzählt er Ihnen einen Haufen Witze, die Sie bereits kennen, weil Sie sie ihm bei Ihrem letzten Besuch selbst erzählt hatten. Kurz vor dem Abschied teilt er Ihnen dann mit, Sie hätten leichten Mundgeruch. Um dies abzustellen, so sein Vorschlag, sollten Sie seinem Beispiel folgen – sprich, drei Monate lang nach Möglichkeit nichts anderes als Vollkornbrot und Gemüse zu sich nehmen. Kaum haben Sie ihm den Rücken gekehrt, fallen ihm drei Zähne aus.

Es entbehrt nicht einer gewissen Ironie, daß der wichtigste Arzt, jener Arzt, der mehr überstürzte Eheschließungen verhindert hat als sämtliche zornigen Väter zusammengenommen, der Abtreiber ist. Im Gegensatz zu all den anderen medizinischen Scharlatanen läßt er sich nicht dazu herab, unter falscher Flagge zu segeln. Er bekennt Farbe, und das am höchsten Mast. Mag sein, daß er sein Geschäft im verborgenen betreibt, aber dafür steht er zu seiner Überzeugung – und (soweit es den Fall betrifft, an den ich gerade denke) sitzt auch häufig dafür.

Was stimmt nicht mit der Medizin; wie kommt es, daß sämtliche praktizierenden Ärzte sich ihrer Arbeit dermaßen schämen? Weshalb bemänteln sie ihr Gewerbe beharrlich mit vertrackten Pseudonymen? Weshalb besinnen sie sich nicht auf ihre ursprünglichen Bezeichnungen? Einst, in schöner, grauer Vorzeit, konnte man sich darauf verlassen, daß pedikürt zu werden nichts anderes hieß, als daß man sich vom Fußdoktor die Fußnägel schneiden ließ. Vom Fußdoktor zum Thema Liebe ist es ein ziemlicher Sprung, aber achten Sie im nächsten Kapitel mal drauf, wie mühelos ich den hinlege.

21 Warum von Liebe sprechen, wenn man Sex meint

Ich äußere mich nur sehr ungern zu den Themen Ehe, Liebe und Balz. (Wenn mich nicht alles täuscht, habe ich die Reihenfolge umgekehrt, aber solange man nicht verliebt ist, spielt das keine große Rolle.) Da ich drei Kinder habe, dürfen Sie davon ausgehen, daß ich verheiratet bin – obwohl auch diese Regel angeblich nicht ohne Ausnahme ist.

Ich bin nicht wild darauf, mich über dieses Thema auszulassen. Kaum etwas ist im Laufe der Menschheitsgeschichte mit größerer Ausdauer beackert, untergepflügt und totgeprügelt worden als die heiligen Bande der Ehe – außer vielleicht den unheiligen. Noch keine Illustrierte, deren Herausgeber etwas auf sich hält, hat sich je ohne wenigstens zwei endgültige Artikel über Ehe und voreheliches Werben (regelmäßig verfaßt von einem Rudel Junggesellen oder Jungfrauen, sofern verfügbar) an den Zeitschriftenkiosk getraut. Keine Tageszeitung kommt ohne eigenen Kummerkasten für Liebeskranke aus, der neben dem Comic wahrscheinlich wichtigsten Rubrik. Mindestens die Hälfte der für Kaugummi-und-Popcorn-Kauer produzierten Filme handeln von frisch Verliebten und befriedigen die anerzogene Erwartungshaltung des Publikums mit einer strammen Schlinge in der letzten Rolle. Jeden Nachmittag werden im Fernsehen drei Stunden lang Variationen des Themas »Das Leben kann so herrlich sein« ausgestrahlt, und ungefähr ebenso lange trieft ähnlicher Schleim aus dem Radio.

Im Fernsehen treten inzwischen zwei geschiedene Männer auf – beides anerkannte Experten – und verdienen sich goldene Nasen, indem sie streitenden Eheleuten patente Ratschläge erteilen. Ganz gleich, wie ungewöhnlich und verzwickt die Fragestellung sein mag, diese elektronischen Salomons bringt nichts aus der Ruhe.

Ich hingegen räume bereitwillig ein, daß alles, was ich zum Thema »Ehe« sagen könnte, belanglos ist. (»Hört! Hört!«-Rufe vom Leser, vom Verleger und vom Lektor.) Ich verfüge weder über das notwendige Rüstzeug noch über die Erfahrung, geistreiche Bemerkungen zu diesem Thema beizusteuern. Wenn Sie es richtig genau wissen wollen, quasi frisch aus dem Ofen, suchen Sie am besten eine öffentliche Bibliothek auf und buddeln Shakespeare, Ovid, Casanova und Freud aus den Regalen. Wenn Sie es allerdings ganz besonders eilig haben, überspringen Sie diese Experten und führen sich Krafft-Ebing gründlich zu Gemüte.

Meine erste Ehe wurde in Chicago geschlossen. Wir hatten eine amtliche Heiratserlaubnis und zwei Dollar, also hätten wir schnell und unauffällig im Rathaus heiraten können – aber leider legte meine Braut gesteigerten Wert auf religiöse Atmosphäre. Jeder Mann, der mal geheiratet hat, weiß, daß sich der vor Sehnsucht schier vergehende Bräutigam in diesem Stadium der romantischen Beziehung fast alles gefallen läßt.

Ich weiß nicht, ob sich die Zustände in Chicago inzwischen gebessert haben, aber ehe wir jemanden fanden, der sich bereit erklärte, die Zeremonie vorzunehmen, hatten wir fünf Geistlichen Rede und Antwort stehen müssen. Offenbar hatten diese fünf uns abgewiesen, weil wir unterschiedlichen Glaubensgemeinschaften angehörten. Als sie dann noch herausfanden, daß wir beide in der Unterhaltungsbranche arbeiteten, komplimentierten sie uns eiligst aus ihren Kämmerchen.

Die meisten Menschen sprechen verächtlich von der Ehe.

Im Fernsehen und im Rundfunk macht man sich ununterbrochen über sie lustig, und was der Bräutigam bei Herren- respektive Junggesellenabenden zu hören kriegt, würde sogar eine Puffmutter erschrecken.

Ich möchte nicht respektlos erscheinen, aber vermutlich wird niemand bestreiten, daß der unbekannte Erfinder des Sex ganze Arbeit geleistet hat. Obwohl jeder verrückt danach ist (die paar Ausnahmen sind unter aller Kritik und müssen im Auge behalten werden), scheint das Wort selbst, so winzig es auch sein mag, den meisten Menschen größere Furcht einzujagen als *Antidisestablishmentarianism,* der bekanntlich längste Sproß der englischen Sprachfamilie. Vor allem Songtexter scheuen dieses hübsche kleine Wort und ersetzen es durch »Liebe«. Kein Sänger (nicht mal ein Tenor) würde es wagen, »Der Sex von Zigeunern stammt« zu singen. Mit diesem Titel wanderte das Stück zwar millionenfach über die Ladentische, aber der Sänger wanderte ebenfalls, und zwar – dank irgendeinem Komitee für saubere Sitten – in den Knast. Wie die Anklage lautete? Anstiftung zu natürlichen Umtrieben und Erregung öffentlichen Normalverhaltens.

Der Begriff *Liebe* beschreibt eine Vielzahl von Gefühlsregungen und Verhaltensweisen. Man kann Gott lieben, man kann Kinder lieben, man kann seinen Nächsten lieben (oder dessen Frau – aber nicht beide gleichzeitig) –, man kann sogar Pudel lieben. Was jedoch Liebe in der Ehe bedeutet, ist nie eindeutig definiert worden.

Beobachten irgendwelche Leute ein junges Paar, das ziellos Arm in Arm dahinschlendert, der Welt entrückt und aneinandergeschmiegt wie zwei Bananen an der Staude, rufen sie unweigerlich aus: »Ach, was für ein hübsches Paar!« oder »Nein, sind die beiden herzig! So was von verliebt, du lieber Himmel. Ist das nicht süß?«

So. Und damit ist der Punkt erreicht, an dem der gute alte Groucho, Experte für nichts, voll ins Fettnäpfchen tritt und einer feindseligen Welt seine Seele enthüllt. Man spricht von Liebe, meint aber, wenn man ehrlich ist, meist etwas ganz anderes. Es geht darum, daß zwei Menschen einander körperlich anziehend finden und deshalb auf das Glück hoffen, einander möglichst bald und möglichst fest in die Arme schließen zu können.

Wie verrückt wäre wohl dieser Romeo nach jener Julia, hätte sie O- oder X-Beine und einen Busen aus Akron, Ohio, der Gummihauptstadt der westlichen Welt? Angenommen, sie hätte Krähenfüße um die Augen und er hätte Krähenfüße. Wie stark wäre ihre Liebe dann? (Sollten die beiden Beteiligten zufällig Krähen sein, fänden sie einander natürlich unwiderstehlich.)

Ich bestreite nicht, daß sogar häßliche Menschen heiraten (sehen Sie nur mich an), aber die meisten jungen Leute heiraten aus nackter Neugierde auf jenes erhebende sexuelle Erlebnis, das Freunde, Schallplatten, Filme und Schundromane ihnen schon seit der Grundschulzeit ins Unterbewußtsein bleuen.

In *Die Katze auf dem heißen Blechdach* läßt Tennessee Williams Big Mama auf ein Bett deuten und sagen: »Wenn eine Ehe in die Brüche geht, liegt es nur daran!« Falls Mr. Williams damit andeuten will, für eine Ehe sei allein das Bett von Bedeutung, sollte er sich das Skript noch einmal ansehen und über eine Neufassung nachdenken.

Es dürfte außer Frage stehen, daß der Geschlechtstrieb jene Kraft ist, die die menschliche Art erhält. Ohne ihn verschwände alles menschliche Leben binnen weniger Jahrzehnte von der Erde, was vielleicht gar nicht so schlecht wäre. Echte Liebe zeigt sich allerdings erst, wenn das frühe, leidenschaftliche Feuer heruntergebrannt ist und nur mehr schwelende Glutasche zurückgelassen hat. Das ist wahre Liebe. In einer solchen Beziehung spielt der Sex nur noch eine Gastrolle. Ihre entscheidenden Bestandteile sind Geduld, Versöhnlichkeit, beiderseitiges Verständnis und nachsichtiger Umgang mit den Fehlern des anderen. Dies, meine ich, ist ein wesentlich solideres Fundament für eine anhaltend glückliche und erfolgreiche Ehe. Aber weshalb höre ich nicht auf mit dem Geschwätz? Überlassen wir das ganze Thema seinem Meister G. B. S. (für Sie immer noch Shaw), den ich wie folgt zitieren darf: »Stehen zwei Menschen unter dem Einfluß der heftigsten, irrsinnigsten, trügerischsten und vergänglichsten aller Leidenschaften, so nimmt man ihnen den feierlichen Schwur ab, in jenem aufgeregten, abnormen und strapaziösen Zustand zu verharren, bis daß der Tod sie scheide.«

Nachdem Mr. Shaw und ich den Begriff »Liebe« nun definiert und auf ein vernünftiges, handliches, ungenaues Maß zurechtgestutzt haben, wollen wir in unserer Betrachtung fortfahren. Ich glaube, daß mehr Eheschließungen auf Einsamkeit zurückzuführen sind als auf den alten Lockvogel Sex. In unzähligen Biographien liest man vom glücklichen Junggesellenleben in Samt und Laken, aber glauben Sie das bloß nicht. Einer meiner Freunde, ein gewisser Devlin (übrigens der leibliche Bruder von Delaney), erklärte mir vor einiger Zeit mit leisem Bedauern, er hätte seine Frau nie geheiratet, wären zu seiner Junggesellenzeit bereits Fernsehapparate und Tiefkühlgerichte im Handel gewesen. Das in dieser Aussage versteckte Körnchen Wahrheit verleitet mich zu der Annahme, er wäre am liebsten überhaupt nicht unter die Haube geraten.

Der kleine Dussel übersieht folgendes: Selbst wenn man Tiefkühlgerichte ohne Ende in sich hineinstopft und seine gesamte Wohnung mit Fernsehapparaten spickt, bleibt man doch einsam. Tiefkühlkost ist eine wunderbare Erfindung, aber beileibe kein Ersatz für eine nette Frau, die einen mit liebeshungrigen Umklammerungen durchs Leben begleitet. Wollte man das Ganze in einem einzigen Satz zusammenfassen, lautete der vermutlich wie folgt: Selbst das köstlichste Mahl der Welt ist für die Katz, wenn man es mit niemandem teilen kann. Das gilt übrigens für alle geteilten Erlebnisse. Ein Fernsehabend auf dem heimischen Sofa ist nur halb so lustig, wenn man keinen Partner neben sich hat, mit dem man in bestem Altenglisch über den Schund herziehen kann, den die Sender gezielt auf einem abladen. Es gibt nichts Gräßlicheres, als ohne Gesprächspartner allein in einem dunklen Kino zu sitzen. Im Zuge meiner ehelichen Atempause wurde mir dieses unzweifelhafte Mißvergnügen regelmäßig zuteil.

Mag sein, daß ich zu einer Minderheit gehöre, aber wenn ich mir einen Film ansehe, fällt es mir ausgesprochen schwer, meinem Begleiter (oder meiner Begleiterin) keine Fragen an den Kopf zu schleudern wie: »Sag mal, hat dieser Schrank nicht letztes Jahr in *Lang lebe die Pubertät* mitgespielt?« oder: »Ich hab vergessen, wer diesen Bockmist gedreht hat – wie hieß der Kerl noch?« oder: »Glaubst du, daß sie wirklich schuldig ist?« Mir ist klar, daß dieses idiotische Schnattern meinen Begleiter (oder meine Begleiterin) zur Weißglut treibt – von den um mich herum plazierten Kinofreunden gar nicht zu reden –, aber ich kann der Versuchung bedauerlicherweise nicht widerstehen. Und damit verbindet sich eine gar gräßliche Geschicht'.

Von Liebesabenteuerlust gepackt, machte ich mich eines trüben Nachmittags auf die Reise nach Palm Springs. Als ich dort ankam, regnete es. Ich hatte mir eine Einzimmersuite in einem berühmten Tennisclub reservieren lassen und befand mich wieder einmal auf der Pirsch nach weiblicher Gesellschaft. Das Wetter war in jenem Jahr (laut Handelskammer) ungewöhnlich schlecht gewesen, folglich war das schöne Geschlecht im Gasthaus kaum vertreten. Ich aß allein zu Abend. Außer meinem tiefen Seufzen hörte man im großen Speisesaal lediglich das furchterregende Knirschen eines alten Mannes, der in der hintersten Ecke saß. Er bröselte hartgeröstete Brotscheiben in seine Muschelsuppe, wohl in der stillen Hoffnung, er könne das Gericht in etwas Genießbares verwandeln.

Ich schlang mein Essen herunter und sah mich in den angrenzenden Räumlichkeiten nach junger oder notfalls mittelalter weiblicher Gesellschaft um. Schließlich stieß ich im Kartenspielzimmer auf vier ältere Damen (und wenn ich »ältere« sage, denke ich an Grandma Moses und ihre Altersgenossinnen), die an einem Tisch hockten und einander beim Canasta übers Ohr hauten. Zum Glück hatte ich ein gutes Buch eingepackt *(Die toten Seelen)* und beschloß, da der Club offenbar nichts Besseres zu bieten hatte, auf mein Zimmer zu gehen und zu lesen.

Die Nacht war feucht und frostig, also warf ich einige Holzscheite in den Kamin. Mit dem Abzug schien allerdings irgend etwas nicht zu stimmen, denn statt warme, fröhliche Flammen in den Schornstein schlagen zu lassen, erfüllte der Kamin das gesamte Zimmer und mich mit Rauch.

Ich setzte meinen Homburg auf, rückte mein Magengeschwür ein bißchen leewärts und beschloß, da ich ungern als großes Stück Rauchfleisch enden wollte, dem städtischen Kinopalast einen Besuch abzustatten. Ich weiß nicht mehr, welcher Film lief. Was mich in jenes Kino lockte, war ein Werbeplakat mit der Aufschrift: »Rauchen auf dem Balkon gestattet.«

Als ich das Kino betrat, begrüßte mich der Geschäftsführer mit aller einem Star wie mir gebührenden Ehrerbietung. Er sagte: »Hallo, Groucho! Sind noch ne Menge gute Plätze frei. Ha! Ha!« Sein Lachen verwandelte sich in leises Schluchzen, als ich mich über die finstere Treppe nach oben tastete.

Auf dem Balkon war niemand außer einem einsamen älteren Herrn, der am Mittelgang saß und in das Geschehen auf der Leinwand völlig versunken war. Ich ging schnurstracks auf ihn zu. Da der Film bereits vor meinem Eintreffen angefangen hatte, wußte ich natürlich weder, wovon er handelte, noch, wer mitspielte. Also stellte ich dem alten Herrn in schneller Folge eine ganze Reihe von Fragen. Als Antwort bekam ich eine ganze Reihe von kurzen, gutturalen Lauten.

Ich wartete einige Minuten, dann stellte ich ihm die nächste Frage. Daraufhin nahm er bedächtig seinen Regenmantel und seinen Hut an sich, stand auf und ließ sich am anderen Ende des Balkons nieder. Da sonst niemand da war, mit dem ich hätte plaudern können, verließ ich das Kino bald wieder und kehrte in mein rauchiges Schlachthaus zurück.

Ich riß die Fenster auf und hüpfte ins Bett. Während ich schlotternd dalag, kam mir ein entsetzlicher Gedanke. Man stelle sich vor, der Mann auf dem Balkon wäre zum Geschäftsführer gegangen und hätte sich beschwert, eine sonderbare Gestalt, die eiligst verschwunden sei, hätte ihn unsittlich belästigt! Was wäre das für eine tolle Schlagzeile gewesen: GROUCHO MARX WEGEN UNSITTLICHER BELÄSTIGUNG EINES ÄLTEREN HERRN IM KINO VERHAFTET!

Jungen, alleinstehenden Menschen bereitet die Suche nach einem geeigneten Partner vermutlich einen Heidenspaß. Als ich zuletzt allein stand, war ich leider in den besten Jahren und gerade geschieden. Falls Sie diese unangenehme Situation nicht aus eigener Erfahrung kennen, dürfen Sie mir ruhig glauben, daß sie mit der erstgenannten nicht viel gemein hat.

Ein Beispiel mag verdeutlichen, was ich meine. Eines Tages traf ich eine gutaussehende junge Frau. Sie hatte blaue Augen, rote Haare, helle Haut, schwarze Strümpfe und war in einem Alter, in dem alles an den dafür vorgesehenen Stellen ausgewachsen war. Sie sah aus, als hätte sie bei einer erstklassig besetzten Schönheitskonkurrenz den dritten Platz belegt. Nach kurzer Vorrede, etwas bemühter Leichtfertigkeit und faulem Zauber verabredeten wir uns für den Abend. »Paßt Ihnen halb acht?« fragte ich.

Sie sagte: »Das wär ja ganz goldig.« Ich hoffte, ihre clevere Antwort sei kein Vorbote dessen, was mich am Abend erwartete. Aber ich sagte nichts und faßte mich in Geduld.

Als Mensch, der fast sein gesamtes Leben im Showgeschäft verbracht hat, habe ich gehörigen Respekt vor Uhren und empfinde Pünktlichkeit als Tugend. Über die Treue zum Theater wird viel dummes Zeug verbreitet, aber wenn jemand zu Beginn einer Vorstellung nicht hinter dem Vorhang steht, geht die Vorstellung ohne ihn über die Bühne. Zudem fällt manchem Verantwortlichen bei dieser Gelegenheit auf, daß die Vorstellung ohne den Fehlenden deutlich gewinnt. Da die Biene, von der ich gerade schreibe, halb acht »goldig« gefunden hatte, war ich pünktlich am verabredeten Ort und verströmte heftigen Rasierwasserduft. (Einen Duft, der – laut Reklame – schon bei einmaliger Anwendung weibliche Steinstatuen in wilde Tigerinnen verwandelte. Für eineinviertel Dollar ist das wirklich nicht schlecht. Früher mußte ich immer fünf Dollar bezahlen, ohne diesen Effekt auch nur annähernd zu erreichen.) Äußerlich ruhig, aber innerlich vor unlauteren Absichten förmlich schäumend, ließ ich mich von einer übergewichtigen alten Vettel ins Wohnzimmer führen. Sie steckte in einem schlampigen Kleid, das zur Zeit des Burenkrieges bestimmt als letzter Schrei gegolten hatte, und stellte sich mir sofort als »Daisys Mutter« vor. Damit stand endgültig fest, daß Daisy einen leichten Dachschaden hatte. Ein kluges, ehewilliges Mädchen ist normalerweise gewitzt genug, seine alte Mama wenigstens so lange zu verstecken, bis das designierte Opfer einen Buick und einen Verlobungsring herausgerückt hat.

Ich weiß nicht, woher das Mobiliar stammte; ein Innenarchitekt hätte es vermutlich als *Frühes Scheußlich* klassifiziert... Überall standen große Möbel, deren Plüschbezüge hier und dort mit geblümter Kretonne geflickt waren. Ich wäre nicht im geringsten überrascht gewesen, hätte ich beim Eintreten General Grant auf einem der Stühle sitzen sehen.

Ein sonderbarer Geruch erfüllte die Wohnung. Ein Geruch, den ich auf meiner Suche nach Liebesabenteuern häufig angetroffen habe. Offenbar ist er untrennbar mit derartigen Plänen verbunden. Er läßt sich schwer beschreiben, aber man wird das Gefühl nicht los, sich in unmittelbarer Nähe eines unsichtbaren Verwesungsprozesses zu befinden. Ich würde ihn am ehesten als konzentrierten Extrakt aus Verzweiflung, Fusel und Bratfett bezeichnen.

Mrs. Schlampig wies mit schlenkernden Handbewegungen auf eines der Polstermonster und hopste dann aus dem Zimmer, um ihrer Einnahmequelle von meiner Ankunft zu berichten. Ein paar Minuten später kehrte sie zurück und trillerte, Daisy werde »in einem Sekündchen« herunterkommen. Bestrebt, die romantische Stimmung zu erhalten, fragte die Kupplerin mich anschließend, ob ich etwas trinken wolle.

»Ja, liebend gern«, sagte ich. »Wenn Sie einen Bourbon auf Eis für mich hätten?«

»Tut mir leid, Mr. Ritz...«

»Marx, wenn ich bitten darf!«

»... aber wir haben keinen scharfen Schnaps im Haus. Ich bin nämlich eingetragenes Mitglied der Rosenkreuzer, und die sind, wie Sie wissen, strikt gegen hochprozentigen Alkohol.« Eilig fügte sie hinzu: »Meine Kleine trinkt ab und zu, aber nur in Gesellschaft, also in Bars. Sie meint, daß sie dann weltgewandter aussieht.« (Im Gegensatz zu ihr sollte ich später am Abend erfahren, daß ihre »Kleine« ein Schluckspecht war, der sogar W. C. Fields in Bestform unter den Tisch getrunken hätte.) »Bourbon haben wir also leider keinen«, fuhr sie fort. »Aber möchten Sie vielleicht ein Glas Kräuterlimonade?«

Ich hatte mittags Räucherhering gegessen, hätte also vor lauter Durst sogar Bratensauce getrunken. »Ist gut«, sagte ich, »dann bitte eine Kräuterlimonade.«

»Tjaa«, erwiderte sie, »ich weiß aber nicht, ob Sie die mögen. Der Kühlschrank ist im Eimer, also ist sie noch warm.«

»Wenn das so ist, nehme ich ein Glas Leitungswasser.«

»Ist wahrscheinlich sowieso besser«, nickte sie. »In Kräuterlimo ist nämlich unheimlich viel Zucker. Mein Arzt hat zu mir gesagt, wenn ich nicht aufhöre, süße Brause zu trinken, bin ich im Null Komma nix zuckerkrank.«

Während dieses geistreichen Dialogs pendelte Mama ununterbrochen zwischen Wohnzimmer und Flur und versicherte mir wieder und wieder, Daisy werde »in einem Sekündchen« fertig sein. Das »Sekündchen« wuchs sich zu einer satten Dreiviertelstunde aus, ehe meine Verabredung endlich auftauchte. Sie sah hinreißend aus, und als unsere Dunstkreise aneinandergerieten, stoben die Funken. Für einen Augenblick bedauerte ich, daß ich dreißig Jahre älter war als sie. (Das heißt, eigentlich bedauerte ich, daß ich überhaupt dreißig Jahre älter war als irgendwer, aber es war nicht der richtige Zeitpunkt zum Trauern.) Als wir auf die Tür zusteuerten, gab Mutti ihrer Tochter einen allerletzten Rat mit auf den Weg. »Sieh dich vor, Daisy. Denk dran, was diese Schauspieler für einen entsetzlichen Ruf haben!« Das ausgelassene Gackern des verwitterten Schraubendampfers begleitete uns bis zum Wagen.

Wenig später trafen wir im Nachtclub ein, wo uns der Oberkellner unter (meiner gesellschaftlichen Stellung angemessenen) Verbeugungen und Kratzfüßen an einen der vorderen Tische geleitete. Um sicherzugehen, daß seine geheuchelte Ehrerbietigkeit nicht allzu schnell verflog, steckte ich ihm widerwillig drei Dollar zu.

Ehe der Kellner den Mund aufklappen und guten Abend sagen konnte, hatte Daisy bereits einen Whisky bestellt – ohne Eis, ohne Wasser, ohne Soda, ohne Zitronenscheibe – Whisky pur. »Ach, machen Sie einen Doppelten draus«, fügte sie hinzu. Ich bestellte einen Bourbon-Highball.

Nach dem zweiten Doppelten taute meine bezaubernde Begleiterin auf und beglückte mich mit ihrer Lebensgeschichte. Sie stammte aus Moline in Illinois. Nach ihrer Ankunft in Hollywood hatte sie als Kellnerin in einem Drive-in-Restaurant gearbeitet, war jedoch nach drei Wochen gefeuert worden.

»Der Besitzer hat gesagt, meine Shorts wären so eng, daß seine männliche Kundschaft sich überhaupt nicht mehr für die Cheeseburger interessiert«, erklärte sie. »Außerdem war er scharf auf mich.«

Sie hatte ihrem Chef auseinandergesetzt, sie versuche lediglich gut auszusehen, worauf er geantwortet hatte, Hosen wie ihre seien in gewissen Etablissements durchaus angebracht, allerdings nicht in Drive-in-Restaurants. Anschließend hatte sie in zwei anderen Drive-in-Restaurants gearbeitet, war aber auch dort rausgeschmissen worden, weil sie sich von ihren Hosen nicht trennen mochte, und war zu guter Letzt zu dem Schluß gekommen, die einzige Branche, in der niemand Anstoß an ungewöhnlichen Hosen nahm, sei die Unterhaltungsbranche. Offenbar verstand sie davon mehr als ich.

Über ihr Obstdessert gebeugt, fuhr sie fort: »Stell dir vor, kürzlich hab ich den stellvertretenden Besetzungsdirektor eines großen Studios kennengelernt. Wirklich ein sehr netter Mann. Als wir zum Motel gefahren sind, hat er gesagt, mit ein klein bißchen Übung könnte ich eine zweite Kim Novak werden.« Sie richtete ihre großen blauen Scheinwerfer auf mich, strich sich eine Locke aus dem Gesicht und platzte heraus: »Sag doch selbst, Schätzchen: Was hat Kim Novak, was ich nicht habe?«

»Offen gestanden: Ich weiß es nicht«, sagte ich. »Aber eins verspreche ich dir. Falls ich je mit Miss Novak ausgehe und es herausfinde, sage ich dir Bescheid. Jetzt hör mal«, fuhr ich fort, »du sagst, du möchtest im Showbusiness arbeiten. Hast du denn schon mal auf der Bühne gestanden?«

»Na ja, ne-eh, also jedenfalls nicht professionell.« Sie setzte ein strahlendes Lächeln auf. »Aber auf der Realschule hab ich zwei Jahre lang die Hauptrolle im Rumpelstilzchen gespielt – und ich war *gut*!«

Ich muß sie wohl sonderbar angesehen haben, denn sie fügte hastig hinzu: »Oh, mir ist klar, daß man mehr Erfahrungen mitbringen muß, wenn man ein großer Star werden will. Aber du mußt zugeben, daß es ein Anfang ist. Außerdem sagen alle, daß ich nur einen kleinen Stoß brauche. Und wenn du dich hinter mich stellen würdest« – sie lehnte sich noch etwas weiter zu mir herüber –, »könnte ich zeigen, was ich zu bieten habe.«

Obwohl mir darauf etliche eindeutige Erwiderungen einfielen, hielt ich die Klappe. Ich hockte einfach reglos da, völlig betäubt von ihrem kindlichen Geplapper. Sie redete und redete, und irgendwann ertappte ich mich bei dem Gedanken: »Warum in aller Welt sitze ich hier und höre mir das an, statt mit Freunden eine Runde Poker zu spielen, mir ein Baseballspiel anzusehen oder in White Sulphur Springs in einem Schlammbad zu liegen? Weshalb muß ich mich in meinem Alter in solche unmöglichen Situationen hineinreiten?«

Die Zeit verging langsam. Ach, so langsam! Sie rückte nicht auf bleischweren Füßen voran, nein, sie kroch auf Zeigern und Zahnfleisch. Da ich kein junger Spund mehr war, wurde ich nach dem zweiten Highball etwas schläfrig. Ganz gleich, welches Thema ich vorsichtig anschnitt: Daisy brachte das Gespräch binnen weniger Minuten zurück auf ihre Karriere. Haben Sie mal gehört, wie virtuos Haydn gewisse Themen variiert? Hätte er meine Begleiterin erlebt, wäre er aus dem Staunen nicht mehr herausgekommen.

Drei zermürbend lange Stunden verstrichen, und meine Trommelfelle versteinerten langsam. Mag sein, daß ich es mir nur einbilde, aber allmählich schien Daisy mir auch optisch zu verblassen. Ihr Gesicht wurde so nichtssagend wie ihr Gerede, und all meine Überlegungen sexueller Natur waren verreist … in weite, weite Ferne. Ich wollte nur noch ins Bett. Und zwar nicht mit ihr, sondern ganz allein. Daisy hatte einen Rekord aufgestellt, der für geraume Zeit Bestand haben sollte: Sie hatte mich innerhalb von drei Stunden zum Zölibat bekehrt.

Glauben Sie nicht, diese Episode mit Daisy sei ein Einzelfall gewesen. So was passierte mir laufend. Andere Männer lernten gebildete, reiche Mädchen kennen, deren Väter Kaufhäuser, Ölfelder oder Fabriken besaßen. Diesen Töchtern aus gutem Hause lag offenbar nichts an Bühnenkarrieren. Sie wollten bloß heiraten, Kinder kriegen und einen angemessenen Anteil von Vaters Einkommen. Ich jedoch lernte nie etwas anderes kennen als gute Gründe zur Enthaltsamkeit.

22 Melinda und ich

Seit ich diese analphabetische Chronologie begonnen habe, werde ich von meinem (bekanntermaßen sadistischen) Lektor fortwährend gedrängt (gedrängt? Angestachelt!), auf diesen Seiten intime Einzelheiten aus meinem Privatleben preiszugeben. »Hör mal«, sagte er, »du hast mittlerweile 80000 Wörter geschrieben.« (Da können Sie mal sehen, was für ein niederträchtiger Kleinkrämer der Mann ist... er zählt alle Wörter einzeln, als seien es kostbare Perlen.) »Und deine Leser«, fuhr er fort, um das Thema bis zum Brechreiz zu strapazieren, »wissen noch immer absolut *nichts* von dir.«

Mutig trotzte ich seiner finsteren Entschlossenheit, in mein Privatleben einzudringen, und schnaubte Captain Blighs Reinkarnation entgegen: »Sir, ich glaube nicht, daß mein Privatleben die Öffentlichkeit etwas angeht. Ich schreibe weder ›Meine Lebensbeichte‹ für eine dieser Zeitschriften mit neun verschiedenen Anzeigen für Akne-Creme und neunzehn für elektrische Massagegürtel, noch schreibe ich eines jener ›Aufgezeichnet von jemand anderem‹-Bücher, deren Gegenstand dreißig Jahre lang sturzbesoffen war und dann erzählt, wie er zu Gott, den Anonymen Alkoholikern oder beidem gefunden hat.« (Ich hege den leisen Verdacht, daß diese Figuren schon vor dem langen, tiefen Blick ins Schnapsglas sämtliche Planungen für ihre gemeinschaftlich erstellte Autobiographie abgeschlossen haben, die sie zu guter Letzt an ein Studio zu verkaufen hoffen.)

All jenen Lesern, die weiterhin beharrlich verlangen, ihre Nasen in mein Privatleben stecken zu dürfen, gestehe ich immerhin soviel: Ich bin mit einer schwarzhaarigen, braunäugigen Circe namens Eden verheiratet und habe drei Kinder. Zwei davon sind erwachsen.

Das dritte ist ein dreizehnjähriger Fratz namens Melinda und hat bei uns die Hosen an.

Vor einigen Wochen befahl Melinda mich in ihr Zimmer. »Daddy« (so nennt sie mich, wenn ich in Hörweite bin), »ich muß eine Party geben.«

»Ist gut«, nickte ich, »such dir irgendeinen Abend aus, und lade zwei Kinder hierher ein.«

»Nein«, sagte sie. »Du verstehst nicht, was ich meine. Ich muß eine *richtige* Party geben.«

»Na schön, dann lädst du eben vier Kinder ein«, sagte ich gütig.

Sie schüttelte den Kopf. »Vier Kinder nützen nichts.«

»Das, Melinda«, erwiderte ich, »haben Kinder grundsätzlich so an sich. Aber sag mir doch einfach, was du vorhast.«

»Gut, Daddy, ich werde am nächsten Freitag zweiundzwanzig Kinder hierher einladen, und du mußt in deinem Zimmer bleiben, bis sie alle wieder weg sind.«

»Moment«, sagte ich. »Betrachten wir diese beiden Befehle doch erst mal getrennt voneinander. Und zwar ganz langsam und entspannt. Also: Wieso mußt du zweiundzwanzig Kinder in mein Haus einladen?«

»In *unser* Haus«, korrigierte sie mich.

»Was ist gegen vier Kinder einzuwenden? Und würdest du bitte das Radio leiser stellen, bevor ich es in Stücke trete?« (Während dieses Gesprächs erledigte Melinda ihre Hausaufgaben, dröhnte das Radio in voller Lautstärke und flackerte der Fernsehapparat tonlos vor sich hin. Außerdem streichelte sie ein Kätzchen, das gerade ein Tintenfaß auf ihren neuen, teuren Teppich gekippt hatte.)

»Daddy!« Sie sah mich verletzt an. »Du weißt doch, daß ich ohne Radio keine Hausaufgaben machen kann.«

»Melinda«, erwiderte ich, »du kannst mit Radio keine Hausaufgaben machen – aber das besprechen wir später. Also: Weshalb mußt du zweiundzwanzig Kinder einladen?«

»Weil ich seit über einem Monat auf keiner Party mehr war.«

»Ich auch nicht«, erwiderte ich, »aber darüber vergieße ich keine Tinte. Also: Wieso warst du seit einem Monat auf keiner Party? Leidest du an einer dieser ekelerregenden Krankheiten, über die ständig im Fernsehen berichtet wird? Verhältst du dich in der Cafeteria asozial? Aufgrund welcher schwerwiegenden Charaktermängel bist du in der Schule geächtet?«

»Ach, Daddy«, sagte sie, »du weißt doch ganz genau, daß mir nichts fehlt. Aber wenn man nicht *selbst* ab und zu eine Party gibt, wird man auch nicht zu den Parties der *anderen* Kinder eingeladen.«

Die Tinte auf dem Teppich hatte sich inzwischen zu einem zähen blauen Fries verdichtet, also redete ich Tacheles mit meiner Tochter. »Welche Art von Vorbereitungen wird diese Party erfordern?«

»Gar keine«, strahlte sie. »Wir brauchen nur ein paar Tüten ganz normale Kartoffelchips, Coca-Cola und Seven-Up.«

Bei Erwähnung der Speisekarte bekam ich eine belegte Zunge. »Na gut«, sagte ich. »Abgemacht.«

Als Melinda am nächsten Tag aus der Schule kam (das Radio lief immer noch auf Volldampf), rief sie: »Daddy, bist du fertig? Wir müssen jetzt in den Spielzeugladen.«

»Spielzeugladen? Was sollen wir denn im Spielzeugladen?«

»Sachen für die Party besorgen«, erklärte sie geduldig.

»Melinda«, sagte ich, »mir ist bewußt, daß du erst dreizehneinhalb bist, aber du solltest eigentlich wissen, daß man Kartoffelchips, Coca-Cola und Seven-Up nicht im Spielzeugladen kauft.«

»Klar weiß ich das, Daddy, aber wir brauchen auch Fähnchen und Girlanden, sonst wird die Party öde. Und danach müssen wir auch noch in einen Haushaltswarenladen und Grillkohle besorgen.«

»Grillkohle!« unterbrach ich sie. »Wozu denn das?«

»Tja, Daddy, ich hab mir gedacht, daß wir nach dem Tanzen alle Hunger haben werden. Aber mach dir keine Sorgen, wir brauchen nichts Besonderes – bloß Hot dogs und Hamburger und eine Eistorte mit drei Schichten und ein paar Sandwiches und Obst.«

»Augenblick mal«, sagte ich, »du hast die Zigaretten vergessen.«

»Nein, hab ich nicht«, erwiderte sie. »Aber wir brauchen nicht viele. Die meisten von uns rauchen nicht.«

»Na schön«, sagte ich optimistisch, »aber das wäre dann alles, ja?«

»Daddy!« sagte sie vorwurfsvoll und verdrehte die Augen so, daß sie mit dem einen mich und mit dem anderen einen Jungen ansehen konnte, der gerade die Straße überquerte. »Wir brauchen Platten!«

»Platten!« kreischte ich. »Du hast ein ganzes Zimmer voller Platten! Ich hab dir doch erst letzte Woche die *Top Ten* gekauft!«

Jetzt verdrehte sie auch ihr anderes Auge nach dem Jungen. »Das ist alles alter Kram. Die Platten kennt doch jeder. Jede Woche kommt eine neue Liste heraus, und meine Freunde tanzen nur zu den neuesten Platten.«

Erst als wir aus dem Schallplattenladen traten – halb erstickt von der dicken Luft in der kleinen Kabine, in der wir zwei Stunden lang gesteckt hatten –, wurde mir bewußt, daß sich die ursprüngliche Party mit ganz normalen Kartoffelchips, Coca-Cola und Seven-Up zu einem über 40 Dollar teuren Tanzvergnügen entwickelt hatte.

Der Feiertag dämmerte klar und hell herauf. Meine kluge Frau verschwand um neunzehn Uhr und rief mir im Flüchten zu, sie müsse dringend zu einer Elternratsversammlung. Eine halbe Stunde vor dem planmäßigen Einmarsch der Nachwuchsbanditen kam Melinda in mein Zimmer und fragte: »Wie sehe ich aus, Daddy?«

»Toll siehst du aus«, sagte ich. »Und denk bitte dran, um halb elf ist Feierabend.«

»Ist gut«, nickte sie. Dann sah sie mich mit gerunzelter Stirn an und verkündete: »Ich glaube, ich hab's dir schon gesagt, Daddy, aber bitte bleib in deinem Zimmer, bis alle wieder weg sind.«

»Was hast du denn? Schämst du dich deines lieben alten Vaters?« fragte ich und hängte gleich noch eine aus *Iolanthe* geklaute Zeile hintendran: »Ist dir denn nicht bewußt, daß man mich allgemein bewundert?«

Melinda schüttelte den Kopf. »Natürlich schäme ich mich nicht wegen dir, Daddy, aber wenn die anderen wissen, daß Erwachsene im Haus sind – außer dem Mädchen –, wird die Party ein Reinfall.«

»Mal langsam, damit ich das richtig verstehe«, sagte ich. »Du verlangst von mir, daß ich in meinem eigenen Haus hinter verschlossener Zimmertür hocken soll, nur weil zweiundzwanzig kleine Aasgeier den nicht von der Steuer absetzbaren Fraß herunterschlingen wollen, den ich bezahlt habe?«

Sie kam zu mir und gab mir einen dicken Kuß. Das ist immer ihre Antwort, wenn ihr keine Antwort einfällt. Als sie aus dem Zimmer gehen wollte, sagte ich: »Sollte ich vielleicht in meine kleidsame Zwangsjacke schlüpfen, damit sich deine Gäste sicherer fühlen?«

»Nein, Daddy«, erwiderte sie, »ich glaube, es wird auch so gehen.« Sie ging hinaus, zog die Tür hinter sich zu und schloß sorgfältig ab.

Als literarisch veranlagter Mensch griff ich daraufhin zum *Wall Street Journal.* Kaum hatte ich den dritten Leitartikel über die Gefahren der Inflation gelesen, da kündigten meine beiden fast stubenreinen Pudel auch schon kläffend das Eintreffen der ersten Gäste an. Es wurde acht, und alles blieb ruhig. Friede und relative Stille herrschten in der guten alten Wagenburg. Ich saß da und genoß den Gedanken, daß meine kleine Tochter unten im Zentrum eines gesellschaftlichen Strudels saß und aller Augen auf sich zog.

Urplötzlich begann der Plattenspieler mit einer Lautstärke loszuschmettern, die man sonst nur in Cape Canaveral oder jenseits der chinesischen Meerenge zu hören kriegt. Unterlegt war dieser Krach mit Kinderschreien und dumpferen Rauf- und Kampfgeräuschen. Ich stopfte mir Watte in die Ohren und griff energisch zu einem Buch, finster entschlossen, die zweiundzwanzig Elefanten in meinem Porzellanladen zu ignorieren.

Die Keilerei wurde immer wüster und lauter. Als ich endlich merkte, daß ich viermal nacheinander den gleichen Absatz gelesen hatte, warf ich das Buch auf den Tisch, stand auf, öffnete vorsichtig die Tür zu meinem Arbeitszimmer (an die Melinda glücklicherweise nicht gedacht hatte), trat auf den Flur und schlich in Richtung Wohnzimmer. Ich kam gerade noch rechtzeitig. Drei größere Jungen trugen einen kleineren zum Kamin – offensichtlich, um ihn dort zu grillen. Ich rettete das halbgare Opfer und wies mit einer kurzen, strengen Ansprache darauf hin, daß ein teuer möbliertes Wohnzimmer wohl kaum der geeignete Ort sei, die letzten Tage der Johanna von Orleans neu zu inszenieren.

Melinda stürzte auf mich zu und sagte: »Daddy! Geh wieder in dein Zimmer! Die Kinder können dich alle nicht leiden.«

»Danke gleichfalls«, sagte ich. »Und wenn dieser Radau jetzt nicht sofort aufhört, fliegt ihr alle raus!«

Mit dieser Bemerkung machte ich kehrt, marschierte zurück in mein Zimmer und schlug Kafkas Camus-Biographie auf (vielleicht war es auch Camus' Kafka-Biographie ... zu diesem Zeitpunkt war mir das wirklich völlig egal). Gelegentlich stand ich auf, spähte durchs Schlüsselloch und versuchte mir bildlich vorzustellen, was im Wohnzimmer passieren mochte. Meine strenge Ansprache hatte die halbwüchsige Mafia offenbar Mores gelehrt, denn mit einem Mal war alles ruhig.

Die Stille ging mir dermaßen auf die Nerven, daß ich um halb zehn wieder loskriechen und nachsehen mußte, wie sich das junge, wilde Amerika aufführte. In der einen Hälfte des Wohnzimmers tanzten die Mädchen miteinander. Die Jungs waren in der anderen Hälfte in einen hochinteressanten Wettbewerb vertieft. Sie warfen brennende Streichhölzer unter das Sofa. Derjenige, dessen Streichholz am längsten brannte, kriegte von jedem der anderen Teilnehmer zehn Cent. Wer das Sofa in Brand steckte, kriegte wahrscheinlich einen Bonus.

Wieder stürmte ich ins Zimmer und hielt praktisch dieselbe Rede wie vorher. Nur war ich diesmal etwas schlauer. Ich überredete den Rädelsführer, mit mir auf den Flur zu kommen, und versprach ihm eine Kiste Zigarren für seinen Vater, wenn er das Kommando übernähme und die Orgie unter Kontrolle hielte. Anschließend ging ich zurück in mein Zimmer und starrte auf die Uhr. Schlag halb elf stürmte ich wieder heraus und rief: »Okay, die Party ist vorbei! Raus mit euch!«

Einige der besser erzogenen Kinder dankten mir für den netten Abend. Zwei der Jungs traten mir auf dem Weg nach draußen vors Schienbein. Bald darauf war im Haus wieder alles ruhig, und Melinda hatte sich in ihr Zimmer zurückgezogen. Ich ging zu ihr.

»Melinda«, begann ich zerknirscht, »entschuldige, daß ich mein Versprechen gebrochen und mich in deine Party eingemischt habe. Ich kann nur hoffen, daß ich deine Gäste nicht verärgert habe.«

Sie drehte sich breit lächelnd zu mir um. »Ach, nein, Daddy. Es hat sie nicht gestört, daß du reingekommen bist. Sie sehen dich doch immer im Fernsehen und wissen, daß du nur Quatsch machst. Die Party war toll, und ich bin sicher, daß ich jetzt ganz viele Einladungen von den anderen Kindern kriege.«

Melinda kam zu mir gelaufen und drückte mich kräftig. Sie sah lächelnd auf und sagte: »Daddy? Darf ich nächstes Jahr wieder eine Party feiern? Nichts Besonderes – bloß ganz normale Kartoffelchips, Coca-Cola und Seven-Up.«

»Ist gut, Melinda«, sagte ich. »Mach den Plattenspieler aus, putz dir die Zähne, und dann ab ins Bett. Ach, und bevor ich's vergesse: Gute Nacht, mein Schatz.«

23 Mein persönlicher Zehnkampf

Mein Gesellschaftsleben (sofern man davon sprechen kann) ist in diesem Pepys für arme Leute bisher unerwähnt geblieben. Aber vielleicht ist das auch ganz gut so. Mein Privatleben war nie so glanzvoll oder aufregend wie das von Elsa Maxwell, Grace Kelly oder Rubirosa. Um zu solchen Ehren zu kommen, muß man entweder sehr reich sein oder Vorfahren nachweisen können, die in der Schlacht von Lexington gekämpft haben (egal, auf welcher Seite), exzellent Polo spielen und eine Koppel eigene Ponys besitzen oder gelegentlich vom Rausschmeißer aus dem *Stork Club* oder dem *El Morocco* befördert werden. Wenn man bloß aus Etablissements wie Lindy's oder dem Delikatessenladen in der Seventh Avenue fliegt, landet man garantiert nicht in den Klatschspalten.

In meiner Jugend glaubte ich, aus mir könnte einer der hervorragendsten Sportler dieses Landes werden. Einer dieser stämmigen Typen, wie Jim Thorpe oder Bob Mathias. Da ich allerdings unbekleidet nur 55 Kilo wog, zog ich mich wieder an und verwarf den Plan.

Zuerst versuchte ich es mit Schwimmen. Allerdings nicht durch den englischen Kanal oder, wie Leander, durch den Hellespont. Bis zu meinem zwölften Geburtstag konnte ich nämlich überhaupt nicht schwimmen. Ich konnte stundenlang den toten Mann machen, aber sobald ich mich umdrehte, ging ich sofort unter. Richtig schwimmen lernte ich erst mit siebzehn beim YMCA, als wir in Bridgeport im *Poli's Thea-*

tre gastierten. Und kaum hatte ich es gelernt, war's eigenartigerweise aus mit dem toten Mann. Sobald ich mich auf den Rücken drehte, ging ich sofort unter.

Heute besitze ich einen Swimming-pool und eine dazu passende Tochter. Wenn Melindas Freunde zu Besuch kommen, sehe ich ihnen immer beim Herumkaspern zu. Es ist haarsträubend! Sie scheinen stundenlang ohne Unterbrechung tauchen zu können. Sie machen Hechtsprünge, Rückwärtssaltos vom Sprungbrett und Kopfstände unter Wasser. Manchmal sieht man geschlagene zehn Minuten lang bloß Füße. Mir ist es inzwischen regelrecht peinlich, überhaupt ins Becken zu steigen.

Ich war und bin – entschuldigen Sie den vulgären Begriff – Brustschwimmer. Zur Zeit des Spanisch-Amerikanischen Krieges war das stilistisch der letzte Schrei. Außerdem kann ich nichts dafür; das hat man mir beim YMCA in Bridgeport beigebracht. Zugegeben, es gibt flottere Schwimmstile. Mein Pool ist zwölf Meter lang, und gestern habe ich meine Zeit gestoppt. Vom einen Ende zum anderen brauchte ich drei Minuten. Und zwar bei Höchstgeschwindigkeit. Ich war dermaßen geschafft von der Anstrengung, daß der Gärtner, der Postbote und eines der Mädchen mich mit vereinten Kräften aus dem Becken ziehen mußten.

Als mein Sohn Arthur (der inzwischen fast achtzig ist) zwölf war, fuhren wir zusammen nach Forest Hills und sahen uns die Partie Tilden gegen Cochet an. Am nächsten Tag drängte er mich, ihm einen Tennisschläger zu kaufen. Zum Glück bekam ich einen zum Einkaufspreis. Binnen kürzester Zeit fegte Arthur jeden durchschnittlich begabten Gegner vom Platz. Irgendwann stand er dann auf Platz fünfzehn der Landes-Rangliste, war also der fünfzehntbeste Spieler Amerikas und schickte bei seinen beiden Turnier-Auftritten in Forest Hills etliche gesetzte Spieler vorzeitig nach Hause. Er war zwar nie so gut wie Vines, Tilden, Budge oder Kramer, wohl aber der einzige Spitzensportler, den unsere Familie je hervorgebracht hatte, und wir alle waren sehr stolz auf ihn.

Als Arthur ernsthaft Tennis zu spielen begann, kaufte auch ich mir einen Schläger zum Einkaufspreis. Ich war zu dem Schluß gekommen, daß ich mittels dieser Waffe mehr Zeit mit ihm würde verbringen können. Sie wissen schon, »Zusammengehörigkeitsgefühl« und ähnlicher Mumpitz. Diese lange Vorrede diente übrigens nur dem Zweck, Sie auf folgende Geschichte richtig einzustimmen.

Als Arthur dreizehn war, spielten er und ein anderer, annähernd genauso begabter Junge, zusammen im Doppel. Ich trat ab und zu gegen sie an und schnappte mir dazu immer irgendeinen Partner, der sich gerade auf dem Clubgelände aufhielt. Einige der Spieler waren wirklich gut, aber im Ergebnis machte es keinen Unterschied, mit wem ich mich zusammentat – wir gingen jedesmal als Verlierer vom Platz.

Der amerikanische Meister hieß damals Ellsworth Vines, und der britische Spitzenspieler war Fred Perry. Eines Tages sagte ich zu Perry: »Fred, ich würde alles dafür geben, diese Burschen nur ein einziges Mal zu schlagen. Mann, tragen die dick auf! Würdest du mit mir gegen die beiden spielen?« Da er kurz zuvor in Wimbledon gewonnen hatte, erwartete ich einen leichten Sieg.

So war es auch. Die Jungs schlugen uns glatt in zwei Sätzen. Ich rannte nach vorn ans Netz, und sie lobbten mir den Ball über den Kopf. Ich konnte stehen, wo ich wollte – der Ball war immer anderswo. Die Taktik der beiden war simpel, aber wirkungsvoll. Sie schlugen einfach jeden Ball zu mir. Fred hetzte nach Leibeskräften hin und her, konnte jedoch nicht überall gleichzeitig sein.

Da ich mich partout nicht geschlagen geben wollte, kam ich zu dem Schluß, daß Perry einfach nicht genügend Mumm hatte, um mir beim Auseinandernehmen der Burschen helfen zu können. Ich wußte, daß Ellsworth Vines besser servierte und über härtere Schläge verfügte, und als ich ihm meine mißliche Lage einige Tage später auseinandersetzte, erklärte er sich bereit, an meiner Seite gegen die Jungs anzutreten. Diesmal lief es etwas besser, aber Arthur und sein Freund hatten nichts verlernt. Sie wandten die gleiche Taktik an wie gegen Perry. Sie spielten alle Bälle zu mir. Ich hatte noch nie in so kurzer Zeit so viele Tennisbälle an mir vorbeizischen sehen. Die beiden schlugen uns glatt und deutlich.

Ich hatte also sowohl neben dem amerikanischen als auch neben dem britischen Meister auf dem Platz gestanden und mit beiden verloren. Wenig später hängte ich meinen Schläger an den Nagel und setzte mich zur Ruhe. Ich bestritt danach nur noch eine einzige Partie – Charlie Chaplin und Fred Perry gegen das amerikanische Team Ellsworth Vines und Groucho Marx. Unser bevorstehendes Match hatte sich herumgesprochen, und dementsprechend groß war der Zuschauerandrang. Charlie spielte zwar auf seinem privaten Platz recht gut Tennis, war es jedoch nicht gewohnt, vor Publikum zu spielen. Außerdem redete und stichelte ich ununterbrochen auf ihn ein, bis er sich schließlich völlig entnervt auf seiner Seite des Netzes auf den Betonboden setzte. Da ich die internationalen Beziehungen keinesfalls gefährden wollte, nahm ich auf meiner Seite des Netzes Platz und sah mir gemeinsam mit Charlie an, wie Vines und Perry die Sache unter sich ausmachten. Ich weiß nicht mehr, wie das Spiel ausging.

Das waren meine Tennisjahre.

Es folgte Golf. Eigentlich ist Golf gar kein Spiel. Zum einen ist es ein Fluch, zum anderen eine Lebenshaltung. Durch Golf sind mehr Ehen in die Brüche gegangen als durch die legendäre »Andere«. Und vermutlich gibt es außer Golf keine Freizeitbeschäftigung, die Frauen als einleuchtende Erklärung für die permanente Abwesenheit ihres Gatten von Haus und Herd akzeptieren.

Wer schwimmt, tut das normalerweise mit seiner Familie. Drei Tennis-Sätze schafft man mit etwas Glück in einer

Stunde. Wenn ein Mann allerdings achtzehn statt neun Löcher Golf spielt, kann er durchaus den größten Teil des Tages außer Haus verbringen. Und wenn er zu den vielen Stümpern gehört, die jeden Ball als *Hook* oder *Slice* schlagen, kann er sogar den größten Teil des Tages im *Rough* verbringen, wo seine Frau ihn garantiert nicht findet.

Trotzdem spielt man Golf nicht nur, um nicht nach Hause zu müssen. Es gibt noch wichtigere Gründe. Das Spiel beginnt eigentlich schon in der Umkleidekabine. Hier trinken sich die Männer in Form, weit entfernt vom wachsamen, schnapsscharfen Blick ihrer Frauen. Hier verbreiten sie Lügen über ihre Schlagzahlen, prahlen mit ihren Affären, erzählen schmutzige (und normalerweise uralte) Geschichten und schließen Geschäfte ab. Ohne es anhand von Zahlen beweisen zu können, möchte ich wetten, daß vor der Geräuschkulisse rauschender Club-Duschen mehr Verträge verhandelt und mit festem Handschlag besiegelt werden als in all den über das Land verteilten Bürohäusern aus Stahl und Aluminium.

Aber erst auf dem grasigen *Fairway* erwacht das Kind im Manne wirklich zum Leben. Hier kann er mit all den grellbunten Weihnachtspullovern, komischen Mützen und affigen Hosen herumlaufen, die er nirgendwo sonst öffentlich zu tragen wagt. Hier tritt er seine Bälle mit dem Fuß aus dem *Rough*. Nicht immer, nein, nur oft genug, um dem Direktor irgendeiner Konkurrenzfirma zwei Dollar abzuluchsen. Hier schimpft er mit dem Caddie und zieht all jene üblen Register, die ihn in jedem anderen Zusammenhang lebenslänglich als gesellschaftlichen Abschaum brandmarken würden.

Meine ersten Golfschläge absolvierte ich an einem Sonntag morgen im New Yorker Van Cortlandt Park. Damals war ich noch jung, hatte reichlich Zeit totzuschlagen und tat das mit Hingabe. Man hatte mir gesagt, im Park sei immer ziemlich viel los, und dringend geraten, möglichst früh zu erscheinen, wenn ich spielen wollte. Um fünf Uhr war ich da. Nachdem ich sechs Stunden Schlange gestanden hatte, durfte ich um elf Uhr endlich abschlagen. Ich habe nie wieder solche Menschenmassen gesehen. Um jedes der Löcher drängelten sich mindestens fünfhundert Spieler.

Meine Schlagzahl auf der ersten Bahn war gar nicht schlecht. Vier Golfbälle zischten an mir vorbei, zwei trafen mich. Der erste erwischte mich in der Leistengegend, der zweite schlug mir den Hut vom Kopf. Ich spielte die Bahn zu Ende und flüchtete. Ich hatte gelesen, wie es im Ersten Weltkrieg in der Schlacht um Flandern zugegangen war, aber wirklich begriffen habe ich es erst an diesem Tag im Van Cortlandt Park.

Jahre später beschloß ich, wirklich ernsthaft Golf zu spielen. Ich kaufte mir einen Satz gebrauchte Schläger, einen Leinensack und drei Bälle. Wir gastierten im *Orpheum Theatre* in San Francisco. Mit uns trat ein Sänger namens Frank Crummit auf. Er hatte ein recht gutes Handicap und fragte mich eines Tages, ob ich ihn begleiten wolle. Da wir keinem Club angehörten, spielten wir auf dem öffentlichen Platz im Lincoln Park. Für die ersten sechs Löcher brauchte ich vierundsechzig Schläge. Anschließend machten wir uns auf den Weg zum siebenten. Der Abschlag dieser Bahn befindet sich oben auf einem Hügel; das von hundsgemeinen Sandhindernissen umgebene Grün kuschelt sich unterhalb dieses Hügels ins Tal. Die Entfernung betrug 154 Yards, und Crummit riet mir zu einem Fünfer-Eisen. Ich schlug den Ball ab. Er traf das Grün und rollte ins Loch.

Am nächsten Morgen war mein Bild auf den Sportseiten des *San Francisco Chronicle* und des *Examiner.* Genauer gesagt, waren es drei Fotos: links von mir war Bobby Jones abgebildet, rechts Walter Hagen. Die Schlagzeile war an Schlichtheit nicht zu überbieten: GROUCHO MARX GESELLT SICH ZU DEN UNSTERBLICHEN.

Am selben Abend fragten zwei Zeitungsredaktionen telefonisch bei mir an, ob ich am nächsten Morgen wieder spielen wolle – und ob es mir etwas ausmachen würde, die Runde in Begleitung einiger Fotografen zu absolvieren. »Natürlich nicht«, erwiderte ich. Dann fragten sie: »Wäre es Ihnen recht, wenn wir auch einige Reporter vorbeischickten? Wir sind alle gespannt, wie Sie dieses siebente Loch spielen.«

Ich verriet ihnen nicht, wie viele Schläge ich für die ersten sechs Löcher benötigt hatte. Ich sagte nur ganz bescheiden: »Denken Sie bitte nicht, daß ich jedesmal, wenn ich eine kurze Bahn spiele, mit dem ersten Schlag einloche.« Dann jedoch gelang es mir plötzlich, meine Zurückhaltung abzulegen, und ich fügte hinzu: »Andererseits ist es natürlich nicht halb so schwierig, wie viele mittelmäßige Golfer behaupten.«

Am nächsten Morgen hatte sich eine ansehnliche Menschenmenge versammelt, um mich abschlagen zu sehen. Mein Ruf war mir offensichtlich vorausgeeilt. Für einen Stümper hatte ich mich auf den ersten sechs Bahnen ganz gut gehalten. Das Grün der siebenten Bahn war von Kameras umstellt. Merkwürdigerweise war ich kein bißchen nervös. Ich bin mehr oder weniger komplett stählern – was etliche Schlägertypen, die mir im Laufe meines Lebens in die Quere gekommen sind, kleinlaut bestätigen werden. Zu meiner eigenen Überraschung erwischte ich einen recht guten Abschlag. Der Ball traf das Grün, verharrte einen Augenblick und rollte dann in einen der Bunker. Daraufhin verpaßte ich ihm einen fürchterlichen Hieb mit meinem Sand-Wedge. Der Ball kam heraus – und plumpste haargenau in einen Bunker auf der anderen Seite des Grüns. Dieses Spielchen setzte sich einige Zeit fort. Wozu soll ich Sie, werter Leser, nun noch länger auf die Folter spannen? Für das siebente Loch brauchte ich einundzwanzig Schläge – und das auch nur, weil ich ungewöhnlich gut mit dem Putten zurechtkam. So begriff ich, während ich vom hohen Abschlaghügel unsanft auf den Boden der Tatsachen zurückkehrte, daß eben doch nicht alles Golf war, was glänzte.

Wenig später lebte ich auf Long Island und trat am Broadway auf. Die Prohibition war in vollem Gange, und die Gangster hatten Oberwasser. Ich hatte mein Erlebnis im Van Gortland Park vergessen und spielte wieder auf einem öffentlichen Platz, der diesmal *Queensborough Club* hieß und alles andere als einladend wirkte. Ich wußte nicht, daß sich dort auch alle Ganoven der Stadt versammelten. Dutch Schultz und seine Jungs kamen jeden Tag zum Spielen. Ich stand quasi auf ihrem Stammtisch, aber da ich mich nicht regelmäßig in ihren gesellschaftlichen Kreisen bewegte, kannte ich sie nur vom Hörensagen.

Ich stümperte noch immer vor mich hin, konnte den Ball aber inzwischen wenigstens halbwegs zielstrebig auf das richtige Loch zuschlagen. Eines Morgens, als ich allein unterwegs war, erwischte ich den Ball am ersten Abschlag ziemlich gut und trieb ihn weit hinaus auf den Fairway. Ich wollte gerade zum zweiten Schlag ansetzen, da hörte ich jemanden vom ersten Abschlag her »Achtung!« rufen. Das Rufen setzte sich fort. »Achtung! Achtung! Achtung!«

»Achtung?« murmelte ich vor mich hin. »Das müssen Anfänger sein. Wissen die denn nicht, daß man erst abschlagen darf, wenn der Spieler vor einem seinen zweiten Schlag absolviert hat? Sobald ich mit dieser Runde fertig bin«, beschloß ich, »werde ich denen was erzählen! Diesen Burschen gehören mal ein paar Takte über gesittetes Verhalten und Benimmregeln auf Golfplätzen gesagt, und da sind sie bei mir an den Richtigen geraten!«

Sie waren zu viert und riefen jetzt – praktisch im Gleichklang –: »He, du! Du da, mit dem Sack! Hau sofort ab da unten!«

Ich schäumte inzwischen vor Wut. Wütend fuchtelte ich mit meinem Schläger und brüllte: »Sagt mal, was soll denn das!? Seid ihr blind? Seht ihr nicht, daß ich gerade zum zweiten Mal schlagen will? Also wartet gefälligst, oder schießt in den Wind!«

Meine Tirade stieß auf taube Ohren. Sie schossen zwar in den Wind – aber nicht ganz so, wie ich es mir vorgestellt hatte. Eine Kugel zischte plötzlich an mir vorbei. Drei weitere folgten in kurzen Abständen. Mir dämmerte allmählich, daß die Kerle es auf mich abgesehen hatten. Der Augenblick erschien mir denkbar ungeeignet, etwas über ihre genauen Beweggründe herauszufinden. Hektisch klemmte ich mir die Golftasche unter den Arm, sprintete zum Parkplatz und raste mit solcher Geschwindigkeit davon, daß ich wenige Minuten später von einem Polizisten angehalten und festgenommen wurde, weil ich mit achtzig Sachen durch eine Fünfzehn-Meilen-Zone gefahren war. Es war mein letzter Auftritt im Schützenverein Queensborough.

Ich kam zu dem Schluß, daß ich nur weiter Golf spielen konnte, wenn ich einen weiten Bogen um öffentliche Plätze machte, etwas Geld investierte und einem Country Club beitrat. In Great Neck gab es einen besonders protzigen – den *Lakeville Club,* Treffpunkt der wahren Snobs, die nur Auserwählten das Betreten ihrer heiligen Hallen und geweihten Grüns gestatteten. Um dem Club beitreten zu können, mußte ich mich sowohl einer Blut- als auch einer Speicheluntersuchung unterziehen. Nachdem beide Untersuchungen zufriedenstellende Ergebnisse gebracht hatten, nahm man meinen Mitgliedsscheck über fünftausendfünfhundert Dollar angewidert entgegen. Drei Monate später wurde der Betrag abgebucht, und bald darauf empfing man mich im Clubhaus mit verschränkten Armen. Nach zwei Wochen lud sich mein Bruder Gummo zu einer Partie gegen mich ein. »Gummo«, fragte ich, »hast du schon mal Golf gespielt?«

Er sah mich verwundert an. »Soll das ein Witz sein, Groucho? Ich habe gerade einen zwölfstündigen Kurs bei einem Sportverein abgeschlossen – und mein persönlicher Lehrmeister war einer der berühmtesten amerikanischen Golfprofis! Der hat früher in Schottland gelehrt, auf dem Golfplatz von St. Andrews. *Natürlich* kann ich spielen!«

»Hör mal, Gummo« – ich ließ nicht locker –, »bist du auch wirklich *ganz sicher*? Wir reden hier nämlich nicht von irgendeiner öffentlichen Müllkippe, sondern vom vermutlich feinsten Country Club auf Long Island. Ich bin erst seit ein paar Wochen Mitglied und möchte nicht mit dir da draußen stehen und mich zum Gespött der Leute machen.«

»Mach dir wegen mir keine Sorgen«, beruhigte Gummo mich. »Mein Profi hat gesagt, ich wäre ein Naturtalent und daß ich mich mit meinem Schlag auf keinem amerikanischen Golfkurs zu verstecken brauche.«

Es war ein milder Sonntag morgen im Mai. Gummo kam in prachtvoller Golftracht. Sein Gewand war ein echter Blickfang. Er trug englische Schuhe mit Troddeln, Strümpfe mit Pfefferminzbonbon-Streifen, eine riesige, aufgeplusterte Knickerbockerhose und als Kopfschmuck ungefähr das, was man sonst nur auf den Köpfen kriegstanzender Zulus zu sehen bekommt.

Als wir an die Reihe kamen, wartete hinter uns noch immer eine größere Menschenmenge. Der Parkplatz verläuft in Lakeville parallel zum ersten Grün. »Gummo«, flüsterte ich, »du spielst besser als ich, also schlägst du zuerst ab. So schinden wir ein bißchen Eindruck bei den Leuten.«

Er verschmähte das nackte Holz-Tee und tat, was auch ein echter Profi getan hätte. Er nahm eine Prise nassen Sandes und setzte den Ball selbstsicher darauf ab. Nach einigen vorbereitenden Schlenkern und einem langen, professionellen Blick auf das Grün holte er weit aus und verpaßte seinem Ziel einen wuchtigen Schlag. Der Ball segelte bildschön davon – und durchschlug Sekundenbruchteile später die vorderen Seitenscheiben eines Cadillac. Es war der Wagen unseres Clubpräsidenten.

Mit lautem, gekünsteltem Lachen wandte ich mich der Menge zu und sagte: »So ein Pech... aber das kann ja jedem mal passieren!«

Niemand antwortete. Einige wandten sich ab, andere begannen, gereizt mit den Füßen zu scharren.

Ich wandte mich wieder meinem Bruder zu. »Gummo«, sagte ich, »das war wirklich Pech. Setz noch einen Ball aufs Tee, Langer (er ist zweieinhalb Zentimeter größer als ich), und laß uns zusehen, daß wir weiterkommen.«

Der Scherbenhaufen auf dem Parkplatz schien Gummo nicht im geringsten zu irritieren. Er verhielt sich fast so, als gehörten derartige Zwischenfälle zu seiner normalen Spielweise. Vollkommen ungerührt nahm er erneut eine Prise feuchten Sandes und setzte seinen Ball wieder auf das Tee. Wieder schlenkerte er ein bißchen. Wieder spähte er den Fairway entlang. Dann nahm er sorgfältig Maß, versetzte dem Ball einen satten Schlag und trat zurück, um dessen Flugbahn zu bewundern. Der Ball scherte sofort nach links aus und zerschmetterte eines der Fenster des Speisesaals. Die Frau des Mitgliederratsvorsitzenden entging einer Enthauptung nur um Haaresbreite.

Daraufhin entschied ich, daß wir beide in nächster Zeit ein bißchen weniger Golfspielen sollten. Wir entrissen den hysterischen Caddies unsere Taschen und machten uns schnell aus dem Staub. Ich gelobte feierlich, mich erst wieder im Club blicken zu lassen, wenn es schneite ... und das auch nur, wenn Gummo zu diesem Zeitpunkt nach einer entlegenen Karawanserei abgereist wäre.

Wer etwas vermasselt, ist in der Regel Egoist genug, die Schuld nicht bei sich selbst zu suchen. Vor allem beim Golfspielen ist diese Haltung weit verbreitet. Als Alleinschuldige besonders beliebt sind komplette Ausrüstungen, unfähige Caddies, Schwiegermütter (die abends auf einen Sprung vorbeikommen und dann drei Monate bleiben), verzogene Schläger oder Platzwarte, die die Grüns nicht ausreichend gedüngt haben.

Ich spiele inzwischen seit gut dreißig Jahren schlecht Golf.

Mit Schummeln lande ich meist bei ungefähr fünfundneunzig Schlägen. Wenn allerdings mein Gegner so schlau ist, meine Schläge mitzuzählen, brauche ich grundsätzlich hundertundeinen. Das geht mir nicht in den Kopf. Etliche der alten Opas, denen ich auf den Fairways begegne und deren Knochen man im Umkreis eines Zweier-Holz-Schlages vor Arthritis quietschen hört, geben im Clubhaus regelmäßig Ergebnisse zwischen achtzig und neunzig Schlägen an.

Glauben Sie bloß nicht, ich hätte keinen Unterricht zu fünf Dollar je halbe Stunde gehabt. Den hatte ich. Ich habe auf Idiotenhügeln gestanden und Bälle gedroschen, bis mir sogar die Zehenspitzen weh taten. Ich habe je nach Anweisung mein Gewicht auf den linken oder auf den rechten Fuß verlagert, mich hingekauert wie Ben Hogan, mein Kinn gegen die linke Schulter gepreßt, den Kopf gesenkt und linkes und rechtes Knie auf einer Linie gehalten. Das Interessante (und Vertrackte) an diesen Übungsstunden ist, daß jeder Profi seine ureigene Theorie hat. Trotzdem spiele ich nach Verlassen des Übungshügels grundsätzlich keinen Deut besser als vor dem Verschleudern meiner fünf Dollar.

Bei mir zu Hause steht ein knapp zwei Meter hohes Bücherregal voller Golfbücher. Durch diese Bücher habe ich Anweisungen von Henry Cotton erhalten, Lektionen von Sam Snead und Ratschläge von Walter Hagen, Ben Hogan und all den anderen Großen ihres Fachs. Zum Beispiel schreibt Tommy Armour (ungebeten vertraulich): »Hey, du! Vergiß deine linke Hand. Faß den Schläger fest mit der Rechten und hau zu!« MacDonald Smith rät geduldig: »Schwingen Sie den Schläger – tun Sie so, als sei der Ball gar nicht da.« Henry Cotton versichert einem, die rechte Hand habe beim Golf nichts zu suchen. »Stellen Sie sich einfach vor, Sie hätten Ihre Rechte zu Hause gelassen.« (Vermutlich im Regal mit den Gesetzestexten.) »Schwingen Sie einfach ganz sanft mit der Linken.« Ernest Jones schreibt: »Stellen Sie sich vor, Sie hielten einen langen Faden in der Hand, an dessen Ende ein Stein befestigt ist, und schwingen Sie diese Schnur wie ein Pendel hin und her.«

Der aus McKeesport in Pennsylvania stammende Clubtrainer erzählt einem mit breitem schottischen Akzent (den er sich für fünfundzwanzig Dollar von einem auf Schottenparodien spezialisierten Komiker zugelegt hat), solange man sich keine richtigen Schläger anschaffe, könne man auch nicht besser spielen. »Ich mache all meine Schläger selber«, prahlt er. »Und ich verwende ausschließlich Bruyère-Wurzelholz – das kriegt man nur in Nordschottland. Paß auf, alter Junge«, krächzt er leise, »ich besorge dir so einen Satz Holzschläger, dazu einen Satz meiner Spezialeisen, die extra für mich in Manchester geschmiedet werden, und bevor du Bobby Burns sagen kannst, alter Junge, hast du zehn Schläge weniger auf der Karte.«

Man findet erst am Monatsende heraus, daß man dank der neuen Ausrüstung auch fünfhundertfünfzig Dollar weniger auf dem Konto hat.

Zusammenfassend kann man also sagen, daß es völlig egal ist, wo ich spiele und womit ich schlage; nach achtzehn Löchern ist mein Ergebnis immer hundertundeins.

24 Hoch damit und hauruck über die Reling!

Das Leben auf hoher See war nie mein Fall. Zum einen ist mir die *mal de mer* beziehungsweise Seekrankheit, wie man hierzulande beschönigend sagt, schon in der Theorie völlig schleierhaft. Wodurch entsteht sie? Durch Erschütterungen des Innenohres? Ist das Erbrechen auf Gebratenes und unreife Wassermelonen zurückzuführen? Ich weiß nur, daß dieser Fluch mich heimsucht, seit ich mein erstes Boot in der Badewanne fahren ließ.

Ich habe die gesamten Vereinigten Staaten und Europa per Flugzeug bereist. Ich saß in den ersten dreimotorigen Ford-Maschinen, die unsicher durch den Himmel humpelten. Ich saß in Army- und Navy-Maschinen mit offenem Cockpit. Dabei wurde mir nie übel. Aber sobald ich irgend etwas betrete, das auf dem Wasser schwimmt, ist es aus mit mir.

Mir war auf einem Baumwolldampfer übel, der von Jacksonville nach New York fuhr. Mir war auf der *Mauretania* übel, auf der *S. S. Paris,* auf der *Cedric,* der *Europa* und auf dem Nachtschiff nach Albany. Oh, war das eine Nacht! Zu jeder Kabine bekam man ein Mädchen. All jene, deren Geld nur für eine der schmalen oberen Kojen reichte, konnten sich bis Poughkeepsie ein Nymphchen ausleihen.

Jede Barke, die über die sieben Meere oder ihre Zuflüsse segelt, bringt meine Eingeweide gründlich durcheinander. Ich habe alles versucht: Dramamin, Kodein, Aspirin, Bonamin, Champagner und rohe Eier. Alles einzeln und alles zusammen. Sämtliche sagenumwobenen Mittel gehen mir zum einen Innenohr hinein und zum anderen wieder heraus. Ich habe es mit strikter Bettruhe versucht, mit Sitzen, mit forschen Spaziergängen übers Deck, mit tiefem Atmen und mit gar nicht Atmen. Wie die Liebe aller Ketten spottet, so spottet die See meiner und der vergeblichen, tragischen Versuche, sie auszutricksen.

Zum bisher letzten Dreizackturnier zwischen mir und Vater Neptun kam es auf der *S. S. Malola,* die Hawaii mitsamt Gardenien, Luaus und Auslegerkanus ansteuerte. Der junge Mann aus dem Reisebüro, der uns die Reise aufgeschwatzt hatte, riet uns dringend, spätestens zwei Stunden vor dem Ablegen des Schiffes in Wilmington zu sein (nicht Wilmington in Delaware, sondern Wilmington in Kalifornien). Ich weiß noch genau, was er sagte.

»Mr. Marx, Sie werden Spaß ohne Ende haben – das verspreche ich Ihnen. Sobald Sie einen Fuß auf dieses Traumschiff setzen, lösen sich all Ihre Sorgen und Probleme in Wohlgefallen auf. Da gibt es Musik und Papierschlangen und Konfetti. Und die Leute sind fröhlich! Nein, so was von fröhlich haben Sie noch nicht erlebt! Sogar die Freunde und Verwandten, die an den Pier kommen, um ihren Lieben zum Abschied zuzuwinken, sind beinahe so gut gelaunt wie die glücklichen Neunhundert, die in den Sonnenuntergang davonsegeln. Und, Mr. Marx«, fuhr er fort, »nicht nur am Pier gibt es Spaß ohne Ende, nein, der Spaß hört überhaupt nicht mehr auf. Es ist ständig irgendwas los. Wir weisen nicht ohne Stolz darauf hin, daß all unsere Schiffe glückliche Schiffe sind.«

Er rückte mit seinem Stuhl dichter an mich heran und flüsterte vertraulich: »Ich würd's zwar nicht vor der Geschäftsleitung zugeben, weil ich nämlich befördert werden möchte, aber ganz unter uns: Von allen Schiffen der Flotte mag ich die *Malola* am liebsten. Manche Leute behaupten, man könne an Bord genauso gut essen wie im Tour d'Argent in Paris.« Als er »essen« sagte, begann mein Magen sofort zu rumoren.

»Besonders stolz sind wir auf unser Smörgåsbord«, plapperte er weiter. »Die *Malola* ist das einzige Schiff im Pazifik, auf dem man kalten Hering in sechzehn verschiedenen Varianten essen kann!«

Obwohl ich noch festen Boden unter den Füßen hatte, verursachte mir die Erwähnung von sechzehn kalten Heringsvarianten sofort beste Brechlaune. Der Reisevertreter schwärmte weiter. »Warten Sie nur, bis Sie Ihren ersten Räucheraal kosten! Also ehrlich, bei meiner letzten Reise mit der *Malola* habe ich so viele Räucheraale gegessen, daß meine Alte meinte, wenn ich nicht aufpaßte, würde ich bald selber wie einer aussehen.«

Seine Frau hätte sich die Warnung sparen können. Er sah schon jetzt so aus. Es lohnte aber nicht, darüber zu streiten, also bezahlte ich die Tickets und ging, solange ich noch navigieren konnte.

Als ich aus dem Büro taumeln wollte, sagte er: »Ach, übrigens... waren Sie mal zum Fasching in New Orleans – zum *Mardi Gras*?«

Seine Frage verwirrte mich ein wenig, denn mir leuchtete nicht auf Anhieb ein, was New Orleans mit Räucheraalen zu tun haben sollte. »Ja«, sagte ich argwöhnisch, »da bin ich ein paarmal aufgetreten.«

»Können Sie vergessen!« sagte er. »Verglichen mit einer Reise auf der *Malola,* ist das *Mardi Gras* gar nichts.«

»Waren Sie mal da?« fragte ich.

»Äh, nein«, erwiderte er, »aber ich hab's mir oft in den Wochenschauen angesehen, und ich kann Ihnen sagen: Auf der *Malola* haben Sie *viel* mehr Spaß als beim *Mardi Gras.* Außerdem ist es gesünder, weil Sie von morgens bis abends frische, salzige Seeluft atmen.«

Obwohl er uns gebeten hatte, um acht Uhr am Dock zu sein, kamen wir erst um elf dort an. Wir hatten die kleine Seefahrt nämlich erst seit drei Monaten geplant, also kam der Abreisetermin für meine Frau völlig überraschend. Sie brauchte drei

Stunden, um sich anzuziehen, ihre Haare zu machen, ihre Nägel zu feilen, ihre Zehennägel zu lackieren, zu packen und endlich zu verkünden, sie sei fertig. Anschließend packte ich all jene Dinge, die sie nicht mehr in ihre beiden riesigen Überseekoffer und drei Handtaschen hatte stopfen können, in meinen einen Koffer, und im Nu waren wir schweigend auf dem Weg nach Wilmington und ins Paradies.

Wir trafen ungefähr eine Stunde vor dem Ablegen des Schiffes ein und stellten fest, daß der junge Mann aus dem Reisebüro wirklich nicht übertrieben hatte. Die Stimmung war bombig. Der Pier war von Freunden und Verwandten überlaufen, und die Geräuschkulisse war ohrenbetäubend. Die meisten Passagiere standen an der Reling auf dem Oberdeck. Luftschlangen und Konfetti flogen durch die Luft. Gelächter und heitere Ermahnungen schollen hin und her. Wie ich erleichtert feststellte, war das Meer spiegelglatt und lag das stolze Schiff fest und seetüchtig vor Anker.

Schließlich erklang der Ruf »Leinen los!«, die Schiffssirene tutete zum Abschied, und die Kapelle an Bord begann »Aloha« zu spielen. Während der Anker eingeholt wurde, stand eine elegant mit Vicuña-Mantel und gelber Baskenmütze angetane Gestalt ganz allein auf der gegenüberliegenden Seite des Oberdecks. Die Gestalt war ich; hoch über der dreimal verteufelten See hing ich über die Reling und übergab mich wie gehabt in Neptuns Arme.

Beim Thema Seekrankheit muß ich immer an einen ehemaligen Straßenbahnschaffner denken. Er steckte den Großteil des Fahrgeldes selbst ein und brachte es so schließlich zum Oberboß eines der großen Studios. Zu dieser leitenden Position, fand er, gehörte eine Jacht. J. P. Morgan hatte eine. Vanderbilt hatte eine. Sir Thomas Lipton hatte eine. Sogar Columbus hatte eine gehabt – und unser Freund war eindeutig reicher als Columbus. Reicher? Wäre Königin Isabella nicht gewesen, hätte Columbus auf der Straße gesessen. (Ich frage mich manchmal, wie Columbus und Isabella *wirklich* zueinander standen. Ich muß mich demnächst mal von Hedda und Louella aufklären lassen. Die Mädels wissen doch über alles und jeden Bescheid.)

Aber zurück zu unserem Freund, dem Studioboß. Nachdem er seinen Entschluß gefällt hatte, besaß er bald eine große Yacht und die dazugehörige große Mannschaft. Auf seinem Bankkonto waren jetzt dreihunderttausend Dollar weniger – was ihn nicht störte, da er etliche Millionen besaß. Anschließend beauftragte er seinen Schneider, ihm eine komplette Segelausstattung anzufertigen – weiße Anzüge, blaue Anzüge, Uniformen für jeden Anlaß, und alles mit Goldlitze.

Er war nie zuvor auf einem Schiff gewesen. Auf seiner Jungfernfahrt, die er in einem Aufzug antrat, der Admiral Dewey zur Ehre gereicht hätte, wies er seinen Kapitän an, von Los Angeles nach San Diego zu segeln. Das Schiff war komplett mit Spitzenweinen, Schnaps, Beluga-Kaviar und einigen Starlets ausgerüstet (letztere für den Fall, daß er nichts zu lesen fände).

Zwei Stunden nach dem Ablegen begann er die Fische zu füttern. Als das Schiff endlich im Hafen von San Diego einlief, war das hohe Tier nur noch ein schrecklich armer Hund, aber weiß Gott kein Seehund. Er bezog ein Hotelzimmer und blieb achtundvierzig Stunden im Bett. Als der erste Offizier ihm mitteilte, die See sei wieder ruhig, machte er sich zur Rückkehr auf die Jacht bereit.

Das Schiff lag friedlich im Hafen von San Diego vor Anker, und unser finster zum Seefahrerleben entschlossener Freund schwor sich hoch und heilig, die alberne Schwäche niederzuringen. Während der gesamten folgenden Woche schritt er übers Deck wie ein waschechter Matrose. Seit Charles Laughton in *Meuterei auf der Bounty* war niemand mehr so überzeugend auf und ab geschritten. Am siebenten Tag erreichte ihn ein dringender Anruf seines Studios. Einer seiner weiblichen Stars war am Vorabend auf einer schicken Party durchgedreht und hatte einem Associated-Press-Reporter dessen teure Kamera aus den Händen getreten. Anschließend hatte sie sich die Kleider vom Leib gerissen, diese dem Reporter ins Gesicht geschleudert und war in den Swimming-pool gesprungen. Man erklärte unserem Helden, eine Prozeßwelle sei in Sicht, also solle er lieber nach Hollywood zurückkehren und in der Angelegenheit klar Schiff machen.

Er befahl »Volle Kraft voraus!« Was das hieß, wußte er nicht genau, erinnerte sich jedoch, den Satz irgendwann in einem der von seinem Studio hergestellten Seefilme gehört zu haben. Eine Viertelstunde von San Diego entfernt, legte er sich wieder ins Bett und verfluchte liegend sein Schicksal, bis die Jacht endlich in Los Angeles einlief, wo man ihn, der inzwischen nach einer Überdosis Dramamin-Tabletten völlig weggetreten war, von Bord tragen mußte. Für das Leben auf hoher See schien er wahrhaftig nicht geschaffen zu sein.

Die Jacht allerdings stellte nun ein ziemliches Problem dar. Er liebte seinen seetauglichen weißen Elefanten ebenso wie seine Uniformen, konnte sich jedoch nur solange an Bord des Schiffes aufhalten, wie es im Hafen vor Anker lag. Ein reizendes Dilemma! Dreihunderttausend Dollar hatte er für das Schiff angelegt und weitere zwei Riesen für die Uniformen; nie hatte er einen Hauch von Klasse besessen, doch durch den Erwerb der Jacht war sein gesellschaftliches Ansehen deutlich gestiegen. Dennoch lief es ihm beim Gedanken an eine weitere Reise mit seiner Schaluppe kalt den Rücken herunter. Als findiger Kopf löste er das Problem aber schließlich doch, wenn auch nicht ganz zu seiner Zufriedenheit. Es war ein Kompromiß – aber ist nicht das ganze Leben eine einzige Reihe von Kompromissen?

Er wies seinen Kapitän an, das Boot erneut nach San Diego zu bringen. In eines seiner Flottengewänder gehüllt, ließ sich Lord Nelson der Zweite von seinem Chauffeur ebenfalls dorthin fahren. Nach der Ankunft wurde er mit gebührender Ehrerbietung an Bord willkommen geheißen. Während das Schiff vor Anker lag, marschierte er übers Deck, stand mit finster entschlossenem Gesicht im scharfen Wind und spähte mit seiner Zweistärkenbrille durch ein Fernglas, als wolle er gleich die gesamte japanische Flotte in eine Seeschlacht verwickeln.

Nach einiger Zeit wurde er der maritimen Monotonie überdrüssig und befahl seinem Kapitän, das Schiff in den Heimathafen zurückzusteuern. Als es am Horizont verschwand, ließ er sich von seinem Chauffeur im Rolls-Royce willkommen heißen und in kompletter Tracht nach Hause kutschieren.

Als er sich schließlich an San Diego satt gesehen hatte, verkaufte er seine Uniformen an einen Kostümverleih, drehte seine Jacht irgendeinem Trottel an, legte sich einen Wohnwagen zu und pendelte den Rest seines Lebens zwischen Beverly Hills und Palm Springs – und dort in einer Hängematte zwischen Palmen.

25 Fisch, zieh Leine

Wenn vom Angeln die Rede ist, sehe ich immer unseren früheren Präsidenten Hoover vor mir, der in einem knubbeligen Ruderboot auf einem friedlichen See im Herzen der Wildnis sitzt, oder Hemingway, der an einen Schreibtischstuhl geschnallt am Heck einer Zwanzig-Meter-Barkasse hockt und einen Speerfisch harpuniert.

Angeln ist ein Riesengeschäft. Ich habe irgendwo gelesen, daß man mit dem Betrag, der für diese schlüpfrige Freizeitbeschäftigung aufgewandt wird, binnen absehbarer Zeit die Staatsverschuldung aus der Welt schaffen könnte. Angeln ist angeblich gut für die Nerven – das murmelnde Bächlein, der Bergbach und der malerische Wasserfall (um dessen Nutzung in vielen Bundesstaaten ein heftiger Streit zwischen rivalisierenden Kraftwerkbetreibern entbrannt ist).

Die Eierköpfe aus den Elfenbeintürmen erklären einstimmig, der Mensch sei ursprünglich – verkleidet als Amöbe, einbeiniger Frosch oder vergleichbar widerwärtige Gattung aus der Meeresunterschicht – dem Ozean entstiegen. Ich schließe mich dieser Auffassung an. Wie meine Ahnen möchte auch ich immer möglichst schnell aus dem Wasser heraus und ans trockene Ufer.

Ich verstehe die Angel-Manie nicht. Früher habe ich mich selbst an diesem Izaak-Walton-Zeug versucht. Ich habe mit meiner Leine am Pier von Atlantic City gesessen und ein Stück ungenießbares Fleisch ins Wasser gehalten. Mir läuft es noch heute kalt den Rücken herunter, wenn ich an die ekelhaften Dinger denke, die ich mit diesem Köder ans Tageslicht zerrte.

Ich habe in Bergbächen geangelt – mit hohen Gummistiefeln, gelbem Hut, vier Pullovern und Windjacke. Einen Köder braucht man dabei nicht. Man befestigt bloß ein rotes, wirbelndes Ding am Ende seiner Leine, schließt die Augen und wirft aus. *Auswerfen* bedeutet, daß man die Leine mitten in die Strömung schleudert – und den Haken sofort hinten in der Hose seines Gastgebers versenkt. Kurz gesagt: Unsere Flossenfreunde und ich haben nicht viel füreinander übrig.

Einer meiner allzu enthusiastischen Freunde ist ein typischer Vertreter dieser Sorte Spinner. Was die Versessenheit mancher Männer aufs Angeln betrifft, habe ich meine eigene Theorie, eine Theorie, die auch die Begeisterung fürs Golfspielen erklärt: Beide Sportarten gehören zu den wenigen, die einem Mann eine akzeptable Begründung dafür liefern, Frau und Gören den Rücken zu kehren. Ich schätze, daß mein oben erwähnter Freund (den ich hier sicherheitshalber Delaney nennen will, obwohl er eigentlich Irving Brecher heißt) über irgend etwas unglücklich ist und seinem Problem zu entwischen sucht, indem er an entlegenen Orten angelt. Eines Tages trieb er mich mit folgenden Worten in die Ecke: »Groucho, ich weiß, daß du nichts vom Angeln hältst, aber laß dir sagen: Angeln ist nicht gleich Angeln.«

»Du hast ja so recht«, nickte ich und wich vor ihm zurück.

Leider ist Delaney ein redegewandter, hartnäckiger Herr und läßt sich nicht so leicht abschütteln. »Würdest du nicht gern mal eine Forelle fangen, die so lang ist wie dein Arm?« hakte er nach.

»Ich mag keine Forellen«, erwiderte ich. »Ich mag nicht mal meinen Arm. Aber ich bin verrückt nach T-Bone-Steaks aus Kansas City mit knusprigen Bratkartoffeln, selbstgemachtem Apfelkuchen und einem ordentlichen Brocken Cheddarkäse – und falls die Kellnerin gut aussieht, wüßte ich nach dem Essen gern ihren Familienstand und ihre Telefonnummer.«

Er schüttelte betrübt den Kopf. »Ich verstehe nicht, was du gegen Forellen hast. Du könntest sie räuchern und hättest für den ganzen Winter Forelle satt.«

»Geräuchert werden bei mir nur Zigarren«, sagte ich. »Und satt habe ich Forellen jetzt schon.«

Er ignorierte diesen schwachen Scherz bewußt und fuhr fort. »Wir nehmen zwei meiner Kumpel mit – beides prima Jungs und gute Angler. Wir mieten uns einen Wagen und fahren rauf nach Jackson Hole in Wyoming. Einer meiner Freunde hat von einem indianischen Führer gehört, daß es da oben einen See geben soll, der noch nie abgefischt worden ist – und die Luft soll so klar sein, daß man davon besoffen wird. Das wird ein unvergeßliches Erlebnis, mein Lieber. Davon kannst du noch deinen Enkelkindern erzählen.«

Ich versuchte später, meinen Enkelkindern davon zu erzählen, allerdings ohne Erfolg. Sobald die mich entdecken, rennen sie nämlich weg, und leider bin ich nicht mehr schnell genug, um sie einzufangen.

Aber zurück zu meinem Gastgeber Delaney. »Na, was meinst du?« drängte er. »Kommst du mit? Wir packen reichlich Schnaps, Bier und Sandwiches ein – und, Groucho, ich verspreche dir eine Million Lacher.« Das ist inzwischen einige Jahre her. Er schuldet mir noch immer 999 999 Lacher.

Das vorschriftsmäßige Aufstehen in aller Herrgottsfrühe ist ein weiterer bedenklicher Aspekt des allgemeinen Fischereitrubels. Wie manch andere alberne Legende ist auch diese vermutlich unsterblich. Wenn um fünf Uhr früh Fische im See oder Bach sind, werden diese, sofern sie nicht im Laufe des Tages gefangen werden, auch noch um fünf Uhr nachmittags da sein. Andernfalls wüßte ich nicht, wohin sie verschwunden sein sollten. Außerdem frage ich mich, woher die Fische wissen, daß es fünf Uhr morgens ist.

Wie dem auch sei: Bewaffnet mit doppeltkohlensaurem Natron, Heftpflastern, Schnaps, Zigarren und komischen Klamotten schleppten wir uns eines grimmigen, dunstigen Morgens ins Auto und brachen auf. Zwei Stunden von Los Angeles und Meilen von jeder Tankstelle entfernt, stellten wir fest, daß wir kein Benzin mehr hatten. Wir versuchten andere Autos anzuhalten, aber sobald die Fahrer einen Blick auf uns geworfen hatten, gaben sie Vollgas. Tja, und was jetzt kommt, kennt wohl jeder. So was passiert schließlich ständig. Einer von uns wurde auserkoren, zur drei Meilen weit entfernten Tankstelle zu marschieren und mit einer Blechbüchse Benzin zurückzukehren. Da ich der Gruppenälteste war und ohnehin kaum mehr gehen konnte, wurde mir diese Ehre zuteil.

Da unser angeblicher Gastgeber Mr. Delaney seinen teuren Wagen nicht bei einer Fahrt durch die Wildnis aufs Spiel setzen wollte, hatten wir alle zusammengelegt und einen alten Buick gemietet (ein Wrack, das, wie ich später herausfand, Delaneys Onkel gehörte, der zwei Jahre lang versucht hatte, es gegen einen 37er Cadillac einzutauschen). Und wenn Sie glauben, der Buick sei alt gewesen, hätten Sie mal die Reifen sehen sollen.

Vier Stunden nach unserer Abreise hatten wir unseren ersten Plattfuß. Das heißt, ich hatte von der Wanderung natürlich schon zwei Plattfüße, aber jetzt hatten wir auch noch ein Loch im Reifen, durch das man ohne weiteres einen Schrumpfkopf hätte stecken können. Zum Glück waren wir diesmal nur eine halbe Meile von der nächsten Tankstelle entfernt, und der dortige Mechaniker kam umgehend (oder genauer, nach drei Stunden) zu dem Schluß, das alte Stück Gummi sei nicht mehr zu retten. Großzügig wie immer lud unser Gastgeber uns daraufhin ein, zusammenzulegen und einen neuen Reifen zu kaufen.

Im Laufe der Reise erlebten wir noch viele weitere heitere Abenteuer. Unsere antike Limousine schlingerte und torkelte über schlaglöchrige Straßen, und als am Abend des ersten Tages die Sonne unterging, wurde einer von Delaneys Kumpeln seekrank und anschließend bewußtlos. Wir trugen ihn aus dem Wagen, betteten ihn sanft ans Ufer eines verschmutzten Baches und besprengten sein Gesicht mit Wasser, bis er wieder zu sich kam. Offenbar genoß er diese Aufmerksamkeit, denn auf der Weiterfahrt wurde ihm alle paar Stunden schlecht, und durch das ständige Rein und Raus mit dem Ohnmächtigen verloren wir beträchtlich an Fahrt. Irgendwann erwogen wir allen Ernstes, ihn einfach am Straßenrand zu begraben, besannen uns aber schließlich doch eines Besseren, da wir gerade Silbenraten spielten und nicht auf ihn verzichten konnten. Außer ihm war nämlich niemand im Wagen, der noch zweisilbige Wörter hätte bilden können.

Einige Tage später kamen wir praktisch unbeschadet in Jackson Hole an, mal davon abgesehen, daß wir dank der verkrampften Reisehaltung im Buick kaum mehr laufen konnten. Wir suchten den von Delaney engagierten indianischen Führer auf, der uns unverzüglich ermahnte, immer geradeaus zu sehen und die einheimischen Frauen nicht gierig zu taxieren. »Männer hier sein richtige Männer«, brummte er, »nix mögen Fremde von Hollywood.«

Um allen Ärger zu vermeiden, aßen wir in einem separaten Speisesaal unserer Pension zu Abend. Anschließend huschten wir sofort in unsere Schlafzimmer und schlossen uns bis zum folgenden Morgen ein. Da ich außer einer alten *Confidential*-Ausgabe und zwei Comic-Heften meiner Tochter *(Porky Pig* und *Donald Duck)* nichts zu lesen mitgenommen hatte, wollte ich mich zeitig hinlegen und ordentlich ausschlafen. Ich schluckte drei Seconal sowie eine großzügige Portion Phenolbarbital und schlummerte nach kaum drei Stunden hinab in den ältesten Jungbrunnen der Natur – das Reich der Träume.

Eine Viertelstunde später (so jedenfalls kam es mir vor) klopfte der Indianer donnernd an meine Tür und brüllte: »Alle Mann fertig? Fische nicht warten. Wir jetzt gehen!«

»Umpf!« brüllte ich zurück, aber er war schon wieder weg.

Ich rüttelte meine Leidensgefährten wach und schluckte, da ich von den Schlafmitteln noch immer benommen war, eine Handvoll Schilddrüsentabletten, um für den bevorstehenden Todesmarsch gewappnet zu sein.

Nachdem wir uns ausgiebig die Augen gerieben hatten und in der Dunkelheit übereinander gestolpert waren, stiegen wir in den antiken Buick und fingen sofort wieder mit Silbenraten an. Bis zu diesem Zeitpunkt hatte ich zwar noch keinen einzigen Fisch gesehen, aber dafür schon unheimlich viel gelernt.

Nach sechzig Meilen Fahrt hielten wir auf Geheiß unseres Führers an. Einige Meter entfernt standen vier Pferde, die wesentlich aufgeweckter aussahen als wir. Sie hatten offenbar gut geschlafen, denn sie tänzelten, scharrten und schnaubten wie preisgekrönte Zuchtbullen kurz vor dem Arbeitsantritt.

Der Indianer half uns in die Sättel, haute den Pferden hintendrauf und rief »Hüah!« Vor Angst schlotternd und mit beiden Händen an die Sattelknäufe geklammert, galoppierten wir anschließend fünfzehn Meilen durch die Wildnis – bis der Pfad unpassierbar wurde. Unser Führer ließ uns absitzen und stattete uns für die restliche Wegstrecke aus. Er erklärte uns, weshalb wir nicht weiterreiten konnten. »Da vorn Sumpf. Pferde sinken ein. Nix wieder rauskriegen.«

So weit das Auge reichte, erstreckte sich vor uns dunkler, grüngräulicher, klebriger Matsch. Außer meinem Kulturbeutel mußte ich von diesem Augenblick an eine Bratpfanne, eine Angelrute, einen zehn Pfund schweren Sack Buchweizenmehl und eine Dose Köder mitschleppen. Die anderen waren genauso bepackt. Unser Führer, der Häuptlingssohn, trug nichts.

Es war inzwischen fünf Uhr, und die Sonne hatte ihren gewohnten Auftritt. Ich war noch keine hundert Meter weit gekommen, da versank ich auch schon bis zum Schienbein im Morast. Meine drei Kameraden zerrten mich wieder heraus, und der Führer mahnte uns aufzupassen, wohin wir traten. »Hintereinander stellen. Alle Mann«, sagte er. »Ihr folgen Führer!« Es machte richtig Spaß, mit ihm zu plaudern. Von Ausrüstungsteilen unbelastet, marschierte der Indianer mit langen, schnellen, entschlossenen Schritten voran. Die vier fröhlichen Fischer stolperten, schlappten und schlitterten hinter ihm her durch den Schlamm.

Als wir uns endlich dem See näherten, stellte sich uns das nächste Hindernis in den Weg. Und zwar in Form von Insekten, die der Führer als Wildfliegen bezeichnete. Den Namen trugen sie zu Recht, denn sie waren fast so groß wie Rehkitze. Sie gingen auf uns los wie hungrige Heuschrecken auf ein Kornfeld, und da wir mit all dem auf unsere Rücken geschnallten Zeug praktisch bewegungsunfähig waren, schafften wir es nicht, sie abzuschütteln. Binnen zehn Minuten sah mein Gesicht aus wie ein Stück verschmähtes Fleisch beim mexikanischen Metzger, und wie ich hocherfreut feststellte, ging es meinen drei Kameraden nicht besser. Auf dem Indianer saß keine einzige Fliege.

Von Kopf bis Fuß mit Bissen, Beulen und Bandagen bedeckt, erreichten wir vier Stunden später den See. Zum Mittagessen war es zu spät, zum Abendessen zu früh. Außer ein paar Wildfliegen hatte ich den ganzen Tag nichts zu mir genommen. Wir sanken erleichtert zu Boden und legten unsere Utensilien ab. Unser Freund Dösel-David, der amerikanische Vorzeige-Hypochonder, dem während der gesamten Fahrt schlecht gewesen war, hielt die Zeit für einen neuerlichen Ohnmachtsanfall für gekommen. Bevor wir mit der Wimper zucken konnten, streckte er alle viere von sich. Nachdem wir ihn wachgeknufft hatten, wies uns der Führer einen Platz zum Aufschlagen der Zelte an. Wir sollten – jeweils zu zweit in einem Zelt – in Schlafsäcken schlafen.

Der See glitzerte im Licht der frühen Abendsonne, und solange wir nicht an den Rückweg dachten, waren wir alle bester Dinge. Auf Befehl des Indianers sammelten wir Äste und Scheite, und keine zwei Stunden später hatte er ein Feuer zum Lodern gebracht. Jetzt endlich ergriff ich das Wort. »Umpf! Wie wär's mit Essen?« (Der kluge Mann spricht im Ausland immer die Sprache der Einheimischen.)

»Kumpel«, sagte er, »Feuer nix gut. Feuer nix fertig. Holz naß. Feuer brauchen lange. Feuer gehen aus. Asche kommen. Dann *Chow.*« (Ich blieb sitzen, denn da er eindeutig kein Italiener war, mußte *Chow* Essen bedeuten.) Ich hätte noch einige weitere Fragen gehabt, aber er hörte mir nicht mehr zu. Seine volle Aufmerksamkeit galt von diesem Augenblick an dem Zusammenscharren heißer Asche.

Ich sagte »Umpf!« (Wie ich später herausfand, hieß er tatsächlich so.) »Wieso muß das Feuer so groß sein?«

»Puma! Waldwolf! Nix mögen Feuer!« brummte er.

Heiterer konnte man den Abend kaum einläuten. Für mich bestanden jetzt beste Aussichten, von einer wilden Bestie verspeist zu werden, nur weil ich etwas fangen sollte, das mir von vorneherein völlig schnuppe gewesen war! Ich hatte immer gehofft, zu Hause sterben zu dürfen und im Kreise meiner Familie und einiger enger Vertrauter meine welterschütternden letzten Worte von mir zu geben, die dann am nächsten Tag auf jeder Titelseite stünden. Jetzt stand zu befürchten, daß ich als *Horsd'œuvre* eines Puma endete.

Es wurde allmählich kühl. Das heißt, kühl ist nicht ganz richtig. Es wurde kalt. Eiskalt. Wahrscheinlich lag das an der ungewohnten Anstrengung, denn zu diesem Zeitpunkt waren wir alle am Verhungern. Schließlich schrumpfte das Feuer zu glühender Asche zusammen, und unser rothäutiger Freund (der in Wirklichkeit weißer war als Delaney) machte sich ans Zubereiten des Essens. Er legte ein Blech auf die Glut und bestrich es mit seltsam aussehendem Fett. Was für ein Fett das war, weiß ich nicht, aber dem Geruch nach zu urteilen, hatte er es aus dem Getriebe unseres Buick gezapft. Nichtsdestotrotz sahen wir hungrig zu, wie er einige Würstchen in das heiße Fett legte. Als sie schön schwarz und knusprig waren, übergoß er sie mit einem gelblichen Gebräu, das sich zu meiner (und vermutlich auch seiner) Überraschung in einen Pfannkuchen verwandelte. Ausgehungert, wie wir waren, aßen wir Pfannkuchen mit Würstchen, so schnell er sie servieren konnte.

In den meisten Western-Filmen sitzen die Cowboys nach dem *Chow* ums Lagerfeuer herum, zupfen an einer Gitarre und singen »Buffalo Gal«, »Rome on the Range« und »Git Along, Li'l Dogie«. Wir hatten keine Gitarre, und singen konnte von uns ebenfalls keiner. Also beschlossen wir, träge von der mächtigen Mahlzeit und restlos angeödet vom Anblick der anderen, sehr früh in unsere Säcke zu kriechen.

Ich teilte mir ein Zelt mit Mr. Delaney (geborener Brecher), der Ratte, die mich in diese Falle gelockt hatte. Wir zogen uns in der frostigen Luft eiligst bis auf die Unterhosen aus und schlüpften in unsere Schlafsäcke. In meinem Blutkreislauf zirkulierten anscheinend noch Reste der Schlafmittel, die ich am Vorabend eingenommen hatte, denn ich schlief sofort ein. Das war gegen elf Uhr abends.

Zwei Stunden später wachte ich wieder auf. Mein Magen hüpfte auf und ab und rumorte wie eine wildgewordene Waschmaschine. Mir war sofort klar, daß das an den ungewohnten Pfannkuchen und Fettwürstchen kurz vor dem Schlafengehen lag, aber so schlecht war mir noch nie gewesen. Ich fand später heraus, daß das nicht nur am Essen lag. Offenbar waren nämlich, nachdem wir uns zurückgezogen hatten, die mütterlichen Instinkte unseres indianischen Führers Umpf erwacht und hatten den erfahrenen Waldveteranen veranlaßt, lautlos in unsere Zelte zu schleichen und sämtliche Schlafsäcke mit Kreosot einzureiben, um die Wildfliegen fernzuhalten. Da saß ich nun, mit Kreosotgestank in der Nase und öligem, halbverdautem Müll im Magen, und hatte das Gefühl, ich könne Bäume ausspucken.

Inzwischen fror es draußen wirklich, und bestimmt kauerte

ein Puma im Gebüsch und leckte sich in Erwartung seines Abendessens die Lefzen. Aber das war mir egal. Für mich hieß es Reihern oder Sterben. Im ersten Augenblick wollte ich auf meinen reizenden Gastgeber Delaney reihern, aber der sah schon ohne meine freundliche Mithilfe schlecht genug aus. Ich musterte ihn. Er schlief wie ein Indianerbaby. So kam ich zu dem Schluß, daß ich aus meinem Schlafsack kriechen und mein Letztes geben mußte, denn andernfalls...

Nackt bis auf die Unterhose stand ich in der nächtlichen Eiseskälte am nahen Seeufer und verfütterte alles, was ich zu mir genommen hatte, mit Wucht und Hingabe an die Fische (in der Annahme, es seien welche da). Nach vollständiger Entsorgung der Bruchstücke raste ich zurück in mein Zelt. Dort geriet ich erneut in die Kreosotwolke und hechtete sofort zurück zum See. Von meinem dauernden Hin und Her und Rein und Raus wachte Delaney schließlich auf. Er blinzelte, setzte sich auf und fragte: »Angelst du schon?«

»Angeln!« ächzte ich. »Ich bin todkrank!«

»Wahrscheinlich hast du Hunger«, sagte er. »Frag doch mal unseren Führer, ob er dir ein paar Pfannkuchen und Würstchen heiß macht.«

»Pfannkuchen und Würstchen! So hört doch, Vater Abraham, ich sterbe! Ich *sterbe*!«

»Ganz ruhig, Junge«, sagte er gelassen, »bleib ganz ruhig. Der alte Doktor Delaney macht das schon. In zehn Minuten bist du ein neuer Mensch.«

In jenem Augenblick war ich ein sehr alter Mensch, aber nicht in der richtigen Verfassung für Wortklaubereien.

Delaney holte eine große, mit irgendeinem Salz gefüllte Flasche heraus, die er offenbar immer mit ins Bett nahm, schüttete das Zeug großzügig in einen Blechbecher und sagte: »Hier. Den Becher nimmst du mit zum See, füllst ihn mit kühlem, klaren Gebirgswasser und trinkst ihn leer. Dann hast du bald wieder Kraft für zehn.« Anschließend sagte er: »Sela«, und schlief sofort wieder ein.

Ich brach wieder auf. Anders als bei meinen bisherigen Ausflügen zum See trug ich diesmal nicht nur meine Unterhose, sondern zudem Delaneys Becher. Bibbernd schluckte ich die Brühe herunter, dann kroch ich zurück in unseren Iglu.

Ich hatte meine Augen gerade geschlossen, als Umpf mit den Worten »Beeilen, Männer. Fisch jetzt beißen!« an unseren Schlafsäcken zu rütteln begann. Fix und fertig stand ich auf und schlüpfte in meine Sachen. Unser indianischer Freund machte sich ans Zubereiten des Frühstücks, aber als ich sah, daß er wieder seine gelbe Mischung über die auf dem Blech brutzelnden Würstchen goß, beschloß ich, diesen Gang bis an mein Lebensende auszulassen und einstweilen leichter Verdauliches zu mir zu nehmen, zum Beispiel Wildfliegen und Kreosot.

Wie Sie sich erinnern werden, werter Leser, hatte mein Zeitgenosse mir nächtens eine Überdosis Abführsalz verabreicht. Verzeihen Sie mir das unappetitliche Thema, aber Mutter Natur ist wirklich eine unbarmherzige Lehrmeisterin.

Da ich nicht ordinär erscheinen wollte, fragte ich Umpf nach dem Weg zum stillen Örtchen. Er sah erstaunt zu mir auf. »Wieso? Hier überall still.«

»Nein, nein, das meinte ich nicht.« Ich hüpfte ungeduldig auf und ab. »Ich wollte wissen, wohin man geht, wenn man gehen *muß.*«

Umpf wies selig lächelnd himmelwärts. »Weißer Mann gehen, wo auch Indianer gehen. Ewige Jagdgründe.«

»Das nützt mir momentan leider nichts«, erwiderte ich. »Bis dahin ist es ziemlich weit, und ehrlich gesagt glaube ich nicht, daß ich so lange durchhalte!«

Ich mußte mir seine Antwort leider schenken, denn es war bereits dringender, als er ahnte. Ich wetzte in den Wald, ging in Stellung und verfluchte Delaney, den Indianer und den ganzen elenden Ausflug. In diesem Augenblick winkte mir jemand zu. Er winkte ziemlich sonderbar. Ich konnte nicht allzuviel erkennen, da ich meine Brille beim hastigen Aufbruch in die unberührte Natur im Zelt vergessen hatte. Er winkte wieder. Seine Hände sahen merkwürdig aus. Er trug offenbar Handschuhe. Andernfalls hatte er die seit dem Aussterben des letzten Neandertalers haarigsten Finger der Welt.

Wer mich kennt, weiß, daß ich jederzeit bereit bin, freundlich gesonnenen Gestalten auf halbem Wege entgegenzukommen, also erwiderte ich sein Winken. Als er näher kam, fiel mir plötzlich auf, daß er am ganzen Körper mit Fell bedeckt war. Da hörte ich auf zu winken und fing an zu rennen.

Rennen ist ausgesprochen schwierig, wenn einem die Klamotten auf Halbmast hängen. Außerdem war ich barfuß. Ich erreichte mein Zelt nur wenige Zentimeter vor dem Bären und tauchte Kopf voran in die einzige Öffnung, die ich entdecken konnte – meinen Schlafsack. Wenn er mich frühstücken wollte, sollte er wenigstens mit meinen Füßen anfangen. Die konnte ich notfalls entbehren.

Er steckte seinen behaarten Kopf ins Zelt, schnüffelte kurz, wandte sich dann ab – ob das nun an mir lag oder am Kreosot, weiß ich bis heute nicht – und schlingerte schwerfällig auf den See zu. Ich kann nur für den Grizzly hoffen, daß ihm nicht so übel war wie mir.

Tja, und viel mehr ist dieser Mär von Gottes freier Natur nicht hinzuzufügen. Heute weiß ich, weshalb man uns erzählt hatte, der See sei nie abgefischt worden. Es waren keine Fische drin. Meine Freunde angelten drei Tage lang ununterbrochen, während ich mit Sitting Bull Canasta spielte. Keiner meiner Kameraden fing einen Fisch, und um der Reise die Krone aufzusetzen, nahm Umpf mir auch noch dreiundachtzig Dollar ab. Auf dem Rückweg durch den Sumpf gestand er, er habe früher als Croupier in Las Vegas gearbeitet.

Unser schwächlicher Kamerad fiel nur noch ein einziges Mal in Ohnmacht. Und zwar, als wir wieder im sicheren Los Angeles waren und Delaney ihm die Rechnung über seinen Anteil an der Reise und dem gemieteten Buick präsentierte.

26 Die Fettnäpfchen-Seuche

Wenn früher ein Alleinunterhalter die Bühne betrat, konnte man sicher sein, daß er seinen Vortrag mit dem alten Standardsatz »Auf dem Weg ins Theater ist mir was Komisches passiert« beginnen würde. Früher stellte das eine recht wirkungsvolle Einleitung für den Monolog dar, obwohl ich mir wirklich nicht vorstellen kann, daß je irgendeinem Unterhalter auf dem Weg zum Theater irgend etwas Komisches passiert ist. (Auf dem Rückweg zum Hotel – na schön, das ist wieder was ganz anderes.)

Mit dieser Einleitung versuchte der Alleinunterhalter ohne lange Vorbereitung seine Nummer zu beginnen, und ebenso unvorbereitet – und zudem widerwillig – komme ich jetzt zu einem Umstand, der mir im Laufe der Jahre reichlich Scherereien bereitet hat. Man könnte das Grundproblem wohl als nervösen Zwang, automatischen Reflex oder einfach als grundlegende Perversität bezeichnen. Man kann es nennen, wie man will, es hat mir jedenfalls etliche unangenehme Augenblicke beschert. Ein Analytiker würde es vielleicht als Fettnäpfchen-Seuche bezeichnen. Ich führe nachfolgend einige Beispiele an, die verdeutlichen mögen, wie leicht man sich selbst in die Klemme redet oder schreibt, wenn man sich erst mal dran gewöhnt hat.

Ich bin nicht besonders gesellig. Man könnte eher sagen, daß ich ein klein bißchen misanthropisch bin. Ich habe mich bemüht, ein prima Vereinsmeier zu sein, kriege aber leider nach spätestens einem Monat vom dauernden Zähneblecken und falschen Grinsen schreckliche Schmerzen in den Mundwinkeln. Die aufgesetzte Freundlichkeit und der schlaffe oder extrafeste Händedruck (die alle beide vom Gesundheitsministerium verboten werden sollten) sind nichts für mich. Das gilt auch für herzliche Begrüßungsschläge auf den Rücken und die pauschale Phrasendrescherei, der man sich in Gesellschaft amerikanischer Durchschnitts-Hohlköpfe ausgesetzt sieht – vor denen man übrigens auf der Stelle flüchten würde, säße man nicht in der Falle, sprich in einem Clubhaus.

Vor einigen Jahre erklärte ich mich auf langes Drängen und Bitten hin bereit, einer bekannten Theatervereinigung beizutreten. Aufgrund eines eigenartigen Zufalls hieß der Verein *Delaney-Club.* Dort, in Thespis' heil'gen Hallen, glaubte ich an Gleichgesinnte zu geraten und, mit Cognacschwenkern und langstieligen Pfeifen ausgestattet, ganze Abende über Chaucer, Charles Lamb, Ruskin, Voltaire, Booth, die Barrymores, Duse, Shakespeare, Bernhardt und all die anderen legendären Größen aus der Theater- und Literaturgeschichte diskutieren zu dürfen. Am Abend meines ersten Besuchs spielten zweiunddreißig der anwesenden Mitglieder mit gezinkten Karten Rommé, während fünf andere Mitglieder bleibeschwerte Würfel über den verdächtig holprigen Teppich rollten und vier weitere Mitglieder in Telefonkabinen standen und mit den Ehefrauen anderer Mitglieder plauderten.

Einige Abende darauf wurde ein Festessen veranstaltet. An den Anlaß erinnere ich mich nicht mehr genau. Vermutlich wurde ein Mitglied geehrt, das sich ein ganzes Jahr lang nicht von der Polizei hatte schnappen lassen. Die Tafeln waren lang und schmal, und wer nach fünfzehn Uhr erschien, konnte sich seine Tischnachbarn nicht mehr aussuchen. An jenem Abend saß ich neben einem Barbier, der mich sowohl beruflich als auch gesellschaftlich schon häufig geschnitten hatte. Irgendwann ließ er langsam einen Blick durch den Raum wandern, sah mich dann an und sagte: »Groucho, wir kriegen wirklich nur noch Vollidioten als neue Mitglieder!«

Ich ignorierte diese Bemerkung ganz bewußt und versuchte mit ihm über Chaucer, Ruskin und Shakespeare zu sprechen, gab den Versuch aber bald wieder auf und trank weiter, da er inzwischen lauthals verkündete, mit Elektrorasierern führe man den Todesstoß gegen sämtliche Figaros der Welt. Am nächsten Morgen schickte ich dem Club folgendes Telegramm: BITTE AUSTRETEN ZU DÜRFEN. ICH MÖCHTE KEINEM CLUB ANGEHÖREN, DER MICH ALS MITGLIED AKZEPTIERT.

Bevor die Macher des *Confidential Magazine* Probleme mit der Oberpostdirektion, der Polizei und Hollywood bekamen (ganz zu schweigen von den Problemen, die die Oberpostdirektion, die Polizei und Hollywood mit *Confidential* bekamen), veröffentlichten sie zwei Artikel über mich. Obwohl beide nicht besonders niederträchtig waren, ärgerte es mich, meinen Namen in diesem skrofulösen Blatt lesen zu müssen.

Im ersten Artikel warf man mir vor, junge Mädchen zu mögen. Das zu bestreiten, liegt mir fern. Im zweiten Artikel behauptete man, meine Fernsehshow sei abgekartet. Das war Blödsinn und nicht der Widerrede wert. Trotzdem verlor ich langsam die Geduld und schrieb dem Herausgeber einen Brief: »Meine Herren! Sollten Sie weiter solche widerwärtigen Dinge über mich schreiben, sehe ich mich gezwungen, mein Abonnement zu kündigen.«

Letztes Jahr war ich in Europa. Es war nicht meine erste Reise auf den Kontinent, daher wußte ich um die Scheußlichkeit der europäischen Zigarren – insbesondere der italienischen –, und verstaute neben Wärmflasche, Städteführer, Heftpflastern, Kodein, Reisepaß und zwei Pfund Muckefuck hundert Zigarren in meinem Handkoffer.

Nachdem ich im Restaurant des Hotel Hassler in Rom ein

vorzügliches Mahl von der Platte geputzt hatte, entzündete ich einen meiner edlen Glimmstengel und entschloß mich zu einem kleinen Spaziergang auf der nahen Via Sistina. Als ich um eine Ecke bog, stieß ich mit jemandem zusammen, und mein teurer Stumpen fiel auf den Gehweg und rollte davon. Ich hatte fünfundachtzig Cent für diese Zigarre ausgegeben und bin grundsätzlich knausrig, also verfolgte ich die Tabakrolle, bückte mich und hob sie wieder auf. Dabei murmelte ich: »Verdammt noch mal!« Dann steckte ich mir die Zigarre wieder in den Mund und sah mir den Tölpel an, der mich gerammt hatte. Ich erbleichte, als ich vor mir zwei Priester in vollem Ornat sah, die geradewegs durch mich hindurchsahen. Das Ganze war mir ausgesprochen peinlich. Da stand ich nun, ein Besucher aus dem Ausland, entweihte die heilige Stadt und fluchte wie ein Heide! Ich wußte ganz genau, daß die beiden mich »Verdammt« hatten sagen hören, und das machte die Sache nicht besser.

Einer der beiden winkte mich zu sich herüber. Ich rechnete fest damit, für meine Grobheit und Vulgarität getadelt zu werden, ging aber trotzdem hin. Ich wußte, daß ich den Tadel verdient hatte, und war auf eine Standpauke gefaßt. Als ich die beiden Priester erreichte, griff der eine in die Falten seiner Soutane, zog zwei Zigarren heraus, überreichte sie mir und sagte: »Mr. Marx, das war das Zauberwort.«

Es überraschte mich, daß die beiden so ausgezeichnet Englisch sprachen, aber was mich noch mehr überraschte, war, daß sie, wie sich im Laufe unseres Gesprächs herausstellte, aus Cleveland, Ohio, kamen. Wie sie mir anschließend erzählten, waren sie nach Rom gereist, um an einer Synode teilzunehmen, und hörten zu Hause in den Staaten grundsätzlich meine Show. Die Zigarren waren übrigens erstklassig. Ich bin ziemlich sicher, daß auch die aus Cleveland kamen.

Vor einigen Jahren war ich zu einer Goodwill-Tour nach Mexiko eingeladen. Da die ganze Reise auf Kosten des Veranstalters ging und ich seit jeher zu den glühendsten Anhängern der Nassauerei zähle, nahm ich sofort an.

Wir nahmen in Mexico City an einem Filmfestival zu Ehren von Schauspielerinnen und Schauspielern aus aller Welt teil. Gleich am Ankunftstag wurden wir alle zusammen in einen Versammlungssaal gepfercht, wo uns ein Regierungsvertreter endlos lang und detailliert auseinandersetzte, was wir im Laufe der Woche wann und wo tun sollten. Er plapperte rasend schnell spanisch, legte aber zum Glück alle paar Minuten Pausen ein, die sein Assistent zum Übersetzen der Bemerkungen ins Französische, Deutsche, Portugiesische und Englische nutzte.

Irgendwann sagte er: »Ich freue mich außerordentlich, Ihnen mitteilen zu dürfen, daß der Präsident Sie alle morgen nachmittag um vier zu einem Gespräch im Palast erwartet.«

Ich hob die Hand. Der Übersetzer bemerkte mich und sagte: »Ja, bitte, Mr. Marx?«

Ich sagte: »Kann ich mich drauf verlassen, daß er morgen nachmittag um vier noch Präsident ist?«

Von diesem Augenblick an sprach eigenartigerweise kein Mensch mehr mit mir. Weder die Reisegruppe aus Hollywood, noch das lateinamerikanische Kontingent, noch die Besucher aus Europa schienen gesteigerten Wert auf meine Gesellschaft zu legen. Durch eine einzige unglückliche Bemerkung wurde ich in jenem fremden Land über Nacht zum Paria. Südlich der Grenze war ich von diesem Zeitpunkt an fast so beliebt wie Typhoid Mary auf der Höhe ihres Schaffens.

An jedem Abend jener Woche fand irgendwo ein Bankett zu Ehren von diesem oder jenem statt, aber unabhängig vom Anlaß setzte man mich immer an einen kleinen Einzeltisch in der hintersten Ecke des Speisesaals, weit, weit entfernt vom wilden Treiben. Alle kriegten Wein zum vorzüglichen Essen. Ich kriegte zu meinen mexikanischen Hackbällchen bestenfalls Mineralwasser.

Meine Bemerkung war mit Sicherheit unbedacht gewesen und vermutlich sogar unverschämt, aber davon abgesehen war meine Prophezeiung ziemlich zutreffend. Zwei Tage nach meinem Fauxpas fand man einen der Vertrauten des Präsidenten mit dem Gesicht nach unten und einem langen Messer im Rücken im Bett. Offenbar war er der Frau eines Freundes mit übertriebener Aufmerksamkeit begegnet. Genausogut hätte es den mexikanischen Präsidenten treffen können. Der hieß übrigens damals gerade Delaney oder Aleman oder so ähnlich.

Eines Abends lud mich das Paramount-Studio zu einer internen Vorführung von *Samson und Delilah* mit Hedy Lamarr und Victor Mature ein. Danach kam einer der Studiobosse zu mir herüber und fragte mich, wie mir der Film gefallen habe.

»Tja«, sagte ich, »eigentlich hat er nur einen, allerdings krassen Fehler, näm...«

Er schnaubte sofort los. »Fehler!? Was meinen Sie damit?«

Ich sagte: »Mich hat bisher noch nie ein Film begeistern können, in dem der Hauptdarsteller einen größeren Busen hatte als die Hauptdarstellerin.«

Es dauerte viele Jahre, bis die Paramount mich wieder zu einer Vorführung einlud.

Keiner der bisher in diesem Kapitel angeführten mißglückten Geistesblitze hatte jene schweren Körperverletzungen zur Folge, die ich mehr als verdient hätte. Bisher hat mich überhaupt nie jemand dafür verdroschen, daß ich seinen Fettnapf betreten habe. Eines Nachmittags war ich aber mal verflucht nah dran – und zwar im Baseballstadion.

Es war kein normales Spiel. Es war eine jener unsterblichen Begegnungen zwischen zwei Mädchen-Mannschaften, und die Mädels waren wirklich gut. Das eigentlich Reizvolle am Spiel waren allerdings nicht ihre Fähigkeiten im Umgang mit Schläger und Handschuh.

Die dunkelhaarige Schönheit an der dritten *Base* stach in ihrem engen blauen Trikot und der weißen Baseballhose besonders hervor. Ich hatte mich allein ins Stadion begeben, aber britische Zurückhaltung hat man mir eigentlich nie unterstellt. Ich wandte mich an den stämmigen Menschen neben mir und sagte: »Das hätte ich mir auch nie träumen lassen, daß ich mal auf der Tribüne eines Baseballstadions sitze und am liebsten mit dem dritten *Baseman* ins Bett steigen würde.«

»Ach, tatsächlich?« zischte der Unbekannte und erhob sich von seinem Sitz. »Der dritte *Baseman* ist zufällig meine Schwester!«

Zu diesem Zeitpunkt hatte ich bereits den halben Mittelgang hinter mir. »Ich gehe mal eben Erdnüsse holen«, rief ich ihm über die Schulter zu. »Wollen Sie auch welche?«

Ich wartete seine Antwort nicht ab. Und den Erdnußstand fand ich auch nicht. Ich kann nur hoffen, daß der Bursche nicht heute noch auf der Tribüne sitzt und darauf wartet, daß ich ihm sein Tütchen Nüsse bringe.

Glauben Sie jetzt bitte nicht, ich würde immer ins Fettnäpfchen treten. Manchmal stecke ich auch bloß einen Bleistift rein. Jedenfalls füllte ich mit so einem das Einreiseformular aus, als ich vor einiger Zeit von einer Europareise zurückkehrte. Ich hätte einen Füllfederhalter nehmen sollen – mit unsichtbarer Tinte.

Eine der Fragen lautete: »Welchen Beruf üben Sie aus?« Ohne mir Zeit für irgend etwas zu nehmen, das man mit Fug und Recht als intensive Gehirntätigkeit hätte bezeichnen können, schrieb ich »Schmuggler«.

Weshalb ich dann nach fünf Stunden in Zollgewahrsam überhaupt wieder gehen durfte, wird mir ewig schleierhaft bleiben. Nicht, daß ich einen langweiligen, untätigen Nachmittag verbracht hätte, keineswegs. Hat man die abgelegeneren Teile Ihrer Anatomie jemals einer delikaten Untersuchung mit ganz und gar nicht therapeutischen Röntgenstrahlen unterzogen? Haben Sie je tatenlos zusehen müssen, wie Zollbeamte Ihren Koffer auf gleiche Weise untersuchten? Haben Sie je Ihre Schuhe ausgezogen und einen nach versteckten Juwelen suchenden Fachmann die Einlegesohlen akribisch herausreißen sehen?

Sie können all diese Erfahrungen selber machen. Reisen Sie einfach nach Europa, und füllen Sie bei Ihrer Rückkehr das Einreiseformular so gedankenschnell und offenherzig aus wie ich.

Und damit kommen wir in diesem kleinen Beichtkapitel zur Abteilung »Mit dem großen Zeh ins Fettnäpfchen getippt«. Eines Tages trat Greta Garbo zu mir in den Fahrstuhl des Thalberg-Hauses. Sie befand sich damals auf dem Höhepunkt ihrer Karriere und galt allgemein als größter Kinostar der Epoche.

Miss Garbo trug einen Hut, der ungefähr so groß war wie ein Gullydeckel. Alles andere war von einer weiten Freizeithose und einem Herrenmantel verhüllt. Ich stand hinter ihr, legte meine Hand unter ihre Hutkrempe und schob den Hut, da ich an jenem Tag zu Späßen aufgelegt war, sehr sanft nach vorn.

Wenn ich heute an diesen Vorfall zurückdenke, ist mir durchaus klar, welche unvermeidlichen Folgen das Anheben der hinteren Hutkrempe eines Damenhutes hat: Die vordere Krempe rutscht der Dame ins Gesicht. Damals hatte ich dieses physikalische Problem allerdings noch nicht ausreichend durchdacht.

Miss Garbo fuhr zornig zu mir herum, zerrte den Hut wütend wieder in die richtige Lage und enthüllte so jene klassischen Züge, die noch heute von Millionen bewundert werden. »Was *fällt* Ihnen ein?« zischte sie mich eisig an.

»Oh, Verzeihung«, erwiderte ich. »Ich dachte, Sie wären einer meiner Bekannten aus Kansas City.«

Wir wechselten kein weiteres Wort. Aber jetzt dürfte wohl

jedem Filmfachmann sonnenklar sein, weshalb Greta Garbo nie in einem Marx-Brothers-Film auftrat.

Letztes Jahr war ich zur Maifeier auf der Wiese vor Melindas Schule eingeladen. All die kleinen, zwölfjährigen Mädchen trugen Kleidchen in rosa, blauen und gelben Pastelltönen und sahen bildhübsch, allerliebst und unschuldig aus. Alle Eltern waren zu dem Freudenfest erschienen, um ihre kleinen Herzchen fröhlich in der Sonne tanzen zu sehen. Ich war sehr stolz auf Melinda und fand, wie alle anderen Eltern auch, *meine* Tochter sei die Schönste von allen.

Während die Mädchen tanzten, kam eine der Schulleiterinnen zu mir herüber und sagte: »Na, wie gefällt's Ihnen?«

Ich wandte mich ihr zu und sagte: »Gnädigste, ist Ihnen eigentlich bewußt, daß die Hälfte dieser Kinder in zwölf Jahren Alimente beziehen wird?«

Sie starrte mich ungläubig an. Während ich langsam und geduckt das Weite suchte, starrte sie mir hinterher wie ein Vogel, der gerade zum ersten Mal eine Schlange gesehen hat.

Ich könnte etliche weitere Beispiele für meine allgegenwärtige (und vielleicht sogar widerwärtige) Fettnäpfchen-Neigung anführen, denke aber, daß Sie inzwischen ahnen, was ich meine. Auch ich werde irgendwann lernen, meine große Klappe zu halten, jedenfalls vielleicht.

27 Was kostet Pumpernickel?

Selbst mit zunehmendem Erfolg ließ mich die quälende Sorge nicht los, im Alter mittellos dazustehen. Mir ist bewußt, daß diese Sorge weit verbreitet ist, aber in meiner Psyche war sie so tief verwurzelt, daß es mir beim bloßen Gedanken an die Zukunft tagtäglich kalt den Rücken herunterlief.

Meine Brüder und ich waren große Bühnen- und Filmstars gewesen und hatten im Laufe der Jahre vermutlich wesentlich mehr verdient, als wir verdient hatten.

Mir allerdings war immer bewußt gewesen, daß wir in einem launenhaften Gewerbe arbeiteten und daß viele bekannte Namen – ausgenommen die der wenigen Auserwählten – ebenso schnell wieder in Vergessenheit gerieten, wie sie auf der Bildfläche erschienen waren.

Ich war lange nicht mehr arm, nehme aber an, daß es einem nicht viel ausmacht, arm zu sterben, wenn man auch zu Lebzeiten nie Geld hatte. Hat man hingegen jahrzehntelang in Saus und Braus gelebt, erfüllt einen schon der Gedanke mit Schrecken, seine paar verbleibenden Jahre ohne all den herrlichen Schnickschnack verbringen zu müssen, den man sich mit zastervollen Taschen kaufen kann. Jung und mittellos zu sein ist nicht besonders tragisch. Die meisten von uns haben das erlebt. Wenn jedoch das Interesse am anderen Geschlecht dem Interesse am Ergebnis der allmonatlichen ärztlichen Untersuchung gewichen ist, erwartet man den Zahn der Zeit und das allmähliche Zerbröseln seiner sterblichen Hülle am besten im Schatten eines beruhigenden Bollwerks aus großen Scheinen.

Ich möchte nicht wie ein Anbeter des heiligen Schreins von Fort Knox klingen oder wie jemand, der materiellen Besitz für das einzig Erstrebenswerte im Leben hält – zumal man ohnehin niemandem, der nie Geld besessen hat, mit Worten vermitteln kann, wie herrlich beruhigend und angenehm Geldbesitz ist –, aber ich habe zu viele Theaterstars als schlecht bezahlte Filmstatisten oder Empfänger von Genossenschaftszuwendungen enden sehen, um jemals über die Vorzüge eines gesunden Bankkontos spotten zu können.

1936 arbeiteten wir an unserem Film *A Day at the Races* und mußten eines Morgens eine Szene in der Empfangshalle eines florierenden Sanatoriums drehen. Vierzehn Statistinnen mittleren Alters, die Patientinnen darstellen sollten, standen an strategisch günstigen Punkten auf dem Set. In einer Drehpause schlenderte unser Regisseur Sam Wood zu mir herüber und sagte: »Groucho, hast du die Frauen da drüben gesehen? Vor zehn Jahren waren zwölf dieser vierzehn Frauen Stars – mit Wochengagen von fünfzehnhundert Dollar und mehr. Heute sind sie Statistinnen und kriegen zehn Dollar fünfzig am Tag. Ein Jammer, nicht?«

Diese Mitteilung machte mich so nervös, daß ich die nächste Szene vor lauter Schlottern kaum spielen konnte. Ich weiß nicht mehr, ob ich die Worte »Ich danke dir Gott, daß du mich verschont hast« tatsächlich aussprach, wohl aber, daß mir Formulierungen wie diese fortwährend durch den kranken Kopf schossen.

Nachdem wir um fünf Uhr Feierabend gemacht hatten, raste ich sofort nach Hause, ließ meine wartende Familie ohne ein Wort der Begrüßung im Flur stehen und rief meinen Versicherungsvertreter an.

»Nehmen wir mal an, ich wäre arbeitslos und abgebrannt«, sagte ich, »wieviel Geld brauchte ich in dem Fall wöchentlich, um mich und meine Familie durchzubringen?«

»Tjaa«, sagte er, »bestimmt mindestens achtzig Dollar.«

»Und wieviel müßte ich Ihnen zahlen, um mir eine wöchentliche Rente von achtzig Dollar zu sichern?« fragte ich.

Er sagte: »Wenn Sie fünfundzwanzigtausend Dollar auf einen Schlag einzahlen und zwölf Jahre lang liegen lassen, kriegen Sie von uns bis an Ihr Lebensende Woche für Woche Ihre achtzig Dollar.«

»Ist gut«, sagte ich, »schicken Sie mir die Police. Den Scheck haben Sie morgen früh.«

Mir ist klar, daß ein wöchentliches Einkommen von achtzig Dollar heutzutage kaum mehr der Rede wert ist, aber vergessen Sie nicht, daß man damals, vor inzwischen fünfundzwanzig Jahren, für einen Laib Pumpernickel bloß acht Cent bezahlte. Jetzt denken Sie bitte nicht, unsere Familie hätte sich ausschließlich von Pumpernickel ernährt. Bei uns gab es alles mögliche. Wir hatten sogar ein Klavier. Nur beurteile ich die finanzielle Verfassung unseres Landes grundsätzlich mit Hilfe der Pumpernickelpreise. Früher kostete ein Laib Pumpernickel acht Cent. Heute kostet er dreiunddreißig. Sollte der Preis je auf fünfzig klettern, verschwinden Sie am besten schleunigst in die Berge.

Dank glücklicher Fügung kam ich nie in die Verlegenheit, jene achtzig Dollar wirklich zu brauchen. In psychologischer Hinsicht jedoch war meine Investitionsentscheidung goldrichtig gewesen und wirkte wahre Wunder. Zum einen trug sie zur Beendigung meiner Schlaflosigkeit bei, zum anderen verwandelte bei Vertragsverhandlungen der bloße Gedanke an die allzeit bereitstehenden achtzig Dollar das Gelee in meinem Rückgrat in Zement.

Ich habe es bisher nie jemandem gestanden, aber im Grunde meines Herzens war ich – ganz ehrlich, Leute – schon immer ein feiger Hund.

Manchmal bedaure ich meine anhaltende Erfolgssträhne, denn hätte ich mich je wieder in vergleichsweise ärmlichen

Verhältnissen wiedergefunden, wäre ich in den vollen Genuß jener monatlichen Zahlung gekommen, auf die ich mich so sehr gefreut hatte. Dummerweise ließ mich mein Glück nie wieder im Stich. Und nun, in der Abenddämmerung meines Lebens, sieht es fast so aus, als sollte ich nie Gelegenheit bekommen, die Früchte jener psychologischen Krücke zu ernten, auf die ich mich all die Jahre gestützt habe.

Das Achtzig-Dollar-As in meinem Ärmel verlieh mir die notwendige Courage und Verwegenheit, mich kopfüber in andere Bereiche der Unterhaltungsindustrie zu stürzen. Zum Beispiel in den Äther – sogar mehrmals. Und zwar nicht als Zuhörer, sondern als Sprecher. Meinen ersten Versuch unternahm ich an der Seite von Chico für die Firma *Standard Oil of New Jersey.* Irgendwer hatte die Firmenleitung überredet, Wochentag für Wochentag Shows mit unterschiedlichen Stars zu präsentieren. Wir gehörten zu den glücklichen Fünf.

Kraft unseres Spiels erhoben Chico und ich zwei Anwaltsfiguren zur Unsterblichkeit; unsere Firma hieß Flywheel, Shyster und Flywheel. Ursprünglich hießen wir Beagle, Shyster und Beagle, aber irgendein Anwalt protestierte gegen die Verwendung seines Namens und teilte unserem Sponsor mit, sofern wir keinen Wert auf einen fetten, saftigen Prozeß legten, sollten wir den Beagle besser fallenlassen, und das schleunigst. Seiner Aussage nach riefen ständig Unbekannte bei ihm an und fragten: »Sind Sie Mr. Beagle?« Erwiderte er »Ja«, kriegte er regelmäßig die Frage »Und wie geht's Ihrem Partner Shyster?« zu hören, bevor der Spaßvogel am anderen Ende der Leitung auflegte. Beagle beschwerte sich, dies schade nicht nur seiner Kanzlei, sondern auch seiner Gesundheit. Daher Flywheel, Shyster und Flywheel.

Wir fanden uns als komische Anwälte gar nicht schlecht, aber eines Tages kamen mehrere Nahost-Staaten zu dem Schluß, daß sie am Verkauf ihres Öls bislang entschieden zu wenig verdient hatten. Nach Bekanntwerden dieser Ansicht fiel der Benzinpreis nervös um einen halben Cent pro Liter, und Chico und ich wurden zusammen mit den anderen vier Nummern sanft aus dem Programm komplimentiert.

Anschließend ließen wir uns in rascher Folge von der *American Oil Company* und *Kellog's Cornflakes* ernähren. Diese Zusammenstellung empfiehlt sich allerdings nur, wenn man morgens großen Hunger hat.

Nach meinen außergewöhnlichen Mißerfolgen mit Chico (der daran, wie ich ausdrücklich hinzufügen möchte, keine Schuld trug, denn einige unserer gemeinsamen Shows waren ausgesprochen komisch) entschloß ich mich zum Alleingang. Das nützte aber offenbar nichts, denn ich flog weiterhin überall raus. Mein letztes Entlassungsschreiben bekam ich von der Delaney-Brauerei. Ich finde zwar immer noch, daß ich denen eine ziemlich gute Show geliefert habe, nur wurde meine Ansicht von den Einschaltquoten leider nicht bestätigt – und obwohl Zweifel an deren Aussagekraft oder Richtigkeit erlaubt sind, machten sie den Firmenbesitzer ohne Zweifel unglücklich. Nach einem Jahr ersetzte man mich durch einen anderen Komiker – einen gewissen Delaney. Der schnitt sogar noch schlechter ab als ich.

Ich hatte vorausgeahnt, daß die Delaney-Brauer mich auf die Straße setzen wollten, denn genau zwei Wochen vor dem *coup de grâce* war ich per gestochene Einladung gebeten worden, an ihrer Hundertjahrfeier teilzunehmen. Die Feier war eine echte Galaveranstaltung, und ich muß sagen, daß ich an jenem Abend eine ziemlich gute, nein, noble Figur machte, als der Direktor und ich die Kuchenmesser kreuzten und große Brocken köstlichen Kuchens unter die wichtigeren und unwichtigeren Abteilungsleiter dieser prachtvollen Brauerei verteilten.

Ein paar warnende Worte an alle leitenden Angestellten, deren Jahreseinkommen mehr als zwanzigtausend Dollar beträgt: Seien Sie auf der Hut! Sehen Sie sich vor! Falls Sie im Laufe Ihrer Tätigkeit für einen Großbetrieb irgendwann eingeladen werden, an einer wichtigen Feier zum Gedenken an einen Meilenstein in der Firmengeschichte oder ähnliches teilzunehmen, sehen Sie sich sofort nach einem neuen Job um! Kommt Ihnen zusätzlich zu dieser Einladung auch noch durch geheime Kanäle zu Ohren, wegen Ihrer langjährigen treuen Dienste habe man Sie auserkoren, gemeinsam mit dem Direktor die Torte anzuschneiden – gehen Sie in Deckung! Und sehen Sie sich die Stellenangebote an.

Und damit zurück zu mir und jener denkwürdigen Nacht. Als ich mir meinen Weg durch den saftigen Klebkram bahnte, schwante mir drohendes Unheil. Ich fühlte mich plötzlich jenem einst schönen Kuchen verwandt, dem nun ein scharfes Messer unerbittlich durch die Eingeweide fuhr. In jenem Augenblick wußte ich, daß meine Tage gezählt waren und es nur noch eine Frage der Zeit war, bis ein Messer wie das, mit dem ich den Kuchen in Stücke schnitt, auch an meine professionelle Kehle gesetzt würde.

All das schreibe ich ohne Groll nieder. Mein Sponsor war ein ausgesprochen netter, liebenswürdiger Arbeitgeber. Aber ach! leider war er auch ein praktisch denkender Geschäftsmann. Es war sein Geld, also konnte er natürlich selbst entscheiden, was er haben wollte. Mein Pech war nur, daß ich nicht hatte, was er wollte.

Der vorangegangene Absatz ändert nichts an der Tatsache, daß mein Rat an alle leitenden Angestellten ein guter ist. Lassen Sie sich niemals vom Direktor oder Vorstandsvorsitzenden einer großen (oder kleinen) Firma einladen, die Geburtstagstorte anzuschneiden. Kommt Ihnen vor der Feier zu Ohren, man wolle Ihnen diese Ehre zuteil werden lassen, räumen Sie den Boten aus dem Weg. Den Kuchen, meinte ich. Am besten gehen Sie gar nicht zur Feier. Bleiben Sie einfach zu Hause, und schneiden Sie sich die Kehle selber durch.

Die alljährlichen Mißerfolge im Rundfunk waren alles andere als gut für mein Ego. Ich hörte mir die jeweils laufenden Shows genau an, fand sie aber nie wesentlich besser als meine eigenen. Dieses Medium zu erobern, das sich mir jahrelang erfolgreich verschlossen hatte, war für mich eine Frage des Stolzes – keine Frage des Geldes (immerhin hatte ich meine Wochenrente von achtzig Dollar im Rücken).

Oh, ich absolvierte eine Menge Gastauftritte, natürlich, aber das ist etwas ganz anderes. *Gastauftritt* bedeutet (dies nur für alle, die in den Kohlengruben von Pennsylvania arbeiten und mit dem Begriff nichts anfangen können), daß man von einer Werbeagentur (natürlich mit freundlicher Genehmigung des Geldgebers) zu einem vier- bis fünfminütigen, unglaublich verkrampften Geplänkel mit dem eigentlichen Star der Veranstaltung eingeladen wird. Hat man seine Schuldigkeit getan, wird man sofort von der Bühne geschoben, damit man dem Gastgeber in der verbleibenden Sendezeit nicht mehr in die großspurige Parade fahren kann. Kurz vor Ende der Vorstellung darf man dann mit einigen anderen Pfeifen auf die Bühne zurückkehren und in den »There's-No-Business-Like-Show-Business«-Chor einfallen. Das ist Pflicht. Nur sehr wenige Shows enden mit einer religiösen Hymne, und das wahrscheinlich auch nur, um dem Sponsor einen heiligen Schrecken einzujagen. Wenn die Vorstellung allerdings auf einen Nationalfeiertag fällt, also zum Beispiel auf Washingtons oder Lincolns Geburtstag, darf man am Ende manchmal sogar »God Bless America« singen.

Zu Weihnachten präsentieren immer mindestens fünfzehn verschiedene Sender mindestens fünfzehn verschiedene Versionen von Charles Dickens' »Weihnachtslied in Prosa«. Außerdem kann man fest mit einem Dutzend abscheulicher Gören rechnen, die den allerneuesten Weihnachtsschlager plärren. Vor einigen Jahren war es die berühmte Ballade: »Ich wünsche mir vom Weihnachtsmann bloß meinen ersten Schneidezahn«. Ich liebe Kinder über alles, gestehe aber trotzdem hier und jetzt und öffentlich, daß ich mir eines leise, aber feierlich geschworen habe: Falls diese altklugen Knirpse je bekommen, was sie sich ununterbrochen wimmernd wünschen, wird es mir ein Vergnügen sein, ihnen mit den frisch erworbenen Zähnchen die Mäulchen zu stopfen.

Da gerade von Kindern die Rede ist, jedenfalls meine Rede: Eine der derzeit verbreitetsten Sendeformen im Fernsehen bezeichnet man schwammig als »Familien-Situationskomödie«. Einige dieser Serien sind wunderbar geschrieben und erreichen fast die Einschaltquoten von Western, nur lassen die Autoren die Kinder in den meisten Fällen sprechen wie Vierzigjährige. Diese Knirpse lassen komische Geistesblitze vom Stapel, die einem George S. Kaufman, Sid Perelman, Mark Twain oder G. B. Shaw zur Ehre gereichten. Ich habe, wie Sie bereits wissen, drei Kinder großgezogen, kann Ihnen jedoch versichern, daß ich solch zündende Dialoge bei uns zu Hause nie gehört habe. Soweit ich mich erinnere, habe ich von meinen drei Kindern im Lauf von fünfunddreißig Jahren nur zwei Scherze zu hören bekommen – was man wohl kaum als bemerkenswerten Schnitt bezeichnen kann. Als mein Sohn Arthur zehn Jahre alt war, wollte er ein Luftgewehr haben. Ich markierte den strengen Vater und sagte, das komme nicht in Frage. »Was willst du denn damit?« fragte ich.

»Im Hof Flaschen vom Zaun schießen«, antwortete er.

»Na, toll!« sagte ich. »Und was, wenn du nicht triffst und statt dessen einem der Nachbarskinder das Auge rausschießt?«

»Ich bin ganz vorsichtig«, beharrte er, »ich schieße bloß auf die Flaschen.«

»Tut mir leid, Arthur, aber das ist zu gefährlich«, erwiderte ich.

Wie alle Kinder bettelte und drängelte er, bis ich schließlich die Geduld verlor und sagte: »Hör zu, mein Sohn, solange *ich* in diesem Haus das Sagen habe, kriegst du *kein* Gewehr!«

Er sah mir direkt in die Augen und erwiderte: »Dad, wenn ich ein Gewehr kriege, hast du in diesem Haus nichts mehr zu sagen!«

Die andere unsterbliche Bemerkung kam von meiner kleinen Tochter Melinda. Sie ging damals in den Kindergarten. Sie verließ das Haus immer morgens um acht und kehrte nachmittags um drei zurück. Als fanatischer Anhänger von »Zusammengehörigkeitsgefühlen« steckte ich meine Nase ständig in ihre Angelegenheiten und fragte sie Tag für Tag bei ihrer Rückkehr, was sie im Kindergarten gemacht habe. Sie zuckte grundsätzlich die Achseln und sagte »Nichts, Daddy«. Wieder markierte ich den aufgeblasenen Alten und sagte: »Hör mal, Melinda, du verbringst jeden Tag sieben Stunden in diesem Kindergarten. Was machst du da?«

»Ach, Daddy«, antwortete sie ungehalten, »wir malen bloß immer und gehen auf die Toilette!«

Dies ist, ganz am Rande bemerkt, die treffendste Kindergartenbeschreibung aller Zeiten.

Ich wage zu behaupten, daß die meisten Fernsehautoren kaum mit Kindern zu tun haben. Es könnte natürlich auch sein, daß die Kinder nichts mit Fernsehautoren zu tun haben wollen. Fest steht jedenfalls, daß Kinder und Autoren in grundverschiedenen Welten leben.

Aber zurück in meine eigene, gewissermaßen gereiftere Welt – die Uhr schlug 1947, und noch immer deutete nichts darauf hin, daß der Rundfunk und ich füreinander geschaffen sein sollten. Dann jedoch griff der lange Arm des unvorhersehbaren Zufalls in mein Leben und hielt mir lockend ein Mikrofon vor die Nase.

28 You Bet my Life

Ein sehr netter Mensch, der merkwürdigerweise glaubte, er sei mir zu Dank verpflichtet (nein, nicht Delaney), produzierte eine Show für die *Walgreen Drug Company.* Das Spektakel fand einmal jährlich statt, und Geld spielte für den Veranstalter offenbar keine Rolle. Daher konnte mein oben erwähnter Freund mich Jahr für Jahr engagieren und mir für einen fünfminütigen Auftritt mit irgendeinem Partner eine fette Gage zahlen. Bei jener besonderen Show hieß mein Partner Bob Hope. Wir alberten zusammen um den vorgesehenen Dialog herum, improvisierten und ignorierten schließlich das gesamte Skript. In dieser Hinsicht braucht Bob übrigens absolut keine Unterstützung.

Jetzt klinge ich wie ein echter Schmierenkomödiant, aber das ändert nichts an der Wahrheit: Wir waren unglaublich komisch. Als ich von der Bühne trat, machte sich eine massige, zweifelhafte Erscheinung an mich heran und fragte, ob ich vielleicht an einer Quiz-Show interessiert wäre.

»Einer Quiz-Show?« wiederholte ich herablassend. »Nichts für ungut, Meister, aber leben Sie auf einem Baum?«

»Nein«, sagte er, »aber ich habe viele Zweigstellen!«

Nachdem sein hysterisches Gelächter verklungen war, fuhr ich fort: »Also, Maisser« (ich hatte den ganzen Morgen Southern Comfort getrunken, und der stieg mir langsam in die Sprache), »jetzt will ich Ihnen mal was sagen. Quiz-Shows sind die niedrigste Form tierischen Lebens. Wissen

Sie denn nicht, daß gerade jetzt, in diesem Augenblick, mindestens fünfzig solche Shows ausgestrahlt werden, in denen das Publikum auf hinterhältigste Weise übers Ohr gehauen wird?«

Er ließ beschämt den Kopf hängen. Wie ich später herausfand, gingen drei dieser Shows auf sein Konto.

Da hatte ich nun gerade einen brillanten fünfminütigen Auftritt mit einem der größten amerikanischen Komiker hingelegt, und jetzt stand dieser stark nach Korruption riechende Kriecher vor mir und eröffnete mir die einmalige Chance, ein für allemal aus dem Showgeschäft zu verschwinden. Zornig erhobenen Hauptes ließ ich ihn stehen und stolzierte in meine Garderobe neben dem Waschkeller.

Der Bursche war allerdings hartnäckig und offensichtlich gegen Beleidigungen immun. Trotz seiner Größe und Tölpelhaftigkeit krabbelte er behende nach unten und schaffte es irgendwie, vor mir im Keller zu sein. »Ich wollte Sie nicht beleidigen, Mr. Marx«, winselte er kleinlaut und bot mir eine billige Zigarre an, die ich sofort auf dem Boden zertrat. »Mir ist klar, daß *Quiz-Show* abgedroschen klingt, aber ich will ja gar nicht, daß Sie eine normale Quiz-Show für mich machen. Denken Sie doch mal nach, Groucho. Der Quiz-Teil wäre für Sie doch nur ein Mittel, um mit lauter Unbekannten ins Gespräch zu kommen und sie über ihr Leben und ihre Vorlieben auszufragen. Ich habe Sie nämlich gerade mit Bob Hope improvisieren sehen, und *genau das* sollen Sie auch in meiner Show machen, Grouch.«

Daraufhin genehmigte sich der Kerl zwei Prisen Schnupftabak und nieste mit solchem Nachdruck, daß sämtlicher in der Garderobe schlummernde Staub aufgewirbelt wurde und mich zu meinem Glück – wenn auch nur für einen Augenblick – vor dem verderblichen Menschen verhüllte. Nachdem sich das Gestöber zehn Minuten später gelegt hatte, musterte ich ihn argwöhnisch und fragte: »Haben Sie einen Geldgeber?«

»Grou«, erwiderte er (ich fand diesen zunehmend vertraulichen Ton absolut unerträglich, ließ die alte Nervensäge jedoch eingedenk meiner guten Kinderstube weiterbrabbeln), »machen Sie sich darüber keine Sorgen. Überlassen Sie das Ganze mir, und ich verspreche Ihnen, daß wir in einem Jahr einen Riesenerfolg haben werden.«

Seiner dubiosen Erscheinung zum Trotz entpuppte er sich als ausgesprochen treffsicherer Prophet. Wir gingen auf Sendung und waren nicht nur kommerziell erfolgreich, sondern beeindruckten zudem die Kritiker so sehr, daß man uns den *Peabody Award* verlieh, eine der wenigen ehrenvollen Auszeichnungen im Showgeschäft. Im Jahr darauf zogen wir ins Fernsehen um. Das ist jetzt elf Jahre her, und wenn unser Sponsor nicht irgendwann auf die Idee kommt, sich unsere Show anzusehen, beabsichtige ich mich öffentlich zur Schau zu stellen, bis ich auseinanderfalle. (Falls das passiert, schicken Sie bitte allen Klebstoff, den Sie entbehren können, an Groucho Marx, c/o National Broadcasting Company.)

Der Erfolg der Show beweist, was ich schon immer behauptet habe: Talent allein genügt nicht. Man muß auch Glück haben. Ich glaube, wenn ich wählen müßte, würde ich mich für Glück entscheiden. Ich hatte Glück, daß ich diesen sonderbaren Herren kennenlernte, der übrigens nicht Delaney heißt, sondern John Guede und keine der von mir hingeschmierten Verunglimpfungen verdient hat. Und ich hatte Glück, in genau jene Art von Sendung hineinzugeraten, die meiner Begabung entsprach – wie klein oder wie groß die auch sein mag.

Einige unserer Kandidaten feierten später selbst Erfolge im Showgeschäft. Die meisten gerieten in Vergessenheit. Bei uns traten Wissenschaftler, Musiker, Sänger und Akrobaten auf, ein Fahrstuhlführer, der drei Lieder in Sanskrit singen konnte, eine Katzenhotelbesitzerin, ein Mann, der einen Reifenschlauch aufblies und dann kurz vor Beginn der Sendung ohnmächtig wurde, eine italienische Witwe, die wir in der Hoffnung, sie werde sich einen neuen Mann angeln können, absichtlich drei erfolgreiche Wochen lang bei uns behielten, sowie eine Frau, die ohne Pause nach Catalina und wieder zurück schwamm. Bei uns traten Admirale, Generäle, Bürgermeister, Staatsmänner und Landstreicher auf (die Landstreicher waren sehr interessant) und hochbegabte Studenten, die nicht das geringste mit diesen »Beatnik«-Figuren zu tun hatten. Nachfolgend seien nun einige unserer herausragenden Kandidaten genannt: Anna Badovinac. Geboren und aufgewachsen im jugoslawischen Städtchen Badovinac. Fast alle Einwohner dieser Stadt hießen Badovinac. Sie heiratete Pete Badovinac, der sie verließ und nach Amerika auswanderte. Sie wanderte hinterher, um ihn zu suchen. Sie fand ihn nicht. Aber sie fand einen Jim Badovinac und heiratete den! Er starb. Sie war bei *You Bet Your Life* zu Gast, weil sie einen neuen Badovinac suchte.

Prinz Monolulu, selbsternannter Prinz von Äthiopien. Eigentlich ist Monny ein auf allen Londoner Pferderennbahnen bekannter Tippgeber. Er war wirklich eindrucksvoll, dieser knapp zwei Meter große Pfundskerl, vor allem dank des Kopfschmucks aus Straußenfedern, der Halskette aus Löwenkrallen, der purpurrot-blau-und-silber-gestreiften Pantalons und des auf seinen Rücken gemalten Davidsterns.

Aly Wassil, Pakistans inoffizieller Goodwill-Botschafter in den Vereinigten Staaten, ein ausgesprochen geistreicher, witziger UCLA-Student, der inzwischen auf Vortragsreise ist. Sein Turban sorgte für beträchtliches Aufsehen. Als er einen Vortrag in Beverly Hills hielt, fragte ihn eine der Zuhörerinnen, was er unter seinem Hut habe. »Eine Kobra«, antwortete er. »Beunruhigt Sie das nicht?« wollte sie wissen. Aly erwiderte: »Nein, ganz und gar nicht – sie ist ja versichert.«

Wir hatten Besuch von Mr. und Mrs. Story aus Bakersfield, Mutter und Vater von dreiundzwanzig Kindern. Und sie hatten all ihre Kinder dabei. Bei uns waren Joe Louis, General Bradley, Liberace und Fifi Dorsey. Und dann diese »Frau mit dem Schafskopf« aus dem Zirkus; der stärkste Mann der Welt (diesen Titel beanspruchten gleich drei Herren, die wir aber leider nicht zusammenbringen konnten); der Bridge-Experte Charles Goren war phantastisch, ebenso John Charles Thomas; Rex, das klügste Pferd der Welt, das dreimal verheiratet war; und eine Frau mit achtundsiebzig Katzen (die natürlich ebenfalls in der Sendung auftraten).

Billy Pearson, der Jockey, der später landesweiten Quiz-Ruhm erlangen sollte, begann seine intellektuelle Laufbahn in unserer Show. Bei uns trat eine Frau auf, die von »Spechten in ihren Kakaopalmen« berichtete, und ein Mann, der in irgendwelchen selbstgebastelten Schwimmschuhen dreiundzwanzig Meilen weit übers Meer »gehen« wollte (und dann zwanzig Meter vom Ausgangspunkt seiner Reise entfernt gerettet werden mußte). Zwei echte, frisch vom Güterwagen weg engagierte Tippelbrüder machten bei unserer kleinen Unterhaltungsshow mit. Einer der beiden gewann fünfhundert Dollar, unternahm eine fünftägige Sauftour und flog bei den Anonymen Alkoholikern raus.

Aber Pedro Gonzalez-Gonzalez war der Größte von allen. Pedro war ein kleiner, dürrer mexikanischer Komiker, der nicht nur ständig ungeheuer provozierend wirkte, sondern zudem hochtalentiert war. Er war wirklich witzig, und kurz vor Ende der Sendung sagte ich zu ihm: »Pedro, du bist ein richtig komischer kleiner Kerl; wir zwei könnten zusammen im Vaudeville auftreten. Was meinst du, wie sollten wir uns nennen?«

Worauf Pedro antwortete: »Wir könnten uns Gonzalez-Gonzalez und Marx nennen!«

»Fünfunddreißig Jahre im Showgeschäft«, heulte ich auf, »und dann muß ich bei zwei Leuten die dritte Geige spielen!«

Greg Morton, Gründer und Vorsitzender der »GUF«, der Gesellschaft zur Unterdrückung der Frauen, trat in *You Bet Your Life* auf und wiederholte vor laufender Kamera seine reizende Ansicht, Frauen sollten das Wahlrecht verlieren, zum Studium nur noch unter erschwerten Bedingungen zugelassen werden und ihren Männern eine Mitgift zahlen. Wir bekamen waggonweise Post. (Als hätten wir das nicht vorher gewußt. Was glauben Sie denn, weshalb wir den Kerl eingeladen hatten?) Eigenartigerweise ließen die meisten Briefeschreiberinnen allerdings durchblicken, sie hätten sich in Morton verliebt.

Ebensowenig vergessen wollen wir Eve Samler, betagte Witwe auf Männersuche; als wir miteinander sprachen, ließ sie unablässig Seifenblasen aus ihrem Hut aufsteigen. Und dann Zetta Wells, die Frau mit dem Vogel, genauer dem »hochbegabten Beo«, der singen und tanzen konnte, dies aber leider bei uns nicht zeigen wollte; bis er dann mitten in der Sendung aus heiterem Himmel »The Star Spangled Banner« zu pfeifen begann – worauf sich das gesamte Publikum erhob und Haltung annahm.

Niemand ging wütend nach Hause, nicht einmal die, die nichts gewonnen hatten. Auch sie dankten mir grundsätzlich und sagten, für sie sei es ein wundervolles Erlebnis gewesen. Alles in allem haben wir über zweitausendfünfhundert Kandidaten an uns vorbeimarschieren sehen.

Die Aufzählung ließe sich beliebig fortsetzen. Manche spendeten ihren Gewinn für wohltätige Zwecke, die meisten brauchten das Geld und behielten es für sich. Aber uninteressante Gesprächspartner hatte ich nie. Es waren zwölf herrliche Jahre, und ich habe jede Minute davon genossen.

Bedenkt man, daß die Mühlen des Fernsehens tagtäglich zwölf bis vierzehn Stunden mahlen, muß man zugeben, daß es sich um ein bemerkenswertes Medium handelt. Lassen Sie also bei aller Kritik ein bißchen Gnade walten. Obwohl es stimmt, daß zu viele Programmstunden für langweiliges und dummes Zeug verschwendet werden, beschert das Fernsehen – all seinen Einschränkungen und Begrenzungen zum Trotz –

dem Publikum im Laufe des Jahres etliche vergnügte und zufriedene Stunden. Und manchmal, beispielsweise am Sonntagnachmittag, hat es sogar erzieherischen Wert.

Für Schauspieler ist es das Nirwana. Keine Reisen, keine heruntergekommenen Absteigen, keine eingeschneiten Züge im Hinterland, keine Theaterbesitzer, die mit der Gage verduften. Die Bezahlung ist gut (trotz der bösen Steuern), und noch viel besser ist – jedenfalls fürs Schauspielerherz –, daß man von Millionen Menschen bewundert und geliebt wird.

Ich habe vor kurzem etwas erlebt, das, glaube ich, am besten veranschaulicht, was ich meine. Als ich die State Street in Chicago entlangging, holte mich ein Paar mittleren Alters ein und begann mich zu umkreisen. Sie schlichen drei- oder viermal um mich herum und starrten mich an wie ein Wesen aus dem All. Dann kam die Frau zaudernd auf mich zu und fragte: »Sie sind's, nicht wahr? Sie sind Groucho?«

Ich nickte.

Daraufhin berührte sie zaghaft meinen Arm und sagte: »Bitte sterben Sie nicht. Bleiben Sie bloß am Leben.«

Was will man mehr?

Kein Nachwort

von Sven Böttcher

Sehr geehrter Herr Hansen,

Ihrer Bitte, der hiermit vorliegenden Neu-Übersetzung von Grouchos erster Autobiographie ein »möglichst nettes Nachwort« zu verpassen, kann ich leider nicht nachkommen – jedenfalls nicht umsonst. Als gestandener Verleger und Übersetzer wissen Sie selbst, daß Nachworte und Anmerkungsapparate zeitraubende Angelegenheiten sind, und genauso gut wissen Sie, daß Übersetzer schlechter bezahlt werden als Putzfrauen – jedenfalls schlechter als meine Putzfrau, die übrigens eine sehr nette, gescheite Person ist. Zu meinem Leidwesen ist sie allerdings gewerkschaftlich organisiert. In der IGP. Ich weiß zwar nicht, was Industrie und Putzfrauen miteinander zu tun haben, aber Frau Kramny sagt, das stimmt schon. Trotzdem finde ich es unglaublich, daß es hierzulande eine Putzfrauen-Gewerkschaft gibt, die Mindeststundenlöhne von 42 Mark aushandelt. Tss.

Wo war ich?

Ach so.

Ja. Ich schreibe Ihnen gern ein Nachwort – sogar ein »nettes« –, wenn Sie anständig dafür bezahlen. Den genauen Betrag sollten wir vielleicht von Angesicht zu Angesicht aushandeln. Ich will Ihnen aber nicht vorenthalten, was in diesem Nachwort ungefähr drinstünde. Denken Sie bloß nicht, Sie bekämen nichts für Ihr Geld.

Also: Anfangen sollten wir mit einigen Anmerkungen zu wichtigen Namen, Titeln und Formulierungen, die manchem Leser vielleicht nicht auf Anhieb etwas sagen. Namen, Titel und Formulierungen, die mir nichts sagen, unterschlage ich einfach und tue so, als wären sie nicht wichtig oder müßten jedem halbwegs gebildeten Mitteleuropäer sowieso geläufig sein. Ihr Einverständnis vorausgesetzt, würde ich diese Anmerkungen gern folgendermaßen überschreiben:

Unvollständiger Anmerkungsapparat, vom Übersetzer der Nachsicht des Publikums empfohlen

(Das ist nicht von mir, sondern von Harry Rowohlt. Ich denke, wir sollten es eiskalt klauen und Harrys mittlerweile weltweit bekannten Namen beim Bewerben des Buches vorsichtig einsetzen. Mir schwebt da etwa folgende Lösung vor: Oben auf den Umschlag schreiben wir relativ groß »Groucho Marx«, darunter – etwas kleiner – den Titel. Darunter folgt dann das unvermeidliche Bild, und darunter setzen wir – mindestens doppelt so groß wie »Groucho Marx« und in möglichst knallig bunten Lettern: MIT EINEM SATZ VON HARRY ROWOHLT! Oder: DA IST HARRY DRIN! (Das könnte übrigens zu einem Synonym für geistreiche Unterhaltung werden...)

Aber das nur am Rande. Wenn Sie mögen, geben Sie's doch mal an Ihre Marketingabteilung weiter – das ist der grüne Ablagekorb rechts auf Ihrem Schreibtisch, oder? Harr. Harr. Harr.

Verzeihung.

Zu den Anmerkungen. Erwarten Sie keine Vollständigkeit. Erstens ist niemand vollständig, wie ja schon der Volksmund brabbelt, und zweitens haben Sie noch nicht bezahlt.

Widmung

Robert Benchley, George S. Kaufman (s. Anm. zu S. 172), **Ring Lardner** (s. Anm. zu S. 232), **S. J. Perelman** (1904–1979), Humorist und Drehbuchautor. Arbeitete unter anderem an den Drehbüchern zu *Monkey Business* und *Horse Feathers* mit. SJP und Groucho verband eine jahrzehntelange Haßliebe incl. übelster öffentlicher Nachrede. Wie Benchley ist auch Perelman bis heute nicht ins Deutsche übersetzt – und das ist eine rechte Schande. (»Perelman und Benchley (...) sind *die* zwei großen humoristischen Schriftsteller. (...) Es gibt eine bestimmte Art Komik bei Perelman und Benchley, eine kritische und ausgelassene Komik (...). Sie sehen das Leben anders und haben mehr komische Ideen als Thurber oder Lardner oder sonstwer.« – Woody Allen). **James Thurber** (1894–1961), Humorist & komischer Fabulist *(75 Fabeln für Zeitgenossen).* Thurber und **E. B. White** (1899–1985), Mitherausgeber des *New Yorker,* Dichter & komischer Parodist, schrieben zusammen *Is Sex Necessary?* (1929).

Seite 14

»Das hab ich aus *Kleine Frauen* abgekupfert«: Das beklaute Buch um vier junge Pastorstöchter im Bürgerkrieg stammt von Louisa May Alcott (1832–1888), ist als tugendhaft berüchtigt und wird vermutlich auch bei uns – als Buch zum Film – erhältlich sein, sobald die Neuverfilmung (mit Winona Ryder) in die Kinos kommt.

Seite 18

Kathleen Winsor (1919–), Autorin u. a. des Bestsellers *Forever Amber* (dt. *Amber*)

Seite 19

»Jeder ist seine eigene Insel« – etwas ungenau zitiert, und zwar nicht nach Simmel, sondern nach John Donne (1571–1631); »No man is an Island, entire of it self« *(Devotions).*

Seite 23

»Binokel« ist ein Kartenspiel angeblich schweizerischen Ursprungs, das in den USA als »pinochle« sehr populär wurde und in jeder Marx-Brothers-Biographie eine wesentliche Rolle spielt.

Seite 24

»Nicht einmal Darrow im Loeb/Leopold-Prozeß« – Nathan Leopold und Richard Loeb, zwei junge, verwöhnte, zynische Männer aus gutem Hause, hatten ein Kind entführt und ermordet, um zu beweisen, daß sie den perfekten Mord begehen könnten. Mit einem (Ohrenzeugen zufolge) finessenreichen, zwölfstündigen Plädoyer gelang es dem Star-Strafverteidiger Clarence Darrow, die beiden vor dem Todesurteil zu bewahren.

Seite 26

Miss **Peaches Browning** war Anfang der dreißiger Jahre in einen aufsehenerregenden Sexskandal verwickelt.

Seite 34

Grouchos Großvater »Lafe Schönberg« hieß laut Eintrag im Niedersächsischen Staatsarchiv Levy Schönberg, genannt Funk.

»Seinerzeit war der Name ›Fanny‹ noch mit Rudimenten von Ehrbarkeit behaftet«: Seit den zwanziger Jahren bedeutet »Fanny« im amerikanischen Slang soviel wie »Hintern«.

Seite 38

»Meine Mutter stammte aus einem kleinen deutschen Dorf namens Dornum« – im Original heißt das friesische Dorf »Donum«, aber dank Ulrich Hoppe *(Die Marx Brothers,* erschienen bei Heyne) weiß die Welt, daß es sich tatsächlich um Dornum handelte.

Seite 39

»Die Hölle kennt keine schlimmere Strafe als einen verschmähten Möchtegernliebhaber.« Wieder etwas ungenau zitiert, diesmal nach William Congreve (1670–1729): »Heav'n has no rage, like love to hatred turn'd/Nor hell a fury, like a women scorn'd« *(The Mourning Bride)*.

Seite 44

»Man o'War Marx«: Man o'War war zwar nie Galopper des Jahres, aber trotzdem ein berühmtes amerikanisches Rennpferd.

Seite 46

»Auf seinem Marsch durch Georgia hat General Sherman...« William T. Sherman (1820–1891) Oberbefehlshaber der Yankees im Sezessionskrieg, fackelte zuerst Atlanta ab, brannte dann einen demoralisierend breiten Streifen durchs schöne Georgia und nahm schließlich die Kapitulation des Südens entgegen.

Gallagher und Shean waren Edward Gallagher (1873–1929) und Grouchos Onkel Al Shean (eigentlich Schönberg, 1868–1949). Minnie Marx brachte die vorübergehend getrennten Partner 1920 wieder zusammen, und deren neue Nummer »Gallagher and Shean in Egypt« wurde ein dermaßen großer Erfolg, daß Onkel Al seinen Sketch-Fez auch privat nicht mehr absetzte – obwohl der Fez weder im Leben noch auf der Bühne zu seinem deutschen Akzent paßte. Die unsterblichen Zeilen, von denen Groucho hier schreibt, wollen wir niemandem vorenthalten:

»Oh, Mr. Gallagher!«

»Oh, Mr. Shean!«

»Oh, Mister Gallagher, oh, Mister Gallagher!«

»Hello, what's on your mind this morning, Mister Shean?«

»Everybody's making fun/Of the way this country's run/All the papers say/We'll soon live European.«

»Why, Mister Shean, why, Mister Shean/On the day they took your old canteen/Cost of living went so high/That it's cheaper now to die.«

»Positively, Mister Gallagher?«

»Absolutely, Mister Shean!«

Seite 50

Joe E. Brown (1892–1973), amerikanischer Schauspieler mit riesigem Mund, sanftem Wesen und großen Alkoholproblemen. Achten Sie doch bitte bei der garantiert demnächst wieder erfolgenden Ausstrahlung von *Some Like it Hot* nicht nur auf MM, sondern auch auf Mr. Farnsworth, den Mann, der (den als Frau verkleideten) Jack Lemmon heiraten will. (»Mr. Farnsworth... ich habe drei Jahre lang mit einem Saxophonisten zusammengelebt.« – »Ich vergebe dir.« – »Wir werden niemals Kinder haben können!« – »Wir adoptieren welche.« – »Sie verstehen nicht. Ich bin ein Mann!« – »Ach, niemand ist vollkommen.«) – Dochdoch, das ist Joe E. Brown.

Seite 53

Mickey Mantle; legendärer Outfielder der New York Yankees in den fünfziger und sechziger Jahren.

Seite 57

Horatio Alger (1834–1899), jener amerikanische Autor, der literarisch vielleicht am nachhaltigsten dazu beigetragen hat, den amerikanischen Kollektivmythos vom fleißig aufsteigenden Tellerwäscher am Leben zu erhalten. Algers 119 Romane erreichten eine Gesamtauflage von circa 20 Millionen Exemplaren und handelten meist von strebsamen Gassenjungen wie Julius, wenn auch Personal und Titel von Mal zu Mal wechselten. (Herr Hansen? Darf ich den Leser an dieser Stelle auf Dieter E. Zimmers vorzügliches Nachwort zu Nathanael Wests *Eine glatte Million* hinweisen und ihm [dem Leser] vielleicht auch noch nahelegen, diese, nein, *die* Parodie auf Alger und den »American Dream« möglichst bald zu lesen? Nein? Och, bitte!)

Seite 57

J. Pierpont Morgan: Vater (1837–1913) & Sohn (1867–1943), amerikanische Finanziers.

Seite 60

»Evangeline«, deutsch: *Evangeline – Eine Erzählung aus Arkadien.* Verserzählung von Henry Wadsworth Longfellow (1807–1882).

»... Barrymore«: Gemeint ist hier John Barrymore (1882–1949), der in den Zwanzigern unter anderem als Hamlet brillierte. Weiter unten erwähnt Groucho neben anderen Bühnenstars »die Barrymores« und meint die ganze Schauspielersippe: Auch Johns Geschwister Ethel (1879–1959) und Lionel (1878–1954) waren erfolgreiche Darsteller.

Seite 68

»... die feindseligsten Gesichtsausdrücke diesseits von Dr. Fu Manchu«. Fu Manchu, erfunden von Sax Rohmer, war der Inbegriff des asiatischen Finsterlings und geisterte von 1912 an durch Kurzgeschichten, Romane, Kurz- und Langfilme.

Seite 75

»Offensichtlich hatte er noch nie von *Singer's Midgets,* Mickey Rooney oder Tiny Tim gehört.« **Singer's Midgets** waren die in den zwanziger Jahren berühmtesten Vaudeville-Zwerge – 15 bis 20 kleine Menschen, die unter der Regie von Leo Singer auf der Bühne herumhüpften. Singer und seine Zwerge stammten aus Österreich und Ungarn und emigrierten bei Ausbruch des Ersten Weltkrieges in die USA; **Mickey Rooney** (* 1920) stand schon als Zweijähriger auf Vaudeville-Brettern, hatte mit 6 Jahren seine erste Filmrolle – als Zwerg –, wurde an der Seite von Judy Garland berühmt und blieb ewig kurz und lang erfolgreich; was Tiny Tim betrifft, sind meine Recherchen noch nicht abgeschlossen, aber ich würde mal sagen: Dickens.

Seite 79

»Mr. Schwein, ich kann nicht lügen. Ich habe sie gegessen«: Offenbar stammte Harpo in gerader Linie von George Washington ab, der behauptete, er sei schon als Kind des Lügens unfähig gewesen. Von seinem Vater beschuldigt, ein Kirschbäumchen gefällt zu haben, sprach der kleine George die legendären Worte: »Vater, ich kann nicht lügen. Ich tat's mit meinem Beilchen.«

Seite 94

»Ein fahrender Spielmann bin ich« – im Original »A Wand'ring Minstrel, I«, ein Zitat aus dem Gilbert & Sullivan-Musical *The Mikado.* In einer Fernsehproduktion des Musicals trat Groucho 1960 als Scharfrichter Ko-Ko auf: »Man hätte talentiertere Darsteller für diese berühmte Operette finden können, aber ganz bestimmt keinen größeren Gilbert-und-Sullivan-Fan als mich.« *(The Groucho Phile)*

Seite 96

»David Warfield, (...) und Eddie Cantor haben dramatische Rollen gespielt...« Leider können wir Herrn Marx nicht mehr fragen, welche Rollen er meinte. **David Warfield** wurde Anfang des Jahrhunderts vor allem auf der Bühne gefeiert (ernst & unernst) dito der jüdische Nachtclub-Komiker **Danny Thomas** (1912–1991), **Walter Huston** (1884–1950), John Hustons Vater, war ohnehin eher als Charakterdarsteller berühmt, **Danny Kaye** (1913–1987), Bühnen-, Leinwand- und Rundfunk-Entertainer *Wonder Man* (1945), *The Secret Life of Walter Mitty* (1947), war eigentlich *immer* sowohl komisch als auch intelligent, und der schwergewichtige Komiker **Jackie Gleason** (1916–1987), stand nicht nur 1968 neben Groucho in Otto Premingers dussligem Film *Skidoo* vor der Kamera, sondern z. B. auch als Minnesota Fats im ersten **Hustler** (1961). **Louis Mann** ist leider spurlos aus sämtlichen Quellen abgetaucht, aber immerhin wissen wir, daß **Ed Wynn** (1886–1966) für seine Rolle in *The Diary of Anne Frank* (1959) für den Oscar nominiert wurde, daß **Red Buttons** (1919–) ab Mitte der fünfziger Jahre zwischen Comedy und ernsten Rollen pendelte und später (1965) für seine Rolle in *Harlow* für den *Golden Globe* nominiert wurde. Groucho kann hier allerdings nur Buttons' ersten ernsten Auftritt in *Sayonara* (1957) meinen. **Jack Benny** (1894–1974) war eigentlich Radio- und später Fernsehkomiker, aber – wie man in Lubitschs *To be or not to be* (1942) sehen kann, außerdem ein ausgezeichneter Filmschauspieler. **Charles Chaplin & Buster Keaton** sollten eigentlich bekannt sein, **Eddie Cantor** (1892–1964) spielt eine ernste Rolle im fünfzehnten Kapitel, und zu **Red Skelton** beachten Sie bitte die Anmerkungen zur Seite 142.

S. N. Behrman (1893–1973): Schrieb unter anderem die Drehbücher zu *Anna Karenina* (1935), *A Tale of Two Cities* ('35) und *Quo Vadis* ('51).

Seite 97

»... Dutch comics«: »Dutch« klingt wie »Deutsch«, heißt aber »Holländisch«.

Seite 101

Patrick Henry (1736–1799), amerikanischer Patriot, Redner und Staatsmann.

Seite 105

Disraeli, Benjamin (1804–1881), englischer Premierminister und engagierter Sozialpolitiker von 1874–1880.

Seite 117

Francis X. Bushman (1883–1966), großer romantischer Heldendarsteller der Stummfilmära, seinerzeit als der »bestaussehendste Mann der Welt« berühmt.

Seite 133

Dorothy Parker: Siehe Anm. zu S. 172; **Cornelia Otis Skinner** (1901–1979); Theaterschauspielerin, tauchte ab und zu in Hollywood-Filmen auf.

Seite 135

Primo Carnera; ehemaliger Boxweltmeister aus Italien.

Seite 142

Ed Wynn (1886–1966), früher Broadwayclown, u. a. in den *Ziegfeld Follies of 1914;* siehe auch Anm. zu S. 96.

Bea Lillie (1894–1989), kanadische Komikerin und Entertainerin, bis Ende der Fünfziger sehr beliebt am Broadway und laut Noël Coward »the funniest woman of our civilisation«.

Willie Howard (1886–1949), deutschstämmiger Komiker, Sketch-Dauergast am Broadway, u. a. in G. Whites *Scandals*-Revue.

Bobby Clark (s. Anmerkungen zu Seite 162 – Clark & McCullough) **Frank Fay** (1897–1964), einer der ersten Stand-up-Comedians; Fay verzichtete schon 1917 auf jene Accessoires, die »Sketchup« und Konsorten so unerträglich witzig machen: Make-up, Dialekte und Kostüme. Ein klassischer Dialog mit seiner Partnerin Patsy Kelly (den Sie bestimmt demnächst mal wieder von einem Partykomiker hören): »Wo warst du?« – »Im Schönheitssalon.« – »Aha. Und die haben dich nicht bedient?« Privat war Fay offenbar nicht viel charmanter; nach etlichen Skandalen und (beruflicher) Durststrecke landete er 1944 einen letzten Broadwayhit mit *Harvey* (Sie wissen schon, dieser Hase neben Jimmy Stewart...), danach war endgültig Schluß mit Lustig.

Red Skelton (1913–), der größte amerikanische Clown, erschien 21 Jahre lang zur besten Sendezeit auf amerikanischen Bildschirmen – länger hielten sich nur James Arness (Matt Dillon in *Rauchende Colts*) und Ed Sullivan. Der weiter hinten erwähnte Groucho-Sohn Arthur Marx schrieb übrigens nicht nur *My Life with Groucho,* sondern auch eine Skelton-Biographie. Haben Sie noch Zeit für ein Skelton-Zitat? Bitte: »Ich weiß, daß ich irre bin, aber solange ich die Leute zum Lachen bringe, sperrt man mich nicht ein.«

Seite 148

»Des Menschen Unmenschlichkeit dem Menschen gegenüber« – hier muß die Schönheit praktischen Erwägungen weichen; bei Robert Burns heißt es (schön) »Man's inhumanity to man/Makes countless thousands mourn«, aber leider paßt die deutsche Übersetzung von Rudolf Camerer »Der Mensch hat mit Unmenschlichkeit/ schon Tausende bedrückt« in diesem Zusammenhang nicht ganz aufs Auge.

»Um mit den *Two Black Crows* zu sprechen«: Die *Two Black Crows* hießen eigentlich Moran & Mack und waren als Komikerduo Ende der zwanziger bis Mitte der dreißiger Jahre leidlich berühmt. (Zum allgemeinen Verständnis sollte man vielleicht zweierlei hinzufügen: Moran und Mack waren weiß, traten jedoch als Schwarze auf – als langsam sprechende, dusslige Schwarze. Man ahnt die Qualität des Humors. Der erste Film der beiden hieß »Why bring that up?« – eben jener Satz war ihre »Catchphrase«, ihr verbales Markenzeichen, und eben jenen Satz wollte Charlie Mack – der seinen Beitrag zur Comedygeschichte richtig einschätzte – auf seinem Grabstein stehen haben.

Seite 157

»In Al-Jolson-Manier singen« – der weiße Schauspieler und Sänger Al Jolson (1886–1950) war als schwarz angemalter *Jazz Singer* im gleichnamigen ersten Tonfilm (1929) zu hören.

Seite 161

E. F. Albee – siehe Kapitel 14. Dort beschreibt Groucho selbst den Chef des *United Booking Office* genauer. (Die noch im laufenden Kapitel [gleich!] geschilderte Zusammenarbeit mit Brezel-Broody kam übrigens nur zustande, weil Albee die Marx Brothers auf die schwarze Liste gesetzt hatte.)

Seite 162

Ed Wynn: siehe Anmerkungen zu S. 142.

Willie Howard: siehe Anmerkungen zu S. 142.

Al Jolson: siehe Anmerkung zu S. 157.

Frank Tinney trat wie Al Jolson und Mack & Moran schwarz geschminkt auf – zuerst im Vaudeville, ab 1910 auch am Broadway.

Clark und McCullough, Bobby Clark (1888–1960) und Paul McCullough (1883–1936). Wer ist das: Ein Komiker mit komischem Gang, schnellen Kalauern, Zigarre und komischem Make-up, der in Stücken und Sketchen von S. J. Perelman, Morrie Ryskind und George S. Kaufman auftrat? Groucho? Ja. Und Bobby Clark. Nur blieb letzterer – zusammen mit seinem Slapstick-Partner McCullough – als Star am Broadway.

Montgomery und Stone, David Craig Montgomery (1870–1917) und Fred A. Stone (1873–1959), eines der ersten Komikerduos des Jahrhunderts. Führten am Broadway u. a. eine erfolgreiche eigene Version des *Wizard of Oz* auf (1903).

Seite 172

»... Algonquin-Runde«: Lieber Herr Hansen, hier sollten wir uns und interessierten Lesern eine halbe Seite Biographisches & Zitate gönnen. Wenn Sie mich fragen. Wenigstens zu den wichtigsten Figuren... **George S. Kaufman** (1889–1961), einer der erfolgreichsten amerikanischen Bühnenautoren. Gewann zweimal den Pulitzer-Preis (für *Of thee I Sing* und *You Can't Take It With You*) und bestimmte als Autor, Produzent und Regisseur zwanzig Jahre lang das Geschehen am Broadway. (Sein eigener Vorschlag für seine Grabsteininschrift lautete übrigens: »Nur über meine Leiche«.) Wie Groucho später behauptete, war Kaufman (nicht Sam Harris) derjenige, der *Cocoanuts* um Irving Berlins Hit *Always* brachte – und zwar, weil Kaufman die musikalischen Einlagen grundsätzlich für überflüssig und störend hielt. Wer *Cocoanuts* kennt, wird ihm recht geben müssen.

Robert Benchley (1889–1945), Theaterkritiker, humoristischer Autor und Schauspieler – s. a. Anm. zur Widmung. (»Erst nach fünfzehn Jahren stellte ich fest, daß ich keinerlei Begabung zum Schreiben besaß, nur war ich da schon zu berühmt, um aufzuhören.«)

Alexander Woolcott (1887–1943), gnadenloser Kolumnist und Kritiker mit dickem Bauch und spitzer Feder. Woolcott war der erste, der die Brüder für *I'll Say She Is!* öffentlich über den grünen Klee lobte, und blieb ewig eng mit Grouchos Bruder Harpo befreundet. (»Alles, was ich wirklich mag, ist entweder unmoralisch, ungesetzlich oder macht dick.«)

Franklin P. Adams (1881–1960), Vater des »Algonquin Round Table«, Kolumnist, Autor, Dichter und Parodist. (»Wie ich schon häufiger sagte, bin ich leicht zu beeinflussen. Verglichen mit mir ist ein Wetterhahn der Fels von Gibraltar.«)

Dorothy Parker (1893–1967), Literaturkritikerin, Dichterin, Short-Story- und Stückeschreiberin. An dreister Schlagfertigkeit kaum zu überbieten und daher schwer in andere Sprachen zu retten. (»Dieses Buch kann man nicht aus der Hand legen. Man muß es in hohem Bogen aus dem Fenster werfen.«)

Zur Runde gehörten außerdem Robert Sherwood (Autor u. a. des Musicals *Miss Liberty;* Musik von Irving Berlin), Heywood Broun (Kolumnist und Theaterkritiker), Edna Ferber *(Giganten),* Ring Lardner (siehe Anm. zu S. 232), Harold Ross (Begründer des *New Yorker*) und Herman Mankiewicz (siehe abschließende Bemerkungen zum Thema »Delaney«).

Seite 173

H. L. Mencken (1880–1956), Journalist, Kritiker und Philologe, zu Lebzeiten als großer Denker gerühmt und als bissiger Humorist gründlich verkannt.

Seite 175

Stay Down Here where You Belong – Herr Hansen: Ich weigere mich, dieses Lied zu übersetzen. So was wirkt immer albern. Immerhin leben wir im Post-MTV-Zeitalter, und sooo kompliziert ist der Text ja nun nicht. Notfalls könnten wir vielleicht eine kleine Vokabelhilfe einschalten: »Sorrows« = Sorgen, Kummer, Leid, »to bear« = erdulden, ertragen und »to roam« = herumziehen oder -wandern. Mehr sollte nicht nötig sein, oder?

Seite 176

»... entwickelte ich mich zum einzigen Menschen in den Vereinigten Staaten (...) der sich sowohl an den Text als auch an die Musik erinnerte.« Wir dürfen annehmen, daß Tiny Tim, der menschliche Kanarienvogel, Grouchos Buch gelesen hat: Auf dessen Debüt-LP aus dem Jahre 1968 *(God Bless Tiny Tim)* findet sich nämlich auch das unvergessene Anti-Kriegs-Lied »Stay Down Here Where You Belong«.

Seite 177

ASCAP = American Society of Composers, Authors and Publishers, also das US-Vorbild der GEMA.

Seite 178

»... der sagenhafte Stephen Foster ...« war ebenfalls Komponist. Von ihm stammen unter anderem »Oh, Susanna« und »My Old Kentucky Home«.

Seite 182

»Bostoner Teesturm von 1773« – Vernichtung einer Ladung Tee der Ostindischen Handelskompanie im Hafen von Boston – und zwar durch Bostoner Bürger, die sich als Indianer verkleidet hatten. Nicht, weil gerade Fasching war, sondern weil ihnen die Teesteuer des damaligen Mutterlandes England nicht paßte. Etwas später gab's dann ja bekanntlich richtig Krach.

Seite 183

Weber und Fields – Joe Weber (1867–1942) und Lew Fields (1867 bis 1941), frühes, rabiates Comedy-Duo. Von Weber & Fields stammt z. B. der geflügelte Dialog: »Wer war'n die Dame, mit der ich dich da gesehen hab?« – »Das war keine Dame, das war meine Frau!«; Mutt und Jeff waren Comicfiguren (ein Langer, ein Kurzer) von Bud Fisher, die erstmals 1907 im *San Francisco Chronicle* auftauchten.

Seite 193

»Die Wirren von 1929 und meine Paraderolle darin«, im Original »How I starred in the follies of 1929« – Florence Ziegfeld stellte damals alljährlich eine schicke Tanzrevue mit immer neuen Traumtänzerinnen auf die schönen Beine. Diese Revues hießen dann jeweils »Ziegfeld Follies of 19..«, und Folly heißt Narrheit, aber eben auch Revue. Groucho glänzte zwar nur als finanzieller Obernarr, aber der im Kapitel ausführlich erwähnte **Eddie Cantor** (1892–1964) trat tatsächlich mehrmals in den »Follies« auf.

Seite 206

Die »French and Indian Wars« fanden zwischen 1689 und 1763 statt. Es prügelten sich die Engländer (Kolonialmacht) mit den Franzosen (Möchtegernkolonialmacht) und den Indianern (Ureinwohner, machtlose), bevor dann schließlich die sogenannten Amerikaner (eingewanderte Europäer) alle anderen verdroschen (incl. Indianer).

Seite 212

Der achtzehnte Zusatzartikel zur Verfassung verbot Herstellung, Verkauf und Transport von alkoholischen Getränken und trat am 16. Januar 1920 in Kraft.

Seite 218

»... den Mann-Erlaß«. Tja. Herr Hansen. Ich habe bislang nur herausfinden können, daß der »Mann-Act« Minderjährige vor sexuellen Übergriffen schützen sollte beziehungsweise den Transport von Minderjährigen von einem Bundesstaat in den anderen zu unmoralischen Zwecken unter Strafe stellte (in Delaware galt frau übrigens anfangs ab acht Lebensjahren *nicht* mehr als minderjährig, was wohl einiges über Delaware sagt), und auch mein US-Informant gibt sich geschlagen. Wo steckt der Witz? Im »Man-Act«, dem mißverstandenen Menschenrecht? Tss. Vielleicht sollten wir ein Preisausschreiben veranstalten, um diese Frage zu klären. Als ersten Preis könnten wir vielleicht ein unbezahltes Volontariat in Ihrem Verlag aussetzen – aber wahrscheinlich können Sie sich nicht mal *das* leisten, also muß ich dumm sterben. Das haben Sie nun davon.

Seite 222

Gilbert, die Garbo, (...) Mary Pickford (...) bildeten die königliche Familie des Films.«

John Gilbert (1895–1936), romantischer Held, u. a. in den Thalberg-Klassikern *He Who Gets Slapped* (1924), *The Merry Widow* (1925) und *The Big Parade* (1925). Leider stellte sich heraus, daß er nicht halb so gut sprach, wie er aussah.

Greta Garbo (1905–1990, eigentlich Greta Gustafson), die schwedische Göttin der Leinwand. Ihre große Zeit sollte aber erst noch kommen, u. a. mit *Anna Christie* (1930), *Mata Hari* (1931), *Grand Hotel* (1932), *Anna Karenina* (1935) und *Ninotchka* (1939).

Charlie Ray (1891–1943), Stummfilmheld, meist als Junge vom Lande. Mit Ton weniger erfolgreich.

Tom Mix (1880–1940), Cowboy in Weiß, Star in über 400 Low-Budget-Western.

William S. Hart (1870–1946), ebenfalls Cowboy-Star in zahllosen, überwiegend stummen Filmen.

Douglas Fairbanks (1883–1939), der ewig jugendliche, ewig strahlende Held aus all den Mantel-und-Degen-und-Abenteuer-Filmen der Stummfilmära, u. a. *The Mark of Zorro* (1920), *The Three Musketeers* (1921), *Robin Hood* (1921), *The Thief of Bagdad* (1923). Konnte nicht richtig sprechen und stürzte daher nach Erfindung des Tonfilms ziemlich ab. Verheiratet mit:

Mary Pickford (1893–1979, eigentlich Gladys Smith), stand seit ihrem fünften Lebensjahr auf der Bühne, gründete mit ihrem Mann und anderen *United Artists Films* und wurde eine der reichsten Frauen der Welt; zu bewundern u. a. in *Coquette* (1929) und neben Fairbanks in *The Taming of the Shrew* (1929). »Sie war die Frau, die jeder junge Mann haben wollte – als Schwester.« (Alistair Cooke).

Seite 232

Ring Lardner (1885–1933), amerikanischer Schriftsteller, Kultur- und Sprachkritiker. Gerühmt und geschätzt wegen seiner sprachschöpferischen Phantasie und präzis beobachteten Tonfälle.

Sam Levenson (1911–1980). Kein Slapsticker, sondern ein gemütlicher, komischer Stand-up-Anekdotenonkel. In den Fünfzigern sehr beliebt und mit der *Sam Levenson Show* (51–57), *This Is Show Business* (51–54), *Two for the Money (55–57)* und *Masquerade Party* praktisch ständig auf Sendung.

Seite 240

»führten uns (...) auf wie die Katzenjammer Kids« – Hans und Fritz Katzenjammer, zwei dreiste Comic-Jungs von Rudolph Dirks – seit 1897 in US-Gazetten zu bewundern und deutlich inspiriert von Wilhelm Buschs *Max und Moritz.*

Seite 241

»Sind Sie für Stevenson, oder was?« – Adlai Ewing Stevenson (1900–1965) war Gouverneur von Illinois und unterlag als demokratischer Präsidentschaftskandidat 1952 und 1956 Herrn Eisenhower.

Seite 246

Ida Tarbell und **Carl Sandburg** veröffentlichten Lincoln-Biographien und -Anekdotensammlungen, **Raymond Massey** war als *Abe Lincoln* in Illinois auf Bühne und Leinwand zu sehen und glänzte in *How the West Was Won* als – Abraham Lincoln.

Seite 248

»... chemin de fer in French Lick«: Sorry, Herr Hansen, aber an dieser Stelle müssen wir auf alle Übersetzungen und Erklärungen verzichten. Mein US-Informant, das wandelnde Groucho-Lexikon Paul G. Wesolowski, versteht den Witz auch nicht. Na schön, »French Lick« ist ein lustiger Name für eine Stadt (in Indiana, falls es jemanden interessiert), und »chemin de fer« ist ja nun ebenso französisch, wenn's auch in diesem Fall nicht »Eisenbahn« meint, sondern ein inzwischen leicht aus der Mode gekommenes Kartenspiel (eine Abart des Bakkarat), aber in French Lick gab es – laut dortiger Handelskammer – nie Kasinos, und ob Groucho auf den »French Kiss« (Franzleck statt Franzkuß?) anspielt...? Wahrscheinlich. Und wie soll man das übersetzen? Küßnacht und Doppelkopf? Küßnacht liegt doch nicht in Indiana, oder? Vielleicht finden wir einen verständigen Leser, der uns das Ganze haarklein erklärt (und gleich die Übersetzung mitliefert). Das würde sicherlich auch Mr. Wesolowski mordsmäßig freuen...

Seite 249

»Vitaphone«: Frühe Tonfilmtechnik, auf die man bei Warner Brothers 1927 alle Hoffnungen setzte. Der Ton wurde allerdings noch nicht auf einer Tonspur aufgenommen, sondern auf einer Schallplatte. Einige Jahre später war die Idee endgültig vom Schneidetisch.

»Brother, Can You Spare a Dime?«: Eine Ballade aus der Zeit der Wirtschaftskrise (geschrieben von E. Y. Harburg, der später für die Songs im »Wizard of Oz« mit dem Oscar ausgezeichnet wurde).

»Jack and the Beanstalk«: Märchen. (Der kleine Jack erklimmt einen magischen Bohnenstengel, klaut dem fiesen Oger unter anderem das Huhn, das goldene Eier legt, und rettet sich und Mama aus finsterer Armut.)

»Light Horse Harry«: Spitzname von Henry Lee (1756–1818), einem amerikanischen Kavallerieoffizier, der die Briten im Unabhängigkeitskrieg bei Paulus Hook vernichtend zurückschlug.

»Kleinkariert knausrige Haltung« – auch dazu vielleicht ein paar überflüssige Worte an alle, die's interessiert: Als »Dog-in-the-manger-attitude« bezeichnet man die Haltung eines Menschen, der Dinge nicht hergibt, obwohl er sie gar nicht brauchen kann. Groucho schreibt hier allerdings »Dog-in-the-Wanger-Attitude« und meint mit »Wanger« den bekannten Paramount-Produzenten Walter Wanger, der nicht nur versuchte, die Marx-Brothers sehr billig einzukaufen, sondern zudem (laut Joe Adamson) jener »kleinkarierte Traditionalist« war (Kapitel 18), der von Groucho verlangte, er solle seinen aufgemalten Schnurrbart aufgeben und gefälligst nicht mehr mit dem Publikum sprechen.

Seite 250

»Saroyan an Saroyanität übertreffen« – William Saroyan (1908–1981), bekannt optimistischer und mitmenschlicher US-Schriftsteller.

Seite 252

Die »Haymarket-Unruhen« fanden 1886 auf dem gleichnamigen Platz in Chicago statt; die »Überlebenden« waren (wie die Toten) Gewerkschaftler und Polizisten.

Seite 259

»Patient am Scheideweg«, Kapitelüberschrift nach George Bernard Shaws *Arzt am Scheideweg.* Die neueste Übersetzung heißt zwar »Des Doktors Dilemma«, aber man kann's eben auch übertreiben mit der Originalität. Also verfremden wir doch lieber jenen deutschen Titel, den Shaw selbst für angemessen hielt. (Apropos Originalität: In der englischen »Groucho and Me«-Taschenbuchausgabe von 1987 heißt das Kapitel »Kommen Sie nächsten Donnerstag wieder und bringen Sie eine Geldprobe mit«. Auch nicht schlecht, oder?)

Seite 266

»Es läßt sich nicht leugnen, daß unsere Zeit von Euphemismen und billigen Decknamen nur so wimmelt«. Und es läßt sich ebensowenig leugnen, daß nach diesem Satz einer fehlt, nämlich der originale: »The only one left with courage enough to face life is Portia, and I don't mean Shakespeare's girl-friend.« Ob Groucho nun Shakespeares Freundin aus dem »Kaufmann von Venedig« oder Brutus' Frau aus »Julius Cäsar« *nicht* meint, wissen wir nicht, dafür wissen wir, daß der Scherz kaum zu retten ist, denn *Portia Faces Life* war in den fünfzigern eine recht bekannte Rundfunksendung.

Seite 270

Krafft-Ebing (Richard Freiherr von; 1840–1902) untersuchte und erforschte Sexualstörungen und -abarten des Menschen *(Psychopathia sexualis).* Wer Bleiwüsten nichts abgewinnen kann, gönnt sich die Kurzfassung in Robert Crumbs »Endzeit Comics«.

Seite 272

»Wenn eine Ehe in die Brüche geht, liegt es nur daran!« – Im Original »That's where marriages are decided«, hier zitiert nach der deutschen Übersetzung von Jörn van Dyck (Fischer).

Seite 275

Grandma Moses – Anna Mary Robertson-Moses (1860–1961), amerikanische Laienmalerin. Als Groucho das Buch schrieb, feierte Grandma also gerade ihren 100sten.

Seite 277

General Grant; Ulysses S. Grant (1822–1885), Oberbefehlshaber der Yankees im Sezessionskrieg und von 1869–1877 Präsident der Vereinigten Staaten.

Seite 278

»... daß ihre Kleine ein Schluckspecht war, der sogar W. C. Fields unter den Tisch getrunken hätte«. Von den zig Millionen Lesern dieses Buches werden ungefähr zwei *nicht* wissen, wer Fields war, und denen sollte man vielleicht anhand einiger Zitate begreiflich machen, in welche Trinkerkategorie Groucho seine Daisy einordnet. Also bitte, Mr. Egbert Souse, äh, Fields (1879–1946). »Meine Selbstbeherrschung ist außergewöhnlich. Ich trinke nie etwas Stärkeres als Gin – vor dem Frühstück.«; »Jemand hat vergessen, den Korken wieder in mein Essen zu stecken«; »Ich trinke kein Wasser. Da ficken Fische drin.«

Seite 283

»Captain Blighs Reinkarnation«: Captain Bligh war der sadistische Kapitän, gegen den die Besatzung der »Bounty« meuterte.

Seite 287

»... eine aus *Iolanthe* geklaute Zeile« – geklaut aus der satirischen Operette *»Ilolanthe, or The Peer and the Peri«* von – na? – Gilbert & Sullivan, genau.

Seite 288

»Lautstärke (...), die man sonst nur in Cape Canaveral (...) zu hören kriegt.« Für unsere ganz, ganz jungen Leser sollte man hier vielleicht anmerken, daß »Cape Canaveral« zwischenzeitlich »Cape Kennedy« hieß. Und alle, die dann immer noch nur Weltraumbahnhof verstehen, kann man getrost zum Mond schießen.

Seite 291

Elsa Maxwell (1883–1963); amerikanische Klatschtante und Feier-Veranstalterin.

Rubirosa (1909–1965), Vorname Porfirio, Playboy, Abenteurer und Hansdampf in allen Betten. Fünfmal verheiratet (nacheinander), u. a. mit Danielle Darrieux und Barbara Hutton. Seine Affärenliste liest sich beeindruckend: Zsa Zsa Gabor, Ava Gardner, Joan Crawford, Jayne Mansfield, Tina Onassis, Evita Perón... Wer mehr wissen will, liest »Der letzte Playboy« von Andreas Zielcke.

Die »Schlacht von Lexington« wurde 1775 geschlagen und war eine der ersten des Unabhängigkeitskrieges zwischen Amerika und England.

»... wie Jim Thorpe oder Bob Mathias« – Thorpe war Baseballer, Footballer und Zehnkampf-Olympiasieger 1912, Mathias Olympiasieger 1948 und 1952 (ebenfalls im Zehnkampf).

Seite 292

»Zur Zeit des Spanisch-Amerikanischen Krieges war das der letzte Schrei«, anders gesagt: 1898.

Seite 294ff.

Kleines Golf-Vokabular für alle, die keinen Fernseher haben oder grundsätzlich abschalten, wenn sie Valerien und den Kaiser simpeln hören: *Fairway* ist die Bahn, *Grün* das Stück mit dem Loch, *Rough* die unverschandelte Natur links und rechts der Bahn, ein *Bunker* ist eine Sandgrube, *Hook* und *Slice* bedeutet soviel wie »anschnippeln«, *Putten* ist das, was wir beim Minigolf machen, *Tee* das kleine Holzding, auf das man den Ball legt, *Eisen* und *Holz* sind Schläger, und ein *Sand-Wedge* ist – surprise – kein Tippfehler im Schnellimbiß, sondern ebenfalls ein Schläger oder besser eine kleine Schaufel mit langem Stiel.

Seite 303

»... ist mein Ergebnis immer hundertundeins.« Im Original folgt ein weiterer Absatz, und daß der unübersetzbar ist, liegt daran, daß »club« sowohl »Club« als auch »Schläger« heißt. Da der Absatz keine grundwichtigen Informationen enthält, hätte man ihn natürlich auch ersatzlos streichen können, aber so was macht man nicht. Also: Wo wir gerade beim Golf sind, muß ich Ihnen noch eine kleine Geschichte erzählen. Hauptdarsteller ist der inzwischen verstorbene frühere Paramount-Präsident Jesse Lasky, der trotzdem einer der nettesten Männer war, die ich je kennengelernt habe. Vor einigen Jahren spielten wir eine Partie im Hillcrest Country Club, der direkt an die Anlage des Rancho Golf Club grenzt. Damals gab es noch keinen Zaun zwischen den beiden Clubs, um den Pöbel vom jeweils anderen Verein fernzuhalten. An einigen Löchern lagen die Fairways direkt nebeneinander. An jenem besonderen Loch erwischte Jesse einen langen, bildschönen Abschlag vom Tee. Der Ball trieb in hohem Bogen davon und landete auf dem Rancho-Fairway – was Lasky allerdings nicht wußte. *»Caddie«,* sagte er, *»what club shall I use from here?«* Mit professioneller Geringschätzung erwiderte der Caddie: *»Mr. Lasky, you tell me what club you belong to and I'll tell you what club to use!«*

Seite 308

»Ich muß mich demnächst mal von Hedda und Louella aufklären lassen.« – In *Hollywood Babylon* bezeichnet Kenneth Anger Louella (Parsons) und Hedda (Hopper) als »die übelsten Klatschtanten von Hollywood. (Sie waren) auf dem Höhepunkt ihrer Macht ebenso berühmt wie die Stars, über die sie schrieben, die große Garbo oder Marlene. Sie waren aber viel, viel mächtiger und hatten sich selbst zu Richterinnen über das moralische Leben der Filmkolonie ernannt. Mit ihren Klatschspalten erreichten sie 75 Millionen Leser und übten einen Einfluß aus, den man sich heute, in einer freieren Gesellschaft, schwer vorstellen kann.

»... der Admiral Dewey zur Ehre gereicht hätte«; gemeint ist George Dewey (1837–1917), der im Spanisch-Amerikanischen Krieg (1898) die spanische Flotte in der Manila Bay besiegte.

Seite 311

Izaak Walton, englischer Autor (1593–1683); wurde durch sein freundliches Dialogwerk *Der vollkommene Angler* bekannt.

Seite 312

Irving Brecher (1914–): Rundfunk-und Drehbuchautor. Schrieb unter anderem die Bücher zu den Marx-Brothers-Filmen *At the Circus* und *Go West.*

Seite 324

»Dort, in Thespis' heil'gen Hallen«. Thespis (6. Jhd. v. Chr.), Begründer der griechischen Tragödie.

Seite 325

»Confidential-Magazine«, 1952 gegründetes Klatschblatt. Galt als übelste Gazette im ganzen Lande und wurde von jedem gelesen; Mutter aller billigen Sensationsschlammschlachten und der hemmungslosen Prominenten-Bespitzelung – mit bis zu 4 Millionen Exemplaren Auflage. (Der Ärger, von dem Groucho hier schreibt, begann 1957, als Dorothy Dandridge das Magazin auf 2 Millionen Dollar Schadenersatz verklagte. Anschließend gab es reichlich Ärger mit Maureen O'Hara und anderen Stars; Sekretärinnen und Chefredakteure begingen Selbstmord usw. Wer's viel genauer wissen will, liest z. B. Kenneth Angers *Hollywood Babylon.*)

Seite 326

»Mr. Marx, das war das Zauberwort!« – Im Original »Mr. Marx, you just said the secret word!« Genau diese Formulierung gebrauchte Groucho selbst immer dann, wenn einer der Kandidaten seiner Rundfunk- und (später) TV-Rate-Show *You Bet Your Life* das »Secret word« aussprach. Das »Secret word« war jeweils ein Begriff aus dem Alltagsleben, der dem Publikum vor Beginn der Sendung bekanntgegeben wurde – wenn die Kandidaten Glück hatten, sprachen sie das Wort irgendwann zufällig aus und gewannen irgendwelchen Sonderpreis-Tinnef wie imitierte Perlenketten oder teuer aussehende Feuerzeuge. »Glücksrad«-Zuschauer lockt man mit solchen Preisen natürlich nicht vom Sofa, aber dafür war *You Bet Your Life* irre komisch – und zwar *freiwillig.* (Siehe auch Anmerkung zu Seite *341.)*

Seite 327

»... Typhoid Mary« (eigentlich Mary Mallon; 1870-1938) war nicht nur Köchin, sondern auch – ohne es zu wissen – Typhusträgerin und raffte daher mit ihren leckeren Mahlzeiten etliche Leute hin. Jürg Federspiel hat ihr in seinem Roman »Die Ballade von Typhoid Mary« ein Denkmal gesetzt.

Seite 335

»Wie geht's Ihrem Partner Shyster?« – Im Original »How's your partner, Shyster?« Wenn man weiß, daß »Shyster« korrekt übersetzt »Winkeladvokat« oder noch besser »alter Gauner« heißt, versteht man den besorgten Anwalt gleich noch besser. (Herr Hansen? Dürfte ich mir an dieser Stelle einen Hinweis auf die bei Ihnen erschienene Übersetzung der »Flywheel«-Hörspiele erlauben? Ich würde Ihnen zuliebe sogar darauf verzichten, die Übersetzung in den höchsten Tönen zu loben und mich mit einer fetten Preisung der unzähligen Ia-Originalscherze begnügen...)

Seite 341

»You Bet My Life«. Übersetzen *Sie* das mal. Eigentlich hieß die Sendung *You Bet Your Life.* »You bet!« = »Und ob!«, »You bet your irgendwas!« = »Darauf können Sie Gift nehmen!«, außerdem mitschwingend »Sie spielen um alles!« und »Sie verwetten Ihren Kopf!«... Und jetzt bitte noch mit dem »My« verknüpfen und die richtige Lösung an den Verlag schicken. Der Gewinner wird im nächsten Nachwort namentlich genannt.

(Herr Hansen? An dieser Stelle würde ich gern ein bißchen zitieren. So quasi zum Abschluß der Anmerkungen. Darf ich das? Aus den gesammelten *You Bet Your Life*-Sendungen. So bekäme dann der geneigte Leser, der die Dinger ja wahrscheinlich nicht kennt, einen Eindruck... immerhin sahen damals bis zu 30 Millionen Zuschauer die Show, und Groucho landete zum zweiten Mal (nach *Cocoanuts*) auf einem *Time*-Cover, also ... ginge das? Mit den Zitaten? Ich mach's Ihnen mal vor. Wir können ja später immer noch streichen.

GROUCHO
zu einem Vater von Drillingen: »Sie sind seit fünfzehn Monaten verheiratet und haben drei Töchter? Wir leben wirklich im Zeitalter des Schnellverkehrs.«
zu einem Baumchirurgen: »Sind Sie jemals aus einem Patienten gefallen?«
zu einem Admiral: »Wir sind hier nicht besonders förmlich. Darf ich Sie Kapitän nennen?«
zu einem Autor: »Es wird Ihnen nichts nützen, Ihr neues Buch hier anzupreisen – keiner unserer Zuhörer kann lesen.«
zu einem Dichter: »Mit anderen Worten: Sie sind arbeitslos?«
zu zwei Heidis: »Sie werde ich Heidi-Hi nennen ... und Sie Heidi-Ho ... und Sie dürfen mich Cab Calloway nennen.«
zu einem Koch: »Ja, ich habe mal versucht, Schweinehaxen zu kochen, aber das Schwein wollte nicht stillhalten.«
zu einer frisch Verliebten: »War es Liebe auf den ersten Blick? Trug er seine Brieftasche offen?«
im Gespräch mit seinem Assistenten George Fenneman: »Groucho, wir haben heute einige ganz besondere Gäste ...« – »Mr. Marx, wenn ich bitten darf. Ich nenne *Sie* doch auch nicht Groucho.«
im Gespräch mit Kandidatin Jeanne: »Jeanne, würden Sie mir sagen, wie alt Sie sind?« – »Nein, Groucho, das verrate ich nicht mal meinem Mann.« – »Wenn Sie einen Mann haben, Jeanne, interessiert es mich sowieso nicht mehr.«
im Gespräch mit einer Kandidatin: »Groucho, haben Sie je eine Sojabohne gemolken?« – »Eine Sojabohne gemolken?« – »Ja.« – »Das würde ich gern mal machen, aber wie kommt man drunter?«
im Gespräch mit einer alten Dame: »Was haben die Leute getragen, als Sie noch ganz klein waren?« – »Windeln.«
im Gespräch mit einem Mann: »Und woher kommen Sie? Aus Pasadena?« – »Ich bin hier geboren.« – »Hier? Im Studio? Ich habe Sie schon ziemlich lange hier herumstehen sehen, aber *so* lange?«

Und – als hinterletztes Geschenk an unsere des US-Englischen mächtigen Leser – ein bißchen Originalton (aus naheliegenden Gründen):
Zu einem Cartoonisten: »If you want to see a comic strip, you should see me in a shower.«
im Gespräch mit einem Kandidaten: »Did you ever hear of a cow that just gives butter milk?« – »No.« – »What else can a cow give *but her milk*?«
im Gespräch mit einer Kandidatin: »Where are you from?« – »I'm from South Wales.« – »Did you ever meet a fellow named Jonah? He lived in whales for a while. The middle part.«
im Gespräch mit einem Kandidaten (über dessen erste Begegnung mit seiner Frau): »She kicked me under the table« – »She kicked you under the table? And did you remain there?«
& der komplette Dialog mit der im Kapitel erwähnten »Kakaopalmenfrau«: »I have woodpeckers in my cocoa palms.« – »You have woodpeckers in your cocoa palms?« – »That's right« – »Well, keep your hat on and nobody will notice.«

Ginge das? Schön wär's. Aber damit nicht genug: Wenn Sie mögen (und bezahlen), schreibe ich Ihnen nämlich ein Nachwort, das sich gewaschen hat. Eins für Leute, die immer alles ganz genau wissen wollen. Für Verrückte. Was das nun wieder heißen soll? Na. Passen Sie mal auf.

Zuerst ein paar Worte zur Entstehungsgeschichte (wie es sich gehört): Nach den bescheidenen Erfolgen von *Beds* (1930) und *Many Happy Returns* (1942) war *Groucho and Me* eine der ersten Veröffentlichungen des Verlages Bernhard Geis Associates, an dem Groucho selbst mit 5% beteiligt war. Anders als bei den ersten beiden Büchern waren sowohl die Kritiken als auch die Verkaufszahlen gut. Zwar ist »Groucho und ich« keine Autobiographie im engeren Sinne, da Groucho sich keinen guten Scherz durch lästige Fakten vermasseln ließ, aber dennoch eine halbwegs akkurate Schilderung dessen, was im Leben des obersten Marx-Bruders vorgefallen ist.

Einige der Anekdoten und Geschichten haben im Laufe der Jahre allerdings deutlich an Dramatik gewonnen, was sich anhand von Grouchos früheren Veröffentlichungen belegen läßt. Hier sollten wir den geneigten Fanatiker auf Robert S. Baders *Groucho Marx and Other Short Stories and Tall Tales* verweisen, eine Sammlung von bisher lediglich in Zeitschriften und Magazinen veröffentlichten komischen Essays und autobiographischen Schnipseln, die vor kurzem bei Faber & Faber erschienen ist. Darin finden sich Geschichten wie »Bad Days are Good Memories« (1931), in der Groucho den Verlust seines Füllfederhalters, sein erstes Engagement und die Arbeit als Kutscher in Cripple Creek etwas realistischer schildert als in »Groucho und ich«; bei genauem Hinlesen zeigt sich überdies, daß der in den Dreißigern und Vierzigern ausgesprochen eifrige Autor Marx einige seiner autobiographischen Anekdoten beinahe wortwörtlich (respektive gekürzt) übernommen hat, zum Beispiel die Ausführungen zur Schlaflosigkeit (»Sh-h-h-h!«, *This Week,* 1941) und die Anmerkungen zu seinem Namenspatron »Uncle Julius« (*Hollywood Reporter,* 1946)... Diesen Teil des Nachwortes könnte man natürlich sehr ausführlich gestalten, indem man beispielsweise die schöne Geschichte »Why Harpo Doesn't Talk« (*This Week,* 1948) genauer unter die Lupe nähme: Es handelt sich um die »Rauchen verboten«-Episode, die Groucho im achten Kapitel schildert, allerdings mit einem feinen Unterschied: In der ursprünglichen Fassung macht nicht Chico, sondern *Harpo* dem zornigen Theaterdirektor den Vorschlag, die Brüder und er sollten je fünf Dollar für die Heilsarmee spenden, und nachdem sie ihre Gage anschließend in Kleingeld ausbezahlt bekommen, verbieten Groucho und Chico ihrem Bruder Harpo ein für allemal den Mund. Auch »Sh-h-h-h!« lohnt einen kritischen Blick: Sie erinnern sich an die Stelle, an der Groucho seine Nacht mit der Frau des schlaflosen Freundes beschreibt? Und den morgendlichen Auftritt des Freundes mit schwarzer Schlafmaske? Ja? In »Sh-h-h-h!« ist das Ende ein bißchen anders – hübscher, wenn Sie mich fragen. Urteilen Sie selbst:

»Als die maskierte Gestalt auftauchte, dachte ich, es handle sich um einen Einbrecher. Ich zog sofort meinen Derringer heraus und erschoß ihn.

Er hat mir bis heute nicht verziehen.«

Außerdem stellt Herr Marx längere Überlegungen zum Thema »Schafe oder Panther zählen« an, die man ebenfalls zitieren könnte:

»Schäfchen eignen sich nicht zum Zählen, weil sie blöken und gelegentlich stolpern. Panther hingegen schleichen auf Samtpfoten und halten schlauerweise das Maul.«

Na ja. Und so weiter. Sie wissen ja, wie diese Nachworte aussehen. Weiter unten müßten wir auf den Einfluß der in der Widmung genannten Autoren verweisen, besonders auf den von Robert Benchley, was natürlich insofern sinnlos wäre, als hierzulande höchstens fünfzig Menschen die Arbeiten von Benchley kennen, was schade ist, weil Benchley direkt oder auf Umwegen praktisch jeden schreibenden Komiker des zwanzigsten Jahrhunderts beeinflußt hat – aber lassen wir das ... lassen wir das fallen. Zugunsten jener Aspekte von »Groucho und ich«, die erstens für unsere Leser nachvollziehbar und zweitens ganz und gar nicht akkurat sind. Wenden wir uns also den Namen zu.

Vielleicht interessiert es den einen oder anderen Leser, wer sich hinter dem einen oder anderen Delaney verbirgt. Vor allem hinter den beiden Film-Delaneys, dem ständig besoffenen *(Monkey Business)*-Produzenten und seinem Spielpartner, dem Studioboß. Der Studioboß-Delaney war B. P. Shulberg (Paramount), der Produzent war – Herman Mankiewicz (1897–1953). Jener Mankiewicz, der gemeinsam mit Orson Welles *Citizen Kane* auf die Beine stellte und in Cineastenkreisen bis heute als treibende Kraft hinter diesem Unternehmen gilt. Dazu schrieb Groucho später: »Seine künstlerischen Fähigkeiten müssen sich in der Zwischenzeit beträchtlich vergrößert haben. In meinen Augen war er ein nervtötender Säufer, der sich nicht die Bohne für unseren Film interessierte.« Das könnte man vielleicht zitieren. Nicht zitieren sollte man hingegen den von Groucho im *Marx Bros. Scrapbook* überlieferten genauen Wortlaut, mit dem Mankiewicz die ihm verhaßten Autoren aus seinem Büro schmiß. Oder möchten Sie in einem so schönen Buch wie diesem die Formulierung »Zurück in eure Käfige, ihr Schwanzlutscher!« lesen?

Sicher nicht.

Die berühmten Delaney-Zigaretten, für die Groucho werben sollte, waren »Old Gold Cigarettes«, die Delaney-Brauerei war die Pabst-Brauerei, für die Groucho von 1943 bis 1944 in *Pabst Blue Ribbon Town* auf Sendung war, bis er – so die Legende – eines der Vorstandsmitglieder mit einem Konkurrenzbier besoffen machte, und der junge Komiker, der Groucho bei Pabst ersetzte, war Danny Kaye.

Könnte vielleicht irgend jemanden interessieren, daß das »Larong-Trio« des geschminkten Schmalspur-Schauspielers Robin Larong gar nicht »Larong-Trio« hieß? Es hieß auch nicht

»Le May Trio«, wie R. L. Smith behauptet, und es hieß erst recht nicht »Loring Trio«. Von Richard Anobile während des langen *Scrapbook*-Interviews darauf angesprochen, sagte Groucho zuerst, der richtige Name sei »Laroux Trio«, korrigierte dies aber Zeilen später eigenhändig. »Leroy Trio! Jetzt kann ich seinen Namen ja verraten. L-E-R-O-Y. Er ist eine Schwuchtel und kann uns nicht verklagen. Er ist tot.« Damit wäre auch das (fast) geklärt. Warum ausgerechnet »Larong«? Zitat Groucho (diesmal aus dem *Groucho Phile*): »Als ich diese Begegnung später beschrieb, änderte ich seinen Namen in Larong (das reimt sich auf Sarong).« Noch Fragen?

Sie hatten von Anfang an keine und fragen sich (a-ha!) langsam, was der ganze Blödsinn soll? Herrgott, Sie *müssen's* ja nicht drucken. Ist doch nur ein Vorschlag.

Wie wär's mit »Johnny Morton« (dem Tänzer des Larong-Trios)? Der hieß gar nicht »Morton«. Und er hieß auch nicht »Kramer« (so Groucho im *Scrapbook*), sondern »Morris« (so Groucho im *Groucho Phile* und in der oben erwähnten Kurzgeschichte »Bad Days are Good Memories«). Ha! Verwirrend, was!

»Irene Furbelow« hieß übrigens »Lily (oder Lilly) Seville«, der Schulfreund Dobbin hieß Geiger ... und das Mädchen, das mit den *Four Nightingales* auftrat, hieß Mabel O'Donnell ... und der Konditor Stookfleisch hieß Stockfisch ... und Appelbaum hieß in Wirklichkeit Müller und heiratete nicht etwa die *Tochter* der Tante, deren Mann nach Kanada abgehauen war, sondern die Tante *selbst,* nämlich Tante Hannah ... langweilig? Und entsetzlich verwirrend? Ach! Fragen Sie *mich* mal, wie ich das finde! Und fragen Sie *sich* mal, ob dieser Wirrsinn vielleicht auch dem Lektor der *englischen* Ausgabe von 1987 ins Hirn gefahren ist.

Ich erklär's Ihnen: Irene Furbelow (Lily Seville) heißt in der englischen Ausgabe Lillian (sic!) Foster. Toll, nicht? Wieso bloß? Weil Furbelow soviel heißt wie »Pelzuntenrum«? Mysteriös. Der Notar Mr. Delaney heißt in England Mr. Thomas. Bertram Smith, der unsympathische, geizige Lehrer, heißt in der englischen Ausgabe – Wilbur Bream. Tja, warum nicht? Ist doch hübsch. Aber jetzt kommt's: Miss Seneca, die Englischlehrerin, wird zu Miss O'Reagan. Auch gut. Kann man machen. Warum aber schreibt Groucho selbst im *Groucho Phile, Bertram Smith* habe *O'Reagan* geheißen? Hatte er keine amerikanische Ausgabe seines eigenen Buches mehr?

Verwirrend, ja. Ich denke auch, wir sollten die Leser des Buches nicht mit derartigen Informationen (?) belästigen.

Und ob der Metzger, für den Harpo Botengänge erledigte, nun »Schwein« hieß (im Original) oder »Reiner« (in der ersten deutschsprachigen Ausgabe) interessiert doch eh keine Sau.

Ach ja. Da fällt mir noch was ein. Sie wissen, daß ich ein netter Mensch bin, also... was? Na schön, ein erträglicher Mensch... Herrgott, ja, jeder ist hin und wieder eklig und schreit und schimpft und schlägt Frau und Kind, aber muß ich mich deswegen ausgerechnet vor *Ihnen* rechtfertigen? Hä? Hä? Na-ha-hein, mein Lieber, nicht vor Ihnen. Wissen Sie, wer mich neulich nachts aus dem Bett geklingelt hat? Mit nachtblauen Augen? Links und rechts? Ja, Ihre arme kleine [redacted]

Ich kann das durchaus nachvollziehen, lasse mich aber vor diesem Hintergrund von Ihnen nicht als eklig beschimpfen. Am 4. 7. 92 war ich sogar ausgesprochen lieb. Da habe ich einer jungen Frau über die Straße geholfen, obwohl sie gar nicht wollte. Aber ihr Freund war kleiner als ich, also dachte ich, ich mach das mal. Egal. Trotzdem: Typen wie der sollten vom Gesetzgeber gezwungen werden, ein Schild mit der Aufschrift »Vorsicht, Kampfsportler« am Hals zu tragen. (Auch dieser bärtige Scherz ist vermutlich indirekt von Benchley inspiriert, aber lassen wir das...)

Was ich eigentlich sagen wollte, ist folgendes: Ich kritisiere nie. Oder kaum. Und wenn ich kritisiere, dann in freundlicher, vollendet konstruktiver Form. Die 1961 im Sanssouci Verlag erschienene »berechtigte Übertragung« von Frau Gisela von Wiese kritisiere ich *nicht.* Ob Frau von Wieses Übersetzung gelungener ist als meine, werden nicht mal kommende Lesergenerationen entscheiden können, sofern sie sich nicht auf allgemein verbindliche Kriterien bei der Bewertung von Übersetzungen und anderen Künsten einigen. Und das möchte ich sehen, Kinder. Einen Hinweis erlauben Sie mir aber bitte trotzdem: Ich wage zu behaupten, daß ich gewisse *Teile* des Originals besser als Frau von Wiese ins Deutsche übertragen habe. Doch, doch. Bestimmt. Ich meine all jene Absätze, die in der bisher vorliegenden Ausgabe *fehlen.*

Als da wären (nach flüchtigem Überfliegen geschätzt): ein gutes Drittel des ersten Kapitels, darunter ein Großteil der Bemerkungen zum Thema Ghostwriter, Pepys und Fernsehen. Diverse Beleidigungen und Namen, die weiter oben im Anmerkungsapparat erklärt sind. Sämtliche Ausführungen über Doppelmoral, Prostitution und Bordelle im Kapitel 11. Die »Neid«-Erörterung in Kapitel 12. Einiges von der Ärzte-Schelte im Kapitel 20. Knapp 5 Original-Seiten des Golf-Kapitels (23.) und das *komplette* 26. Kapitel (»Die Fettnäpfchen-Seuche«).

Ich gehe davon aus, daß Frau von Wiese nicht freiwillig auf die oben angeführten Stellen verzichtet hat. Die merkwürdige Zensur könnte mich allerdings zu dem Schluß verleiten, daß man in der Schweiz schon 1961 gravierende Probleme mit ekligen Dingen wie Prostitution, Bordellen, Sex, Doppelmoral und lebenserhaltendem Neid hatte.

Und mit Golf.

Hamburg, im Januar 1995
S. B.

P. S. Ach ja. Ich denke, ich sollte die günstige Gelegenheit für einen Dank nutzen. Einen Übersetzerdank. Wenn's erlaubt ist. Sonst denkt nachher noch jemand, ich *wüßte* all diese Dinge. Auswendig. Ich hätte also mehr oder weniger zu verdanken: Hector Acre *(Groucho; The Groucho Phile)*, Joe Adamson *(Groucho Chico, Harpo & Sometimes Zeppo)*, Richard J. Anobile *(Marx Bros. Scrapbook)*, Robert S. Bader *(Groucho Marx and other Short Stories and Tall Tales)*, *Brewer's Dictionary of Phrase & Fable*, Robert L. Chapman *(Dictionary of American Slang)* Donald Fraser *(Dictionary of Quotations)*, Leslie Halliwell & John Walker (*Halliwell's Filmgoer's Companion*, 10. Auflage), Alfred Hornung *(Lexikon Amerikanische Literatur)*, Thomas Leeflang *(The World of Comedy)*, Gerd Raeithel *(Geschichte der nordamerikanischen Kultur)*, Ronald L. Smith *(Who's Who in comedy)*, Tony Staveacre *(Slapstick!)*, dem bereits oben erwähnten Paul G... Wesolowski und seiner *Freedonia Gazette* (Keep up the good work), Muret & Sanders, Duden 8, Thomas Bodmer (»Komm her, Ameise!«) für das prima Lektorat und seinem prima Helfershelfer George Bronfen sowie Henni & seinem Brockhaus- und Kindler-Kram (ach, übrigens, Kindler, wenn man so dick ist wie du, sollte man Thespis auf dem Zettel resp. auf irgendeiner Seite haben. Nichts zu danken).

Chronologie

1890	Groucho Marx als Julius Henry Marx in New York geboren (2. 10.)
1905	Erstes Engagement beim Leroy Trio
1906	Auftritte mit Lily Seville
1908	Erster Auftritt der »Four Nightingales«
1910	Umzug der Marx-Familie nach Chicago
1919	Rück-Umzug der Familie nach New York
1920	Heirat mit Ruth Johnson
1921	Geburt des Sohnes Arthur
1923	Erste Veröffentlichungen in der *New York World*
1925	Broadway-Premiere von *Cocoanuts;* Veröffentlichungen im *New Yorker*
1927	Geburt der Tochter Miriam
1928	Broadway-Premiere von *Animal Crackers*
1929	Filmpremiere *Cocoanuts*
1929	Tod der Mutter, Minnie Marx (13. 9.)
1930	Erste Buchveröffentlichung: *Beds;* Filmpremiere von *Animal Crackers*
1931	Umzug nach Kalifornien; Filmpremiere von *Monkey Business* (Die Marx Brothers auf See)
1932	Filmpremiere von *Horse Feathers* (Blühender Blödsinn); *Rundfunk: Flywheel, Shyster & Flywheel.*
1933	Tod des Vaters Sam Marx (11. 3.); Filmpremiere von *Duck Soup* (Die Marx Brothers im Krieg)

1934 Zeppo verläßt die Marx Brothers; Vertrag mit MGM

1935 *A Night at the Opera* (Die Marx Brothers in der Oper)

1937 *A Day at the Races* (Ein Tag beim Rennen); Filmpremiere von *The King and the Chorus Girl* nach einem Drehbuch von Groucho Marx und Norman Krasna

1938 *Room Service*

1939 *At the Circus* (Die Marx Brothers im Zirkus)

1940–48 Regelmäßige Beiträge in *This Week, Liberty, Saturday Review, Saturday Evening Post* und *Hollywood Reporter*

1940 *Go West* (Die Marx Brothers im Wilden Westen)

1941 *The Big Store* (Die Marx Brothers im Kaufhaus); die Marx Brothers geben ihre Auflösung bekannt.

1942 *Many Happy Returns* veröffentlicht; Scheidung von Ruth

1943 Rundfunk: *Pabst Blue Ribbon Town*

1945 Heirat mit Kay Gorcey

1946 Erstes Marx-Brothers-Revival: *A Night in Casablanca* (Eine Nacht in Casablanca); Geburt der Tochter Melinda

1947 *Copacabana* (mit Carmen Miranda); Rundfunkpremiere von *You Bet Your Life* (ABC)

1948 Broadway-Premiere des von Groucho Marx und Norman Krasna geschriebenen Theaterstücks *Time for Elizabeth*

1949 Gewinn des Peabody Award.

1950 Zweites Marx-Brothers-Revival: *Love Happy;* Fernsehpremiere von *You Bet Your Life; Mr. Music;* Scheidung von Kay

1951 *Double Dynamite;* Gewinn des »Fernseh-Oscars«, des Emmy Award

1952 *A Gin in Every Port*

1954 Heirat mit Eden Hartford

1957 *The Story of Mankind*

1959 Autobiographie *Groucho and Me* (Groucho und ich); letzter gemeinsamer (Fernseh-)Auftritt der Marx Brothers in *The Incredible Jewel Robbery* (CBS)

1961 Chico † (11. 10); letzte *Your Bet Your Life*-Sendung (21. 9.)

1963 *Memoirs of a Mangy Lover* veröffentlicht

1964 Harpo † (28. 9)

1967 Veröffentlichung der *Groucho Letters*

1968 *Skidoo*

1969 Scheidung von Eden

1974 Verleihung des Ehren-Oscar für das filmische Lebenswerk

1976 Veröffentlichung *The Secret Word is Groucho* (mit Hector Acre)

1976 Veröffentlichung *The Groucho Phile*

1977 Letzter öffentlicher Auftritt bei Aufnahme der Marx Brothers in die »Motion Picture Hall of Fame« in Hollywood; Gummo † (21. 4.)

1977 Groucho † (19. 8.)